Hindi

ohne Mühe

Die Methode für jeden Tag

Hindi
ohne Mühe

von
Akshay BAKAYA
(Sprachdozent)
und
Annie MONTAUT
(Professorin)

am Institut National des Langues
et Civilisations Orientales

Deutsche Übersetzung und Bearbeitung von
Daniel KRASA
nach einer Vorlage von
Prof. Dr. Wolfgang HAGEDORN

Zeichnungen von
Boris

ASSiMiL®
Der Sprachverlag

Körnerstraße 12
50823 Köln
Deutschland

ISBN 978-3-89625-023-0

Die Tonaufnahmen

mit den fremdsprachigen Texten aller Lektionen und Verständnisübungen aus diesem Kurs – insgesamt 205 Min. Spieldauer – können Sie im Internet oder bei Ihrem Buchhändler bestellen: **Hindi**

4 Audio-CDs ISBN 978-3-89625-173-2
1 MP3-CD ISBN 978-3-89625-623-2

VORWORT

So fremd wie die Sprache **Hindi** auf den ersten Blick erscheint, ist sie gar nicht. Immerhin benutzen wir im Deutschen ganz selbstverständlich zahlreiche Begriffe, die aus dem Hindi stammen, darunter "Shampoo", "Pyjama", "Bungalow", "Dschungel", "Kajal" und natürlich "Curry".

Hindi gehört zu den indoeuropäischen Sprachen und entwickelte sich – wie fast alle nordindischen Sprachen – aus dem Sanskrit. Bis heute ist das Sanskrit gerade auf der hohen, offiziellen Sprachebene die Sprache, aus der Begriffe der Wissenschaft, der Politik und der Religion, aber auch Neuschöpfungen von modernen Wörtern vorrangig entlehnt werden. Jedoch war das Sanskrit bei Weitem nicht die einzige Sprache, die das Hindi geprägt hat.

Ab dem 9. Jahrhundert wurde das Hindi-Vokabular auch stark vom Persischen und über dieses auch vom Arabischen beeinflusst. Noch heute finden sich zahlreiche persisch-arabische Wörter, die zum festen Wortschatz des Hindi gehören. Interessant ist dabei, dass es für ausgesprochen viele Begriffe des Hindi zwei Entsprechungen gibt, eine aus dem Sanskrit entlehnte und eine aus dem Persisch-Arabischen entlehnte.

Parallel zum in Devanagari-Schrift geschriebenen Hindi entwickelte sich unter den muslimischen Machthabern etwa ab dem 10. Jahrhundert das in persisch-arabischen Buchstaben geschriebene Urdu, das heute die Nationalsprache Pakistans ist und von den meisten indischen Muslimen als Muttersprache gesprochen wird. Hindi und Urdu sind grammatikalisch identisch, unterscheiden sich jedoch geringfügig in der Phonetik und relativ stark im Wortschatz, wobei Urdu nur persisch-arabische Lehnwörter benutzt, das Hindi dagegen beide.

Etwa ab dem Ende des 18. Jahrhunderts traten dann die Briten als Herrscher über den Subkontinent in Erscheinung, und die Entwicklung hinterließ auch auf sprachlicher Ebene massive Spuren. Die englische Sprache ist bis heute eine der offiziellen Amtssprachen Indiens. Das Hindi – wie faktisch alle anderen neuindischen Sprachen – wurde überdimensional durch Wörter und Begriffe aus dem Englischen erweitert, wovon einige so fest im Hindi verankert sind, dass es nicht mal indische Entsprechungen gibt.

Hindi ist neben Englisch die überregionale Nationalsprache Indiens und in zehn Bundesstaaten des Landes – Bihar, Chhattisgarh,

Delhi, Haryana, Himachal Pradesh, Jharkhand, Madhya Pradesh, Rajasthan, Uttar Pradesh und Uttarakhand – außerdem die offizielle Amtssprache. Ebenso abwechslungsreich wie Indien selbst ist auch dessen Sprachenvielfalt: In der bevölkerungsstärksten Demokratie der Erde werden über 1600 Sprachen, Dialekte und Mundarten gesprochen, die zu insgesamt 14 Hauptgruppen gehören. In der indischen Verfassung stehen insgesamt 23 offiziell anerkannte Sprachen (Assamesisch, Bengali, Bodo, Dogri, Englisch, Gujarati, Hindi, Kannada, Kashmiri, Konkani, Maithili, Malayalam, Manipuri, Marathi, Nepali, Oriya, Panjabi, Sanskrit, Santali, Sindhi, Tamil, Telugu und Urdu), die in elf verschiedenen Schriften geschrieben werden. Über 600 Mio. Menschen verständigen sich auf Hindi. Hindi öffnet Ihnen die Tür zu einem exotischen und von Gegensätzen geprägten Land, das mit seiner Geschichte, seiner landschaftlichen Schönheit, seiner Kultur sowie seiner Religionsvielfalt und Spiritualität viele Reisende aus aller Welt anzieht. Aber nicht nur in Indien, auch in Nepal, vielerorts in Bangladesh, auf den Fidschi-Inseln und auf Mauritius werden Sie mit Hindi verstanden, und Urdu, die Amtssprache Pakistans, ähnelt dem Hindi zumindest in der Umgangssprache so sehr, dass sich Hindi- und Urdu-Sprecher ebenfalls problemlos miteinander unterhalten können.

INHALT

Vorwort V
Hindi ohne Mühe mit Assimil IX
Passive und aktive Phase IX
Aufbau der Lektionen X
Arbeitsweise XIII
Die Aussprache des Hindi XIV
Tabelle der Laute des Hindi XIV
Einführung in die Devanagari-Schrift XXIII

VERZEICHNIS DER LEKTIONEN

1 मेरा नाम हिन्दुस्तानी है ! 1
2 हम सब हिन्दी के छात्र हैं ? 9
3 ताज़े समोसे, गरम-गरम चाय ! 17
4 किसकी जेब में क्या है ? 25
5 कौन क्या करता है ? 33
6 इसका नाम मुन्नी है ! 41
7 दोहराव और व्याख्या (Wiederholung und Anmerkungen) 47
8 इस कमरे में कुछ भी कीजिए ! 61
9 यह क्या हो रहा है ! 69
10 आज हम कहाँ घूमेंगे ? 77
11 घबराइए मत ! 87
12 माहौल कितना मज़ेदार है ! 93
13 इधर भी मसाले, उधर भी मसाले ! 99
14 दोहराव और व्याख्या 107
15 बोरिस ऊपर से गिरा 121
16 बोरिस भागकर पहुँचा 129
17 नाम ग़लत छपा है ! 137
18 इस देश की चमक वापस लाए थे 145
19 मैं वहाँ क्या-क्या करता था ! 153
20 उनको बहुत कुछ आता था ! 161
21 दोहराव और व्याख्या 169
22 लोग बाहर लटक रहे थे ! 185
23 सजे हुए घोड़े पर घबराते हुए 189
24 हमने बंबई वाली फ़िल्म देखी ! 197
25 आपने कभी ऐसी लड़की को देखा है ? 205

26	अपने-अपने प्रॉबलम !	211
27	सबसे बढ़िया कमीज़ !	221
28	दोहराव और व्याख्या	227
29	भारत में अब कुछ भी हो सकता है ...	239
30	एक दूल्हा जो आइ.ए.एस था	245
31	जो मंज़िलें अभी नहीं आईं	253
32	देखते रहिए ...	261
33	करें या करवाएँ ?	269
34	सुनते ही मचलने लगेगा	275
35	दोहराव और व्याख्या	283
36	क्या-क्या करना पड़ेगा ?	295
37	सब कुछ किया जाएगा !	301
38	सब काम करा डाला !	311
39	उनके पास शतरंज है, उनमें कई गुण हैं, उनके पोते हैं, उनको सरदर्द है ...	317
40	मैं ऐसी ही जगह के सपने देखा करती थी !	325
41	यहाँ सब इंतज़ाम है !	331
42	दोहराव और व्याख्या	339
43	अगर वे गाँधी को समझते तो ऐसा न करते	347
44	वहाँ न गई होती तो उनसे न मिली होती	353
45	सोने की बजाय क़ुदरत को लूट सकते हो !	361
46	बीरबल के पहुँचने में देर क्यों ?	369
47	पढ़ा-लिखा गधा	379
48	पंचतंत्र की एक कथा	387
49	दोहराव और व्याख्या	397
50	ऑलिंपिक्स को बदलकर रख दें !	405
51	मायाजाल को तोड़ क्यों नहीं देते ?	415
52	मनुष्य का खोया हुआ ख़ज़ाना	423
53	अब हमसे हिन्दुस्तान छोड़ा नहीं जाएगा	433
54	आज की ताज़ा ख़बर !	441
55	इनसाफ़ की डगर पे	451
	Grammatikalischer Index	459
	Wörterverzeichnis Hindi-Deutsch	463
	Literaturhinweise	518

HINDI OHNE MÜHE MIT ASSIMIL

Dieser Kurs richtet sich an Lerner, für die Hindi noch eine ganz unbekannte Sprache ist, sowie an Personen mit Vorkenntnissen, die diese gerne auffrischen möchten. Er vermittelt in 55 Lektionen modernes, lebensnahes Hindi; insgesamt erlernen Sie in diesem Kurs ca. 1.500 Vokabeln. **Hindi ohne Mühe** präsentiert Ihnen die Sprache so, wie sie Ihnen im täglichen Leben begegnet. Durch den lebendigen Kontext werden Sie sich sehr schnell mit der Sprache vertraut machen. Die Assimil-Methode bietet eine natürliche Progression: Lassen Sie sich leiten, und Sie werden sehr bequem Ihr Ziel erreichen. Das Geheimnis der **natürlichen Assimilierung** bei Assimil ist die **Regelmäßigkeit des Lernens:** 15–20 Minuten täglich in Gesellschaft Ihres Kurses, und Sie werden schnell Fortschritte machen.

Selbst wenn Sie einmal wenig Zeit haben, sollten Sie nicht auf Ihre tägliche Lerndosis verzichten, sondern sich trotzdem ein paar Minuten mit der aktuellen Lektion oder einer vorherigen Lektion beschäftigen. Sie müssen nicht eine komplette Lektion pro Tag durcharbeiten, sondern können diese einfach auf mehrere Tage verteilen. Lesen Sie, bevor Sie beginnen, die Einleitung, besonders die Erläuterungen zur Aussprache und die Liste der Laute. Beides ist eine wichtige Ergänzung zu den Tonaufnahmen. Außerdem wird hier beschrieben, wie Sie die vereinfachte Lautschrift lesen. Vor allem in der ersten Zeit Ihres Studiums sollten Sie sich die Liste der Laute möglichst täglich ansehen und diese laut und deutlich nachsprechen.

PASSIVE UND AKTIVE PHASE

Wie alle Assimil-Kurse gliedert sich auch dieser Kurs in eine passive und eine aktive Phase (auch "Zweite Welle"). Bis Lektion 28 lernen Sie zunächst passiv, d. h. Sie sollen nur verstehen, was Sie lesen und hören. Hören Sie häufig die Tonaufnahmen an, machen Sie sich mit der Aussprache vertraut, lesen Sie die Anmerkungen, und absolvieren Sie die Übungen. In dieser Phase bilden Sie noch keine eigenen Sätze. Mit Lektion 29 beginnt die aktive Phase: Sie finden nun am Ende jeder Lektion den Hinweis "Zweite Welle:", gefolgt von einer Lektionsnummer. Nachdem Sie eine Lektion wie gewohnt bearbeitet haben, gehen Sie zurück zu der angegebenen Lektion, wiederholen diese und formulieren dann den deutschen Dialog auf der rechten Buchseite auf Hindi. Dabei decken Sie die linke Buchseite zu. Dies üben und wiederholen Sie so lange, bis Sie den Text korrekt in die Fremdsprache übersetzen können. Genauso können Sie selbstverständlich auch mit den Übungen verfahren.

AUFBAU DER LEKTIONEN

A. Lektionstext

Auf der linken Buchseite finden Sie den fremdsprachigen Lektionstext. Die Sätze in Devanagari – so nennt man die schön geschwungene Schrift, mit der man Hindi schreibt – sind blau gedruckt, darunter befindet sich die lateinische Transkription/ Umschrift in Schwarz. (Ab Lektion 29 entfällt die Transkription in den Lektions- und Übungstexten.) Auf der rechten Buchseite sehen Sie die deutsche Übersetzung, zunächst sinngemäß und darunter in Klammern wörtlich. Auf diese Weise können Sie genau erkennen, welches deutsche Wort welchem Hindi-Wort entspricht. Satzteile oder Ausdrücke im Deutschen, die im Hindi-Text nicht vorkommen, jedoch für das Verständnis oder für die korrekte Syntax des Deutschen wichtig sind, sind in eckige Klammern [...] eingeschlossen. Eingekreiste Ziffern am Satzende im Hindi-Dialog verweisen auf die Anmerkungen (siehe Punkt B).

B. Anmerkungen

Die den Ziffern zugeordneten Anmerkungen befinden sich stets auf der gleichen Buchdoppelseite. Dies erspart Ihnen umständliches Hin- und Herblättern. Die Anmerkungen enthalten in Kürze wichtige Informationen zum Verständnis des jeweiligen Satzes, eines Satzteils oder eines Wortes. Es kann sich hierbei um Erläuterungen zur Grammatik, ergänzenden Wortschatz, Synonyme sowie Antonyme und gelegentlich landeskundliche Details handeln. Wie im Lektionstext sind auch in den Anmerkungen die Devanagari-Wörter blau gedruckt.

C. Verständnisübung mit Lösung

Die 1. Übung jeder Lektion ist eine aus wenigen Hindi-Sätzen bestehende Verständnisübung, in der das Vokabular der aktuellen Lektion und der vorhergehenden Lektionen aufgegriffen und in einen anderen Kontext eingebettet wird. Anhand dieser Übung können Sie feststellen, ob Sie den bisher kennengelernten Wortschatz verstanden und assimiliert – also verinnerlicht – haben. Die Lösung dieser Übung finden Sie in Form der deutschen Übersetzung der Übungssätze auf der jeweils gegenüberliegenden Buchseite.

D. Lückentextübung mit Lösung

Die 2. Übung ist eine Lückentextübung, die ebenfalls auf dem bislang erlernten Vokabular basiert. Hier sind auf der Grundlage der angegebenen deutschen Sätze in den darunter stehenden Hindi-Sätzen fehlende Wörter zu ergänzen. Bis Lektion 27 ist jeder Satz einmal in Devanagari und einmal in Umschrift angegeben, wobei im Devanagari-Satz die fehlenden Wörter in Grau dargestellt sind und im Umschrift-Satz in Form blauer Kästchen (jedes Kästchen entspricht einem Buchstaben). In dieser Phase, in der Sie mit dem Schreiben der Devanagari-Wörter noch nicht so vertraut sind, ergänzen Sie die fehlenden Wörter in der Umschrift; gleichzeitig können Sie sich dabei die Schreibweise in Devanagari ansehen. Ab Lektion 29 finden Sie die Übungssätze nur noch in Devanagari; die fehlenden Wörter werden durch einen waagerechten grauen Strich dargestellt. Die Lösung zu dieser Übung, d. h. die Wörter, die Sie einsetzen müssen, finden Sie auf der rechten Buchseite. Benutzen Sie, um die Lückentextübungen mehrfach absolvieren zu können, ein Heft oder einige Blätter Papier.

E. Lese-/Schreibübung

In den Lektionen 1–6, 8–13 und 15–20 bieten wir Ihnen eine kleine Lese- und Schreibübung an. Sie erläutert auf übersichtliche Art die Schreibweise, also die Strichfolge und Strichrichtung der neuen, in der Lektion angetroffenen Buchstaben. Im Anschluss daran erklären wir schrittweise anhand einiger ausgesuchter Beispiele die Buchstabenabfolge und Schreibung ganzer Wörter. Beide Übungsteile werden durch kurze Anmerkungen zu den Besonderheiten bestimmter Schreibweisen ergänzt.

F. Ligaturen

Unter "Ligaturen" versteht man Verbindungen von zwei direkt aufeinander folgenden Konsonanten, wobei es sich hier zweimal um denselben Konsonanten oder unterschiedliche Konsonanten handeln kann. Die Schreibung dieser Ligaturen ist ein weites Feld und bedarf zahlreicher Erklärungen. Daher stellen wir Ihnen im Laufe der Lektionen anhand von Beispielwörtern verschiedene Arten von Ligaturen vor, damit Sie lernen, diese zu lesen und auch zu schreiben. Eine ausführliche Übersicht über alle Ligatur-Typen, die Sie zu Referenzzwecken heranziehen können, finden Sie am Ende der vorliegenden Einleitung.

G. Motivationshinweise und Lerntipps

Gelegentlich finden Sie kleine Absätze in Kursivschrift, die dazu dienen sollen, Sie zu ermuntern und zu motivieren, Sie also sozusagen "bei Laune zu halten". Sie enthalten wichtige Tipps für das effektive Lernen und für Situationen, in denen Sie auf Schwierigkeiten stoßen oder sich demotiviert fühlen. Besonders in den ersten Lektionen werden Ihnen darüber hinaus kleine "Regieanweisungen" helfen, sich besser in den Lektionen zurechtzufinden.

H. Wiederholungslektionen

In jeder 7. Lektion wird in systematischer Form die Grammatik der vergangenen sechs Lektionen wiederholt, vertieft und anhand von Beispielen erläutert. In diesen Lektionen finden Sie u. a. Konjugations-, Deklinations- und Wortschatzlisten, die Sie vielleicht in den Lektionen vermisst haben. Ein grammatikalischer Index am Ende des Buches erleichtert Ihnen das gezielte Wiederauffinden bestimmter grammatikalischer Informationen in diesen Wiederholungslektionen.

I. Illustrationen

Schenken Sie schließlich auch unseren Illustrationen ein bisschen Aufmerksamkeit. Jede Zeichnung steht in Zusammenhang mit einem Satz aus der jeweiligen Lektion, den Sie sich vielleicht besser merken können, wenn Sie ihn mit einem Bild bzw. einer Situation assoziieren.

J. Tonaufnahmen

Sie können zwar mit dem Buch alleine lernen. Wir empfehlen Ihnen dennoch, die Tonaufnahmen auf vier Audio-CDs oder einer MP3-CD zu erwerben. Sie enthalten sämtliche fremdsprachigen Lektions- und Verständnisübungstexte. Professionelle Sprecherinnen und Sprecher gewährleisten eine hohe Authentizität in Aussprache, Betonung und Satzmelodie. In den ersten sechs Lektionen ist der Lektionstext zweimal aufgenommen: Während auf den Audio-CDs bei der ersten Aufnahme Pausen zwischen den Sätzen gemacht werden, die Ihnen das Nachsprechen ermöglichen, wird im zweiten Durchlauf der komplette Text ohne Unterbrechungen wiedergegeben. Zu Beginn werden alle Lektionstexte besonders langsam gesprochen, dann wird das Sprechtempo progressiv gesteigert. Die Wiederholungslektionen sind nicht auf den Aufnahmen enthalten. Stattdessen können Sie einige Kostproben der berühmten Dhrupad-Musik hören, religiöse Gesänge aus Nordindien (Raga Sohini, Alap und Dhrupad, interpretiert von den Brüdern DAGAR Ustad N. ZAHIRUDDIN DAGAR und Ustad N. FAIYAZUDDIN DAGAR († 1989).

ARBEITSWEISE

1. Hören Sie sich die komplette Lektion zunächst mehrmals auf den Tonaufnahmen an, und vergleichen Sie die Aussprache mit der Transkription des Lektionstextes.
2. Lesen Sie den Hindi-Dialog Satz für Satz mit, aber machen Sie sich vorerst keinen Stress mit der Aussprache! Akzeptieren Sie, dass Ihr Ohr einige Zeit braucht, um mit der fremden Aussprache vertraut zu werden. Auch wird es ein wenig dauern, bis Sie in der Lage sein werden, die Hindi-Laute auszusprechen.
3. Vergleichen Sie den Hindi-Text mit der Übersetzung auf der rechten Seite.
4. Gibt es eine oder mehrere Anmerkungen zu einem Satz, so lesen Sie diese konzentriert durch.
5. Lesen Sie jeden Satz so oft laut, bis Sie ihn wiederholen können, ohne ins Buch zu sehen, aber achten Sie darauf, nicht auswendig zu lernen!
6. Wenn Sie den Lektionstext gut verstehen, sich mit der Aussprache vertraut gemacht und die Anmerkungen gelesen haben, arbeiten Sie die Übungen durch. Versuchen Sie dabei, nicht auf die Lösungen zu sehen.
7. Gehen Sie erst zur nächsten Lektion über, wenn Sie die Texte der aktuellen Lektion gut verstehen und die Lektion Ihnen keine größeren Schwierigkeiten mehr bereitet.

DIE AUSSPRACHE DES HINDI

Das Devanagari-Alphabet umfasst 44 Buchstaben, wobei davon 33 Konsonanten (Mitlaute) und elf Vokale (Selbstlaute) sind. Hinzu kommen sieben weitere Sonderzeichen zur Schreibung von entlehnten Fremdwörtern. Die Buchstaben der Devanagari-Schrift geben – wie unsere lateinischen – die Laute der Sprache wieder. Obwohl sie anfangs exotisch und kompliziert aussehen mag, ist die Hindi-Schrift ohne Probleme zu erlernen.

Auch das Einüben der Hindi-Aussprache wird Ihnen mit der Assimil-Methode ohne große Mühe gelingen. Es ist unser Ziel, Ihnen die Aussprache des Hindi mit den Mitteln der intuitiven Assimilierung auf eine natürliche Weise, spontan und ohne Zeitverlust näherzubringen. Hierzu stehen Ihnen zwei wichtige Hilfen zur Verfügung: Die sogenannte IAST-Umschrift (International Alphabet of Sanskrit Transliteration), eine Standard-Umschrift, die auch für andere indische Sprachen benutzt wird, und die Tonaufnahmen, die Sie von Lektion zu Lektion bei Ihrem Hindi-Studium begleiten werden. In Einzelfällen finden Sie im Buch auch Aussprachehinweise mit den Buchstaben des lateinischen Alphabets; hier ist die Aussprache kursiv gedruckt und in eckige Klammern eingeschlossen.

Die IAST-Umschrift

Bis Lektion 27 geben wir zusätzlich zum Devanagari-Text eine lateinische Umschrift an, die Ihnen einerseits helfen soll, die Devanagari-Schrift zu entziffern, andererseits aber besonders dafür gedacht ist, Ihnen eine Hilfestellung für die Aussprache des Hindi anzubieten. Das ist möglich, weil es sich hierbei um eine annähernd phonetische Schrift handelt, also ein System, das versucht, die Lautbildung oder den tatsächlichen Klang eines Wortes zu übermitteln. Diese Umschrift bietet sich an, da sie in zahlreichen Veröffentlichungen verwendet wird, in erster Linie Buchstaben aus dem Ihnen vertrauten Sprachbereich umfasst und deswegen für den deutschsprachigen Anfänger auf Anhieb verständlich und lesbar ist. Sie bringt Ihnen so über das bekannte Lautspektrum die Lautpalette des Hindi ganz leicht näher, ohne dass Sie sich zu viele Gedanken darüber machen müssen.

TABELLE DER LAUTE DES HINDI

Es folgt nun eine Übersicht über die in diesem Kurs verwendeten Lautschriftzeichen mit der jeweiligen Ausspracheerklärung. Für die Laute, die auch im Deutschen existieren, finden Sie deutsche Beispielwörter. Für einige Laute gibt es keine deutschen Beispielwörter; halten Sie sich in diesen Fällen an die Lautbeschreibung.

Besonderheiten bei der Aussprache

Beachten Sie bitte die im Folgenden genannten Besonderheiten bei der Aussprache der Hindi-Laute. Es sei vorweg genommen, dass auch im Hindi Konsonanten und Vokale unterschieden werden, wobei vor allem auf die richtige Aussprache der 33 Konsonanten großer Wert gelegt wird, da diese oftmals die Grundbedeutung eines Wortes bestimmen.

Zum besseren Verständnis erklären wir hier einige der in der Tabelle enthaltenen wichtigen Ausdrücke:

- **stimmlos/stimmhaft**

Ein Laut ist stimmlos, wenn er nur durch Luftausstoß hervorgebracht wird und die Stimmbänder nicht vibrieren; er ist stimmhaft, wenn er unter Einsatz der Stimmbänder erzeugt wird und fast kein Luftausstoß erfolgt. Sie können dies gut nachvollziehen, wenn Sie laut und ganz langsam das Wort "Loch" sprechen und sich dabei mit zwei Fingern an den Kehlkopf fassen. Halten Sie den ersten Buchstaben **L** lang an, und Sie werden merken, dass Ihr Kehlkopf vibriert. Dieser Laut ist also stimmhaft. Halten Sie auch beim **ch** den Laut lang an, und Sie werden merken, dass Ihr Kehlkopf nicht vibriert. Dieser Laut ist folglich stimmlos.

- **retroflex**

Retroflexe (oder zerebrale) Konsonanten sind Laute, die gebildet werden, indem man die Zungenspitze oder das Zungenblatt hinter den Zahndamm auf den vorderen Gaumen legt. Dabei biegt sich die Zungenspitze nach oben. Im Deutschen sind diese Laute unbekannt. Das Hindi verfügt über vier reine Zerebrallaute, die den entsprechenden Dentallauten (d. h. an den Zähnen gebildeten Lauten) gegenüberstehen.

- **aspiriert / unaspiriert**

Einige Konsonanten kennen im Hindi aspirierte Varianten, d. h., dass diese Laute von einem deutlich hörbaren Hauchgeräusch – erzeugt durch ein kräftiges, geräuschvolles Ausatmen – begleitet ausgesprochen werden können (man spricht auch von behauchten und unbehauchten Lauten). In der deutschen Standardaussprache sind die stimmlosen Konsonanten **p**, **t**, **k** am Wortanfang aspiriert, z. B. bei "kalt" [*kʰalt*]. Die Aspiration betrifft meist stimmlose Laute, im Hindi kommen aber auch stimmhaft aspirierte Konsonanten vor. Achten Sie gerade am Anfang auf die richtige Aussprache der aspirierten Konsonanten, denn es bestehen klar definierte Bedeutungsunterschiede zwischen ähnlichen – für mitteleuropäische Ohren weitestgehend gleich klingenden – Wörtern mit und ohne Aspiration.

Im Unterschied dazu stehen die unaspirierten Laute, bei denen der oben angesprochene Luftausstoß vermieden werden muss. Unaspirierte Laute sind folglich gänzlich unbehaucht.

- **Nasallaut**

Die – meist stimmhaften – Nasallaute sind Konsonanten, die in Verbindung mit Konsonanten und Vokalen stehen können und bewirken, dass diese nasaliert ausgesprochen werden. Nasallaute spricht man, indem man das Velum (auch weicher Gaumen oder Gaumensegel genannt) an die Rachenrückwand legt und so den Nasenraum, der den Zugang zur Nasenhöhle bildet, verschließt. Der Nasenraum sowie ein Teil der Mundhöhle dienen dabei als Resonanzraum.

- **Reibelaut**

Ein Reibelaut ist ein Konsonant, bei dessen Bildung die Zunge und die Schneidezähne eine Art Engstelle bilden, durch die die ausströmende Luft verwirbelt wird. Bei den im Hindi vorkommenden Reibelauten handelt es sich vor allem um so genannte Zischlaute. Reibelaute können sowohl stimmhaft als auch stimmlos sein.

- **Schwinglaut**

Schwinglaute zeichnen sich dadurch aus, dass Zungenspitze und/ oder Gaumenzäpfchen durch einen verstärkten Luftstrom im Mund zum Flattern gebracht werden. Durch die entstehende Luftverwirbelung vibriert die Zunge leicht. Im Hindi ist besonders der vibrierende **r**-Laut wichtig, den man bei uns oftmals als "gerolltes r" bezeichnet.

Hier noch etwas Grundsätzliches, bevor Sie sich der Aussprachetabelle zuwenden: Das Lautspektrum des Hindi mag zwar vorerst fremd wirken, es ist jedoch äußerst logisch. Man unterteilt die Laute des Hindi einerseits in Vokale und Diphthonge (aus zwei Vokalen bestehende Doppellaute) und andererseits in Konsonanten. Die Konsonanten wiederum sind innerhalb des Alphabets danach angeordnet, wie bzw. wo sie im Mundraum artikuliert werden (sog. Artikulationsort). Man unterscheidet hierbei velare (im hinteren Mundraum am Gaumen gebildete), palatale (am vorderen Gaumen gebildete), retroflexe oder zerebrale (s. o.), dentale (an den Zähnen gebildete) und labiale (an den Lippen gebildete) Laute sowie Sonanten (Laute, bei denen die ausgeatmete Luft relativ gleichmäßig und ungehindert durch den Mundraum strömen kann), Zischlaute und einen Hauchlaut.

Sehen Sie sich, bevor Sie mit Lektion 1 beginnen, die folgende Liste sehr gründlich an, und benutzen Sie sie vor allem in der ersten Zeit immer wieder zum Nachschlagen. Lesen Sie anfangs häufig die hier aufgeführten Ausspracheschreibungen, und versuchen Sie, die Erklärungen beim Anhören der Tonaufnahmen nachzuvollziehen

Devanagari-Buchstabe	**Umschrift**	**Aussprache**	**Schreibanleitung in ...**
Vokale & Diphtonge			
अ	**a**	Kurzes [*a*] wie in "d<u>a</u>nn".	Lektion 3
आ	**ā**	Langes [*a*] wie in "M<u>a</u>l" oder "Pf<u>a</u>hl".	Lektion 3
इ	**i**	Kurzes [*i*] wie in "b<u>i</u>tte".	Lektion 5
ई	**ī**	Langes [*i*] wie in "b<u>ie</u>te".	Lektion 5
उ	**u**	Kurzes [*u*] wie in "<u>U</u>lm".	Lektion 13
ऊ	**ū**	Langes [*u*] wie in "<u>U</u>hr".	Lektion 17
ऋ	**ri**	Dieser nur in Sanskrit-Wörtern vorkommende Vokal besteht lautlich aus einem [*r*], das eine eigene Silbe bildet, und auf das ein [*i*] folgt.	Lektion 20

AUSSPRACHE

ए	**e**	Langes [*e*] wie in "Tee".	Lektion 11
ऐ	**ai**	Kurzes [*ä*] wie in "Bälle".	Lektion 10
ओ	**o**	Geschlossenes [*o*] wie im deutschen "ohne".	Lektion 19
औ	**au**	Zwischen dem deutschen [*a*] und [*o*], etwa wie das britisch-englische a in "hall".	Lektion 19
Velare Konsonanten			
क	**k**	Wie deutsches [*k*] in "Kino" oder "Kongo", jedoch komplett unaspiriert.	Lektion 4
क़	**q**	Dumpfes, weit hinten im Rachen gesprochenes [*k*], bei dem die Zunge so weit wie möglich zurückgeführt wird und mit dem hinteren Teil des Gaumens einen Verschluss bildet. Dieses **q** wird prinzipiell an der gleichen Stelle wie ein deutsches [*g*] gesprochen, jedoch stark gepresst. Kommt nur in persisch-arabischen Lehnwörtern vor, meist jedoch wie [*k*] gesprochen.	Lektion 11
ख	**kh**	Aspiriertes [*k*] wie in "kalt" oder "Kamm".	Lektion 9
ख़	**kh**	Deutsches Rachen-[*ch*] wie in "Krach" oder "Dach". Kommt nur in persisch-arabischen Lehnwörtern vor, oft wie [*kh*] gesprochen.	Lektion 9
ग	**g**	Wie [*g*] in "gut".	Lektion 10

ग़	g̱	Dumpfes, in der Kehle erzeugtes [*r*]. Klingt etwa so, als wolle man ein nicht gerolltes [*r*] sprechen, das stark in Richtung [*ch*] tendiert. Kommt nur in persisch-arabischen Lehnwörtern vor.	Lektion 17
घ	gh	Aspiriertes [*g*], etwa wie in "Langhaar".	Lektion 10
ङ	ṅ	Dieser Nasallaut steht nur in Verbindung mit einem velaren Konsonanten. Klingt wie das deutsche [*n*] in "Schrank" oder "gesungen".	Lektion 17
Palatale Konsonanten			
च	c	Wie [*tsch*] in "Quatsch".	Lektion 5
छ	ch	Aspiriertes [*tsch*] wie in "Quatschheimer".	Lektion 11
ज	j	Ähnlich wie [*dsch*] in "Dschungel" oder in "Jeans".	Lektion 4
ज़	z	Stimmhaft gesprochenes [*s*] wie in "Senf" oder "Rose". Kommt nur in persisch-arabischen Lehnwörtern vor, in manchen Gegenden auch wie j gesprochen.	Lektion 8
झ	jh	[*dsch*] wie in Dschungel, jedoch aspiriert.	Lektion 11
ञ	ñ (˜)	Dieser Nasallaut steht nur in Verbindung mit einem palatalen Konsonanten. Meist wird er nur durch die Tilde (˜) über dem Vokal der entsprechenden Silbe dargestellt.	Lektion 19

Retroflexe Konsonanten			
ट	**ṭ**	Das retroflexe **t** ist stimmlos. Bei seiner Bildung wird die Zunge nach oben gegen den Gaumen gerollt; dabei werden die Zungenränder gegen den oberen Zahndamm gedrückt.	Lektion 10
ठ	**ṭh**	Die aspirierte Variante des **ṭ**.	Lektion 8
ड	**ḍ**	Das retroflexe [*d*] ist stimmhaft und wird ebenfalls mit nach oben gerollter Zunge gebildet.	Lektion 18
ड़	**ṛ**	Das retroflexe [*r*] wird ähnlich dem amerikanischen [*r*] in "great" oder "crawl" gesprochen.	Lektion 8
ढ	**ḍh**	Die aspirierte Variante des **ḍ**.	Lektion 16
ढ़	**ṛh**	Die aspirierte Variante des **ṛ**.	Lektion 16
ण	**ṇ**	Der retroflexe Laut **ṇ** wird gesprochen, indem die Zunge nach oben gerollt und gegen den Gaumen gedrückt wird. Er taucht sowohl als Nasallaut vor anderen Retroflexa (**ṭ**, **ṭh**, **ḍ**, **ḍh**) als auch als allein stehender Konsonant auf; in diesem Fall klingt er so, als ob man [*n*] und [*r*] gemeinsam retroflex ausspricht.	Lektion 18
Dentale Konsonanten			
त	**t**	Stimmloses [*t*], ähnlich wie in "Teig", dabei aber gänzlich unaspiriert gesprochen.	Lektion 6

थ	th	Aspiriertes [*t*] wie in "Tante".	Lektion 18
द	d	Stimmhaftes [*d*] wie in "Donau".	Lektion 9
ध	dh	Aspiriertes [*d*] wie in "Sandhügel".	Lektion 12
न	n	Wie [*n*] in "Nuss". Dieser Laut ist gleichermaßen Nasallaut wie allein stehender Konsonant.	Lektion 1
Labiale Konsonanten			
प	p	Unaspiriertes [*p*] wie in "Pisa".	Lektion 2
फ	ph	Aspiriertes [*p*] wie in "Pein".	Lektion 15
फ़	f	Wie [*f*] in "Feuer". Kommt nur in nicht-indischen Lehnwörtern vor.	Lektion 18
ब	b	Stimmhaftes [*b*] wie in "Bad".	Lektion 4
भ	bh	Aspiriertes [*b*] wie in "Abhang".	Lektion 10
म	m	Wie [*m*] in "Mann". Dieser Laut ist gleichermaßen Nasallaut wie allein stehender Konsonant.	Lektion 4
Sonanten			
य	y	Wie [*j*] in "Jahr" (auch als "Halbkonsonant" bzw. "Halbvokal" bezeichnet).	Lektion 9
र	r	Mit der Zungenspitze gerolltes [*r*] (sog. "Schwinglaut"). Dieser Laut wird erzeugt, indem die Zungenspitze an den vorderen Gaumen gelegt und durch einen verstärkten Luftstrom im Mund zum Flattern bzw. Vibrieren gebracht wird.	Lektion 1

ल	l	Wie [*l*] in "laut".	Lektion 4
व	v	Stimmhafter Reibelaut, jedoch nicht wie das deutsche [*v*] in "Vogel", sondern eher ein Halblaut zwischen [*w*] und [*u*], wie im englischen "what", aber häufig auch wie das lange [*u*] z.B. in "Ufer" (auch als "Halbkonsonant" bzw. "Halbvokal" bezeichnet).	Lektion 6
Zischlaute			
श	ś	Deutsches [*sch*] wie in "Schule".	Lektion 8
ष	ṣ	Ursprünglich ein retroflexes [*s*], heute aber wie ein deutsches [*sch*] in "Schule" gesprochen und damit identisch mit **ś**. Kommt nur in Sanskrit-Wörtern vor.	Lektion 20
स	s	Stimmlos gesprochenes [*ß*] bzw. [*ss*] wie in "Straße" oder "Gasse".	Lektion 5
Hauchlaut			
ह	h	Deutsches [*h*] wie in "Hand".	Lektion 1

Betonung und Satzmelodie (Intonation)

Das Kapitel Betonung in Hindi ist nicht besonders kompliziert. Sie ist relativ regelmäßig, weshalb wir auf eine Markierung der betonten Silben im Text verzichtet haben.

Die Betonung des Hindi ist schwach dynamisch und fällt auf verschiedene Silben innerhalb eines Wortes. Entscheidend hierbei sind die phonetische Zusammensetzung des Wortes sowie die Anzahl der Silben. Als Grundregel gilt, dass immer die langen Selbstlaute (**ā**, **ī**, **ū**, **e** und **o**) eines Wortes betont werden (betonte Silben kursiv gedruckt): दुकान **du*kān*** "Geschäft", सफ़ेद **sa*fed*** "weiß".

Kommen in einem Wort mehrere lange Selbstlaute vor, wird in der Regel der letzte betont: तारीख़ **tā*rīkh*** "Datum", मज़ेदार **maze*dār*** "köstlich, lecker".

Dies gilt jedoch nicht für Wörter, die auf einen langen Vokal enden: देखा ***de*khā** "gesehen", पीना ***pī*nā** "trinken".

Gibt es in einem Wort keinen langen Selbstlaut, wird grundsätzlich die erste Silbe betont: जमर्न ***jar*man** "deutsch", लंदन ***lan*dan** "London", सुनकर ***sun*kar** "hörend".

In zusammengesetzten Wörtern behält jedes Wort bzw. jedes hinzugefügte Suffix seine eigene Betonung: इंद्र-धनुष ***in*dra-*dha*nuṣ** "Regenbogen", सब्ज़ी-वाला ***sab*zī-*vā*lā** "Gemüseverkäufer, Gemüsehändler".

EINFÜHRUNG IN DIE DEVANAGARI-SCHRIFT

Ziel dieses Buches ist es, dem Lernenden eine umfassende Kompetenz auf allen sprachrelevanten Gebieten zu vermitteln. Hierzu zählt natürlich auch das Erlernen des Hindi-Alphabets. Um den Interessierten an diese komplexe, jedoch nicht komplizierte Schrift behutsam heranzuführen, geben wir im ersten Teil dieses Buches sowie in der Wörterliste zusätzlich eine phonetische Umschrift an. Bemühen Sie sich trotzdem, sich zügig die Buchstaben des Hindi einzuprägen und möglichst bald die Lektionstexte nur in dieser Schrift zu lesen.

Das Hindi benutzt – genau wie das Sanskrit, Marathi und Nepali und andere – die Devanagari-Schrift. Es handelt sich dabei um eine Silbenschrift, bestehend aus neun Vokal-, zwei Diphthong- und 33 (+ sieben) Konsonantenzeichen.

Die Devanagari-Schrift wird von links nach rechts geschrieben und kennt keine Großschreibung, auch nicht bei Eigennamen.

1. Konsonanten und Konsonantenkombinationen

Devanagari	Umschrift
क / क़	ka / qa
ख / ख़	kha / kha
ग / ग़	ga / ga
घ	gha

ङ	ṅa
च	ca
छ	cha
ज / ज़	ja / za
झ	jha
ञ	ña
ट	ṭa
ठ	ṭha
ड / ड़	ḍa / ṛa
ढ / ढ़	ḍha / ṛha
ण	ṇa
त	ta
थ	tha
द	da
ध	dha
न	na
प	pa
फ / फ़	pha / fa
ब	ba
भ	bha
म	ma
य	ya
र	ra
ल	la

व	va
श	śa
ष	ṣa
स	sa
ह	ha

Wie man erkennen kann, ist in jedem Konsonanten lautlich ein kurzes [*a*] enthalten. Mehr dazu im folgenden Abschnitt über die Vokale.

2. Vokale und Diphthonge

Devanagari	Umschrift
अ	a
आ	ā
इ	i
ई	ī
उ	u
ऊ	ū
ऋ	ri
ए	e
ऐ	ai
ओ	o
औ	au

Diese Schreibweise der Vokale wird nur am Wortanfang und nach einem vorhergehenden Vokal verwendet (Vollzeichen). Daneben kennt die Devanagari-Schrift noch eine zweite Schreibweise (Ergänzungszeichen oder Matra), die in Verbindung mit einem

Konsonanten steht und sowohl vor, hinter, über oder unter diesem geschrieben wird. Einzig das kurze **a** verfügt nicht über ein Matra, da es – wie oben bereits erwähnt – schon in dem entsprechenden Konsonanten enthalten (inhärent) ist. Hier also eine weitere Tabelle mit den Vokalzeichen (als Platzhalter dient ein gestrichelter Kreis), einmal isoliert und einmal in Verbindung mit einem Konsonanten, am Beispiel des Buchstabens क **ka**:

Devanagari	**Umschrift**
/ — क	/ – **ka**
◌ा — का	**-ā –> kā**
ि◌ — कि	**-i –> ki**
◌ी — की	**-ī –> kī**
◌ु — कु	**-u –> ku**
◌ू — कू	**-ū –> kū**
◌ृ — कृ	**-ri –> kri**
◌े — के	**-e –> ke**
◌ै — कै	**-ai –> kai**
◌ो — को	**-o –> ko**
◌ौ — कौ	**-au –> kau**

Abweichungen treten nur bei den Vokalen ◌ु **u** und ◌ू **ū** in Verbindung mit dem Konsonanten र **ra** auf, sie werden zu रु **ru** und रू **rū.**

Mit diesen Kenntnissen ist es ein Leichtes, einzelne Silben zusammenzufügen. Verbunden werden sie über die waagerechte Linie am oberen Rand (die sog. "Rekha"), die immer als letzter Bestandteil des Wortes geschrieben wird. Hier exemplarisch die Schreibweise einiger Wörter:

मामा म + ◌ा + म + ◌ा → **māmā** Onkel (mütterlicherseits)

तारा	त + ◌ा + र + ◌ा	→	**tārā**	Stern
कृपा	क + ◌ृ + प + ◌ा	→	**kripā**	Freundlichkeit
दिवा	द + ◌ि + व + ◌ा*	→	**divā**	Tag
गुरू	ग + ◌ु + र + ◌ू	→	**gurū**	Guru, religiöser Meister, Lehrer
मेथी	म + ◌े + थ + ◌ी	→	**methī**	Bockshornklee
महीना	म + ह + ◌ी + न + ◌ा	→	**mahīnā**	Monat

* Das Matra für das kurze **i** steht immer links vom zugehörigen Konsonanten.

Beachten Sie die Schreibweise der Vokale am Wortanfang oder nach einem vorhergehenden Vokal, in diesen Fällen werden ausschließlich die Vollzeichen geschrieben:

अब	अ + ब	→	**ab**	jetzt
ढाई	ढ + ◌ा + ई	→	**ḍhāī**	zweieinhalb

Steht ein Konsonant am Wortende, wird das auslautende **a** in der Regel nicht mitgesprochen:

टिकट	ट + ◌ि + क + ट	→	**ṭikaṭ**	Ticket, Fahrkarte
सुख	स + ◌ु + ख	→	**sukh**	Freude, Glück

दुकान	द + ◌ु + क + ◌ा + न	→	**dukān**	Geschäft

Beachten Sie: Steht eine Ligatur (s. Seite XXIX) am Wortende, wird – anders als bei den einzelnen Konsonanten – in manchen Fällen das kurze auslautende [*a*] mitgesprochen: **नक्षत्र** **nakṣatra** "Sternenkonstellation (astrologisch)", aber **शब्द** **śabd** "Wort".

3. Nasalierung

Bei der Kombination aus einem Nasallaut (**ङ, ञ, ण, न, म**) und einem weiteren Konsonanten kann der Nasallaut entweder als Ligatur mit dem entsprechenden Konsonanten zusammen geschrieben werden, oder – was weit häufiger der Fall ist – er wird im Devanagari durch einen Punkt, das sog. Anusvara, über dem vorhergehenden Vokal gekennzeichnet.

आङ्क	अ + ङ + क	*oder*	**अंक**	**aṅk**	Zahl, Ziffer
घण्टा	घ + ण + ट + ◌ा	*oder*	**घंटा**	**ghaṇṭā**	Uhr, Glocke
पन्द्रह	प + न + द + र + ह	*oder*	**पंद्रह**	**pandrah**	fünfzehn
मुम्बई	म + ◌ु + म + ब + ई	*oder*	**मुंबई**	**mumbaī**	Mumbai

Der Punkt kann dabei auch rechts neben dem Vokalzeichen stehen: **सिंह** **siṅh** "Löwe".

Vokale können ebenfalls – auch ohne einen folgenden Konsonanten – nasaliert werden. In diesem Fall steht das Anusvara über der entsprechenden Silbe. In Verbindung mit einem ◌ा, ◌ु, ◌ू oder über einem Vollzeichen wird das Anusvara in den "Candra-Bindu" genannten Halbkreis geschrieben: **हाँ** **hā̃** "ja" oder **ऊँट** **ū̃ṭ** "Kamel".

4. Weitere Zeichen

Neben diesen "klassischen" Zeichen müssen hier noch zwei weitere erwähnt werden, die zur Schreibung von Lehnwörtern bzw. zur Transkribierung von fremdsprachlichen Lauten verwendet werden.

Es handelt sich dabei zuerst um das "Visarga" genannte Zeichen, das wie ein Doppelpunkt aussieht und einen Hauchlaut nach Vokalen angibt, jedoch sehr selten vorkommt: z.B. दु:ख **duḥkh** "Schmerz".

Außerdem kennt das Hindi noch diesen Vokal:

Devanagari	**Umschrift**
ऑ — कॉ	ŏ - kŏ

Er wird nur verwendet, um englische Wörter zu transkribieren. Vergleichen Sie dazu ऑटो **ŏṭo** "Auto".

5. Zahlen

Abschließend hier noch die Schreibweise der Zahlen des Hindi:

0	०	शून्य	**śūnya**
1	१	एक	**ek**
2	२	दो	**do**
3	३	तीन	**tīn**
4	४	चार	**cār**
5	५	पाँच	**pā̃c**
6	६	छे / छः	**che / chah**
7	७	सात	**sāt**
8	८	आठ	**āṭh**
9	९	नौ	**nau**
10	१०	दस	**das**

6. Konsonantenligaturen

Stehen zwei oder drei Konsonanten hintereinander, werden sie in der Devanagari-Schrift meist zu Konsonantenverbindungen – sog. Ligaturen – zusammengezogen. Dies geschieht auf unterschiedliche Weise:

a.) Die Konsonanten werden untereinander gesetzt:

Umschrift	Devanagari
kka	क्क (क्‍क)
kva	क्व
ṭṭa	ट्ट
ṭṭha	ट्ठ
ṭhṭha	ठ्ठ
ḍḍa	ड्ड
ḍḍha	ड्ढ
ḍhḍha	ढ्ढ
dda	द्द
nna	न्न
pta	प्त

Um deutlich zu machen, dass einem Konsonant *kein* Vokal folgt (wie in den Beispielkonstruktionen der Schreib- und Leseübungen), aber z. B. auch bei Zeichenkombinationen, die keine Ligatur kennen, verwendet das Hindi das Zeichen "Viram" (ein abfallender kleiner Strich) unter dem entsprechenden Buchstaben: ◌्.

b.) Die Konsonanten werden hintereinander gesetzt (in Klammern finden sich Alternativen):

Umschrift	Devanagari
kkha, kṭa, kma, kya, kla, kśa, ksa	क्ख, क्ट, क्म, क्य, क्‍ल (क्ल), क्श, क्स
khya	ख्य

gda, gdha, gma, gya, gla, gva	ग्द, ग्ध, ग्म, ग्य, ग्ल (ग्ल), ग्व
ghya	घ्य
cca, ccha, cya	च्च (च्च), च्छ, च्य
jja, jya, jva	ज्ज (ज्ज), ज्य, ज्व
ṭya	ट्य
ṭhya	ठ्य
ḍya	ड्य
ḍhya	ढ्य
ṇṭa, ṇṭha, ṇḍa, ṇḍha, ṇya	ण्ट, ण्ठ, ण्ड, ण्ढ, ण्य
tka, ttya, ttva, ttha, tpa, tpha, tma, tya, tva, tsa, tsya	त्क, त्त्य, त्त्व त्थ, त्प, त्फ, त्म, त्य, त्व, त्स, त्स्य
thya	थ्य
dhma, dhya, dhva	ध्म, ध्य, ध्व
nta, ntha, nda, ndha, npha, nma, nya, nva, nsa, nha	न्त, न्थ, न्द, न्ध, न्फ, न्म, न्य, न्व, न्स, न्ह
ppa, pya, pla, psa	प्प, प्य, प्ल (प्ल), प्स
bja, bda, bdha, bba, bya	ब्ज, ब्द, ब्ध, ब्ब, ब्य
bhya, bhva,	भ्य, भ्व
mpa, mba, mbha, mma, mya, mva, msa, mha	म्प, म्ब, म्भ, म्म, म्य, म्व, म्स, म्ह
yya, yva	य्य, य्व
lka, lda, lpa, lya, lla, lva, lha	ल्क, ल्द, ल्प, ल्य, ल्ल (ल्ल), ल्व, ल्ह

vya, vva, vha	व्य, व्व, व्ह
śka, śya	श्क, श्य
ṣka, ṣṭa, ṣṭha, ṣṇa, ṣpa, ṣpha, ṣma, ṣya, ṣva	ष्क, ष्ट, ष्ठ, ष्ण, ष्प, ष्फ, ष्म, ष्य, ष्व
ska, skha, sja, sṭa, sta, stha, spa, spha, sma, sya, sva, ssa	स्क, स्ख, स्ज, स्ट, स्त, स्थ, स्प, स्फ, स्म, स्य, स्व, स्स
hma, hya	ह्म, ह्य

कच्चा	क + च् + च + ◌ा	**kaccā**	roh
गल्ला	ग + ल् + ल + ◌ा	**gallā**	Herde

c.) Der zweite Konsonant wird in den ersten hineingeschoben:

Umschrift	Devanagari
kr	क्र
gna, gra	ग्न, ग्र
ghna, ghra	घ्न, घ्र
cra	च्र
jra	ज्र
tta, tna, tra	त्त, त्न, त्र
thra	थ्र
dhna, dhra	ध्न, ध्र
nra	न्र
pna, pra	प्न, प्र
phra	फ्र

bra	ब्र
bhra	भ्र
mna, mra	म्न, म्र
yra	य्र
vra	व्र
stra, sna, sra	स्त्र, स्न, स्र
hna, hra, hla, hva	ह्न, ह्र, ह्ल, ह्व

प्रयत्न प् + र + य + त् + न **prayatna** Anstrengung, Mühe

मित्र म + ि + त् + र **mitr** Freund

d.) Die Schreibweise der Buchstabenkombinationen ändert sich gänzlich:

Umschrift	Devanagari
kta	क्त (क्त)
kṣ	क्ष
chra	छ्र
jña, gya	ज्ञ
ṭra	ट्र
ḍra	ड्र
ḍhra	ढ्र
dgha, ddha, dna, dbha, dma, dya, dra, dva	द्घ, द्ध, द्न, द्भ, द्म, द्य, द्र, द्व
śca, śna, śra, śla, śva	श्च, श्न, श्र, श्ल, श्व

श्री श् + र + ी **śrī** Herr

Alle Ligaturen mit den Buchstaben क, ख, ग, ज und फ können entsprechend auch mit den aus dem Persisch-Arabischen entlehnten Buchstaben क़, ख़, ग़, ज़ und फ़ verwendet werden.

Halten Sie sich an dieser Stelle noch nicht damit auf, diese Ligaturen zu lernen, zumal nicht alle hier vorgestellten häufig anzutreffen sind und manche nur zur Transkribierung von Fremdwörtern benutzt werden.

Eine Sonderstellung bei den Ligaturen nimmt außerdem der Konsonant र **ra** ein, der – steht er direkt vor einem weiteren Konsonanten – als Häkchen rechts über diesem Konsonanten geschrieben wird.

धर्म	ध + र् + म	**dharm**	Glaube, Religion
पूर्व	प + ◌ू + र् + व	**pūrv**	Osten
क़र्ज़	क + र् + ज	**qarz**	Schulden (finanziell)

Steht der nachfolgende Konsonant in Kombination mit den Vokalen ◌ा, ◌ी, ◌ो oder ◌ौ, befindet sich das Häkchen auf diesen, da sie ein Bestandteil der Silbe sind:

बावर्ची	ब + ◌ा + व + र् + च + ◌ी	**bāvarcī**	Koch
शर्मा	श + र् + म + ◌ा	**śarmā**	Sharma (Nachname)

Damit haben wir Ihnen vorerst das wichtigste Handwerkszeug für das Lesen und Schreiben der Devanagari-Schrift zur Verfügung gestellt. Die hier aufgeführten Informationen sollen Ihnen in erster Linie als Übersicht und zum Nachschlagen dienen. Sie können (und sollten!) diese Einführung – vor allem in der Anfangszeit – regelmäßig wieder aufschlagen und passagenweise nachlesen, aber auf keinen Fall sollten Sie dabei auswendig lernen!

VIEL SPASS MIT DIESEM BUCH!

Auf der linken Seite steht der Hindi-Lektionstext Satz für Satz und unter jedem Satz die passende Umschrift.

पाठ एक **pāṭh ek**

मेरा नाम हिन्दुस्तानी है !

merā nām hindustānī hai ! ①

१ — नमस्कार !

1 — namaskār ! ② ③

२ मैं निशा हूँ ।

2 maĩ niśā hū̃ . ④ ⑤ ⑥

३ क्या आप अध्यापक हैं ?

3 kyā āp adhyāpak haĩ ? ⑦ ⑧ ⑨

४ — जी हाँ । मेरा नाम नवाबराय है ।

4 — jī hā̃ . merā nām navābrāy hai . ⑩ ⑪

ANMERKUNGEN

① Bitte lesen Sie die Kurseinleitung durch, bevor Sie mit dieser Lektion beginnen. Dort werden Ihnen Aufbau und Arbeitsweise des Kurses erläutert.

② **नमस्कार namaskār** aus dem Sanskrit ist wie auch **नमस्ते namaste** eine traditionelle Begrüßungs- oder Abschiedsformel: "Guten Tag/Auf Wiedersehen". Bei Begrüßung und Abschied legt man die Handflächen gegeneinander vor die Brust; die Fingerspitzen zeigen dabei nach oben.

③ Das **स s** ist immer stimmlos wie in "Kasse" (Lautschriftzeichen [ß]).

④ Das **श ś** spricht man [*sch*] aus.

⑤ Wie hier stehen die Verben immer am Satzende.

Auf der rechten Seite finden Sie die entsprechende deutsche Übersetzung – sinngemäß und wörtlich.

Erste Lektion

Mein Name ist indisch!
(mein Name indisch ist!)

1 – Guten Tag!
(Verbeugung!)

2 Ich bin Nisha.
(ich Nisha bin.)

3 Sind Sie [der] Lehrer?
(was Sie Lehrer sind?)

4 – Ja. Ich heiße Navabray.
(**ji** ja. mein Name Navabray ist.)

⑥ हूँ **hū̃** (mit nasaliertem [*u*]): 1. Person des Verbs (Tätigkeitsworts) होना **honā** "sein".

⑦ Das Fragewort क्या **kyā** am Beginn eines Aussagesatzes macht aus ihm eine Ja-/Nein-Frage. Es kann auch mit "Was?" übersetzt werden: क्या बात है ? **kyā bāt hai ?** "Was ist los?" (was Sache ist?).

⑧ Mit आप **āp** wenden Sie sich höflich an eine oder mehrere Personen; das Verb steht immer in der 3. Person Plural (Mehrzahl).

⑨ Beachten Sie den Punkt: हैं **haĩ** "sind" wird im Gegensatz zu है **hai** "ist" (Singular) nasaliert.

⑩ Beim Siezen stellt man जी **jī** (etwa "mein Herr/meine Dame") vor हाँ **hā̃** und नहीं **nahī̃** "nein", da die Aussage sonst als unhöflich empfunden werden kann. Auch bei Namen und Titeln kann die Nachsilbe जी **jī** angefügt werden, um eine Person besonders respektvoll anzusprechen: गांधीजी **gāndhījī**, गुरुजी **gurujī** "Meister".

⑪ मेरा **merā** ist ein Possessivpronomen (besitzanzeigendes Fürwort) und trägt die männliche Endung **-ā**. Es wird an das männliche Nomen (Hauptwort) नाम **nām** angeglichen.

५ मैं हिन्दुस्तानी हूँ । और, आप भी... ?
5 maĩ hindustānī hū̃ . aur, āp bhī... ? ⑫ ⑬

६ — जी नहीं । मैं फ़्रांसीसी हूँ ।
6 jī nahī̃ . maĩ frānsīsī hū̃ . ⑭ ⑮

७ लेकिन मेरा नाम हिन्दुस्तानी है ।
7 lekin merā nām hindustānī hai . ⑯

ÜBUNG 1: Verstehen Sie diese Sätze?

१ नमस्कार ! मैं नवाबराय हूँ ।
❶ namaskār ! maĩ navābrāy hū̃ .

२ क्या आप फ़्रांसीसी हैं ?
❷ kyā āp frānsīsī haĩ ?

३ जी हाँ । मेरा नाम निशा है ।
❸ jī hā̃ . merā nām niśā hai .

४ आप अध्यापक हैं ।
❹ āp adhyāpak haĩ .

5 Ich bin Inder. Und Sie auch ...?
(ich indisch bin. und, Sie auch ... ?)

6 – Nein. Ich bin Französin.
(ji nein. ich französisch bin.)

7 Aber mein Name ist indisch.
(aber mein Name indisch ist.)

ANMERKUNGEN

⑫ Sprechen Sie ऐ (ै) **ai** immer wie [*ä*] und औ (ौ) **au** wie ein offenes [*O*] etwa wie in "Kost", jedoch lang.

⑬ प **p** wird nicht behaucht, sondern eher wie [*b*] ausgesprochen.

⑭ Hauptwörter, die Einwohner eines Landes bezeichnen, sind unveränderlich und gelten sowohl für Männer als auch für Frauen: फ़्रांसीसी **frānsīsī** ("französisch / Franzose, Französin"); हिन्दुस्तानी **hindustānī** ("indisch / Inder, Inderin").

⑮ Steht ein Nasallaut wie **ṅ**, **ñ**, **ṇ**, **n** oder **m** vor einem weiteren Konsonanten, wird der Nasallaut meist nur durch einen Punkt über der Linie, das Anusvara, geschrieben: फ़्रांस **frāns** ("Frankreich"). Für **n** kann das न auch mit dem nachfolgenden Konsonanten eine Ligatur eingehen: हिन्दुस्तान **hindustān** ("Indien").

⑯ Im Devanagari wird der Punkt am Satzende durch einen senkrechten Strich dargestellt.

Lerntipp: *Wie in der Einleitung beschrieben, sollten Sie sich anfangs nur auf das Verstehen des Dialogs konzentrieren. Lesen Sie den Text Satz für Satz, und vergleichen Sie ihn mit der Übersetzung. Sehen Sie sich auch die Anmerkungen zum Satz an. Sie erklären die Aussprachebesonderheiten und andere grammatikalische Phänomene. Nach ein paar Wiederholungen werden Sie merken, dass Sie schon in der Lage sind, alle Sätze des Dialogs (und der 1. Übung) zu verstehen, ohne auf die Übersetzung zu schauen.*

Lösung der 1. Übung: Haben Sie verstanden?

❶ Guten Tag! Ich bin Navabray. (guten Tag! ich Navabray bin.) ❷ Sind Sie Franzose/Französin? (was Sie französisch sind?) ❸ Ja. Mein Name ist Nisha. (ji ja. mein Name Nisha ist.) ❹ Sie sind Lehrer. (Sie Lehrer sind.)

ÜBUNG 1: Verstehen Sie diese Sätze? (Fortsetzung)

५ मैं हिन्दुस्तानी हूँ । और आप ?
⑤ maĩ hindustānī hū̃ . aur āp ?

६ मैं फ्रांसीसी हूँ ।
⑥ maĩ frānsīsī hū̃ .

७ क्या आप हिन्दुस्तानी हैं ?
⑦ kyā āp hindustānī haĩ ?

८ जी हाँ । मेरा नाम नवाबराय है ।
⑧ jī hā̃ . merā nām navābrāy hai .

९ नवाबराय जी, मैं निशा हूँ ।
⑨ navābrāy jī, maĩ niśā hū̃ .

१० मेरा नाम हिन्दुस्तानी है ।
⑩ merā nām hindustānī hai !

Übung 2: Setzen Sie die fehlenden Wörter ein.

❶ Guten Tag, ich bin Navabray.
१ नमस्कार, मैं नवाबराय हूँ ।
□□□□□□□□□, □□□ navābrāy □□ .

❷ Mein Name ist Nisha.
२ मेरा नाम निशा है ।
□□□□ nām niśā □□□ .

❸ Ich bin Französin.
३ मैं फ्रांसीसी हूँ।
maĩ □□□□□□□□□ □□ .

❹ Ist mein Name französisch?
४ क्या मेरा नाम फ्रांसीसी है ?
kyā □□□□ □□□ frānsīsī hai ?

Lösung der 1. Übung: Haben Sie verstanden? (Fortsetzung)

❺ Ich bin Inder/Inderin. Und Sie? (ich indisch bin. und Sie?) ❻ Ich bin Franzose/Französin. (ich französisch bin.) ❼ Sind Sie Inder/Inderin? (was Sie indisch sind?) ❽ Ja. Mein Name ist Navabray. (ji ja. mein Name Navabray ist.) ❾ Navabray (ji), ich bin Nisha. (Navabray ji, ich Nisha bin.) ❿ Mein Name ist indisch! (mein Name indisch ist!)

***Lerntipp:** Auf den Tonaufnahmen hören Sie vor jeder ersten Übung* अभ्यास **abhyās**, *das "Übung" bedeutet. In dieser* ***Verständnisübung** treffen Sie bekannte Wörter, eventuell in einem neuen Kontext. Ihr Ziel ist es, zu überprüfen, ob Sie alle Wörter erkennen und neu zusammengestellte Sätze verstehen. Die Lösung bzw. die korrekte Übersetzung ist **nicht**, wie in vielen Lehrbüchern üblich, am Ende des Buches versteckt, sondern Sie finden sie direkt gegenüber. So verlieren Sie keine Zeit mit Suchen und können Ihren Lernerfolg schneller kontrollieren. Falls Sie einen Übungssatz nicht sofort verstehen, vergleichen Sie ihn mit der Lösung. Versuchen Sie, jedem Hindi-Wort seine deutsche Übersetzung zuzuordnen. Als Hilfe finden Sie für feste Wendungen die entsprechende wörtliche Übersetzung in runden Klammern ( ).*

Übung 2: Setzen Sie die fehlenden Wörter ein. (Fortsetzung)

❺ Nein. Aber Sie sind Französin.

५ जी नहीं । लेकिन आप फ़्रांसीसी हैं ।

jī □□□□. lekin □□ □□□□□□□□ haĩ .

Lösung der 2. Übung: Die fehlenden Wörter.

❶ namaskār ! maĩ — hū̃ ! ❷ merā — — hai . ❸ frānsīsī hū̃ .
❹ — merā nām — — ? ❺ — nahī̃ . — āp frānsīsī — .

***Lerntipp:** Die zweite Übung ist ein **Lückentext**: Da uns klar ist, dass Sie die Devanagari-Schrift noch nicht beherrschen, sollten Sie hier nur die Umschrift ergänzen. Als Hilfe dürfen Sie sich trotzdem die fehlenden Wörter in Devanagari-Schrift (grau statt schwarz) anschauen. So üben Sie das Lesen und kommen wahrscheinlich schneller auf die richtige Lösung. Wenn nicht, finden Sie die Lösung in Umschrift nach dem letzten Übungssatz.*

Schreib- & Leseübung: Buchstaben

न	न	न	न	न	न ①		**na**
र	र	र	र	र	र		**ra**
ह	ह	ह	ह	ह	ह		**ha**
◌ी	◌ी	◌ी	◌ी	◌ी	◌ी ②		**ī**
◌ीं = ◌ी + ◌ं			◌ीं	◌ीं	◌ीं ③		**ī̃**

Schreib- & Leseübung: Wörter

हर	ह+र	**har**	jeder, jede, jedes
हीर	ह+◌ी+र	**hīr**	Edelstein
मेरा	मे+र+◌ा	**merā**	mein
रहन	र+ह+न	**rahan**	Lebensart
नहीं	न+ह+◌ी+◌ं	**nahī̃**	nein
हरी	ह+र+◌ी	**harī**	grün♀

Anmerkungen zur (Devanagari-)Schrift

① Der waagerechte Strich ganz oben, die sog. "Rekha" (Kopflinie), wird immer nach dem Buchstaben bzw. bei ganzen Wörtern zum Schluss geschrieben.

② Der Kreis vor dem Buchstaben ist ein Platzhalter. Er soll verdeutlichen, dass dies nicht das ī in seiner "vollen Form", sondern das ī als "Matra" ist.

Schreib- & Leseübung: Ligaturen

नमस्कार स + क = स्क ④

namaskār s + k = sk

अध्यापक ध + य = ध्य ④

adhyāpak dh + y = dhy

Anmerkungen zur (Devanagari-)Schrift

③ Der Punkt über dem Vokal zeigt an, dass dieser als Nasal ausgesprochen wird. In der Umschrift wird die Nasalierung durch eine Tilde (~) dargestellt.

④ Hier sehen Sie zwei Beispiele für Ligaturen, bei denen der senkrechte Strich auf der rechten Seite des ersten Elements wegfällt.

Begrüßungsfloskeln

नमस्कार ! **namaskār !** oder नमस्ते ! **namaste !** wird traditionell zur Begrüßung oder zum Abschied verwendet. Unter Freunden, speziell unter Jugendlichen, wird der Gruß oft ausgelassen und sofort zur Frage कैसे हो ? **kaise ho ?** "Wie geht's?" übergegangen. Man benutzt auch das englische "Hello" oder "Hi". Auf dem Dorf hört man häufiger den volkstümlichen und religiösen Gruß राम-राम ! **rām-rām !** (nach dem Gott राम **rām**), das in etwa dem süddeutschen "Grüß Gott" entspricht. Ram ist in der hinduistischen Mythologie die siebte Inkarnation von विष्णु **viṣṇu**, einem Hindugott. Sein Leben wird im रामायण **rāmāyaṇ**, einem der zwei großen Heldenepen Indiens, erzählt. Es handelt von Rams Verbannung in die Einsamkeit des Waldes und dem Sieg über den Dämonen रावण **rāvaṇa**, nachdem dieser seine Gattin सीता **sītā** entführt hat. Der Kampf zwischen Ram und Ravana symbolisiert dabei den Kampf zwischen Gut und Böse, den das Gute letztendlich für sich entscheidet. Ram ist bis heute eine Art Volksheld und wird in ganz Indien verehrt. Kein Wunder, dass sein Name sogar als Begrüßung verwendet wird!

पाठ दो pāṭh do

हम सब हिन्दी के छात्र हैं ?
ham sab hindī ke chātr haĩ ?

१ — अच्छा !
1 acchā ! ①

२ आपका नाम हिन्दुस्तानी है !
2 āpkā nām hindustānī hai ! ②

३ और अब आप हिन्दी की छात्रा हैं... ?
3 aur ab āp hindī kī chātrā haĩ... ? ③

४ — जी हाँ । .... वह कौन है ?
4 jī hā̃ . ... voh kaun hai ?

५ — वह हेरमान है । वह जर्मन है ।
5 voh hermān hai . voh jarman hai . ④

६ — यह भी हिन्दी की छात्र है ?
6 yeh bhī hindī kā chātr hai ? ⑤ ⑥

ANMERKUNGEN

① Als Adjektiv (Eigenschaftswort) vor einem Nomen richtet sich अच्छा **acchā** im Geschlecht nach diesem: अच्छा बेटा **acchā beṭā** "guter Sohn" und अच्छी बेटी **acchī beṭī** "gute Tochter".

② आपका **āpkā** ist ein besitzanzeigendes Fürwort. Es ist männlich, weil es sich in seinem Geschlecht nach dem männlichen नाम **nām** richtet.

③ की **kī** verbindet zwei Nomen. Es ist die weibliche Form zu का **kā**, der einzigen Postposition (nachgestelltes Verhältnis-

Zweite Lektion

Sind wir alle Hindi-Schüler?
(wir alle Hindi von Schüler sind?)

1 – Gut!

2 Ihr Name ist indisch!
(Ihr Name indisch ist!)

3 Und jetzt sind Sie Hindi-Schülerin ...?
(und jetzt Sie Hindi von Schülerin sind ...?)

4 – Ja ... Wer ist das?
(ji ja. ... jene/r wer ist?)

5 – Das ist Hermann. Er ist Deutscher.
(jene/r Hermann ist. jene/r deutsch ist.)

6 – Ist auch er Hindi-Schüler?
(diese/r auch Hindi von Schüler ist?)

wort), die sich in Geschlecht und Zahl an das folgende Nomen anpasst. हिन्दी का छात्र **hindī kā chātr**♂ "Hindi-Schüler", हिन्दी की छात्रा **hindī kī chātrā**♀ "Hindi-Schülerin".

④ Der Buchstabe र **r** weist diverse Ligaturen auf und steht häufig – wie hier bei जर्मन **jarman** "deutsch, Deutsche/r" – als kleiner Haken über dem nachfolgenden Konsonanten.

⑤ Unterscheiden Sie यह **yeh** "dieser, -e, -es" von वह **voh** "jener, -e, -es". Beide sind sowohl männlich als auch weiblich – jedoch nur für den Singular gebraucht. Die Schreibweise ist zwar **yah** und **vah**, gesprochen klingen sie aber meist wie **yeh** und **voh** (oder auch **vaha**). Für वह **voh** gibt es die alternative Schreibweise वो **vo**.

⑥ भी **bhī** folgt dem Wort/der Wortgruppe, auf das/die es sich bezieht. Je nach Position von भी **bhī** variiert die Bedeutung des Satzes: वह हिन्दी का छात्र भी है। **voh hindī kā chātr bhī hai** . "Er ist auch Hindi-Schüler" (und vielleicht noch Schüler in einer anderen Sprache). वह भी हिन्दी का छात्र है। **voh bhī hindī kā chātr hai** . "Auch *er* ist Hindi-Schüler."

७ – जी हाँ । और वह बोरिस है ।
7 jī hā̃ . aur voh boris hai .

८ – बोरिस, तुम रूसी हो, न ?
8 boris, tum rūsī ho, na ? ⑦

९ – हाँ !... हम सब हिन्दी के छात्र हैं ?
9 hā̃ !... ham sab hindī ke chātr haĩ ? ⑧

ANMERKUNGEN

⑦ तुम... हो **tum ... ho** ist die 2. Person Singular des Verbs होना **honā**.

⑧ के **ke** ist die Pluralform zu का **kā**. Es handelt sich hier um eine Gruppe aus Männern und Frauen. Grammatikalisch betrachtet gilt diese Gruppe als männlich und es wird das Maskulinum Plural verwendet.

ÜBUNG 1: Verstehen Sie diese Sätze?

१ अब मैं हिन्दी की छात्रा हूँ ।
❶ ab maĩ hindī kī chātrā hū̃ .

२ क्या हेरमान हिन्दी का छात्र है ?
❷ kyā hermān hindī kā chātr hai ?

३ जी हाँ । और वह जर्मन है ।
❸ jī hā̃. aur voh jarman hai .

४ आप कौन हैं ? - मैं बोरिस हूँ ।
❹ āp kaun haĩ ? – maĩ boris hū̃ .

५ मैं भी हिन्दी का छात्र हूँ ।
❺ maĩ bhī hindī kā chātr hū̃ .

7 – Ja. Und das ist Boris.
(ji ja. und jene/r Boris ist.)

8 – Boris, du bist Russe, nicht wahr?
(Boris, du russisch bist, nicht?)

9 – Ja ! ... Sind wir alle Hindi-Schüler?
(ja ... wir alle Hindi von Schüler sind?)

ÜBUNG 1: Verstehen Sie diese Sätze? (Fortsetzung)

६ आपका नाम रूसी है ।
⑥ āpkā nām rūsī hai .

७ जी हाँ, मैं रूसी हूँ ।
⑦ jī hā̃, maĩ rūsī hū̃ .

८ निशा और बोरिस हिन्दी के छात्र हैं ।
⑧ niśā aur boris hindī ke chātr haĩ .

९ तुम हेरमान हो, लेकिन वह कौन है ?
⑨ tum hermān ho, lekin voh kaun hai ?

१० वह भी हिन्दी का छात्र है ।
⑩ voh bhī hindī kā chātr hai .

Lösung der 1. Übung: Haben Sie verstanden?

① Jetzt bin ich Hindi-Schülerin. (jetzt ich Hindi von Schülerin bin.) ② Ist Hermann Hindi-Schüler? (was Hermann Hindi von Schüler ist?) ③ Ja. Und er ist Deutscher. (ji ja. und jene/r deutsch ist.) ④ Wer sind Sie? — Ich bin Boris. (Sie wer sind? — ich Boris bin.) ⑤ Auch ich bin Hindi-Schüler. (ich auch Hindi von Schüler bin.) ⑥ Ihr (*höflich*) Name ist russisch. (Ihr Name russisch ist.) ⑦ Ja, ich bin Russe. (ji ja, ich russisch bin.) ⑧ Nisha und Boris sind Hindi-Schüler. (Nisha und Boris Hindi von Schüler sind.) ⑨ Du bist Hermann, aber wer ist jener? (du Hermann bist, aber jene/r wer ist?) ⑩ Auch er ist Hindi-Schüler. (jene/r auch Hindi von Schüler ist.)

Übung 2: Setzen Sie die fehlenden Wörter ein.

❶ Ihr (*höflich*) Name ist indisch!

१ आपका नाम हिन्दुस्तानी है !

□□□□ nām hindustānī hai !

❷ Boris ist Hindi-Schüler.

२ बोरिस हिन्दी का छात्र है ।

boris hindī □□ □□□□□ hai .

❸ Nisha ist Hindi-Schülerin.

३ निशा हिन्दी की छात्रा है ।

niśā hindī □□ □□□□□□ hai .

❹ Boris und Hermann sind Hindi-Schüler (Pl.).

४ बोरिस और हेरमान हिन्दी के छात्र हैं ।

boris □□□ hermān hindī □□ □□□□□ haĩ .

❺ Nisha und Hermann sind Hindi-Schüler (Pl.).

५ निशा और हेरमान हिन्दी के छात्र हैं ।

niśā aur hermān hindī □□ □□□□□ haĩ .

Lösung der 2. Übung: Die fehlenden Wörter.

❶ āpkā — — —! ❷ — — kā chātr —. ❸ — — kī chātrā —.
❹ — aur — — ke chātr —. ❺ — — — ke chātr —.

Lerntipp: *In den runden Klammern der deutschen Texte steht die wörtliche Übersetzung der Hindi-Sätze. Die eckigen Klammern in der sinngemäßen Übersetzung beinhalten Satzteile, die im Hindi nicht vorkommen, im Deutschen jedoch aus Gründen des Verständnisses oder des Satzbaus unerlässlich sind.*

Schreib- & Leseübung: Buchstaben

प प प प प प ① **pa**

ि ि ि ि ि ि ② **i**

ा ा ा ा ा ा ③ **ā**

Anmerkungen zur (Devanagari-)Schrift

① Jeder Konsonant, auf den kein geschriebener Vokal folgt, wird mit einem kurzen auslautenden **a** gesprochen.

② Achtung: Das Matra für das kurze **i** steht immer *links* vom Konsonanten und wird auch erst nach diesem Konsonanten geschrieben.

③ Das Matra für das lange **ā** ist sehr einfach zu schreiben. Im Gegensatz zu ihm wird das inhärente kurze **a** im Wort nicht geschrieben.

Schreib- & Leseübung: Wörter

आप	आ+प	**āp**	Sie
हेरमान	ह+े+र+म+ा+न	**hermān**	Herman

Schreib- & Leseübung: Wörter (Fortsetzung)

नारी	न+◌ा+र+◌ी	**nārī**	Frau
पानी	प+◌ा+न+◌ी	**pānī**	Wasser
नहाना	न+ह+◌ा+न+◌ा	**nahānā**	sich baden
हरा	ह+र+ा	**harā**	grün

Schreib- & Leseübung: Ligaturen

हिन्दुस्तानी / हिन्दी	न + द = न्द ④
hindustānī / hindī	**n + d = nd**
छात्र	त + र = त्र ⑤
chātr	**t + r = tr**

Anmerkungen zur (Devanagari-)Schrift

④ Auch hier sehen Sie, dass der senkrechte Strich des न **na** beim Verschmelzen mit dem द **da** wegfällt. Eine alternative Schreibweise von हिन्दुस्तानी **hindustānī** oder हिन्दी **hindī** wäre हिंदुस्तानी / हिंदी mit dem "Anusvara" genannten Punkt über der Kopflinie.

⑤ Bei der Ligatur von त **ta** mit र **ra** lässt sich die ursprüngliche Form der beiden Elemente kaum noch erkennen.

Höflichkeit

Verwenden Sie in Gesprächen mit fremden Personen grundsätzlich das höfliche Pronomen आप **āp** "Sie". **āp** kann zwar manchmal etwas steif wirken, aber damit verhalten Sie sich in jeder Situation sehr respektvoll. Mit तुम **tum** "du" drücken die Inder aus, dass sie ihren Gesprächspartner als gleichaltrig, jünger oder sozial niedriger gestellt ansehen. Sie sprechen besonders Taxifahrer, Kellner, Hotelangestellte oder das eigene Hauspersonal mit **tum** an. Als Fremder sollte man jedoch vorerst keinen Gebrauch davon machen. Diese Anrede empfiehlt sich für Sie in erster Linie für gute Freunde oder Kollegen, aber auch für Kinder. Es gibt ein weiteres Niveau für die Anrede in der 2. Person: das intime तू **tū**. Von dieser Anrede möchten wir dem ausländischen Anfänger ausdrücklich abraten, da es als sehr umgangssprachlich, ja geradezu verletzend aufgefasst werden kann. Viele Hindi-Sprecher benutzen diese Anredeform selbst nicht, es sei denn im Streit.

पाठ तीन pāṭh tīn

ताज़े समोसे, गरम-गरम चाय !

tāze samose, garam-garam cāy !

१ — छोटू ! चाय है ?

1 choṭū ! cāy hai ?

२ — हाँ साहब । और आज हलवा अच्छा है !

2 hā̃ sāhab. aur āj halvā acchā hai ! ① ② ③

३ — और क्या है ?

3 aur kyā hai ? ④ ⑤

४ — जलेबी बहुत अच्छी है !

4 jalebī bahut acchī hai ! ⑥

५ ताज़ी-ताज़ी है । गरम-गरम है ।

5 tāzī-tāzī hai . garam-garam hai . ⑦ ⑧ ⑨

ANMERKUNGEN

① साहब **sāhab** ist ein arabisches Lehnwort und existiert auch in der Form साहिब **sāhib** "mein Herr". Es wird vor allem gegenüber Vorgesetzten gebraucht.

② Bei अच्छा हलवा है ? **acchā halvā hai ?** "Gibt es gute Halva?" ist अच्छा **acchā** ein Adjektiv, das an das Nomen angeglichen wird.

③ हलवा **halvā**♂ ist eine Süßspeise aus Grieß und zerlassener Butter, meist angereichert mit Mandeln, Rosinen und Kardamom.

Dritte Lektion

Frische Samosas, heißer Tee!
(frisch Samosas, warm-warm Tee!)

1 – Chotu ! Gibt es Tee?
(Kleiner! Tee ist?)

2 – Ja [mein] Herr. Und heute ist die Halva gut!
(ja Herr. und heute Halva gut ist!)

3 – Und was gibt es noch?
(und was ist?)

4 – Die Jalebi ist sehr gut!
(Jalebi sehr gut ist!)

5 Sie ist sehr frisch. Sie ist sehr heiß.
(frisch-frisch ist. warm-warm ist.)

④ और **aur** entspricht hier "und … noch".

⑤ क्या **kyā** heißt hier "was?". Als Fragepartikel kann es auch am Satzende stehen: आप अध्यापक हैं क्या ? **āp adhyāpak haĩ kyā ?** "Sie sind [der] Lehrer, nicht wahr?".

⑥ जलेबी **jalebī** – eine in Öl frittierte, sehr süße Nachspeise – ist weiblich; daher haben auch die zugehörigen Adjektive die weibliche Form: अच्छी **acchī**, ताज़ी **tāzī** usw.

⑦ ताज़ी-ताज़ी **tāzī-tāzī** / गरम-गरम **garam-garam**: Die Verdoppelung eines Adjektivs betont dieses: "sehr frisch" bzw. "sehr warm, heiß".

⑧ Adjektive mit Konsonantendung wie गरम **garam** "warm, heiß" sind unveränderlich. Daher: गरम समोसा **garam samosā** oder गरम जलेबी **garam jalebī**.

⑨ Auch Adjektive auf -ी **-ī** sind unveränderlich, z. B. diejenigen, die eine Nationalität ausdrücken: फ़्रांसीसी **frānsīsī**, हिन्दुस्तानी **hindustānī**, रूसी **rūsī**, usw.

६ — चाय ठंडी है, न... ?

6 cāy ṭhaṇḍī hai na... ? ⑩ ⑪

७ — नहीं साहब ! गरम है ।

7 nahī̃ sāhab ! garam hai .

८ समोसे भी हैं ।

8 samose bhī haĩ .

९ बड़े-बड़े, ताज़े-ताज़े और गरम-गरम !

9 baṛe-baṛe, tāze-tāze aur garam-garam ! ⑫ ⑬

१०— अच्छा, पहले एक-एक समोसा और ताज़ी-ताज़ी जलेबियाँ लाओ ।

10 acchā, pahale ek-ek samosā aur tāzī-tāzī jalebiyā̃ lāo . ⑭ ⑮ ⑯

ANMERKUNGEN

⑩ Der Laut ठ **ṭha** wird von einem aus dem Rachen kommenden Anhauchen begleitet. ठ **ṭha** hören Sie am Beginn jeder Lektion in पाठ **pāṭh**.

पहला अभ्यास: क्या आप ये वाक्य समझ रहे हैं ?

१ बोरिस ! छोटू है ?

❶ boris ! choṭū hai ?

२ समोसा अच्छा है ।

❷ samosā acchā hai .

३ जलेबी अच्छी है ।

❸ jalebī acchī hai .

6 – Der Tee ist kalt, nicht wahr ... ?
(Tee kalt ist nicht ... ?)

7 – Nein [mein] Herr! Er ist heiß.
(nein Herr! warm ist.)

8 Es gibt auch Samosas.
(Samosas auch sind.)

9 Sehr groß, sehr frisch und sehr heiß!
(groß-groß, frisch-frisch und warm-warm!)

10 – Gut, bring zuerst jedem eine Samosa und sehr frische Jalebis.
(gut, zuerst eins-eins Samosa und frisch-frisch Jalebis bring.)

⑪ In ठंडी **ṭhaṇḍī** wird der ṇ-Laut durch den "Anusvara" genannten Punkt über der Kopflinie ("Rekha") dargestellt, die alle Buchstaben verbindet.

⑫ Männliche Nomen und Adjektive auf -ा **-ā** enden im Plural auf -े **-e**: समोसे **samose**, अच्छे **acche**, बड़े **baṛe**, ताज़े **tāze**. Enden sie auf einen Konsonanten, bleiben sie unverändert: एक छात्र **ek chātr** "ein Schüler", दो छात्र **do chātr** "zwei Schüler".

⑬ Das ड़ **ṛa** wird aufgrund des Punktes wie ein [*r*] mit nach oben gebogener Zungenspitze gesprochen, wobei die Zungenränder beiderseits gegen den Zahndamm drücken.

⑭ Das verdoppelte एक **ek** bedeutet "eins für jeden". Ebenso: दो-दो **do-do** "zwei für jeden", तीन-तीन **tīn-tīn** "drei für jeden" usw.

⑮ जलेबियाँ **jalebiyā̃**: Plural von जलेबी **jalebī**. Das lange ई **-ī** (♀) wird im Plural zu इयाँ **-iyā̃**.

⑯ लाओ **lāo** ist der Imperativ (Befehlsform) von लाना **lānā** "bringen". An den Stamm ला **lā-** wird -ो **-o** angehängt. Dies entspricht der 2. Person Singular, also einer Anrede mit तुम **tum**.

पहले अभ्यास के उत्तर : क्या आप समझे ?

❶ Boris! Ist Chotu da? (Boris! Chotu ist?) ❷ Die Samosa ist gut. (Samosa gut ist.) ❸ Die Jalebi ist gut. (Jalebi gut ist.)

पहला अभ्यास: क्या आप ये वाक्य समझ रहे हैं ? (जारी)

४ हलवा ताज़ा है ।
4 halvā tāzā hai .

५ समोसे बड़े-बड़े हैं ।
5 samose baṛe-baṛe haĩ .

६ जलेबियाँ ताज़ी हैं ।
6 jalebiyā̃ tāzī haĩ .

७ जलेबियाँ ठंडी हैं ।
7 jalebiyā̃ ṭhaṇḍī haĩ .

८ चाय ठंडी है ।
8 cāy ṭhaṇḍī hai .

९ चाय गरम है ।
9 cāy garam hai .

१० दो-दो जलेबियाँ लाओ ।
10 do-do jalebiyā̃ lāo .

दूसरा अभ्यास: वाक्य पूरे कीजिए ।

1 Die Samosa ist gut!
१ समोसा अच्छा है !
samosā □□□□□ □□□ !

पहले अभ्यास के उत्तर: क्या आप समझे ? (जारी)

❹ Die Halva ist frisch. (Halva frisch ist.) ❺ Die Samosas sind sehr groß. (Samosas groß-groß sind.) ❻ Die Jalebis sind frisch. (Jalebis frisch sind.) ❼ Die Jalebis sind kalt. (Jalebis kalt sind.) ❽ Der Tee ist kalt. (Tee kalt ist.) ❾ Der Tee ist heiß. (Tee warm ist.) ❿ Bring jedem zwei Jalebis. (zwei-zwei Jalebis bring.)

दूसरा अभ्यास: वाक्य पूरे कीजिए । (जारी)

❷ Die Jalebi ist gut.

२ जलेबी अच्छी है ।

jalebī □□□□□ □□□ .

❸ Die Samosas sind warm.

३ समोसे गरम हैं ।

□□□□□□ □□□□□ haĩ .

❹ Bring jedem einen heißen Tee.

४ एक-एक गरम चाय लाओ ।

□□ □□ □□□□□ cāy lāo .

❺ Bring jedem zwei warme Jalebis.

५ दो-दो गरम जलेबियाँ लाओ ।

do-do garam □□□□□□□□ □□□ .

दूसरे अभ्यास के उत्तर: रिक्त स्थान

❶ — acchā hai ! ❷ — acchī hai . ❸ samose garam — .
❹ ek-ek garam — — . ❺ — — — jalebiyā̃ lāo .

> ***Lerntipp:** Beschäftigen Sie sich möglichst täglich ca. 15-20 Minuten mit Ihrem Hindi-Kurs. Schon in den ersten Lektionen kommen fast alle typischen Laute des Hindi vor. Unterscheiden Sie sorgfältig zwischen behauchten und nicht behauchten sowie zwischen langen und kurzen Konsonanten. Sprechen Sie die Lektionstexte langsam, laut und deutlich nach. Zögern Sie nicht, Wörter oder Sätze, deren Aussprache Ihnen Schwierigkeiten bereitet, mehrmals zu üben.*

लिपि का अभ्यास : अक्षर

अ	अ	अ	अ	अ	अ ①	**a**
आ	आ	आ	आ	आ	आ ②	**ā**
◌ु	◌ु	◌ु	◌ु	◌ु	◌ु	**u**
◌ू	◌ू	◌ू	◌ू	◌ू	◌ू ③	**ū**

लिपि का अभ्यास : शब्द

अपना	अ+प+न+ा	**apnā**	sein, eigener (Possessivpronomen)
आप	आ+प	**āp**	Sie
पुराना	प+ु+र+ा+न+ा	**purānā**	alt♂
नूर	न+ू+र	**nūr**	Licht
हुनर	ह+ु+न+र	**hunar**	Talent
अहीर	अ+ह+ी+र	**ahīr**	reich
आह	आ+ह	**āh**	ah!

Anmerkungen zur (Devanagari-)Schrift

① Das kurze अ **a** ist der einzige Vokal, der nur über eine volle Form, nicht über ein Matra, verfügt.

लिपि का अभ्यास : संयुक्ताक्षर

अच्छा	च + छ = च्छ ④
acchā	**c + ch = cch**
क्या	क + य = क्य ⑤
kyā	**k + y = ky**

Anmerkungen zur (Devanagari-)Schrift

② Dies ist die volle Form des langen **ā**, die am Wortanfang und nach einem anderen Vokal benutzt wird.

③ Um das lange **ū** vom kurzen **u** zu unterscheiden, achten Sie darauf, ob der Kringel nach oben oder unten geöffnet ist. Evtl. hilft Ihnen eine Eselsbrücke?

④ Auch das च **ca** verliert seinen vertikalen Strich auf der rechten Seite, wenn es mit छ **cha** verschmilzt.

⑤ Bei der Ligatur von क **ka** und य **ya** verkürzt sich der Bogen auf der rechten Seite des क **ka**.

Teekultur

Zu den Leckerbissen der indischen Küche zählen समोसे **samose**, Krapfen, die mit stark gewürztem Gemüse gefüllt sind, oder जलेबियाँ **jalebiyā̃**, sehr süße, in heißem Öl frittierte spiralförmige Gebäckteilchen. Für den dazugehörigen Tee lässt man die Teeblätter lange in gezuckerter Milch und Wasser ziehen und schmeckt dann mit Kardamomkernen, manchmal auch mit Ingwer oder anderen Gewürzen, ab. Das klingt gewöhnungsbedürftig, man kommt bei einem Indienaufenthalt aber sehr schnell auf den Geschmack des चाय **cāy**. Kein Wunder, dass Tee zumindest in Nord- und Zentralindien das bei weitem beliebteste Getränk darstellt! Kaffee dagegen wird traditionell nur im Süden häufig getrunken. Man trinkt seinen Tee mit Vorliebe an den Teeküchen auf der Straße, gebracht wird er oft von einem Jungen, der dort arbeitet und den man gewöhnlich mit "Chotu" anredet.

पाठ चार pāṭh cār

किसकी जेब में क्या है ?

kiskī jeb mẽ kyā hai ?

१ — रायसाहब ! यह आपका झोला है, क्या ?

1 rāysāhab ! yeh āpkā jholā hai, kyā ? ①

२ — कहाँ ? अरे हाँ ! मेरा झोला है । लाइए !

2 kahā̃ ? are hā̃ ! merā jholā hai . lāie ! ② ③

३ लेकिन मेरी घड़ी कहाँ है ?

3 lekin merī ghaṛī kahā̃ hai ? ④

४ जेब में नहीं है... ओह, यहाँ है ।

4 jeb mẽ nahī̃ hai... oh, yahā̃ hai . ⑤

५ मैं बहुत भुलक्कड़ हूँ !

5 maĩ bahut bhulakkaṛ hū̃ !

६ और यह क्या है, मेरी जेब में ?

6 aur yeh kyā hai, merī jeb mẽ ? ⑥

ANMERKUNGEN

① साहब **sāhab** "Herr" kann hinter einem Vor- oder Nachnamen stehen. Ebenso जी **jī**, z. B. निशाजी **niśājī**.

② मेरा **merā**♂ (Sg.) ist das Possessivpronomen "mein/-er", die weibliche Form lautet मेरी **merī**♀ "meine" (Sg. und Pl.), und मेरे **mere**♂ ist die männliche Pluralform "meine" (Pl.).

Vierte Lektion

In wessen Tasche ist was?

(wen-von Täschchen in was ist?)

1 – Raisahab! Ist dies Ihre Tasche?
(Raisahab! diese/r Sie-von Tasche ist, was?)

2 – Wo? Ach ja! Das ist meine Tasche. Geben Sie [sie mir bitte]!
(wo? ach ja! meine Tasche ist. bringen-Sie!)

3 Aber wo ist meine Uhr?
(aber meine Uhr wo ist?)

4 In dem Täschchen ist sie nicht ... Oh, hier ist sie.
(Täschchen in nicht ist ... oh, hier ist.)

5 Ich bin sehr zerstreut!
(ich sehr zerstreut bin!)

6 Und was ist dies, in meinem Täschchen?
(und diese/r was ist, meine Täschchen in?)

③ लाइए **lāie**: Dieser Imperativ von लाना **lānā** "bringen" wird verwendet, wenn man eine Person siezt (आप **āp** "Sie").

④ Auf कहाँ ? **kahā̃ ?** kann man mit यहाँ **yahā̃** "hier" oder वहाँ **vahā̃** "dort" antworten.

⑤ जेब में **jeb mẽ**: Die Nachsilbe में **mẽ** ist wie die anderen Nachsilben (Ausnahmen: का **kā** / की **kī** / के **ke**) unveränderlich.

⑥ Es gibt mehrere Bezeichnungen für "Tasche": जेब **jeb** ist eine kleine Tasche in einem Kleidungsstück, झोला **jholā** und थैला **thailā** bezeichnen eine "größere Tasche", eine "Handtasche", einen "Beutel" oder die "Geldbörse", während बैग **baig** die "Reisetasche" meint.

७ यह किसकी चुन्नी है, रेशमी ?

7 yeh kiskī cunnī hai, reśmī ? ⑦ ⑧

८ — निशा की है, शायद (हँसी) -

8 niśā kī hai, śāyad (hãsī) -

९ अच्छा ! आपकी है ?

9 acchā ! āpkī hai ?

१०— अरे हाँ ! मेरी है, लाइए !

10 are hã ! merī hai, lāie !

पहला अभ्यास: क्या आप ये वाक्य समझ रहे हैं ?

१ यह किसकी चाय है ?

❶ yeh kiskī cāy hai ?

२ वह किसका झोला है ?

❷ voh kiskā jholā hai ?

३ यह निशा की चाय है ।

❸ yeh niśā kī cāy hai .

४ वह रायसाहब का झोला है ।

❹ voh rāysāhab kā jholā hai .

५ यह किसके समोसे हैं ?

❺ yeh kiske samose haĩ ?

६ यह मेरी घड़ी है ।

❻ yeh merī ghaṛī hai .

७ मेरा हलवा यहाँ नहीं है ।

❼ merā halvā yahā̃ nahī̃ hai .

7 Wessen Seidenschal ist das?
(diese/r wen-von Schal ist, aus-Seide?)

8 – Er gehört vielleicht Nisha (Lachen) -
(Nisha von ist, vielleicht (Lachen) -)

9 Nun gut! Gehört er Ihnen?
(gut! Ihr ist?)

10 – He, ja! Das ist meiner, geben Sie [ihn mir bitte]!
(ach ja! meine ist, bringen-Sie!)

ANMERKUNGEN

⑦ Das Fragewort कौन ? **kaun ?** "wer?" wird vor einer Postposition zu किस ? **kis ?** "wen?". Ihm folgt hier की **kī**, da चुन्नी **cunnī** weiblich ist. किसका समोसा ? **kiskā samosā ?** "wessen Samosa?", किसके समोसे हैं ? **kiske samose haĩ ?** "Wessen Samosas sind (das)?".

⑧ रेशमी **reśmī** "aus Seide, seiden" – von रेशम **reśam** "Seide" – endet auf -ī und ist unveränderlich.

पहले अभ्यास के उत्तर : क्या आप समझे ?

❶ Wessen Tee ist das? (diese/r wen-von Tee ist?) ❷ Wessen Tasche ist das? (jene/r wen-von Tasche ist?) ❸ Dies ist Nishas Tee. (diese/r Nisha von Tee ist.) ❹ Diese Tasche ist von Raisahab. (jene/r Raisahab von Tasche ist.) ❺ Wessen Samosas sind das? (diese/r wen-von Samosas sind?) ❻ Dies ist meine Uhr. (diese/r meine Uhr ist.) ❼ Meine Halva ist nicht hier. (meine Halva hier nicht ist.)

पहला अभ्यास: क्या आप ये वाक्य समझ रहे हैं ? (जारी)

८ बोरिस की जलेबियाँ कहाँ हैं ?
⑧ boris kī jalebiyā̃ kahā̃ haĩ ?

९ मेरी जेब में आपकी चुन्नी है !
⑨ merī jeb mẽ āpkī cunnī hai !

१० अरे हाँ ! आपकी जेब में मेरी चुन्नी है !
⑩ are hā̃ ! āpkī jeb mẽ merī cunnī hai !

दूसरा अभ्यास: वाक्य पूरे कीजिए ।

❶ Ist dies Ihre Handtasche?

१ क्या यह आपका झोला है ?
kyā yeh □□□□ jholā hai ?

❷ Wessen Schal ist das?

२ यह चुन्नी किसकी है ?
yeh cunnī □□□□□ hai ?

❸ Wo ist meine Uhr?

३ मेरी घड़ी कहाँ है ?
□□□□ gharī □□□□ hai ?

लिपि का अभ्यास : अक्षर

ज	ज	ज	ज	ज	ज	ja
क	क	क	क	क	क ①	ka
म	म	म	म	म	म	ma
ल	ल	ल	ल	ल	ल ②	la
ब	ब	ब	ब	ब	ब	ba

पहले अभ्यास के उत्तर: क्या आप समझे ? (जारी)

⑧ Wo sind Boris' Jalebis? (Boris von Jalebis wo sind?) ⑨ Ihr (2. Pers. Pl.; höfl.) Schal ist in meinem Täschchen! (meine Täschchen in Ihr Schal ist!) ⑩ Ach ja! Mein Schal ist in Ihrem (2. Pers. Pl.; höfl.) Täschchen! (ach ja! Ihre Täschchen in mein Schal ist!)

दूसरा अभ्यास: वाक्य पूरे कीजिए । (जारी)

❹ Nishas Schal ist hier.

४ निशा की चुन्नी यहाँ है !

niśā □□ cunnī □□□□ hai !

❺ Nun gut! Nishas Schal ist in Ihrem Täschchen!

५ अच्छा ! निशा की चुन्नी आपकी जेब में है !

acchā ! niśā □□ cunnī āpkī □□□ □□ hai !

दूसरे अभ्यास के उत्तर: रिक्त स्थान

❶ — āpkā — ? ❷ — kiskī — ? ❸ merī — kahā̃ — ?
❹ — kī — yahā — . ❺ — ! — kī — jeb mẽ — !

Anmerkungen zur (Devanagari-)Schrift

① Schreiben Sie zuerst die Schleife links, dann den vertikalen Strich, dann den Bogen rechts und zum Schluss die Kopflinie.

② Hier wird zuerst der vertikale Strich geschrieben, dann die beiden Bögen links, die wie ein nach unten offenes Herz aussehen.

Lerntipp: *In vielen Fällen kann es hilfreich sein, sich für einzelne Schreibweisen "Eselsbrücken" zu bauen, indem Sie bestimmte Bilder mit den Buchstaben assoziieren, wie im Fall des* **ल** ***la***.

लिपि का अभ्यास : शब्द

आज	आ+ज	**āj**	heute
पूजा	प+◌ू+ज+◌ा	**pūjā**	Gebet
करना	क+र+न+◌ा	**karnā**	machen
पकाना	प+क+◌ा+ न+◌ा	**pakānā**	kochen
कहानी	क+ह+◌ा+ न+◌ी	**kahānī**	Geschichte, Märchen
जी नहीं	ज+◌ी न+ह+ ◌ी+◌ं	**jī nahī̃**	nein (höfl.)
लेकिन	ल+◌े+क+ ि◌+न	**lekin**	aber
बहुत	ब+ह+◌ु+त	**bahut**	sehr

लिपि का अभ्यास : संयुक्ताक्षर

भुलक्कड़ क + क = क्क

(oder क्क) ③

bhulakkaṛ k + k = kk

Anmerkungen zur (Devanagari-)Schrift

③ Für die Ligatur क **ka** + क **ka** gibt es, wie Sie sehen, zwei Schreibweisen.

Kleidung

Das traditionelle indische Kleidungsstück der verheirateten Frauen ist der साड़ी **sāṛī**. Speziell junge Mädchen in Nordindien tragen den सलवार कमीज़ **salvār kamīz**, eine weite Hose mit langem Kittel, oder die चुड़िदार **cuṛidār**, eine Hose, die an den Knöcheln eng ist und ebenfalls mit einem Kittel getragen wird. Dazu gehört die दुपट्टा **dupaṭṭā**, ein etwa 2,5 m langer Schal aus einem leichten Stoff, häufig aus Seide, der die Schultern, den Hals oder auch den Kopf bedeckt. Händler tauschten einst indische Seide gegen Gewürze. Ab dem 16. Jahrhundert wurde die Seidenproduktion – meist durch moslemische Händler aus Persien und Afghanistan initiiert – ein ertragreiches Geschäft, in dessen Folge viele Seidenfabriken in Indien entstanden. Die berühmteste indische Seide kommt aus बनारस **banāras** (heute offiziell meist वाराणसी **vārāṇasī** genannt). Sie ist häufig kunstvoll bestickt. Besonders berühmt sind außerdem die Saris aus dem südindischen Kanchipuram.

पाठ पाँच pāṭh pā̃c

कौन क्या करता है ?

kaun kyā kartā hai ?

१ — रायसाहब, यह छोटू कौन है ?
1 rāysāhab, yeh choṭū kaun hai ?

२ — छोटू बावर्ची का लड़का है ।
2 choṭū bāvarcī kā laṛkā hai . ①

३ वह सारा दिन काम करता है ।
3 voh sārā din kām kartā hai . ② ③

४ चाय बनाता है ।
4 cāy banātā hai . ④ ⑤

५ खाना भी पकाता है ।
5 khānā bhī pakātā hai .

ANMERKUNGEN

① लड़का **laṛkā** "Junge, Sohn", लड़की **laṛkī** "Mädchen, Tochter". Viele männlich-weibliche Wortpaare unterscheiden sich nur durch die Endungen आ **-ā** (-ा) / ई **-ī** (-ी): दादा **dādā** / दादी **dādī** "Großvater/-mutter" (väterl.), बेटा **beṭā** / बेटी **beṭī** "Sohn/ Tochter". Vorsicht: Auch männliche Substantive wie आदमी **ādmī** "Mann, Mensch" können auf ई **-ī** (ी) enden. Ebenso Berufsbezeichnungen: माली **mālī** "Gärtner".

② वह **voh** heißt neben "jener, -e, -es" auch "er" und "sie", bezieht sich aber auf eine Person, die weiter vom Sprecher

Fünfte Lektion

Wer macht was?
(wer was machend ist?)

1 – Raisahab, wer ist dieser Chotu?
(Raisahab, diese/r Kleiner wer ist?)

2 – Chotu ist der Sohn des Kochs.
(Kleiner Koch von Junge ist.)

3 Er arbeitet den ganzen Tag.
(er/sie ganz Tag Arbeit machend ist.)

4 Er bereitet den Tee zu.
(Tee zubereitend ist.)

5 Er kocht auch das Essen.
(Essen auch kochend ist.)

entfernt ist. Auch यह **yeh** kann "er" und "sie" bedeuten, gemeint ist jedoch eine Person, die sich näher beim Sprecher befindet.

③ करता है **kartā hai** ist das "Generelle Präsens" (Gegenwart). An den Stamm कर **kar-** ("mach-") hängt man die Endung ता **-tā** (-end) an und bildet damit das Partizip Präsens (= machend), zu dem die jeweilige Personalform von "sein" hinzugefügt wird. Diese Form wird bei Vorgängen, Tatsachen und Zuständen der Gegenwart verwendet.

④ Auch बनाता है **banātā hai** ist eine Präsensform: "er/sie bereitet zu".

⑤ Geht das Subjekt aus dem Kontext klar hervor, muss es nicht explizit genannt werden. वह **voh** "er/sie" steht bereits im vorhergehenden Satz und ist daher hier nicht erforderlich.

६ — बाहर वे लोग कौन हैं ?
6 bāhar ve log kaun haĩ ? ⑥

७ — ये सरकारी कर्मचारी हैं ।
7 ye sarkārī karmacārī haĩ .

८ — ये क्या करते हैं ?
8 ye kyā karte haĩ ? ⑦

९ — ये चाय बनाते नहीं, पीते हैं !
9 ye cāy banāte nahī̃, pīte haĩ ! ⑧ ⑨

१० शेर सुनाते हैं और ताश खेलते हैं ।
10 śer sunāte haĩ aur tāś khelte haĩ .

ANMERKUNGEN

⑥ वे **ve** und ये **ye** sind die Pluralformen von वह **voh** und यह **yeh**. Sie können mit einem Nomen stehen (वे लड़के **ve laṛke** "jene Jungen", ये लड़कियाँ **ye laṛkiyā̃** "diese Mädchen") oder alleine als Demonstrativpronomen (hinweisende Fürwörter) oder Personalpronomen (ये **ye** "diese/sie").

पहला अभ्यास: क्या आप ये वाक्य समझ रहे हैं ?

१ छोटू बावर्ची का लड़का है ।
❶ choṭū bāvarcī kā laṛkā hai .

२ कौन सारा दिन काम करता है ?
❷ kaun sārā din kām kartā hai ?

३ छोटू खाना पकाता है ।
❸ choṭū khānā pakātā hai .

6 – Wer sind diese Leute da draußen?
(draußen jene Leute wer sind?)

7 – Das sind Regierungsbeamte.
(diese Regierungs- Beschäftigte sind.)

8 – Was machen sie?
(diese was machend sind?)

9 – Sie bereiten keinen Tee zu, sie trinken ihn (immer)!
(diese Tee zubereitend nicht, trinkend sind!)

10 Sie tragen (immer) Verse vor und spielen Karten.
(Verse hören-lassend sind und Karten spielend sind.)

⑦ Bei करते हैं **karte haĩ** "sie machen" sehen Sie, dass alle Elemente dieser Verbform im Plural stehen. Das Partizip करता **kartā** verändert sich wie ein männliches Substantiv im Plural zu करते **karte**.

⑧ Besondere Betonung wird dadurch hervorgerufen, dass die Verneinung dem Verb folgt und ihm nicht wie sonst vorangestellt wird.

⑨ Wie erläutert, dient das Generelle Präsens dazu, gewohnheitsbedingte Tätigkeiten zu beschreiben. Daher haben wir in der Klammer das Wörtchen "immer" ergänzt.

Lerntipp: *Wir versuchen, Sie in kleinen Schritten mit der Grammatik vertraut zu machen. Zum besseren Verständnis steht beim ersten Auftreten eines grammatischen Fachausdrucks die deutsche Entsprechung in Klammern dahinter. Die grammatischen Erklärungen in den Anmerkungen sollen als kleine Verständnishilfen dienen. Ausführliche Erklärungen und eine Vertiefung der Grammatik finden Sie in den Wiederholungslektionen. Momentan ist für Sie das intuitive Lernen allerdings viel wichtiger als die Beherrschung grammatikalischer Regeln.*

पहले अभ्यास के उत्तर : क्या आप समझे ?

❶ Chotu ist der Sohn des Kochs. (Kleiner Koch von Junge ist.) ❷ Wer arbeitet den ganzen Tag? (wer ganzer Tag Arbeit machend ist?) ❸ Chotu kocht Essen. (Kleiner Essen kochend ist.)

पहला अभ्यास: क्या आप ये वाक्य समझ रहे हैं ? (जारी)

४ वह चाय भी बनाता है ।
④ voh cāy bhī banātā hai .

५ छोटू चाय नहीं पीता ।
⑤ choṭū cāy nahī̃ pītā .

६ सरकारी कर्मचारी क्या करते हैं ?
⑥ sarkārī karmcārī kyā karte haĩ ?

७ वे चाय पीते हैं ।
⑦ ve cāy pīte haĩ .

८ सारा दिन ताश खेलते हैं ।
⑧ sārā din tāś khelte haĩ .

९ वे शेर भी सुनाते हैं ।
⑨ ve śer bhī sunāte haĩ .

१० छोटू सरकारी कर्मचारी नहीं है ।
⑩ choṭū sarkārī karmcārī nahī̃ hai .

दूसरा अभ्यास: वाक्य पूरे कीजिए ।

❶ Chotu arbeitet viel.
१ छोटू बहुत काम करता है ।
choṭū □□□□□ kām □□□□□ □□□ .

❷ Er kocht auch das Essen.
२ वह खाना भी पकाता है ।
voh khānā □□□ pakātā □□□ .

❸ Was machen jene Leute?
३ वे लोग क्या करते हैं ?
□□ log kyā □□□□□ haĩ ?

पहले अभ्यास के उत्तर: क्या आप समझे ? (जारी)

❹ Er bereitet auch Tee zu. (er/sie Tee auch zubereitend ist.) ❺ Chotu trinkt keinen Tee. (Kleiner Tee nicht trinkend.) ❻ Was machen die Regierungsbeamten? (Regierungs- Beschäftigte was machend sind?) ❼ Sie trinken Tee. (jene Tee trinkend sind.) ❽ Sie spielen den ganzen Tag Karten. (ganz Tag Karten spielend sind.) ❾ Sie tragen auch Verse vor. (jene Verse auch hören-lassend sind.) ❿ Chotu ist kein Regierungsbeamter. (Kleiner Regierungs- Beschäftigter nicht ist.)

दूसरा अभ्यास: वाक्य पूरे कीजिए । (जारी)

❹ Sie tragen den ganzen Tag Verse vor.

४ सारा दिन शेर सुनाते हैं ।

sārā din śer □□□□□□ □□□ .

❺ Chotu trinkt den Tee nicht, er bereitet ihn zu.

५ छोटू चाय पीता नहीं, बनाता है ।

choṭū cāy □□□□ nahī̃, □□□□□□ □□□ .

दूसरे अभ्यास के उत्तर: रिक्त स्थान

❶ — bahut — kartā hai . ❷ — bhī — hai . ❸ ve — karte— ? ❹ — sunāte haĩ . ❺ — pītā —, banātā hai .

लिपि का अभ्यास : अक्षर

इ	इ	इ	इ	इ	इ ①		**i**
ई	ई	ई	ई	ई	ई ②		**ī**
स	स	स	स	स	स ③		**sa**
च	च	च	च	च	च		**ca**
◌ौ	◌ौ	◌ौ	◌ौ	◌ौ	◌ौ ④		**au**

लिपि का अभ्यास : शब्द

इच्छा	इ+च+◌्+छ+◌ा	**icchā**	Wunsch ⑤
ईमान	ई+म+ा+न	**īmān**	Glaube
कई	क+ई	**kaī**	mehrere, manche
आसान	आ+स+◌ा+न	**āsān**	einfach
महीना	म+ह+ी+न+ा	**mahīnā**	Monat
सामान	स+ा+म+ा+न	**sāmān**	Gepäck, Sachen
कौन	क+◌ौ+न	**kaun**	wer?

लिपि का अभ्यास : संयुक्ताक्षर

कर्मचारी	र + म = र्म ⑥
karmacārī	**r + m = rm**
बावर्ची	र + ची = र्ची
bāvarcī	**r + cī = rcī**

Anmerkungen zur (Devanagari-)Schrift

① Die volle Form des kurzen इ **i** sieht unter der Kopflinie aus wie ein großes S, das in einer Schleife ausläuft.

② Die volle Form dieses langen ई **ī** gleicht sehr der des kurzen इ **i**; einzig der kleine Haken oberhalb der Kopflinie kommt noch hinzu.

③ Die Schreibweise dieses Buchstabens ist am Anfang identisch mit der des र **ra**.

④ Das Matra für den Laut **au** gleicht dem des langen **a**, aber obenauf gibt es noch zwei kleine "Fühler".

⑤ Das Zeichen ◌् wird hier gesetzt, um zu verdeutlichen, dass der vorausgehende und der nachfolgende Konsonant eine Ligatur eingehen.

⑥ Tritt र **ra** als erstes Element einer Ligatur auf, nimmt es die Form eines kleinen Bogens an. Dieser wird oberhalb der Kopflinie platziert, und zwar über dem ihm folgenden Konsonanten bzw. – da Hindi eine Silbenschrift ist – über der nachfolgenden Silbe, hier म **ma**.

Lerntipp: *Versuchen Sie, sich bei jedem neuen Substantiv auch gleich das zugehörige Geschlecht einzuprägen.*

पाठ छ: pāṭh che

इसका नाम मुन्नी है !

iskā nām munnī hai ! ①

१ – ओहो ! यह छोटू की बहन है !
1 oho ! yeh choṭū kī bahan hai ! ②

२ इसका नाम मुन्नी है ।
2 iskā nām munnī hai .

३ इसकी बोली बहुत मीठी है ।
3 iskī bolī bahut mīṭhī hai .

४ इस लड़की के पिता यहाँ बावर्ची हैं ।
4 is laṛkī ke pitā yahā̃ bāvarcī haĩ . ③ ④

५ और उसकी माँ बहुत सुन्दर है...
5 aur uskī mā̃ bahut sundar hai… ⑤ ⑥

ANMERKUNGEN

① इसका **iskā**, wörtl. "diese/r⌢-von" = "sein, ihr" bezieht sich auf Personen nah beim Sprecher. इस **is** ist die sog. gebeugte Form des Demonstrativpronomens यह **yeh**. Sie wird benutzt, wenn eine Postposition folgt. Wir kennzeichnen die gebeugten Formen von Pronomen und Adjektiven von nun an in der wörtlichen Übersetzung durch einen kleinen gebogenen Pfeil (⌢).

② Hier können Sie bei बहन **bahan** hören, dass das zweite **a** ein wenig in Richtung eines **ä** tendiert.

Sechste Lektion

Ihr Name ist Munni!
(sein/ihr Name Munni ist!)

1 – Siehe da! Das ist Chotus Schwester!
(oho! diese/r Kleiner von Schwester ist!)

2 Ihr Name ist Munni.
(sein/ihr Name Munni ist.)

3 Ihre Art zu sprechen ist sehr niedlich.
(sein/ihr Rede sehr süß ist.)

4 Der Vater dieses Mädchens ist hier Koch.
(diese/r~ Mädchen von Vater hier Koch sind.)

5 Und ihre Mutter ist sehr hübsch ...
(und sein/ihr Mutter sehr schön ist ...)

③ यह लड़की **yeh laṛkī** "dieses Mädchen" wird zu इस लड़की **is laṛkī**, da darauf eine Postposition folgt. इस **is** ist also die gebeugte Form des Demonstrativpronomens.

④ पिता **pitā** (Sg.) steht hier mit के **ke** "von" (Mask. Pl.), da die Eltern als Respektspersonen gelten; somit muss der Plural stehen, was auch an der Verbform deutlich wird. Dies ist auch bei zahlreichen Titeln der Fall.

⑤ उस **us** ist die gebeugte Form von वह **voh** (wie इस **is** von यह **yeh**). उस **us** steht ebenfalls, wenn auf das folgende Hauptwort eine Postposition folgt: उस लड़की की माँ **us laṛkī kī mā̃** "die Mutter jenes Mädchens".

⑥ Der Unterschied zwischen माँ **mā̃** und माता **mātā** entspricht etwa dem zwischen "Mama" und "Mutter". माँ **mā̃** wird viel häufiger gebraucht als unser "Mama", auch in sehr formellen Situationen.

६ उसके माता-पिता दोनों बहुत भले हैं ।
6 uske mātā-pitā donõ bahut bhale haĩ . ⑦

७ उसका भाई बहुत सीधा है ।
7 uskā bhāī bahut sīdhā hai . ⑧

८ लेकिन यह बिलकुल बदमाश है !
8 lekin yeh bilkul badmāś hai !

पहला अभ्यास: क्या आप ये वाक्य समझ रहे हैं ?

१ वह छोटू है और यह उसकी बहन है ।
❶ voh choṭū hai aur yeh uskī bahan hai .

२ इस लड़की का भाई बहुत सीधा है ।
❷ is laṛkī kā bhāī bahut sīdhā hai .

३ उसकी माँ बहुत सुन्दर है !
❸ uskī mā̃ bahut sundar hai !

४ छोटू बदमाश नहीं है ।
❹ choṭū badmāś nahī̃ hai .

५ उसकी बहन का नाम क्या है ?
❺ uskī bahan kā nām kyā hai ?

६ उसके माता-पिता वहाँ हैं और वह यहाँ है !
❻ uske mātā-pitā vahā̃ haĩ aur voh yahā̃ hai !

७ उस बावर्ची की लड़की बहुत बदमाश है ।
❼ us bāvarcī kī laṛkī bahut badmāś hai .

८ इसके पिता बहुत काम करते हैं ।
❽ iske pitā bahut kām karte haĩ .

९ इसका नाम बहुत मीठा है ।
❾ iskā nām bahut mīṭhā hai .

१० उसके माता-पिता बहुत भले हैं ।
❿ uske mātā-pitā bahut bhale haĩ .

6 Ihre Eltern sind beide sehr sympathisch.
(sein/ihr Mutter-Vater beide sehr nobel sind.)

7 Ihr Bruder ist sehr artig.
(sein/ihr Bruder sehr artig ist.)

8 Aber sie ist ganz und gar böse!
(aber er/sie ganz-und-gar böse ist!)

ANMERKUNGEN

⑦ दोनों **donõ** setzt sich zusammen aus दो **do** "zwei" und der Nachsilbe ओं **-õ**, die eine Zusammengehörigkeit bzw. eine gleichartige Gruppe bezeichnet. Ebenso तीनों **tīnõ** "alle drei" (von तीन **tīn** "drei"), चारों **cārõ** "alle vier" (von चार **cār** "vier").

⑧ Hier hören Sie gut das aus dem Rachen kommende Anhauchen des Lippenlautes in भाई **bhāī** und des Zahnlautes in सीधा **sīdhā**.

पहले अभ्यास के उत्तर : क्या आप समझे ?

❶ Jener ist Chotu, und dies ist seine Schwester. (jene/r Kleiner ist und diese/r sein/ihr Schwester ist.) ❷ Der Bruder dieses Mädchens ist sehr artig. (diese/r⌢ Mädchen von Bruder sehr artig ist.) ❸ Ihre Mutter ist sehr hübsch! (sein/ihr Mutter sehr schön ist!) ❹ Chotu ist nicht böse. (Kleiner böse nicht ist.) ❺ Wie ist der Name seiner Schwester? (sein/ihr Schwester von Name was ist?) ❻ Ihre Eltern sind dort, und sie ist hier! (sein/ihr Mutter-Vater dort sind und er/sie hier ist!) ❼ Die Tochter jenes Kochs ist sehr böse. (jener⌢ Koch von Tochter sehr böse ist.) ❽ Ihr Vater arbeitet sehr [viel]. (sein/ihr Vater sehr Arbeit machend ist.) ❾ Ihr Name ist sehr niedlich. (sein/ihr Name sehr süß ist.) ❿ Ihre Eltern sind sehr sympathisch. (sein/ihr Mutter-Vater sehr nobel sind.)

दूसरा अभ्यास: वाक्य पूरे कीजिए ।

❶ Seine Schwester ist sehr böse.

१ उसकी बहन बहुत बदमाश है ।

□□□□ bahan bahut badmāś hai .

❷ Dort ist seine Mutter.

२ वहाँ उसकी माँ है ।

vahā̃ uskī □□ hai .

❸ Seine Eltern sind sehr sympathisch.

३ उसके माता-पिता बहुत भले हैं ।

□□□□ mātā-pitā bahut □□□□□ haĩ .

लिपि का अभ्यास : अक्षर

व	व	व	व	व	व	①	va
त	त	त	त	त	त		ta
◌े	◌े	◌े	◌े	◌े	◌े	②	e
◌ै	◌ै	◌ै	◌ै	◌ै	◌ै	③	ai
◌ो	◌ो	◌ो	◌ो	◌ो	◌ो	④	o

लिपि का अभ्यास : शब्द

कविता क+व+ि◌+ त+◌ा **kavitā** Poesie, Gedicht

दूसरा अभ्यास: वाक्य पूरे कीजिए । (जारी)

❹ Der Bruder dieses Mädchens ist artig.

४ इस लड़की का भाई सीधा है ।

□□ laṛkī □□ bhāī sīdhā hai .

❺ Die Schwester jenes Jungen ist böse.

५ उस लड़के की बहन बदमाश है ।

□□ laṛke □□ bahan badmāś hai .

दूसरे अभ्यास के उत्तर: रिक्त स्थान

❶ uskī — — — — . ❷ — — mā — ! ❸ uske — — — bhale — . ❹ is — kā — — —. ❺ us — kī — — —.

लिपि का अभ्यास : शब्द

इतवार	इ+त+व+ा+र	**itvār**	Sonntag
वाक़ई	व+ा+क़+ई	**vāqaī**	wirklich

Anmerkungen zur (Devanagari-)Schrift

① Fällt Ihnen auf, dass dieser Buchstabe sich nur durch den Wegfall des kleinen Strichs in der Schleife von ब **ba** unterscheidet?

② Das Matra für **e** haben Sie bereits in der Schreibübung von Lektion 4 kennen gelernt.

③ Das Matra für den Buchstaben **ai** unterscheidet sich nur durch einen weiteren kleinen Strich vom Matra für das kurze **e**.

④ Ein einziger kleiner "Fühler" macht hier den Unterschied zwischen dem Matra für **o** und dem Matra für ौ **au** aus Lektion 5.

लिपि का अभ्यास : शब्द (जारी)

कितना	क+ि+त+न+ा	**kitnā**	wie viel
सिनेमा	स+ि+न+े+म+ा	**sinemā**	Kino
तस्वीर	त+स+व+ी+र	**tasvīr**	Bild, Foto
वही	व+ह+ी	**vahī**	er/sie selbst

पाठ सात pāṭh sāt

दोहराव और व्याख्या

doharāv aur vyākhyā

"Wiederholung und Anmerkungen"

Dies ist Ihre erste Wiederholungslektion. Hier wird der Stoff der letzten sechs Lektionen ausführlich erläutert, vertieft und anhand von Beispielen illustriert. Lesen Sie sich die Anmerkungen in den Lektionen und die Erläuterungen in der Wiederholungslektion möglichst mehrmals durch. So prägen Sie sich die Informationen strukturiert ein und werden bereits bekannten Wortschatz und grammatikalische Strukturen leichter anwenden können. Benutzen Sie die Wiederholungslektionen im Verlauf des Kurses auch zum Nachschlagen. Beim gezielten Auffinden spezieller In-

लिपि का अभ्यास : संयुक्ताक्षर

मुन्नी
munnī

न + न = न्न ⑤
n + n = nn

Anmerkungen zur (Devanagari-)Schrift

⑤ Hier sehen Sie in der Wortmitte die Schreibweise für zwei aufeinanderfolgende न **na**.

Lerntipp: *Nun sind Sie schon fast am Ende Ihrer ersten Lerneinheit angelangt. Die nächste Lektion ist eine Wiederholungslektion, in der die bisher erworbenen Kenntnisse vertieft werden. Lassen Sie sich Zeit bei der Bearbeitung der einzelnen Lektionen, und lernen Sie nicht auswendig. Assimilieren Sie Satzstrukturen und Wendungen möglichst im Ganzen. Dafür, dass Sie die erste Etappe schon so gut durchgehalten haben, sagen wir:* बधाई ! **badhāī** ! *"Glückwunsch!"*

Siebte Lektion

formationen hilft Ihnen der grammatikalische Index am Ende des Buches.

Gehen Sie erst dann zur nächsten Lektion über, wenn Sie mit Wortschatz und Grammatik gut vertraut sind.

In den ersten sechs Lektionen dieses Hindi-Kurses sind Sie bereits einer ganzen Reihe grammatikalischer Phänomene begegnet: Personalpronomen (persönliche Fürwörter), Possessivpronomen (besitzanzeigende Fürwörter), Interrogativ- und Demonstrativpronomen (Fragewörter und hinweisende Fürwörter) sowie einigen Präsens- und Imperativformen (Gegenwarts- und Befehlsformen) von Verben. All dies wollen wir nun noch einmal systematisch wiederholen und vertiefen.

1. Aussprache der Hindi-Laute

a) **Vokale** (Selbstlaute)

Die Vokale sind die ersten Buchstaben des Hindi-Alphabets. Sie finden diese in einem Hindi-Wörterbuch also vorne.

Bei den Vokalen **a**, **i** und **u** gibt es eine kurze und eine lange Aussprachevariante; die lange ist in der lateinischen Umschrift durch einen waagerechten Strich auf dem Vokal gekennzeichnet. Die Unterscheidung zwischen den unterschiedlichen Längen der Laute ist wesentlich, da mit ihnen auch eine Bedeutungsänderung einhergeht.

Alle Vokale können nasaliert werden (bei Nasallauten wird der Rachen verschlossen, und der Luftstrom entweicht beim Sprechen durch die Nase, nicht durch den Mund). In der Devanagari-Schrift wird dies durch einen Punkt-Halbkreis bzw. einen Punkt im oberen Teil des Zeichens gekennzeichnet, in der lateinischen Umschrift durch eine Tilde (~):

हाँ साहब !
hā̃ sāhab !
"Ja [mein] Herr!"

नहीं साहब !
nahī̃ sāhab !
"Nein [mein] Herr!"

Steht ein Matra (siehe Abschnitt b unten) über der Kopflinie eines Devanagari-Zeichens, bleibt nur noch Platz für den Punkt; dieser steht dann immer rechts vom Matra.

Alle Vokale haben zwei verschiedene Schreibweisen:

a) Die freistehende (volle) Form, d.h. der Vokal steht alleine oder vor einem Konsonanten (Mitlaut): आम **ām** "Mango". Die volle Form eines Vokals wird am Wortanfang oder nach einem anderen Vokal verwendet.

b) Die verbundene Form (Matra), d.h. der Vokal ist einem Konsonanten angehängt und so mit ihm verbunden: गा **gā** "Sing!". Die Matras können an unterschiedlichen Stellen auftauchen, mal rechts, mal unten, im Falle des kurzen **i** (ि◌) sogar links vom Konsonanten. Gesprochen wird es allerdings immer *nach* dem Konsonanten!

Das kurze a wird als Matra nicht geschrieben und innerhalb eines Wortes nur leicht angedeutet gesprochen.

b) Konsonanten (Mitlaute)

Im Hindi-Alphabet sind alle Konsonanten danach gruppiert, wie sie im Rachen und im Mund mit dem Gaumen, der Zunge, den Zähnen und den Lippen gebildet werden; dabei beginnt man mit den Rachenlauten, die am weitesten hinten im Mund gebildet werden, bis hin zu den Lippenlauten, die am weitesten vorne im Mund erzeugt werden.

In jeder der Lautgruppen gibt es jeweils fünf verschiedene Aussprachevarianten:
- die stimmlose
- die stimmhafte
- die nicht behauchte
- die behauchte ("aspirierte")
- die nasalierte Variante.

Bei den stimmlosen Lauten wird der Laut nur durch das Entweichen eines Luftstroms gebildet; die Stimmbänder schwingen nicht mit; bei den stimmhaften Lauten werden die Stimmbänder in Schwingung versetzt. (Eine Erklärung zu den Begriffen "stimmhaft/stimmlos" finden Sie in der Einleitung dieses Buches.)

Bei den behauchten Lauten wird der Laut von einem deutlichen Anhauchen, d.h. mit einem deutlichen [h] am Anfang, aus dem Rachen begleitet. Bei den Nasallauten ("Nasenlaute") wird beim Sprechen die Luft in der Nasenhöhle in Schwingungen versetzt. (Im Deutschen haben wir keine Nasallaute, wir kennen sie allerdings aus Wörtern französischen Ursprungs wie Mannequ**in**, Ch**an**ce, Rev**an**che, Restaur**ant**, Sais**on** usw.).

Jeder Konsonant, dem kein geschriebener Vokal folgt, wird – sofern er nicht am Wortende steht – mit einem kurzen auslautenden [a] gesprochen. In der Praxis werden diese Laute oft verschluckt, wie sie auch hin und wieder beim Anhören der Tonaufnahmen bemerken können.

2. Aussagesätze

Typisch für die nordindischen Sprachen ist der Satzbau Subjekt – Attribut – Verb, d. h. das Verb rückt ans Ende des Satzes:

चाय गरम है । **cāy garam hai** . (Tee warm ist.) "Der Tee ist warm."
वह भी खाना पकाता है । **voh bhī khānā pakātā hai .** (er auch Essen kochend ist.) "Auch er kocht Essen".

3. Pronomen

A. Personalpronomen

In Verbindung mit der Konjugation (Beugung) der Verben lernten Sie auch die Personalpronomen kennen:

Singular (Einzahl)

1.	मैं	**maĩ**	"ich"
2.	तू	**tū**	"du"
	तुम	**tum**	"du/(*höfliches*) Sie"
3.	वह	**voh** (auch: वो **vo**)	"er/sie (Sg.)"

Plural (Mehrzahl)

1.	हम	**ham**	"wir"
2.	आप	**āp**	"ihr/(*höfliches*) Sie"
3.	वे	**ve**	"sie".

Sie erkennen hier, dass es in der 3. Person Singular nur ein Pronomen für Maskulinum und Femininum gibt. Meist verwendet man वह **voh** für "er"/"sie" (Sg.) und वे **ve** für "sie" (Pl.). Man kann jedoch auch यह **yeh** bzw. ये **ye** benutzen, allerdings nur, wenn die Person dem Sprecher räumlich nahe ist.

Bei der 2. Person gibt es drei Varianten – zwei im Singular und eine im Plural (das Deutsche hat nur zwei: "du" und "Sie"). Dies bedeutet, dass तुम **tum** sowohl einige Bereiche des deutschen "du" als auch einige des höflicheren "Sie" abdeckt.

Wichtig: Mit तुम **tum** und आप **āp** können (wie mit dem deutschen "Sie") sowohl eine als auch mehrere Personen angesprochen werden. Um zu verdeutlichen, dass man mit तुम **tum** oder आप **āp** ausdrücklich mehrere Personen anspricht, fügt man in diesem Fall häufig लोग **log** "Leute" hinzu:

आप लोग	**āp log**	"Sie" (mehrere Personen),
तुम लोग	**tum log**	"ihr" (nicht respektvoll, mehrere Personen) oder - je nach Sinn:
आप दोनों	**āp donõ**	"Sie beide",
आप सब	**āp sab**	"ihr alle/Sie alle".

B. Possessivpronomen und -adjektive

Hier die besitzanzeigenden Fürwörter in ihren männlichen Formen, also denen, die sich auf ein männliches Besitztum beziehen:

Singular (Einzahl)

1.	मेरा	**merā**	"mein"
2.	तेरा	**terā**	"dein"
	तुम्हारा	**tumhārā**	"dein, euer"
3.	उसका	**uskā**	"sein, ihr"

Plural (Mehrzahl)

1.	हमारा	**hamārā**	"unser"
2.	आपका	**āpkā**	"Ihr, euer"
3.	उनका	**unkā**	"ihr"

Diese Pronomen ändern ihre Endung von **-ā** zu **-e**, wenn das Besitztum männlich ist und im Plural steht, und zu **-ī**, wenn es sich um ein Femininum (Sg. und Pl.) handelt.

Beispiele:

तुम्हारा नाम क्या है ?	**tumhārā nām kyā hai ?**	"Wie ist dein Name?"
रीटा, और तुम्हारा ?	**rīṭā, aur tumhārā ?**	"Rita, und deiner?"
यह मेरी किताब है ।	**yeh merī kitāb hai .**	"Dies ist mein Buch."
उनकी जेबें गहरी हैं ।	**unkī jebẽ gaharī haĩ .**	"Ihre Täschchen sind tief."

C. Fragepronomen

Fragepronomen werden durch den Anlaut क **ka** charakterisiert: कौन ? **kaun ?** "wer?" (dessen abhängige Form vor einer Postposition (Nachsilbe) किस **kis** lautet), कहाँ ? **kahā̃ ?** "wo?", क्या ? **kyā ?** "was?".

Merken Sie sich auch किधर ? **kidhar ?** "wohin?", कैसा ? **kaisā ?** "wie?" und कितना ? **kitnā ?** "wie viele?". Die beiden letztgenannten dienen auch als Ausrufe, und beide sind auch Adjektive, die entsprechend dekliniert werden:

कितनी सुन्दर लड़की !	**kitnī sundar laṛkī !**	"Welch [ein] hübsches Mädchen!"
कितनी लड़कियाँ हैं ?	**kitnī laṛkiyā̃ haĩ ?**	"Wie viele Mädchen gibt es?"
वह कहाँ हैं ?	**voh kahā̃ hai ?**	"Wo ist er?"
तुम कौन हो ?	**tum kaun ho ?**	"Wer bist du?"
ये लोग कौन हैं ?	**ye log kaun haĩ ?**	"Wer sind diese Leute?"

उसका नाम क्या है ?	**uskā nām kyā hai ?**	"Wie (was) ist sein Name?"
तुम क्या काम करते हो ?	**tum kyā kām karte ho ?**	"Welche Arbeit machst du?"
क्या तुम काम करते हो ?	**kyā tum kām karte ho ?**	"Arbeitest du?"

Steht क्या **kyā** am Satzanfang, verwandelt es den Satz in eine Ja-/Nein-Frage. Steht es am Satzende, so hat es rhetorischen Charakter (vgl. Lektion 1).

Ansonsten bezieht es sich, wie alle Fragewörter, auf das Substantiv oder die Wortgruppe, dem bzw. der es vorangeht.

4. Verben

Der Infinitiv (Grundform) aller Verben setzt sich aus dem Verbstamm und der Endung ना **nā** zusammen (z. B. हो-ना **ho-nā** „sein“, कर-ना **kar-nā** „machen“ usw.). Möchten Sie zur Bildung einer bestimmten Zeitform den „Stamm“ eines Verbs verwenden, müssen Sie von der Verbgrundform lediglich die Endung ना **nā** wegstreichen. Ausgehend vom Verbstamm, z. B. कर **kar** (für „machen“, „tun“), सिख **sikh** (für „lernen“) oder पहुँच **pahũc** (für „ankommen“) werden alle weiteren Verbformen gebildet. Der Infinitiv auf ना **-nā** hat übrigens auch eine substantivische Funktion, kann also ähnlich wie ein männliches Hauptwort gebraucht werden. Z. B. in der gebeugten Form auf ने **-ne:** मैं काम करने जा रहा हूँ । **maĩ kām karne jā rahā hũ** . „Ich bin dabei, zum Arbeiten zu gehen.“ Aber sie kann auch in ein Femininum umgewandelt werden, wenn sie sich auf ein weibliches Hauptwort bezieht. Dann wird die Endung नी **-nī** angehängt: मुझे हिन्दी सिखनी है । **mujhe hindī sikhnī hai** . „Ich muss Hindi lernen.“

A. Generelles Präsens

Das Generelle Präsens (auch "Allgemeines Präsens") wird für gewohnheitsmäßige Handlungen benutzt und mit dem Hilfsverb होना **honā** "sein" gebildet.

Generelles Präsens von होना **honā** "sein"; हो **ho** (Stamm) + ना **nā** (Infinitivendung):

मैं हूँ	**maĩ hū̃**	"ich bin"
तू है	**tū hai**	"du bist"
वह है	**voh hai**	"er/sie ist"
तुम हो	**tum ho**	"du bist"
हम हैं	**ham haĩ**	"wir sind"
आप हैं	**āp haĩ**	"ihr seid, Sie sind"
वे हैं	**ve haĩ**	"sie sind".

Alle Verben bilden das Generelle Präsens mit होना **honā** "sein" und einem ihm vorangehenden ersten Element, das ein Partizip Präsens ist und wie ein Adjektiv verändert wird: Es erhält die Endung ी **-ī** für den weiblichen Singular und Plural, ा **-ā** für den männlichen Singular, े **-e** für den männlichen Plural.

Die Form तू **tū** ist Ihnen bereits bekannt. Wir empfehlen Ihnen jedoch, diese im Gespräch nicht zu gebrauchen. Die vier Formen तुम **tum**, हम **ham**, आप **āp** und वे **ve** erfordern grammatikalisch alle den Plural, auch wenn es sich bei तुम **tum** und आप **āp** nur um eine Person handelt (ähnlich wie beim deutschen "Sie"). Von jetzt an geben wir die Verben in ihrer Infinitivform (Grundform) an (Stamm + ना **nā**).

Hier das Generelle Präsens von करना **karnā** "machen" (die jeweils erste Form ist die des Maskulinums, die zweite die des Femininums):

मैं करता / करती हूँ	**maĩ kartā / kartī hū̃**	"ich mache" (ich machend bin)
तू करता / करती है	**tū kartā / kartī hai**	"du machst" (du machend bist)
वह करता / करती है	**voh kartā / kartī hai**	"er/sie macht" (er/sie machend ist)

तुम करते / करती हो	**tum karte / kartī ho**	"du machst" (du machend bist), "ihr macht" (ihr machend seid)
हम करते / करती हैं	**ham karte / kartī haĩ**	"wir machen" (wir machend sind)
आप करते / करती हैं	**āp karte / kartī haĩ**	"ihr macht, Sie machen" (ihr/Sie machend seid/sind)
वे करते / करती हैं	**ve karte / kartī haĩ**	"sie machen" (sie machend sind).

वे बनारस में रहती हैं ।	**ve banāras mẽ rahtī haĩ .**	"Sie♀ wohnen in Benares."
वह स्कूल जाती है ।	**voh skūl jātī hai .**	"Sie geht in die Schule." (allgemeine Feststellung; bezieht sich nicht auf den aktuellen Zeitpunkt).

Ist der Satz negativ, entfällt das Hilfsverb होना **honā** "sein" häufig:

वो स्कूल नहीं जाता (है) ।	**voh skūl nahī̃ jātā (hai) .**	"Er geht nicht in die Schule."

Steht jedoch das Subjekt im Femininum Plural, überträgt man die nasale Aussprache des Hilfsverbs हैं **haĩ** auf das Hauptverb, um es von einem Verb des Femininum Singular zu unterscheiden:

वे स्कूल नहीं जातीं ।	**ve skūl nahī̃ jātī̃ .**	"Sie♀ gehen nicht in die Schule."

Wenn der Zusammenhang klar ist, entfällt auch häufig das Subjekt:

क्या करते हो ?	**kyā karte ho ?**	"Was machst du?"

B. Imperativ (Befehlsform)

Zur Bildung der Imperativformen des Verbs wird im Falle von तुम **tum** (2. Person Singular und Plural) ओ **-o** an den Stamm des Verbs angehängt. Im Falle von आप **āp** (2. Pers. Pl.) fügt man इए **-ie** an. Für das saloppe तू **tū** wird der einfache Stamm gewählt:

लाओ !	**lāo !**	"Bring!", im Plural "Bringt!"
लाइए !	**lāie !**	"Bringen Sie!"
ला !	**lā !**	"Bring!"
चलो !	**calo !**	"Lauf!", im Plural "Lauft!"
चलिए !	**calie !**	"Laufen Sie!"
चल!	**cal !**	"Lauf!"

निशा चाय लाओ !	**niśā, cāy lāo !**	"Nisha, bring Tee!"
तुम लोग चाय लाओ !	**tum log cāy lāo !**	"Ihr (Leute), bringt Tee!"
निशा जी चाय लाइए !	**niśā-jī, cāy lāie !**	"Nisha-ji, bringen Sie Tee!"

Das Verb "machen" ist unregelmäßig: करो **karo** "mach", aber कीजिए **kījie** "machen Sie" (कर **kar** "mach-"). Für das Verb "geben" lauten die Formen दो **do** "gib", aber दीजिए **dījie** "geben Sie" (दे **de** "geb-").

5. Substantive

Die meisten männlichen Substantive und somit die meisten der ihnen zugeordneten Adjektive enden im Singular auf ा **-ā** : लड़का **laṛkā** "Junge". Viele weibliche Substantive enden auf ी **-ī**: लड़की **laṛkī** "Mädchen".

Es sind Ihnen jedoch einige Substantive begegnet, die auf einen Konsonanten enden: नाम **nām**♂ "Name", छात्र **chātr**♂ "Schüler", जेब **jeb**♀ "Täschchen", बहन **bahan**♀ "Schwester", चाय **cāy**♀ "Tee". Bei all diesen muss das grammatikalische Geschlecht leider auswendig gelernt werden.

Ebenso haben Sie auch männliche Substantive gesehen, die auf ◌ी **-ī** enden: बावर्ची **bāvarcī** "Koch", भाई **bhāī** "Bruder".

Auch einige weibliche Substantive auf आ **-ā** sind vorgekommen, z. B. छात्रा **chātrā** "Schülerin". Diese Wörter stammen in den meisten Fällen aus dem Sanskrit.

	Endung Singular	Endung Plural	Beispiele Singular	Plural
Männliche Substantive auf **-ā**:	◌ा **-ā**	◌े **-e**	लड़का **laṛkā**	लड़के **laṛke**
Männliche Substantive mit Konsonantenendung oder Endung **-i**:	-	-	नाम / आदमी **nām / ādmī**	नाम / आदमी **nām / ādmī**
Weibliche Substantive auf **-ī**:	ई **-ī**	इयाँ **-iyā̃**	लड़की **laṛkī**	लड़कियाँ **laṛkiyā̃**
Andere weibliche Substantive (mit Konsonantenendung oder Endung **-ā**):	-	**-ẽ**	जेब / छात्रा **jeb / chātrā**	जेबें / छात्राएँ **jebẽ / chātrāẽ**

6. Adjektive

Die Endungen der Adjektive passen sich den Substantiven an:
आ **-ā** : अच्छा लड़का **acchā laṛkā** "guter Junge";
ई **-ī**: अच्छी लड़की **acchī laṛkī** "gutes Mädchen".

Adjektive, die auf einen Konsonanten enden (z. B. सुन्दर **sundar** "schön/hübsch"), sind unveränderlich, ebenso Adjektive, die auf ई **-ī** enden (रेशमी **reśmī** "seiden", हिन्दुस्तानी **hindustānī** "indisch").

Man darf diese unveränderlichen Adjektive, die auf ी **-ī** enden, nicht mit der weiblichen Form der veränderlichen Adjektive (z. B. अच्छी **acchī** "gut") verwechseln.

दो सुन्दर घर **do sundar ghar** "zwei schöne Häuser" (एक सुन्दर घर **ek sundar ghar** "ein schönes Haus");

दो फ़्रांसीसी आदमी **do frānsīsī ādmī** "zwei französische Männer" (एक फ़्रांसीसी आदमी **ek frāṅsīsī ādmī** "ein französischer Mann").

Im Plural nehmen Adjektive mit der Singularendung आ **–ā** die Endung ए **-e** an: अच्छे लड़के **acche laṛke** "gute Jungen".

7. Konjunktionen (Bindewörter) und Partikel

भी **bhī** "auch" folgt immer dem Wort, auf das es sich bezieht: वह भी चीनी का छात्र है । **voh bhī cīnī kā chātr hai .** "Auch er ist Chinesischschüler", aber वह चीनी भी पढ़ता है । **voh cīnī bhī paṛhtā hai .** "Er lernt auch Chinesisch." (पढ़ना **paṛhnā** "lernen")

Das Wörtchen अच्छा **acchā** "gut" kann je nach Betonung unterschiedliche Bedeutungen haben:

अच्छा ! **acchā !**

Begeistert: "Gut!"
Bewundernd: "Toll!"

Zustimmend: "Ich verstehe! Ja, in Ordnung!"
Etwas unzufrieden: "Na gut, wenn es denn unbedingt sein muss!"

अच्छा ? **acchā ?**

Bewundernd: "Ehrlich?"
Überrascht: "Nein wirklich? Gibt es denn so was?"
Zweifelnd: "Tatsächlich? Kein Witz?"
Leicht kritisierend: "Was? Das meinst du doch nicht im Ernst?"

Zum Schluss noch eine kleine Anmerkung zur Zeichensetzung im Hindi: Vor dem Ausrufezeichen und dem Fragezeichen, aber auch vor dem als Satzende benutzten Längsstrich wird – anders als im Deutschen – ein Leerzeichen gesetzt.

Wie Sie sehen, haben Sie schon viel passiv gelernt. Sie können bereits Aussagen im Präsens und im Imperativ verstehen. Also: सब ठीक है । **sab ṭhīk hai .** "Alles in Ordnung."

Lerntipp: *Hat diese kleine Wiederholung Ihre bisherigen Kenntnisse ein wenig abgerundet? Dann lassen Sie den Stoff noch kurz auf sich wirken, und lesen Sie diese Wiederholungslektion auch in den kommenden Tagen immer mal wieder durch, besonders wenn Sie sich noch etwas unsicher fühlen. Und gehen Sie erst dann zu einer neuen Lektion weiter, wenn Ihnen der Stoff der alten Lektion keine Schwierigkeiten mehr bereitet:* हिम्मत कीजिए ! **himmat kījie !** *"Nur Mut!" ("Mut machen-Sie!").*

पाठ आठ pāṭh āṭh

इस कमरे में कुछ भी कीजिए !

is kamre mẽ kuch bhī kījie !

१ — मुन्नी जी, रानी साहिबा !

1 munnī jī, rānī sāhibā ! ①

२ आइए, तशरीफ़ लाइए ।

2 āie, taśrīf♀ lāie . ②

३ इस छोटे मोढ़े पर बैठिए ।

3 is choṭe moṛhe♂ par baiṭhie . ③

४ नए छात्रों से मिलिए ।

4 nae chātrõ se milie . ④

५ नहीं ? अच्छा, ठीक है...

5 nahī̃ ? acchā, ṭhīk hai...

६ ये नई कुर्सियाँ हैं : कुर्सियों पर चढ़िए !

6 ye naī kursiyā̃♀ haĩ : kursiyõ par caṛhie ! ⑤ ⑥

ANMERKUNGEN

① **साहिबा sāhibā** ist das weibliche Gegenstück zu **साहब sāhab**, wird aber weit weniger benutzt. Häufiger hört man **श्रीमती śrīmatī**, **मेम-साहब mem-sāhab**, **बेगम begam** oder das aus dem Englischen entlehnte **मैडम maiḍam**.

② **तशरीफ़ लाइए taśrīf lāie** ist eine alte Wendung aus der Sprache des Hofes. Solche zeremoniellen Sätze werden bis heute gerne verwendet.

Achte Lektion

Tun Sie irgendetwas in diesem Zimmer!
(diese/r⌢ Zimmer in etwas auch machen-Sie!)

1 – Munni, Frau Königin!
(Munni ji, Königin Frau!)

2 Kommen Sie, seien Sie willkommen.
(kommen-Sie, hohe-Würde bringen-Sie.)

3 Setzen Sie sich auf diesen kleinen Hocker.
(diese/r⌢ klein⌢ Hocker auf setzen-Sie-sich.)

4 Lernen Sie die neuen Schüler kennen.
(neu Schüler mit treffen-Sie.)

5 Nein? Gut, in Ordnung …
(nein? gut, richtig ist ...)

6 Dies sind neue Stühle: Steigen Sie auf die Stühle!
(diese neu Stühle sind: Stühle auf steigen-Sie!)

③ छोटा मोढ़ा **choṭā moṛhā** "kleiner Hocker" wird hier zur gebeugten Form छोटे मोढ़े **choṭe moṛhe**, da ein Verhältniswort folgt (hier पर **par** "auf"). Bei dieser Beugung wird aus der Endung -ा **-ā** ein -े **-ō**. Achten Sie wieder auf den kleinen Pfeil in der wörtlichen Übersetzung, der Ihnen zeigt, dass das Adjektiv bzw. das Pronomen in der gebeugten Form steht.

④ छात्रों **chātrõ** steht in der gebeugten Form, da मिलना **milnā** "treffen" immer zusammen mit der Postposition से **se** "aus, mit" ausgedrückt wird. Die gebeugte Form des männlichen Plurals endet immer auf -ो **-o** + -ं.

⑤ कुर्सियाँ **kursiyā̃** ist der Plural von कुर्सी **kursī**: Die meisten weiblichen Substantive enden im Singular auf -ी **–ī**; sie bilden ihren Plural auf ि-याँ **-iyā̃**. Das Adjektiv behält seine Form bei.

⑥ Bei कुर्सियों पर **kursiyõ par** handelt es sich wegen der Postposition पर **par** um die gebeugte Form der weiblichen Substantive im Plural, die auf ि-यों **-iyõ** endet.

७ ये ऊँची-ऊँची मेज़ें हैं : मेज़ों पर चढ़िए !

7 ye ũcī-ũcī mezẽ♀ haĩ : mezõ par caṛhie ! ⑦ ⑧

८ खिड़की से नज़ारा देखिए । कुछ भी कीजिए...

8 khiṛkī♀ se nazārā♂ dekhie . kuch bhī kījie… ⑨

९ लेकिन इन लोगों को, एक गाना ज़रूर सुनाइए!

9 lekin in logõ ko ek gānā♂ zarūr sunāie ! ⑩ ⑪ ⑫

ANMERKUNGEN

⑦ Weibliche Substantive, die auf einen Konsonanten auslauten – wie hier मेज़ **mez** "Tisch" – oder auf -ा **–ā**, sind Ausnahmen. Diese Substantive bilden ihren Plural durch Anhängen von -े + -ं / -एं -ẽ: एक छात्रा **ek chātrā** "eine Schülerin", दो छात्राएँ **do chātrāẽ** "zwei Schülerinnen".

⑧ मेज़ों (पर) **mezõ (par)** ist die gebeugte Form von मेज़ें **mez**♀ "Tische".

⑨ Weibliche Substantive werden im Singular nicht gebeugt: खिड़की से **khiṛkī se** "durch das Fenster", इस छोटी कुर्सी पर **is choṭī kursī par** "auf diesem kleinen Stuhl"; मेज़ पर **mez par** "auf dem Tisch".

Lerntipp: *In der Verständnisübung verzichten wir ab jetzt auf die wörtliche Übersetzung. Sie sollten nun selbst versuchen, bei jedem Satz den Hindi-Satzbau nachzuvollziehen.*

पहला अभ्यास: क्या आप ये वाक्य समझ रहे हैं ?

१ इस मोढ़े पर चढ़िए ।

❶ is moṛhe par caṛhie .

२ इन ऊँची कुर्सियों पर चढ़िए ।

❷ in ũcī kursiyõ par caṛhie .

३ इन बड़ी-बड़ी खिड़कियों से देखिए ।

❸ in baṛī-baṛī khiṛkiyõ se dekhie .

7 Dies sind sehr hohe Tische: Steigen Sie auf die Tische!
(diese hoch-hoch Tische sind: Tische auf steigen-Sie!)

8 Sehen Sie diese Szene durch das Fenster an. Tun Sie irgendetwas ...
(Fenster aus Szene sehen-Sie. etwas auch machen-Sie ...)

9 Aber lassen Sie diese Leute doch auf jeden Fall ein Lied hören!
(aber jene⌒ Leuten zu eins Lied sicher hören-lassen-Sie!)

⑩ इन लोगों को **in logõ ko**: Die Nachsilbe को **ko** wird auf vielfältige Weise verwendet, insbesondere, um Satzergänzungen (im Dativ od. Akkusativ) zu bilden. Z.B.: बच्चा **baccā** "Kind", aber बच्चे को **bacce ko** "(zu) dem Kind".

⑪ इन **in** ist die gebeugte Form des Demonstrativpronomens ये **ye** "diese hier" (Pl.). Gebeugt deshalb, weil auf das Bezugswort eine Postposition – hier को **ko** – folgt. Für वे **ve** "jene hier" (Pl.) ist die gebeugte Form उन **un.**

⑫ सुनना **sunnā** bedeutet "hören", सुनाना **sunānā** "hören lassen, vortragen, aufsagen, rezitieren".

पहले अभ्यास के उत्तर : क्या आप समझे ?

❶ Steigen Sie auf diesen Hocker. ❷ Steigen Sie auf diese hohen Stühle. ❸ Schauen Sie aus diesen sehr großen Fenstern.

पहला अभ्यास: क्या आप ये वाक्य समझ रहे हैं ? (जारी)

४ इस छोटे बच्चे को हलवा दीजिए ।
④ is choṭe bacce ko halvā dījie .

५ इन लोगों को गाना सुनाइए ।
⑤ in logõ ko gānā sunāie .

६ इस हलवे में क्या है ?
⑥ is halve mẽ kyā hai ?

७ नए छात्रों को चाय दीजिए ।
⑦ nae chātrõ ko cāy dījie .

८ इन समोसों में क्या है ?
⑧ in samosõ mẽ kyā hai ?

९ इन नई छात्राओं से मिलिए ।
⑨ in naī chātrāõ se milie .

१० उन लोगों को समोसे दीजिए ।
⑩ un logõ ko samose dījie .

दूसरा अभ्यास: वाक्य पूरे कीजिए ।

❶ Setzen Sie sich auf diese Hocker.
१ इन मोढ़ों पर बैठिए ।
in □□□□□ par baiṭhie .

❷ Geben Sie doch jedem dieser Leute Tee.
२ लोगों को एक-एक चाय ज़रूर दीजिए ।
□□□□ ko ek-ek cāy □□□□□ □□□□□ .

लिपि का अभ्यास : अक्षर

ज़ ज़ ज़ ज़ ज़ ज़ ① **za**

पहले अभ्यास के उत्तर : क्या आप समझे ? (जारी)

❹ Geben Sie diesem kleinen Kind Halva. ❺ Lassen Sie diese Leute ein Lied hören. ❻ Was ist in dieser Halva? ❼ Geben Sie [den] neuen Schülern Tee. ❽ Was ist in diesen Samosas? ❾ Treffen Sie diese neuen Schülerinnen. ❿ Geben Sie jenen Leuten Samosas.

दूसरा अभ्यास: वाक्य पूरे कीजिए । (जारी)

❸ Treffen Sie jene Leute.

३ उन लोगों से मिलिए ।

un □□□□ se milie .

❹ Lassen Sie uns ein Lied hören.

४ हम लोगों को एक गाना सुनाइए ।

ham logõ □□ ek gānā □□□□□□ .

❺ Aber geben Sie ihm seine Tasche.

५ लेकिन उसका झोला उसको दीजिए ।

□□□□□ uskā jholā □□□□ dījie .

दूसरे अभ्यास के उत्तर: रिक्त स्थान

❶ — moṛhõ — —. ❷ logõ — — — — zarūr dījie! ❸ — logõ — — . ❹ — — ko — — sunāie. ❺ lekin — — usko —.

> ***Lerntipp:*** *Sollten Sie einmal wenig Zeit zum Lernen haben, so reicht es schon, wenn Sie sich einfach die Tonaufnahmen Ihrer aktuellen Lektion anhören. Wichtig ist, dass Sie die Sprache täglich im Ohr haben.*

Anmerkungen zur (Devanagari-)Schrift

① ज़ **za** unterscheidet sich nur durch den Punkt unter dem Buchstaben von ज **ja**. Die meisten Devanagari-Zeichen, unter denen ein Punkt steht, transkribieren Laute, die aus dem Persischen stammen.

लिपि का अभ्यास : अक्षर (जारी)

◌ँ	◌ँ	◌ँ	◌ँ	◌ँ	◌ँ	②	**candra-bindu**
श	श	श	श	श	श	③	**śa**
ड़	ड़	ड़	ड़	ड़	ड़	④	**ṛa**
ठ	ठ	ठ	ठ	ठ	ठ		**ṭha**

लिपि का अभ्यास : शब्द

ज़रा	ज़+र+◌ा	**zarā**	ein bisschen
मैं	म+◌ै+◌ं	**maĩ**	ich
वहाँ	व+ह+◌ा+◌ँ	**vahā̃**	dort
हँसना	ह+स+न+◌ा+◌ँ	**hãsnā**	lachen
कहीं	क+ह+◌ी+◌ं	**kahī̃**	irgendwo
दुकानें	द+◌ु+क+◌ा+न+◌े+◌ं	**dukānẽ**	Geschäfte, Läden

लिपि का अभ्यास : शब्द (जारी)

हूँ	ह+ू+ँ	**hū̃**	bin
तशरीफ़	त+श+र+ी+फ़	**taśrīf**	hohe Würde
खिड़की	ख+ि+ड़+क+ी	**khiṛkī**	Fenster
ठीक	ठ+ी+क	**ṭhīk**	richtig

लिपि का अभ्यास : संयुक्ताक्षर

तशरीफ़ und nicht तश्रीफ़ ⑤

taśrīf

Anmerkungen zur (Devanagari-)Schrift

② Nasalierte Vokale werden durch den sog. "Mond-Punkt" über dem entsprechenden Vokal gekennzeichnet. Bei Matras, die oberhalb der Kopflinie platziert werden und bei denen, die oben über die Kopflinie hinausragen, bleibt dann nur noch Platz für den Punkt (**bindu**).

③ Die Linienführung dieses Buchstabens ähnelt zu Beginn einer schwungvoll geschriebenen "2".

④ Verwechseln Sie dieses ड़ **ṛa** nicht mit र **ra** ohne Punkt.

⑤ Normalerweise nimmt das र **ra**, wenn es als zweites Element einer Ligatur auftritt, eine veränderte Form an und wird *unter* dem Konsonanten geschrieben, der ihm in der Aussprache *vorangeht*. Viele persisch-arabische Lehnwörter werden jedoch ohne Ligaturen geschrieben, wenn die Silben klar voneinander getrennt sind: **taś-rīf**.

लिपि का अभ्यास : संयुक्ताक्षर (जारी)

ज़रूर — र + ◌ू = रू ⑥

zarūr — **r + ū = rū**

कुर्सियाँ — ⑦

kursiyā̃

Anmerkungen zur (Devanagari-)Schrift

⑥ Bei der Ligatur aus र **ra** und langem ◌ू **ū** "verrutscht" das Matra für ◌ू **ū** etwas nach oben.

⑦ Hier in der Wortmitte sehen Sie wieder, was passiert, wenn das र **ra** als erstes Element einer Ligatur auftaucht: Es wird in Form eines kleinen Bogens auf den nachfolgenden Konsonanten obenauf gestellt.

पाठ नौ **pāṭh nau**

यह क्या हो रहा है !

yeh kyā ho rahā hai !

१ — यह बच्ची यहाँ क्या शैतानी कर रही है ?

1 yeh baccī yahā̃ kyā śaitānī♀ kar rahī hai ? ① ②

ANMERKUNGEN

① In क्या शैतानी **kyā śaitānī** bezieht sich das Fragepronomen क्या **kyā** auf das nachfolgende Substantiv.

Kindheit und Bildung

Dank der Modernisierung des Schul- und Universitätssystems der letzten Jahrzehnte zählen heute einige der Hochschulen und Universitäten Indiens zu den Besten der Welt. Absolventen der Bereiche Informatik, Wirtschaftswissenschaften und Ingenieurwesen, aber auch andere Wissenschaftler, sind international begehrt. Das indische Schul- und Bildungssystem mit der प्राथमिक स्कूल **prāthamik skūl** oder *Primary School* (in etwa Grund- und Hauptschule), der माध्यमिक स्कूल **mādhyamik skūl** oder *Secondary School* (Realschule und Gymnasium) und danach dem Hochschulstudium bestehend aus कॉलेज **kŏlej** oder *College* und विश्वविद्यालय **viśvavidyālay** bzw. *University* ist stark durch das englische Modell geprägt. Das Bildungswesen wird von der Bundesregierung in Delhi, aber auch von den einzelnen Bundesstaaten organisiert. So ist die Unterrichtssprache auf staatlichen Schulen immer die Amtssprache des jeweiligen Bundesstaates. Zwar besteht in Indien allgemeine Schulpflicht, aber trotz allem verfügt das Land mit ca. 67 % immer noch über eine verhältnismäßig geringe Zahl an Schulgängern. Die Analphabetenrate liegt bei Frauen immer noch bei knapp 46 % und bei Männern bei etwa 25 %. Dem steht die beachtliche Zahl von über 350 Universitäten, etwa 16.000 Colleges und alleine 380.000 Studierenden im Bereich Ingenieurwesen jährlich gegenüber!

Neunte Lektion

Was ist hier los?

(diese/r was sein geblieben ist!)

1 — Was für Dummheiten macht dieses kleine Mädchen hier?
(diese/r kleine-Mädchen hier was Teufelei machen geblieben ist?)

② कर रही है **kar rahī hai** ist die Verlaufsform der Gegenwart, bestehend aus dem Verbstamm (hier कर **kar**), einem Element von रहना **rahnā** "bleiben" und einer Personalform des Hilfsverbs होना **honā**. Die Formen von रहना **rahnā** lauten रहा **rahā**♂ (Sg.), रहे **rahe**♂ (Pl.), रही **rahī**♀ (Sg./Pl.).

२ मेज़ों पर चढ़ रही है !

2 mezõ par caṛh rahī hai !

३ खिड़कियों से झाँक रही है !

3 khiṛkiyõ se jhā̃k rahī hai ! ③

४ तुम छात्रों को तमाशा दिखा रही हो ?

4 tum chātrõ ko tamāśā♂ dikhā rahī ho ? ④

५ और आप लोग इसको बढ़ावा दे रहे हैं !

5 aur āp log isko baṛhāvā♂ de rahe haĩ !

६ मैं सब कुछ देख रहा हूँ !

6 maĩ sab kuch dekh rahā hū̃ ! ⑤

७ – डायरेक्टर साहब, यह तो हम लोगों को हिन्दी सिखा रही है ।

7 ḍāyrekṭar sāhab, yeh to ham logõ ko hindī sikhā rahī hai . ⑥

८ – बहुत ख़ूब ! और आप इसे कलाबाज़ी सिखा रहे हैं ?

8 bahut khūb ! aur āp ise kalābāzī♀ sikhā rahe haĩ ? ⑦ ⑧

ANMERKUNGEN

③ Die Nachsilbe **से se** bezeichnet einen räumlichen oder zeitlichen Ausgangspunkt: **खिड़कियों से khiṛkiyõ se** "von den Fenstern aus".

④ **दिखाना dikhānā** "zeigen" ist von **देखना dekhnā** "sehen, anschauen" abgeleitet.

2 Sie steigt auf die Tische!
(Tische auf steigen geblieben ist!)

3 Sie blickt aus den Fenstern!
(Fenster (Pl.) aus blicken geblieben ist!)

4 Machst du Spaß für die Schüler?
(du Schüler zu Spaß zeigen geblieben bist?)

5 Und ihr macht ihr Mut!
(und Sie Leute ihr⌒ Ermutigung geben geblieben seid!)

6 Ich sehe alles!
(ich alles etwas sehen geblieben bin!)

7 — Herr Direktor, sie unterrichtet uns eigentlich gerade in Hindi.
(Direktor Herr, er/sie doch wir Leute zu Hindi unterrichten geblieben ist.)

8 — Sehr gut! Und ihr bringt ihr Kunststücke bei?
(viel gut! und Sie ihm/ihr⌒ Kunststück unterrichten geblieben seid?)

⑤ सब कुछ **sab kuch**: Das unbestimmte Pronomen सब **sab** "alles" wird häufig durch das unbestimmte कुछ **kuch** "etwas" verstärkt.

⑥ In यह तो **yeh to** "er/sie ... eigentlich" drückt die Silbe तो **to** "doch" einen Gegensatz aus.

⑦ इसे **ise** oder इसको **isko** "ihr, sie, ihm, ihn (hier)" ist die gebeugte Form von यह **yeh** "er, sie"; ebenso उसे **use** bzw. उसको **usko** "ihr, sie, ihm, ihn (dort)" von वह **voh**. Die gebeugten Formen von ये **ye** und वे **ve** lauten इन्हें **inhẽ** bzw. उन्हें **unhẽ**. Für हम **ham** ist es हमें **hamẽ**.

⑧ In कलाबाज़ी **kalābāzī** steckt कला **kalā** "Kunst". कलाकार **kalākār** "Künstler, Artist" trägt die Endsilbe कार **-kār** "... macher" und weist auf eine Person hin, die etwas ausführt

पहला अभ्यास: क्या आप ये वाक्य समझ रहे हैं ?

१ आप यहाँ क्या कर रहे हैं ?
❶ āp yahā̃ kyā kar rahe haĩ ?

२ मैं खिड़की से बाहर देख रहा हूँ ।
❷ maĩ khiṛkī se bāhar dekh rahā hū̃ .

३ आप उन लोगों को बढ़ावा दे रहे हैं !
❸ āp un logõ ko baṛhāvā de rahe haĩ !

४ नहीं, मैं तो इनको तमाशा दिखा रहा हूँ ।
❹ nahī̃, maĩ to inko tamāśā dikhā rahā hū̃ .

५ यह कुर्सी पर चढ़ रही है ।
❺ yeh kursī par caṛh rahī hai .

६ यह हलवा खा रही है ।
❻ yeh halvā khā rahī hai .

७ मैं सब कुछ देख रहा हूँ !
❼ maĩ sab kuch dekh rahā hū̃ !

८ तुम इन लोगों को क्या सिखा रही हो ?
❽ tum in logõ ko kyā sikhā rahī ho ?

९ ये बच्चे हमें हिन्दी सिखा रहे हैं ।
❾ ye bacce hamẽ hindī sikhā rahe haĩ .

१० और आप इन्हें शैतानी सिखा रहे हैं !
❿ aur āp inhẽ śaitānī sikhā rahe haĩ !

दूसरा अभ्यास: वाक्य पूरे कीजिए ।

❶ Was macht dieses Mädchen hier [gerade]?
१ यह लड़की यहाँ क्या कर रही है ?
yeh laṛkī □□□□ kyā □□□ □□□□ hai ?

पहले अभ्यास के उत्तर : क्या आप समझे ?

❶ Was machen Sie hier? ❷ Ich blicke aus dem Fenster [nach] draußen. ❸ Sie machen diesen Leuten Mut! ❹ Nein, ich mache für sie eigentlich einen Spaß. ❺ Sie steigt auf den Stuhl. ❻ Sie isst [gerade] Halva. ❼ Ich♂ sehe alles! ❽ In was unterrichtest du diese Leute? ❾ Diese Kinder hier unterrichten uns in Hindi. ❿ Und Sie unterrichten sie in Dummheiten!

दूसरा अभ्यास: वाक्य पूरे कीजिए । (जारी)

❷ Du♀ blickst aus dem Fenster?

२ तुम खिड़की से झाँक रही हो ?

tum □□□□□□ se □□□□ rahī □□ ?

❸ Du steigst auf die Stühle und die Tische?

३ तुम कुर्सियों और मेज़ों पर चढ़ रही हो ?

tum □□□□□□□ aur □□□□ par caṛh rahī ho ?

दूसरे अभ्यास के उत्तर: रिक्त स्थान

❶ — — yahā̃ — kar rahī —. ❷ — khiṛkī — jhā̃k — ho ?
❸ — kursiyõ — mezõ — — — — .

दूसरा अभ्यासः वाक्य पूरे कीजिए । (जारी)

❹ Aber sie isst doch Halva.

४ लेकिन वह तो हलवा खा रही है ।

lekin voh ☐☐ halvā ☐☐☐ ☐☐☐☐ ☐☐☐ .

❺ Welche Dummheiten machst du♀ jetzt [gerade]?

५ अब तुम क्या शैतानी / बदमाशी कर रही हो ?

ab tum kyā ☐☐☐☐☐☐☐ kar ☐☐☐☐ ☐☐ ?

लिपि का अभ्यास : अक्षर

द	द	द	द	द	द	**da**
ख	ख	ख	ख	ख	ख	**kha**
ख़	ख़	ख़	ख़	ख़	ख़ ①	**<u>kh</u>a**
य	य	य	य	य	य ②	**ya**

लिपि का अभ्यास : शब्द

दिखा	द+ि◌+ ख+◌ा	**dikhā**	zeigen (Stamm)
खिड़कियों	ख+ि◌+ड़+ क+ि◌+ य+◌ो+◌ं	**khiṛkiyõ**	Fenster

दूसरे अभ्यास के उत्तर: रिक्त स्थान (जारी)

❹ — — to — khā rahī hai . ❺ — — — śaitānī / badmāśī — rahī ho ?

> ***Lerntipp:*** *Alle Vokabeln aus den Lektionen und den Anmerkungen finden Sie im Wörterverzeichnis am Ende des Buches, aber vielleicht legen Sie sich trotzdem eine Karteikarten-Sammlung an. Auf der Vorderseite der Karteikarte können Sie besonders schwierige Wörter und Wendungen in Devanagari und Umschrift notieren, auf die Rückseite schreiben Sie die jeweilige Übersetzung. Was Sie einmal selber geschrieben haben, bleibt besser im Gedächtnis.*

Anmerkungen zur (Devanagari-)Schrift

① Hier weisen der Punkt unter dem Devanagari-Buchstaben und die Unterstreichung unter dem Umschriftbuchstaben wieder darauf hin, dass dieser Laut aus dem Persischen stammt.

② य **ya** ist ein sog. "Halbkonsonant", ausgesprochen wie in "Kajak". Auch bei diesem Buchstaben b eginnen Sie zunächst mit einer geschwungenen "2".

लिपि का अभ्यास : शब्द (जारी)

देखना	द+ख+न+◌ा+◌े	**dekhnā**	sehen, blicken
सिखा	स+ि◌+ख+◌ा	**sikhā**	unter-richten (Stamm)
ख़ूब	ख़+◌ू+ब	**khūb**	gut

लिपि का अभ्यास : शब्द (जारी)

यह	य+ह	**yeh**	dieser, diese, er, sie
डायरेक्टर	ड+◌ा+य+ र+◌े+क+ ◌्+ट+र	**ḍāyrekṭar**	Direktor

पाठ दस **pāṭh das**

आज हम कहाँ घूमेंगे ?

āj ham kahā̃ ghūmẽge ?

१ — बोरिस, शाम को मैं बाज़ार जाऊँगी ।

1 boris, śām♀ ko maĩ bāzār♂ jāū̃gī . ① ② ③

ANMERKUNGEN

① Hier begleitet को **ko** "zu" die Zeitbestimmung: शाम को **śām ko** "Abend, abends, am Abend". Ebenso: दोपहर को **dopahar ko** "am Nachmittag", रात को **rāt ko** "in der Nacht". Aber: सुबह **subah** (ohne को **ko**) "am Morgen".

लिपि का अभ्यास : संयुक्ताक्षर

बच्ची च + च = च्च (oder च्च) ③

baccī c + c = cc

डायरेक्टर क + ट = क्ट ④

ḍāyrekṭar k + ṭ = kṭ

Anmerkungen zur (Devanagari-)Schrift

③ Auch für die Ligatur von च **ca** und च **ca** gibt es zwei Schreibweisen.

④ Der Laut ट **ṭa**, der einem herabhängenden Haken ähnelt, "stiehlt" dem क **ka** seinen rechten Bogen.

Zehnte Lektion

Wo werden wir heute spazieren gehen?

(heute wir wo werden-spazieren-gehen?)

1 – Boris, heute Abend werde ich♀ auf den Basar gehen.
(Boris, Abend zu ich Markt werde-gehen.)

② मैं... जाऊँगी **maĩ ... jāū̃gī** ist das Futur (Zukunft) von जाना **jānā** "gehen". An den Verbstamm wird ऊँगी **-ū̃gī**♀ bzw. ऊँगा **-ū̃gā**♂ angehängt. Die Endung passt sich wie die Adjektive dem Geschlecht und der Zahlform an: गे **-ge**♂ (Pl.), गी **-gī**♀ (Sg./Pl.).

③ Hier wird die Ortsbezeichnung बाज़ार **bāzār** nicht um eine Nachsilbe ergänzt, weil die Richtung bereits durch ein Verb der Bewegung angegeben ist.

२ मैं अकसर पुरानी दिल्ली की गलियों में घूमती हूँ ।
2 maĩ aksar purānī dillī♀ kī galiyõ♀ mẽ ghūmtī hū̃ .

३ पुराने शहर में तरह-तरह के अनोखे नज़ारे हैं ।
3 purāne śahar♂ mẽ tarah-tarah ke anokhe nazāre haĩ . ④

४ हाँ, आज फिर शहर की मज़ेदार गलियाँ देखना चाहती हूँ ।
4 hā̃, āj phir śahar kī mazedār galiyā̃ dekhnā cāhtī hū̃ . ⑤

५ वहाँ से कभी कपड़े, कभी मसाले, कभी एंटीक लाती हूँ ।
5 vahā̃ se kabhī kapṛe♂, kabhī masāle♂, kabhī aiṇṭīk lātī hū̃ . ⑥

६ – अच्छा, तो आज मैं भी चलूँगा ।
6 acchā, to āj maĩ bhī calū̃gā .

७ – ठीक है । दोनों चलेंगे । कितने बजे निकलेंगे ?
7 ṭhīk hai. donõ calẽge . kitne baje niklẽge ? ⑦

८ – अभी चलो न, थोड़ी देर में ?
8 abhī calo na, thoṛī der♀ mẽ ? ⑧

ANMERKUNGEN

④ **के ke**♂ (Pl.) "von" richtet sich in seiner Beugung nach dem nachfolgenden Substantiv **नज़ारे nazāre** (und nicht nach **तरह tarah**).

⑤ **देखना चाहती हूँ । dekhnā cāhtī hū̃.** Mit **चाहना cāhnā** "möchten, wollen" ist immer ein Infinitiv verbunden. Dieser Ausdruck wird als weniger fordernd empfunden als das deutsche "ich will".

2 Ich♀ gehe oft in den Gassen des alten Delhi spazieren.
(ich oft alt Delhi von Gassen in spazierend bin.)

3 In der Altstadt gibt es jede Menge erstaunliche Szenen zu sehen.
(alt⌒ Stadt in Art-Art von erstaunlich Szenen sind.)

4 Ja, noch heute möchte [ich] die hübschen Gassen der Stadt sehen.
(ja, heute wieder Stadt von angenehm Gassen sehen möchtend bin.)

5 Von dort bringe [ich♀] manchmal Kleider, manchmal Gewürze, manchmal Antiquitäten mit.
(dort aus manchmal Kleidung, manchmal Gewürze, manchmal Antiquitäten bringend bin.)

6 — Gut, dann werde ich heute auch mitgehen.
(gut, doch heute ich auch werde-gehen.)

7 — Einverstanden. [Wir] werden beide gehen. Um wie viel Uhr gehen [wir] los?
(richtig ist. beide werden-gehen. wie-viel geschlagen werden-hinausgehen?)

8 — Gehen wir sofort, oder in wenigen Augenblicken?
(sofort geh nicht, wenig Verspätung in?)

⑥ कभी **kabhī** (**kab** "wann" + verstärkendes **hī**) alleine bedeutet "eines Tages, jemals, manchmal". कभी... कभी... **kabhī... kabhī...** dagegen heißt "manchmal ..., manchmal ... ".

⑦ कितने **kitne**? "wie viel, wie viele?" ist ein Fragewort mit dem charakteristischen क **k-**. Es wird wie ein Adjektiv verwendet und entsprechend gebeugt: कितनी जलेबियाँ ? **kitnī jalebiyā̃ ?** "Wie viele Jalebis?"; कितना दूध ? **kitnā dūdh ?** "Wie viel Milch?".

⑧ अभी **abhī** "gleich, sofort" stammt von अब **ab** "jetzt", ergänzt durch ही **hī**. अभी नहीं **abhī nahī̃** "noch nicht"; अभी भी **abhī bhī** "auch jetzt (noch)".

९ मैं अभी ऑटो-रिक्शा बुलाता हूँ ।
9 maĩ abhī ŏṭo-rikśā♂ bulātā hū̃ . ⑨ ⑩

ANMERKUNGEN

⑨ Wie im Deutschen kann eine zukünftige Handlung mit dem Präsens ausgedrückt werden. Durch das ergänzende अभी **abhī** wird klar, dass es sich um eine einmalige Handlung handelt.

⑩ Der kleine Haken über dem आ **a** in ऑटो-रिक्शा **ŏṭo-rikśā**♂ zeigt an, dass dieses wie ein offenes o ausgesprochen wird. Dieser Laut tritt vorwiegend in englischen Lehnwörtern auf.

पहला अभ्यास: क्या आप ये वाक्य समझ रहे हैं ?

१ शाम को मैं बाज़ार जाऊँगी ।
1 śām ko maĩ bāzār jāū̃gī .

२ वहाँ मैं तरह-तरह की चीज़ें देखूँगी ।
2 vahā̃ maĩ tarah-tarah kī cīzẽ dekhū̃gī .

३ मैं भी पुरानी दिल्ली चलूँगा ।
3 maĩ bhī purānī dillī calū̃gā .

४ हम लोग कितने बजे निकलेंगे ?
4 ham log kitne baje niklẽge ?

५ मैं अभी आता हूँ और रिक्शा बुलाता हूँ ।
5 maĩ abhī ātā hū̃ aur rikśā bulātā hū̃ .

६ तुम मसाले लाओगी और मैं खाना पकाऊँगा ।
6 tum masāle lāogī aur maĩ khānā pakāū̃gā .

७ आप कहाँ चलेंगे, क्या देखेंगे ?
7 āp kahā̃ calẽge, kyā dekhẽge ?

9 Ich rufe sofort eine Auto-Rikscha.
(ich sofort Auto-Rikscha rufend bin.)

पुराने शहर में तरह-तरह के अनोखे नज़ारे हैं ।

पहला अभ्यास: क्या आप ये वाक्य समझ रहे हैं ? (जारी)

८ आओ, यहाँ बैठो । तुम क्या खाओगी ?
8 āo, yahā̃ baiṭho . tum kyā khāogī ?

९ मैं तो थोड़ी देर में खाऊँगा ।
9 maĩ to thoṛī der mẽ khāū̃gā .

१० तुम बाज़ार के समोसे खाना चाहते हो ?
10 tum bāzār ke samose khānā cāhte ho ?

पहले अभ्यास के उत्तर : क्या आप समझे ?

1 Am Abend werde ich♀ auf den Basar gehen. 2 Dort werde ich♀ alle möglichen Dinge sehen. 3 Auch ich♂ werde nach Alt-Delhi gehen. 4 Um wie viel Uhr werden wir losgehen? 5 Ich komme sofort und rufe eine Rikscha. 6 Du♀ wirst Gewürze bringen, und ich♂ werde das Essen kochen. 7 Wo werden Sie hingehen, was werden Sie sehen? 8 Komm, setz dich hier [her]. Was wirst du♀ essen? 9 Ich♂ werde also in wenigen Augenblicken essen. 10 Möchtest du [die] Samosas vom Basar essen?

दूसरा अभ्यास: वाक्य पूरे कीजिए ।

❶ Auch Nisha wird nach Alt-Delhi gehen.

१ निशा भी पुरानी दिल्ली जाएगी ।

niśā □□□ purānī dillī □□□□□.

❷ Heute werde auch ich die alten Basare sehen!

२ आज मैं भी पुराने बाज़ार देखूँगा !

□□ maĩ bhī □□□□□□ bāzār □□□□□□□ !

❸ Einverstanden, wir werden beide in wenigen Augenblicken losgehen.

३ ठीक है, हम दोनों थोड़ी देर में निकलेंगे ।

ṭhīk hai, ham □□□□ thoṛī der □□ □□□□□□□ .

❹ Abends gehe ich♀ manchmal auf den Basar, manchmal ins Kino.

४ शाम को मैं कभी बाज़ार कभी सिनेमा जाती हूँ ।

śam □□ maĩ □□□□□ bāzār □□□□□ sinema jātī hū̃.

❺ Gut, ich♂ nehme sofort eine Rikscha.

५ अच्छा, मैं अभी एक रिक्शा लाता हूँ ।

□□□□□, maĩ abhī ek rikśa □□□□ hū̃.

लिपि का अभ्यास : अक्षर

ग	ग	ग	ग	ग	ग	ga
घ	घ	घ	घ	घ	घ ①	gha
भ	भ	भ	भ	भ	भ	bha

दूसरे अभ्यास के उत्तर: रिक्त स्थान

❶ — bhī — — jāegī . ❷ āj — — purāne — dekhū̃gā ! ❸ — —, — donõ — — mẽ niklẽge . ❹ — ko — kabhī — kabhī — — — . ❺ acchā, — — — — lātā — .

लिपि का अभ्यास : अक्षर (जारी)

ट	ट	ट	ट	ट	ट ②	**ṭa**
ऐ	ऐ	ऐ	ऐ	ऐ	ऐ ③	**ai**

लिपि का अभ्यास : शब्द

गलियों	ग+ि+ल+य+ो+ं	**galiyõ**	Gassen
घूमेंगे	घ+ू+म+े+ग+े+ं	**ghūmẽge**	wir werden spazieren gehen
कभी	क+भ+ी	**kabhī**	manchmal

Anmerkungen zur (Devanagari-)Schrift

① Die erste Linie dieses Buchstabens gleicht einem Schreibschrift-E; dieses geht dann in den vertikalen Strich über.

② Diesen Buchstaben haben Sie bereits in Lektion 9 in der Ligatur von क **ka** + ट **ṭa** kennen gelernt.

③ In Lektion 6 haben Sie das Matra für den Vokal **ai** kennen gelernt. Hier sehen Sie nun die volle Form.

लिपि का अभ्यास : शब्द (जारी)

ऐंटीक	ऐ+ट+◌ी+क+◌ं	**aiṇṭīk**	Antiquitäten ④
ऑटो-रिक्शा	ऑ+ट+◌ो — र+ि◌+क+◌्+श+◌ा	**ŏṭo-rikśā**	Auto-Rikscha
तस्वीर	त+स+◌्+व+◌ी+र	**tasvīr**	Bild, Foto
वही	व+ह+◌ी	**vahī**	er/sie selbst

लिपि का अभ्यास : संयुक्ताक्षर

दिल्ली — ल + ल = ल्ल (oder ल्ल) ⑤

dillī — l + l = ll

लिपि का अभ्यास : संयुक्ताक्षर (जारी)

रिक्शा	क + श = क्श
rikśā	**k + ś = kś**

Anmerkungen zur (Devanagari-)Schrift

④ Dies ist die Schreibweise mit Anusvara. Die alternative Schreibung wäre ऐण्टीक.

⑤ Bei der Ligatur von ल **la** + ल **la** werden die beiden "nach unten offenen Herzen" einfach untereinander – oder nebeneinander ल्ल – geschrieben.

Die Rikscha

Die Rikscha – die ihren Namen aus dem Japanischen hat – ist in Indien schon allein deshalb ein gängiges Verkehrsmittel, weil diese dreirädrigen Gefährte besser durch die verstopften Straßen der Großstädte kommen als Taxis oder gar Busse. Es gibt Fahrrad-Rikschas (wie in Delhi, Jaipur, Amritsar oder auf dem Land), Motorroller-betriebene oder – speziell in Kalkutta – sogar noch solche, die von dem रिक्शा-वाला **rikśāvālā** gezogen werden. Rikschas finden Sie besonders in den Altstädten, aber auch an Bahnhöfen oder an anderen Verkehrsknotenpunkten. Man übertreibt sicherlich nicht, wenn man sagt, dass die Fahrt mit einer Rikscha zu jeder Indienreise gehören sollte. Aber Vorsicht: Handeln Sie den Fahrpreis immer vorher aus, oder bestehen Sie darauf, dass der Taxameter eingeschaltet ist!

पाठ ग्यारह pāṭh gyārah

घबराइए मत !
ghabrāie mat !

१ – कहिए जनाब, पुरानी दिल्ली चलेंगे ?
1 kahie janāb♂, purānī dillī calẽge ? ①

२ – क्यों नहीं, आइए, तशरीफ़ रखिए ।
2 kyõ nahī̃, āie, taśrīf rakhie .

३ – कितने पैसे लगेंगे ?
3 kitne paise♂ lagẽge ? ②

४ – घबराइए मत, आपके लिए केवल तीस रुपए ।
4 ghabrāie mat, āpke lie keval tīs rupae♂ . ③

५ – नहीं जी, मीटर चलाइए । हम सब समझते हैं !
5 nahī̃ jī, mīṭar calāie . ham sab samajhte haĩ ! ④ ⑤

६ – अरे, मीटर तो ख़राब है, भाई...
6 are, mīṭar♂ to <u>kh</u>arāb hai, bhāī... ⑥

७ – फिर छोड़िए, मैं दूसरा स्कूटर लूँगा ।
7 phir choṛie, mãi dūsrā skūṭar♂ lū̃gā . ⑦

८ – अच्छा भाई, अच्छा । मीटर भी चलेगा, बैठिए ।
8 acchā bhāī, acchā. mīṭar bhī calegā, baiṭhie .

ANMERKUNGEN

① **किहए जनाब kahie janāb** ist eine respektvolle Anrede, die jedoch hier etwas ironisch und familiär gemeint ist. Wie so oft wurde auch in diesem Satz das Subjekt weggelassen.

② **लगना lagnā** hat sehr unterschiedliche Bedeutungen, wie z. B. "scheinen, berühren, feststehen, fühlen".

Elfte Lektion

Keine Sorge!
(sorgen-Sie-sich nicht!)

1 – Sagen Sie, Meister, fahren [Sie] nach Alt-Delhi?
(sagen-Sie Meister, alt Delhi werden-gehen?)

2 – Warum nicht? Kommen Sie, nehmen Sie Platz.
(warum nicht, kommen-Sie, hohe-Würde stellen-Sie.)

3 – Wie viel wird das kosten?
(wie-viel Gelder werden-fühlen?)

4 – Keine Sorge, für Sie nur 30 Rupien.
(sorgen-Sie-sich nicht, Ihr für nur 30 Rupien.)

5 – Nein, schalten Sie den Zähler ein. Wir kennen uns aus!
(nein ji, Zähler machen-Sie-gehen. wir alles verstehend sind!)

6 – He, der Zähler ist doch kaputt, Bruder ...
(ach, Zähler doch schlecht ist, Bruder ...)

7 – Dann lassen Sie's, ich werde einen anderen Motorroller nehmen.
(wieder lassen-Sie, ich zweiter Motorroller werde-nehmen.)

8 – Gut, Bruder, gut. Der Zähler wird auch gehen, setzen Sie sich.
(gut Bruder, gut. Zähler auch wird-gehen, setzen-Sie-sich.)

③ Bei के लिए **ke lie** "für" ist के **ke** unveränderlich. Das vorangehende Substantiv nimmt seine gebeugte Form an: इनके लिए **inke lie** "für jene", इन लोगों के लिए **in logõ ke lie** "für jene Leute".

④ हाँ जी **hā̃ jī** / नहीं जी **nahī̃ jī** hat mehr Nachdruck als जी हाँ **jī hā̃** / जी नहीं **jī nahī̃** "[aber] ja/[aber] nein".

⑤ चलाइए **calāie** "machen Sie gehen" (= "schalten Sie ein").

⑥ भाई **bhāī** ist eine vertraute Anrede, die man auch benutzt, wenn man nicht verwandt ist.

⑦ लूँगा **lū̃gā** "ich werde nehmen". Das Futur von लेना **lenā** ist unregelmäßig. Hier wäre auch das Präsens (L. 10) möglich: मैं लेता हूँ **mãi letā hū̃**.

९ — वाक़ई आप सब कुछ समझते हैं, केवल हिन्दी ही नहीं !

9 vāqaī āp sab kuch samajhte haĩ, keval hindī hī nahĩ !

पहला अभ्यास: क्या आप ये वाक्य समझ रहे हैं ?

१ कितने पैसे लगेंगे ? — तीस रुपए लगेंगे ।
❶ kitne paise lagẽge ? – tīs rupae lagẽge .

२ छोड़िए, हम दूसरा रिक्शा लेंगे ।
❷ chorie, ham dūsrā rikśā lẽge .

३ देखिए, मीटर ख़राब है । घबराइए मत...
❸ dekhie, mīṭar kharāb hai. ghabrāie mat...

४ हम देख रहे हैं । सब कुछ समझते हैं ।
❹ ham dekh rahe haĩ . sab kuch samajhte haĩ .

५ अच्छा छोड़िए, आइए बैठिए ।
❺ acchā chorie, āie baiṭhie .

६ आप तो हिन्दी भी समझते हैं !
❻ āp to hindī bhī samajhte haĩ !

७ जी हाँ । अब स्कूटर चलाइए ।
❼ jī hā̃ . ab skūṭar calāie .

८ — मीटर भी चलेगा । देखिए, चल रहा है !
❽ mīṭar bhī calegā . dekhie, cal rahā hai !

९ — हिन्दी के छात्रों के लिए चलता है, जी !
❾ hindī ke chātrõ ke lie caltā hai, jī !

१० — आप लोग सब कुछ नहीं समझ रहे हैं ।
❿ āp log sab kuch nahĩ samajh rahe haĩ .

9 Tatsächlich verstehen Sie alles, nur Hindi [gerade] nicht!
(tatsächlich Sie alles etwas verstehend sind, nur Hindi eben nicht!)

पहले अभ्यास के उत्तर : क्या आप समझे ?

❶ Wie viel wird das kosten? — Das wird 30 Rupien kosten. ❷ Lassen Sie's, wir werden eine andere Rikscha nehmen. ❸ Sehen Sie, der Zähler ist kaputt. Sorgen Sie sich nicht ... ❹ Wir sehen [es] gerade. Wir verstehen alles. ❺ Gut, lassen Sie's, kommen Sie, setzen Sie sich. ❻ Sie verstehen also auch Hindi! ❼ Ja, mein Herr. Stellen Sie jetzt den Motorroller an. ❽ Der Zähler wird auch laufen. Sehen Sie, er läuft! ❾ Er läuft für die Hindi-Schüler, ji! ❿ Ihr versteht jetzt nicht alles.

दूसरा अभ्यास: वाक्य पूरे कीजिए ।

❶ Für Sie wird es 30 Rupien kosten.

१ आपके लिए तीस रुपए लगेंगे ।
āpke □□□ tīs rupae □□□□□□.

❷ Ich werde Kleidung für dich mitbringen.

२ मैं तुम्हारे लिए कपड़े लाऊँगा/लाऊँगी ।
maĩ tumhāre lie □□□□□ □□□□□ .

दूसरे अभ्यास के उत्तर: रिक्त स्थान

❶ — lie — — lagẽge . ❷ — — — kapṛe lāũgā/lāũgī .

दूसरा अभ्यास: वाक्य पूरे कीजिए । (जारी)

❸ Stellen Sie den Zähler an, und fahren Sie nach Alt-Delhi.

३ मीटर चलाइए और पुरानी दिल्ली चलिए ।

mīṭar □□□□□□ aur purānī dillī □□□□□ .

❹ Ich♂ werde einen anderen Motorroller nehmen.

४ मैं दूसरा स्कूटर लूँगा ।

maĩ □□□□□ skūṭar □□□□ .

❺ Wir sorgen uns nicht und verstehen alles.

५ हम घबराते नहीं, और सब कुछ समझते हैं ।

ham □□□□□□□□ nahĩ, aur □□□ kuch samajhte haĩ .

लिपि का अभ्यास : अक्षर

झ	झ	झ	झ	झ	झ	①	**jha**
छ	छ	छ	छ	छ	छ	②	**cha**
क़	क़	क़	क़	क़	क़	③	**qa**
ए	ए	ए	ए	ए	ए	④	**e**

लिपि का अभ्यास : शब्द

समझते	स+म+झ+त+◌े	**sam-ajhte**	verstehend
छोड़िए	छ+◌ो+ड़+ि◌+ए	**choṛie**	lassen Sie
वाक़ई	व+◌ा+क़+ई	**vāqaī**	tatsächlich

दूसरे अभ्यास के उत्तर: रिक्त स्थान (जारी)

❸ — calāie — — — calie . ❹ — dūsrā — lũgā . ❺ — ghabrāte —, — sab — — — .

लिपि का अभ्यास : संयुक्ताक्षर

रुपए

rupae

र + ु = रु ⑤

r + u = ru

Anmerkungen zur (Devanagari-)Schrift

① Der Beginn dieses Buchstabens, der in etwa aussieht wie ein großes S, ist Ihnen bereits von der vollen Form des kurzen इ **i** bekannt.

② छ **cha** gehört neben झ **jha** und फ **pha** zu den Buchstaben, die nie als erstes Element in einer Ligatur auftauchen.

③ Das aus dem Persischen stammende क़ **qa** unterscheidet sich nur durch den Punkt vom क **ka**.

④ Dies ist die volle Form des kurzen **e**; das Matra (े) haben Sie in Lektion 6 kennen gelernt.

⑤ Bei der Ligatur aus र **ra** und ु **u** ist das र **ra** noch gut zu erkennen, das ु **u** wird rechts als nach unten offener Bogen angehängt.

Die Anrede

Wie Sie in dieser Lektion gesehen haben, gibt es eine Reihe vertrauter Anreden auch für Personen, mit denen man nicht verwandt ist. So benutzt man z. B. भाई **bhāī** (regional auch: भैया **bhaiyā**) "Bruder" und बहन जी **bahan (jī)** oder दीदी **dīdī** (beide bedeuten "Schwester") auch für Personen, die nicht zum Familienkreis gehören. Kinder sagen zu älteren Fremden oft अंकलजी **aṅkaljī** "Onkel" oder आंटीजी **āṇṭījī** "Tante", und die Ehefrau eines Freundes wird ganz selbstverständlich zur भाभीजी **bhābhījī** "Schwägerin".

पाठ बारह pāṭh bārah

माहौल कितना मज़ेदार है !

māhaul kitnā mazedār hai !

१ — रिक्शावाला बहुत बदमाश है !

1 rikśāvālā♂ bahut badmāś hai !

२ — हाँ, ये सभी बड़े बदमाश हैं ।

2 hā̃, ye sabhī baṛe badmāś haĩ . ①

३ बहस के बिना कभी नहीं मानते ।

3 bahas♀ ke binā kabhī nahī̃ mānte . ② ③

४ — दोपहर का यह माहौल कितना मज़ेदार है !

4 dopahar♀ kā yeh māhaul♂ kitnā mazedār hai ! ④

५ — यहाँ लोग हमेशा घरों के बाहर होते हैं ।

5 yahā̃ log hameśā gharõ♂ ke bāhar hote haĩ . ⑤

६ — आजकल सर्दियों की छुट्टियाँ हैं, न ।

6 ājkal sardiyõ♀ kī chuṭṭiyā̃ ♀ haĩ, na . ⑥ ⑦

ANMERKUNGEN

① **सभी sabhī** = **सब sab** "alle" mit verstärkendem **ही hī**. Das Adjektiv **बदमाश badmāś** "böse" kann auch als Substantiv "Bösewicht" übersetzt werden. Das davorstehende **बड़े baṛe** ("groß") bedeutet hier "sehr".

② **के बिना ke binā** "von ohne". Anders als bei anderen Nachsilben kann hier die Wortfolge variieren: **बिना बहस के binā bahas ke** "ohne Streit".

Zwölfte Lektion

Welch angenehme Stimmung!

(Stimmung wie-viel angenehm ist!)

1 – Der Rikschafahrer ist sehr hinterhältig!
(Rikschafahrer sehr böse ist!)

2 – Ja, sie sind alle große Schlitzohren.
(ja, sie alle groß Bösewichte sind.)

3 Sie sind nie ohne Diskussion einverstanden.
(Streit von ohne manchmal nicht akzeptierend.)

4 – Wie angenehm nachmittags die Stimmung ist!
(Nachmittag von diese/r Stimmung wie-viel angenehm ist!)

5 – Hier sind die Leute immer draußen.
(hier Leute immer Häusern von außen seiend sind.)

6 – Jetzt sind gerade Winterferien, nicht wahr [?].
(gegenwärtig Winter von Ferien sind, nicht.)

③ कभी नहीं **kabhī nahī̃** heißt "niemals". Ebenso sagt man कुछ नहीं **kuch nahī̃**, wörtlich "etwas nicht", für "nichts". Und um "niemand" auszudrücken, benutzt man कोई नहीं **koī nahī̃** "jemand nicht".

④ कितना **kitnā** "wie viel, wie" ist Ausruf und Fragewort. Es wird nach dem Substantiv dekliniert, auf das es sich bezieht कितने लोग हैं ? **kitne log haĩ** ? "Wie viele Menschen sind dort?".

⑤ Entgegen dem einfachen हैं **hai** bezeichnet die zusammengesetzte Form होते हैं **hote hai** (होता है **hotā hai**, होते हो **hote ho** usw.) einen allgemeinen, permanenten Zustand. हिन्दुस्तानी मसाले अच्छे होते हैं । **hindustānī masāle acche hote haĩ** . "Die indischen Gewürze sind gut." Dagegen bedeutet ये मसाले अच्छे हैं । **ye masāle acche haĩ** . "Diese Gewürze [hier] sind gut."

⑥ सर्दियों की छुट्टियाँ **sardiyõ kī chuṭṭiyā̃** "Winterferien" (wörtlich "Ferien von Kälte"). "Sommerferien" (= "Ferien von Wärme"): गर्मियों की छुट्टियाँ **garmiyõ ki chuṭṭiyā̃**.

⑦ न **na** am Satzende bedeutet so viel wie "nicht, nicht wahr?".

७ सुबह, दोपहर में और शाम को... दिन भर धूप सेकते हैं ।

7 subah♀, dopahar mẽ aur śām♀ ko... din bhar dhūp♀ sekte haĩ . ⑧

८ – अरे, मसालों की दुकानें ! रिक्शा रोको, भैया, ज़रा रोको !

8 are, masālõ♂ kī dukānẽ♀ ! rikśā roko, bhaiyā, zarā roko !

ANMERKUNGEN

⑧ दिन भर **din bhar**: भर **bhar** ist eine unveränderliche Nachsilbe. Das Synonym सारा दिन **sārā din** kennen Sie schon. Ebenso रात भर **rāt bhar** (oder सारी रात **sārī rāt**) "die ganze Nacht", घंटा भर **ghaṇṭā bhar** "eine ganze Stunde lang".

पहला अभ्यास: क्या आप ये वाक्य समझ रहे हैं ?

१ यहाँ स्कूटर-रिक्शा वाले सभी बदमाश हैं !
❶ yahā̃ skūṭar-rikśā vāle sabhī badmāś haĩ !

२ ये अकसर मीटर नहीं चलाते ।
❷ ye aksar mīṭar nahī̃ calāte .

३ बिना बहस के नहीं मानते ।
❸ binā bahas ke nahī̃ mānte .

४ शाम को हम लोग बाज़ारों में घूमते हैं ।
❹ śām ko ham log bāzārõ mẽ ghūmte haĩ .

५ मैं बाज़ार से समोसे और जलेबियाँ लाऊँगा ।
❺ maĩ bāzār se samose aur jalebiyā̃ laū̃gā .

7 Morgens, nachmittags und abends ... den ganzen Tag wärmen sie sich in der Sonne.
(Morgen, Nachmittag in und Abend zu ... Tag ganz Sonne wärmend sind.)

8 – Sieh mal, Gewürzläden! Halt die Rikscha an, Freund, halt kurz an!
(ach, Gewürze von Läden! Rikscha halt-an, Bruder, etwas halt-an!)

पहला अभ्यास: क्या आप ये वाक्य समझ रहे हैं ? (जारी)

६ हम लोग सुबह काम करते हैं लेकिन दोपहर में नहीं ।
⑥ ham log subah kām karte haĩ lekin dopahar mẽ nahī̃ .

७ वे लोग दिन भर धूप सेकते हैं ।
⑦ ve log din bhar dhūp sekte haĩ .

पहले अभ्यास के उत्तर : क्या आप समझे ?

❶ Hier sind die Motorroller-Rikscha-Fahrer alle Schlitzohren! ❷ Oft lassen sie den Zähler nicht laufen. ❸ Sie sind nicht ohne Diskussion einverstanden. ❹ Am Abend gehen wir in den Basaren spazieren. ❺ Ich werde Samosas und Jalebis vom Basar [mit]bringen. ❻ Wir arbeiten am Morgen, aber nicht am Nachmittag. ❼ Jene Leute wärmen sich den ganzen Tag in der Sonne.

पहला अभ्यास: क्या आप ये वाक्य समझ रहे हैं ? (जारी)

८ वह चाय की दुकान भी देखेगा ।
⑧ voh cāy kī dukān bhī dekhegā .

९ आजकल हम लोग हमेशा बाहर रहते हैं ।
⑨ ājkal ham log hameśā bāhar rahte haĩ .

१० सर्दियों की छुट्टियों में भी धूप होती है ।
⑩ sardiyõ kī chuṭṭiyõ mẽ bhī dhūp hotī hai .

दूसरा अभ्यास: वाक्य पूरे कीजिए ।

❶ Ohne Diskussion sind Sie nie einverstanden.
१ बिना बहस के आप कभी नहीं मानते / मानतीं ।
□□□□ bahas □□ āp kabhī nahĩ □□□□□ .

❷ Was? Auch dieses Schlitzohr wärmt sich hier gerade in der Sonne.
२ क्या ? यह बदमाश भी यहाँ धूप सेक रहा है !
kyā ? yeh badmāś □□□ yahā̃ dhūp sek □□□□ □□□ .

❸ In den Ferien kommt er nie nach Delhi.
३ वह छुट्टियों में दिल्ली कभी नहीं आता ।
voh □□□□□□□□ mẽ dillī □□□□□ nahĩ □□□ .

❹ Welch angenehme Stimmung im Basar herrscht!
४ बाज़ार में माहौल कितना मज़ेदार है !
bāzār □□ māhaul □□□□□ mazedār hai !

लिपि का अभ्यास : अक्षर

ध ध ध ध ध ध ① **dha**

पहले अभ्यास के उत्तर : क्या आप समझे ? (जारी)

⑧ Er wird auch den Teeladen sehen. ⑨ Im Moment bleiben wir immer draußen. ⑩ Auch in den Winterferien gibt es Sonne.

दूसरा अभ्यास: वाक्य पूरे कीजिए । (जारी)

❺ Die Samosas des Basars sind immer sehr heiß.

५ बाज़ार के समोसे हमेशा बड़े गरम होते हैं ।

bāzār □□ samose hameśā baṛe garam □□□□ haĩ .

दूसरे अभ्यास के उत्तर: रिक्त स्थान

❶ binā — ke — — — mānte/māntī̃ . ❷ — ? — — bhī — — — rahā hai ! ❸ — chuṭṭiyõ — — kabhī — ātā . ❹ — mẽ — kitnā — — ! ❺ — ke — — — — hote — .

लिपि का अभ्यास : शब्द

धूप	ध+◌ू+प	**dhūp**	Sonne
धर्म	ध+म+◌र्‍	**dharm**	Religion
अध्यापक	अ+ध+◌्+य+◌ा+प+क	**adhyāpak**	Lehrer

Anmerkungen zur (Devanagari-)Schrift

① Achtung: Dieser Buchstabe ähnelt ein wenig dem Buchstaben **घ gha**. Im Unterschied zu Letzterem beginnt **ध dha** jedoch mit einem kleinen Kringel, und die Kopflinie geht nicht über das ganze Zeichen, sondern nur über den rechten Teil.

लिपि का अभ्यास : संयुक्ताक्षर

छुट्टियाँ	ट + ट = ट्ट ②
chuṭṭiyā̃	ṭ + ṭ = ṭṭ
सर्दियों	र + द + ि = र्दि ③
sardiyõ	r + d = rd

पाठ तेरह **pāṭh terah**

इधर भी मसाले, उधर भी मसाले !

idhar bhī masāle, udhar bhī masāle !

१ — अहा ! कितनी ख़ुशबू आ रही है !
1 ahā ! kitnī <u>kh</u>uśbū♀ ā rahī hai ! ① ②

२ — यहाँ तरह-तरह के मसाले होते हैं ।
2 yahā̃ tarah-tarah ke masāle hote haĩ .

३ — हम तो सभी कुछ देखना चाहते हैं ।
3 ham to sabhī kuch dekhnā cāhte haĩ . ③

ANMERKUNGEN

① ख़ुशबू **<u>kh</u>uśbū** "Duft" (बदबू **badbū** "Gestank") werden beide mit बू **bū**♀ "Geruch" und den Vorsilben ख़ुश **<u>kh</u>uś** "gut", बद **bad** "schlecht" gebildet. Ebenso: ख़ुशहाल **<u>kh</u>uśhāl** "glücklich" und बदहाल **badhāl** "unglücklich" (हाल **hāl**♂ "Zustand").

Anmerkungen zur (Devanagari-)Schrift

② Die Ligatur zweier ट **ṭa** gehört zu den Ligaturen, bei denen die beiden Elemente untereinander gesetzt werden.

③ Hier sehen Sie noch einmal ein Beispiel für das र **ra** als erstes Element einer Ligatur. Der kleine Bogen oberhalb der Kopflinie wird über dem nachfolgenden Konsonanten platziert.

Dreizehnte Lektion

Gewürze hier, Gewürze dort!
(hierher auch Gewürze, dorthin auch Gewürze!)

1 – Oh! Wie gut das gerade riecht!
(oh! wie-viel Duft kommen geblieben ist!)

2 – Hier gibt es alle möglichen Gewürze.
(hier Art-Art von Gewürze seiend sind.)

3 – Wir wollen wirklich alles sehen.
(wir doch alles etwas sehen möchtend sind.)

② Achten Sie auf den Bezug des Ausrufs कितनी **kitnī** zu बू **bū**.

③ सभी **sabhī** ist die verstärkte Form von सब **sab** "alles, alle" + ही **hī** (Adjektiv + Pronomen). कुछ **kuch** "etwas" schwächt den Ausdruck wieder ab.

४ — अरे, अन्दर तो आइए । उधर देखिए क्या-क्या है !

4 are, andar to āie . udhar dekhie kyā-kyā hai ! ④ ⑤

५ — यह पीली-सी चीज़ क्या है ?

5 yeh pīlī-sī cīz♀ kyā hai ? ⑥

६ — यह हल्दी है ।

6 yeh haldī♀ hai .

७ — यह लकड़ी-सी क्या है ?

7 yeh lakṛī♀ -sī kyā hai ?

८ — यह दालचीनी है ।

8 yeh dālcīnī♀ hai .

९ ज़ीरा, धनिया, सरसों, हींग, सोंठ, इलायची, केसर...

9 zīrā♂, dhaniyā♂, sarsõ♀, hĩṅg♀, sõṭh♀, ilāycī♀, kesar♀... ⑦

ANMERKUNGEN

④ इधर **idhar** "hierher" und उधर **udhar** "dorthin" bezeichnen die Richtung einer Bewegung (dynamisch), im Gegensatz zu यहाँ **yahā̃** "hier" und वहाँ **vahā̃** "dort" (statisch). Das entsprechende Fragepronomen lautet किधर **kidhar**? "wohin?".

⑤ क्या-क्या **kyā-kyā** "was-was". Die Wiederholung lässt eine Aufzählung erwarten.

⑥ पीली-सी **pīlī-sī** "gelblich": Die Endsilbe सा **-sā** richtet sich nach dem vorangehenden Adjektiv oder Substantiv und wird für eine

4 – Hallo, kommen Sie doch herein. Sehen sie dort, was es alles gibt!
(ach, herein doch kommen-Sie. dorthin sehen-Sie was-was ist!)

5 – Was ist das Gelbe?
(diese/r gelb-lich Sache was ist?)

6 – Das ist Kurkuma.
(diese/r Kurkuma ist.)

7 – Was ist dieses holzähnliche Ding?
(diese/r Holz-lich was ist?)

8 – Das ist Zimt.
(diese/r Zimt ist.)

9 Kümmel, Koriander, Senf, Asant, getrockneter Ingwer, Kardamom, Safran ...

ungefähre Beschreibung benutzt: लकड़ी-सी **lakṛī-sī** "holzähnlich". Bei Adjektiven, die Dimensionen bezeichnen, verstärkt es deren Sinn: छोटा-सा **choṭā-sā** "ganz klein".

⑦ Asant, auch Stinkasant (Hindi: हींग **hĩṅg**) oder Teufelsdreck, ist eine krautige Pflanze, aus deren Wurzel ein äußerst geschmacksintensives Gummiharz gewonnen wird. Es wird in Afghanistan, Pakistan, im Iran und in Indien als Gewürz benutzt.

१० इधर आइए, यह साबुत काली मिर्च है, यह लाल मिर्च ।

10 idhar āie, yeh sābut kālī mirc hai, yeh lāl mirc .

११— थोड़ा-थोड़ा सब कुछ दे दीजिए... आच्छूँ !!! मिर्च भी लूँगी ।

11 thoṛā-thoṛā sab kuch de dījie... ācchū̃ !!! mirc♀ bhī lū̃gī . ⑧ ⑨

पहला अभ्यास: क्या आप ये वाक्य समझ रहे हैं ?

१ ओहो ! ये कितने बदमाश हैं !
❶ oho ! ye kitne badmāś haĩ !

२ ये तरह-तरह की शैतानियाँ करते हैं ।
❷ ye tarah-tarah kī śaitāniyā̃ karte haĩ .

३ सब कुछ देखना चाहते हैं ।
❸ sab kuch dekhnā cāhte haĩ .

४ यह लकड़ी-सी क्या है ?
❹ yeh lakṛī-sī kyā hai ?

५ इधर भी मसाले हैं, उधर भी मसाले हैं ।
❺ idhar bhī masāle haĩ, udhar bhī masāle haĩ .

६ यह छोटी-सी इलायची है ।
❻ yeh choṭī-sī ilāycī hai .

७ इस मिर्च को मत खाइए ।
❼ is mirc ko mat khāie .

८ आप यहाँ क्या-क्या करेंगी ?
❽ āp yahā̃ kyā-kyā karẽgī ?

10 Kommen Sie her, dies ist ganzer schwarzer Pfeffer, und dies roter Pfeffer.
(hierher kommen-Sie, diese/r ganz schwarz Pfeffer ist, diese/r rot Pfeffer.)

11 – Geben Sie mir von allem etwas ... Hatschi!!! Ich werde auch Pfeffer nehmen.
(wenig-wenig alles etwas geben geben-Sie ... Hatschi!!! Pfeffer auch werde-nehmen.)

ANMERKUNGEN

⑧ थोड़ा-थोड़ा **thoṛā-thoṛā** "ein wenig - ein wenig", "ein bisschen von ...". थोड़ा-थोड़ा सब लोगों को **thoṛā-thoṛā sab logõ ko** "ein bisschen für jeden".

⑨ दीजिए **dījie** "geben Sie": höflicher Imperativ von देना **denā** (unregelmäßig wie लीजिए **lījie** "nehmen Sie" von लेना **lenā**).

Lerntipp: *In der nächsten Lektion gibt es wieder ein wenig Theorie. Falls Sie in den Lektionen manchmal den Eindruck haben, dass grammatikalische Einzelheiten nicht ausführlich genug erklärt werden, verlassen Sie sich darauf, dass alle notwendigen Erläuterungen in den Wiederholungslektionen folgen werden. Hier wird der Stoff vertieft und grammatikalische Zusammenhänge werden ausführlich und anschaulich dargestellt.*

पहले अभ्यास के उत्तर : क्या आप समझे ?

❶ Oho! Wie böse sie sind! ❷ Sie machen alle möglichen Dummheiten. ❸ Sie (Pl.) wollen alles sehen. ❹ Was ist dieses Holzähnliche? ❺ Hier gibt es (auch) Gewürze, und dort auch. ❻ Dieses kleine [Ding] ist Kardamom. ❼ Essen Sie diesen Pfeffer nicht. ❽ Was werden Sie♀ hier alles machen?

पहला अभ्यास: क्या आप ये वाक्य समझ रहे हैं ? (जारी)

९ मैं तो लाल मिर्च लूँगी ।
⑨ maĩ to lāl mirc lū̃gī .

१० बिना बहस के आप नहीं मानतीं ।
⑩ binā bahas ke āp nahī̃ māntī̃ .

दूसरा अभ्यास: वाक्य पूरे कीजिए ।

❶ Willst du auch auf den Basar gehen?
१ क्या तुम भी बाज़ार जाना चाहते/चाहती हो ?
kya □□□ bhī bāzār jānā □□□□□ ho?

❷ Was möchten Sie alles von hier mitnehmen?
२ आप यहाँ से क्या-क्या लेना चाहते हैं ?
āp yahā̃ se □□□-□□□ lenā cāhte □□□?

❸ Wir werden von allem etwas nehmen.
३ हम थोड़ा-थोड़ा सब कुछ लेंगे ।
□□□ thoṛā □□□□□ sab kuch □□□□ .

❹ Ich werde Kümmel, Kardamom und Zimt nehmen.
४ मैं ज़ीरा, इलायची और दालचीनी लूँगा/लूँगी ।
maĩ □□□□, ilāycī □□□ dālcīnī □□□□ .

❺ Hier gibt es Gewürze, und dort gibt es Tee.
५ इधर मसाले हैं और उधर चाय है ।
□□□□□ masāle □□□ aur □□□□□ cāy □□□ .

पहले अभ्यास के उत्तर : क्या आप समझे ? (जारी)

⑨ Ich♀ werde doch roten Pfeffer nehmen. ⑩ Ohne Diskussion sind Sie♀ nicht einverstanden.

दूसरे अभ्यास के उत्तर: रिक्त स्थान

❶ — tum — — — cāhte/cāhtī —? ❷ — — — kyā-kyā — — haĩ ? ❸ ham — thoṛā — — lẽge . ❹ — zīrā, — aur — lũgā/lũgī . ❺ idhar — haĩ — udhar — hai .

लिपि का अभ्यास : अक्षर

उ उ उ उ उ उ ① **u**

ण ण ण ण ण ण **ṇ**

लिपि का अभ्यास : शब्द

उधर	उ+ध+र	**udhar**	dorthin
हींग	ह+ ◌ी+ण+ग	**hī̃ṅg**	Asant ②

Anmerkungen zur (Devanagari-)Schrift

① Hier lernen Sie nun die volle Form des kurzen **u** kennen; das Matra ◌ु kennen Sie bereits seit Lektion 3.

② Sie sehen, dass der Buchstabe **ṅa** im Devanagari nur durch einen Punkt oberhalb der Kopflinie, das sog. Anusvara, dargestellt ist. Diese Schreibweise kann gewählt werden, wenn einem Nasalkonsonant als erstem Element einer Ligatur ein weiterer Konsonant folgt.

लिपि का अभ्यास : संयुक्ताक्षर

हल्दी

haldī

ल + द = ल्द

l + d = ld

लकड़ी ③

lakṛī

Anmerkungen zur (Devanagari-)Schrift

③ Wie in Lektion 8 bereits einmal erwähnt und hier an der Schreibweise von क **ka** + ड़ **ṛa** in der Wortmitte erkennbar, werden einige Wörter ohne Ligaturen geschrieben, obwohl man dies so nicht erwarten würde. Dies liegt daran, dass hier zwischen den beiden Konsonanten eigentlich ein inhärentes **a** gesprochen wird (**lakaṛī**), dieses in der modernen Aussprache aber wegfällt.

पाठ चौदह pāṭh caudah

दोहराव और व्याख्या

doharāv aur vyākhyā

"Wiederholung und Anmerkungen"

In den Lektionen 8-13 haben Sie Ihre Kenntnisse vertieft und erweitert. Sie haben sich mit neuen Zeitformen und vor allem mit der Deklination der Substantive, der Pronomen und der Adjektive beschäftigt. Sie machen große Fortschritte! Hier folgen nun einige Übersichten, auf die Sie auch später immer wieder zurückgreifen können.

1. Pronomen

Possessivpronomen (besitzanzeigende Fürwörter)

Die Possessivpronomen werden wie die Adjektive auf आ **-ā** gebeugt:

Basar-Atmosphäre

Neben den Gewürzbasaren gibt es noch zahlreiche weitere lebendige und farbenfrohe Märkte. Die reizvollsten Basare der Stadt Delhi befinden sich in der Altstadt. Besonders berühmt ist hier der चाँदनी चौक **cā̃dnī cauk,** eine Straße, die von Läden gesäumt wird. Man findet dort Silber (चाँदी **cā̃dī**), Schmuck, Kunstgegenstände, Festtags-Saris und Antiquitäten. Die Basare für Gemüse (सब्ज़ी **sabzī**) und Obst (फल **phal**) sind ebenso aufregend. In Delhi ist besonders der INA-Markt (sprich: [*ai*-*en*-*e*]) sehenswert. Er ist laut, und es duftet herrlich. Die Fertigkeiten der Fisch- und Geflügelhändler sind beeindruckend, insbesondere wenn sie sich gleichzeitig ihrer Hände und Füße bedienen, um die Ware zu zerlegen. Natürlich ist überall Feilschen angesagt.

Vierzehnte Lektion

मेरा **merā**♂, मेरी **merī**♀, मेरे **mere**♂ "mein / meine / meine (Pl.)";
आपका **āpkā**♂, आपकी **āpkī**♀, आपके **āpke**♂ "Ihr / Ihre / Ihre (Pl.)".

Demonstrativpronomen (hinweisende Fürwörter)

Es gibt zwei Demonstrativpronomen, die beide als Adjektiv und Pronomen, sowohl für die weibliche als auch für die männliche Form, verwendet werden:

वह **voh** "jene/r",

यह **yeh** "diese/r".

(वह **voh** ist auch das Personalpronomen der 3. Person Singular).

Die Mehrzahlformen sind:

वे **ve** "jene", "sie",

ये **ye** "diese".

Beachten Sie, dass es keinen Artikel gibt, manchmal aber एक **ek** "ein" als unbestimmter Artikel verwendet wird.

Beispiele:

यह लड़की सुन्दर है।	**yeh laṛkī sundar hai**.	"Dieses Mädchen ist hübsch."
वह लड़की रूसी है और यह चीनी है।	**voh laṛkī rūsī hai aur yeh cīnī hai**.	"Dieses Mädchen ist Russin (russisch) und jenes Chinesin (chinesisch)."
वह लड़का जर्मन है।	**voh laṛkā jarman hai**.	"Dieser Junge ist Deutscher (deutsch)."

Abhängige Form

Die sogenannte "abhängige" oder "gebeugte Form" steht immer dann, wenn dem Demonstrativpronomen oder der durch ein Demonstrativadjektiv bestimmten Wortgruppe eine Postposition folgt. Zum Unterschied: Ein Demonstrativpronomen steht immer allein ("dieser / der"), während ein Demonstrativadjektiv immer ein Substantiv begleitet ("dieser Junge").

यह **yeh** wird zu इस **is**,

वह **voh** wird zu उस **us**,

ये **ye** wird zu इन **in**,

वे **ve** wird zu उन **un**.

Beispiele:

उस लड़की की माँ	**us laṛkī kī mā̃**	"die Mutter dieses Mädchens",
इसकी माँ	**iskī mā̃**	"die Mutter von dieser" bzw. "ihre/ seine Mutter".

2. Verben

Verlaufsform der Gegenwart

Diese Form wird für Handlungen benutzt, die zum Zeitpunkt des Sprechens noch im Gange sind bzw. sich in der Ausführung befinden (im Deutschen entspräche dies in etwa der Form "gerade dabei sein, etwas zu tun" daher geben wir sie mit Hilfe des Zusatzes "gerade" wieder).

Diese Form wird aus dem Stamm des Verbs (z. B. जा **jā** "geh"), gefolgt vom Hilfsverb रहना **rahnā** "bleiben" (रहा **rahā**♂ (Sg.), रही **rahī**♀ (Sg. / Pl.), रहे **rahe**♂ (Pl.)) plus der gebeugten Form des Verbs होना **honā** "sein" (हूँ **hū̃**, हो **ho**, है **hai**, हैं **haĩ**) gebildet.

Als anschauliches Beispiel geben wir Ihnen hier eine Übersicht über die Formen des Verbs जाना **jānā** "gehen" im Maskulinum und im Femininum. Wie beim Generellen Präsens sind die Endungen für die Personen तू **tū** und वह **voh** gleich, ebenso die für हम **ham**, आप **āp**, वे **ve**. Wir geben Ihnen auch die 2. Person Singular तू **tū** an, raten Ihnen aber weiterhin davon ab, diese zu benutzen.

Singular

मैं जा रहा / रही हूँ	**maĩ jā rahā / rahī hū̃**	"ich gehe (gerade)"
तू जा रहा / रही है	**tū jā rahā / rahī hai**	"du gehst (gerade)"
वह जा रहा / रही है	**voh jā rahā / rahī hai**	"er / sie geht (gerade)"
तुम जा रहे / रही हो	**tum jā rahe / rahī ho**	"du gehst (gerade)"; Pl.: "ihr geht (gerade)".

Plural

हम जा रहे / रही हैं	**ham jā rahe / rahī haĩ**	"wir gehen (gerade)"

आप जा रहे / रही हैं	**āp jā rahe / rahī haĩ**	"ihr geht / Sie gehen (gerade)"
वे जा रहे / रही हैं	**ve jā rahe / rahī haĩ**	"sie♂/♀ gehen (gerade)".

Beispiele:

बोरिस चाय बना रहा है ।	**boris cāy banā rahā hai .**	"Boris macht gerade Tee."
लोग जा रहे हैं ।	**log jā rahe haĩ .**	"Die Leute gehen gerade."
लड़कियाँ आ रही हैं ।	**laṛkiyā̃ ā rahī haĩ .**	"Die Mädchen kommen gerade."
मैं समोसा खा रहा हूँ ।	**maĩ samosā khā rahā hū̃ .**	"Ich esse gerade Samosas."

Während das Generelle Präsens allgemeingültige Aussagen macht, bei denen der Zeitfaktor nicht im Vordergrund steht, verwendet man die Verlaufsform der Gegenwart, wenn der Zeitpunkt der Handlung explizit betont werden soll. Vergleichen Sie die folgenden Sätze:

बोरिस दो-चार चीज़ें ख़रीद रहा है ।	**boris do-cār cīzẽ kharīd rahā hai .**	"Boris kauft gerade einige Sachen."
बोरिस अकसर चीज़ें ख़रीदता है ।	**boris aksar cīzẽ kharīdtā hai .**	"Boris kauft oft Sachen."
मैं इस समय स्कूल जा रही हूँ ।	**maĩ♀ is samay skūl♂ jā rahī hū̃ .**	"Ich gehe gerade in die Schule."
मैं रोज़ स्कूल जाता हूँ ।	**maĩ roz skūl jātā hū̃ .**	"Ich gehe jeden Tag zur Schule."

समय **samay**♂ oder वक़्त **vaqt**♂ bedeuten "Zeit" und bezeichnen eine momentane, einmalige Handlung; रोज़ **roz**♂ bedeutet dagegen "jeden Tag" und deutet damit auf eine gewohnheitsmäßige, sich wiederholende Handlung hin.

Imperativ (Befehlsform)

Beachten Sie einige – im Hindi glücklicherweise seltene – unregelmäßige Formen: Aus देना **denā** wird दो **do** "gib", दिजिए **dījie** "geben Sie"; aus लेना **lenā** wird लो **lo** "nimm", लीजिए **lījie** "nehmen Sie"; aus करना **karnā** wird करो **karo** (regelmäßig) "mach", aber कीजिए **kījie** "machen Sie"; aus पीना **pīnā** wird पिओ **pio** oder पियो **piyo** "trink", पिजिए **pījie** "trinken Sie".

Futur

Zur Bildung der Futurformen fügt man dem Verbstamm einen Vokal und die Futurendungen hinzu. Der Vokal richtet sich danach, in welcher Person das Verb steht, die Endung nach dem Genus:

Für die 1. Person (मैं **maĩ**) verwendet man -ऊँ- **-ũ-**. Die 2. Person Singular (तू **tū**) und die 3. Person Singular bildet man durch Anfügen von ए **-e-**. Für die Person तुम **tum** wird ओ **-o-**, für alle Pluralformen ए **-e-** eingefügt. Die Futurendungen im Singular sind -गा **-gā**♂ und -गी **-gī**♀, im Plural -गे **-ge**♂ und -गी **-gī**♀.

Hier als Beispiel कर **kar-**:

मैं करूँगा♂ / करूँगी♀	**maĩ kar-ũgā / kar-ũgī**	"ich werde machen";
तू / वह करेगा♂ / करेगी♀	**tū / voh kar-egā / kar-egī**	"(du wirst) / er / sie wird machen";
तुम करोगे♂ / करोगी♀	**tum kar-oge / kar-ogī**	"du wirst machen", "ihr werdet machen"
हम / आप / वे करेंगे♂/ करेंगी♀	**ham / āp / ve kar-ẽge / kar-ẽgī**	"wir / Sie / sie werden machen".

वे निकलेगी ।	**ve niklegī .**	"Sie♀ (Pl.) werden herauskommen."
तुम जाओगे ।	**tum jāoge .**	"Du♂ (Sg.) wirst gehen", "Ihr werdet gehen."
आप चाय पीएंगी ।	**āp cāy pīẽgī .**	"Sie♀ (höfl.) werden Tee trinken."
वह आएगा ।	**voh āegā .**	"Er wird kommen."

usw.

Hier eine Übersicht über die Futurformen von जाना **jānā** "gehen":

मैं जाऊँगा / जाऊँगी	**maĩ jāū̃gā / jāū̃gī**	"ich werde gehen";
तू / वो जाएगा / जाएगी	**tū / vo jāegā / jāegī**	"(du wirst) / er / sie wird gehen";
तुम जाओगे / जाओगी	**tum jāoge / jāogī**	"du wirst gehen", "ihr werdet gehen"
हम / आप / वे जाएँगे / जाएँगी	**ham / āp / ve jāẽge / jāẽgī**	"wir / Sie / sie werden gehen".

Einige Futurformen sind unregelmäßig: Aus देना **denā** wird दूँगा **dū̃gā** "ich werde geben" und दोगे **doge** "du wirst geben"; aus लेना **lenā** wird लूँगा **lū̃gā** "ich werde nehmen" und लोगे **loge** "du wirst nehmen".

Unregelmäßig, aber das eher aus phonetischen Gründen, sind auch Verben, deren Stamm auf ई **-ī** endet. Dabei wird das lange ई **-ī** verkürzt, und vor dem Vokal der Futurendung kann य **-y-** eingeschoben werden: पीना **pīnā** "trinken", पियूँगा **piyū̃gā** oder पिऊँगा **piū̃gā** "ich werde trinken".

Ebenfalls unregelmäßig ist das Futur des Verbs होना **honā** "sein":

मैं हूँगा	**maĩ hū̃gā**	"ich werde sein"
तू होगा	**tū hogā**	"du wirst sein"
वह होगा	**voh hogā**	"er / sie wird sein"
तुम होगे	**tum hoge**	"du wirst sein" / "ihr werdet sein"
हम होंगे	**ham hõge**	"wir werden sein"
आप होंगे	**āp hõge**	"ihr werdet sein" / "Sie werden sein"
वे होंगे	**ve hõge**	"sie werden sein"

Kausative Verben (Verben des Veranlassens)

Wir haben in den letzten sechs Lektionen einige kausative Verben kennengelernt. Es handelt sich dabei um Verben, die die Idee des Veranlassens beinhalten und im Deutschen häufig durch ein Verb in Verbindung mit "machen" oder "lassen" ausgedrückt werden. Im Hindi werden sie durch ein eingeschobenes आ **-ā-** gebildet: सुनना **sunnā** "hören", सुनाना **sunānā** "hören lassen / machen = erzählen, aufsagen". Ebenso चलना **calnā** "laufen", चलाना **calānā** "laufen machen = fahren, lenken"; पहुँचना **pahũcnā** "ankommen", पहुँचाना **pahũcānā** "ankommen machen = begleiten".

Sie haben auch gelernt, dass sich dabei manchmal der Stammvokal ändert:

सीखना **sīkhnā** "lernen"	->	सिखाना **sikhānā** "lehren" (das lange ई **-ī-** wird verkürzt);
रुकना **ruknā** "stehenbleiben"	->	रोकना **roknā** "(jdn.) anhalten";
बोलना **bolnā** "sprechen"	->	बुलाना **bulānā** "rufen".

3. Verneinung

Grundsätzlich verneint das Hindi die meisten Verbalsätze mit नहीं **nahī̃**:

आप लोग सब कुछ नहीं समझ रहे हैं ।	**āp log sab kuch nahī̃ samajh rahe haī̃ .**	"Sie verstehen nicht alles."

Wenn das Generelle Präsens negativ ist, entfällt das Hilfsverb होना **honā** "sein" häufig (wenn auch nicht zwingend):

वह स्कूल नहीं जाता (है)।	**voh skūl nahī̃ jātā (hai) .**	"Er geht nicht in die Schule."

Dies gilt auch für einfache Aussagesätze, bei denen होना **honā** "sein" ebenfalls entfallen kann:

छोटू सरकारी कर्मचारी नहीं (है)।	**choṭū sarkārī karmcārī nahī̃ (hai) .**	"Chotu ist kein Regierungsbeamter."

Steht jedoch das Subjekt im Femininum Plural, überträgt man die nasale Aussprache des Hilfsverbs हैं **haĩ** auf das Hauptverb, um es von einem Verb im Femininum Singular zu unterscheiden:

वे स्कूल नहीं जातीं ।	**ve skūl nahī̃ jātī̃ .**	"Sie♀ gehen nicht in die Schule."

Neben नहीं **nahī̃** kann auch न **na** verwendet werden. Für das Futur und den Konjunktiv ist dies sogar üblicher.

Imperativ

Die höflichen Imperativformen (आप **āp**) werden in der Regel mit न **na** verneint, die Formen zu तुम **tum** mit मत **mat.** Umgangssprachlich kann मत **mat** jedoch für sämtliche Formen benutzt werden und wird ab und zu auch emphatisch (nachdrücklich) hinter das Verb gesetzt.

4. Substantive

Gebeugte Form

Eine gute Nachricht für Sie: Im Hindi gibt es nur zwei grammatikalische Fälle. Neben der direkten Form gibt es als zweiten Fall die "gebeugte" oder "abhängige" Form, die in etwa dem deutschen Dativ und Akkusativ entspricht, dabei aber von einer Postposition (Nachsilbe) abhängig ist.

direkte Form:

लड़का **laṛkā** "Junge"

abhängige Form:

लड़के को **laṛke ko** "dem Jungen, den Jungen, zum Jungen"

Männliche Substantive auf आ **-ā**:

Beispiele:

	Sing.	Pl.	Sing.	Pl.
direkt	आ **-ā**	ए **-e**	लड़का **laṛkā**	लड़के **laṛke**
abhängig	ए **-e**	ओं **-õ**	लड़के **laṛke**	लड़कों **laṛkõ**

Männliche Substantive, die auf einen Konsonanten oder auf ई **-ī** enden:

Beispiele:

	Sg.	Pl.
direkt	नाम / आदमी **nām / ādmī**	नाम / आदमी **nām / ādmī**
abhängig	नाम / आदमी **nām / ādmī**	नामों / आदमियों **nāmõ / ādmiyõ**

Alle Formen bilden den abhängigen Plural mit ओं **-õ.** Wenn bei आदमियों **ādmiyõ** das ई **-ī** des Stamms gekürzt und य **-y-** eingeschoben wird, dann geschieht dies nur aus phonetischen Gründen.

Denken Sie auch daran, dass die abhängige Form auch dann gebraucht wird, wenn das Wort weder Subjekt noch direktes Objekt ist: इस हफ़्ते कोई क्लास नहीं है । **is hafte koī klās nahī̃ hai .** "Diese Woche gibt es keine Kurse." (हफ़्ता **haftā**♂ "Woche").

Weibliche Substantive auf ई **-ī**:

Beispiele:

	Sg.	Pl.	Sg.	Pl.
direkt	ई **-ī**	इयाँ **-iyā̃**	लड़की **laṛkī**	लड़कियाँ **laṛkiyā̃**
abhängig	ई **–ī**	इयों **-iyõ**	लड़की **laṛkī**	लड़कियों **laṛkiyõ**

Andere weibliche Substantive (auf Konsonant oder आ **-ā** endend):

Beispiele:

	Sg.	Pl.	Sg.	Pl.
direkt	-	एँ **-ẽ**	मेज़ / छात्रा **mez / chātrā**	मेज़ें / छात्राएँ **mezẽ / chātrāẽ**
abhängig	-	ओं **-õ**	मेज़ / छात्रा **mez / chātrā**	मेज़ों / छात्राओं **mezõ / chātrāõ**

5. Adjektive

Die männlichen Adjektive auf आ **-ā** sind die einzigen, die ihre Form im zweiten Fall (gebeugte Form) ändern: das आ **-ā** des männlichen Singulars wird dabei zu ए **-e**.

Einige Beispiele zur Anwendung:

राम एक अच्छा लड़का है । **rām ek acchā laṛkā hai .** "Ram ist ein guter Junge."

उसका भाई एक अच्छा दर्ज़ी है, और उसकी बहन एक अच्छी छात्रा है । **uskā bhāī ek acchā darzī hai, aur uskī bahan ek acchī chātrā hai .** "Sein Bruder ist ein guter Schneider, und seine Schwester ist eine gute Schülerin."

उन दो छात्रों के लिए दो-दो किताबें लाओ । **un do chātrõ ke lie do-do kitābẽ lāo .** "Bring zwei Bücher für jeden der beiden Schüler."

इस बड़े घर में	**is baṛe ghar mẽ**	"in diesem großen (groß⌒) Haus"
एक बड़ी खिड़की से	**ek baṛī khiṛkī se**	"von einem großen Fenster aus"
अच्छी किताबों के बिना	**acchī kitābõ ke binā**	"ohne gute Bücher"
इस छात्रा को सुनाओ।	**is chātrā ko sunāo .**	"Erzähle [es] diesem Schüler."

Anhand dieser Beispielsätze können Sie auch die Postpositionen wiederholen, die Ihnen bisher in den Lektionen begegnet sind. Achten Sie darauf, dass alle Wörter einer zusammenhängenden Wortgruppe die abhängige Form annehmen, wenn ihnen eine Postposition folgt.

6. Postpositionen

Das Hindi unterscheidet einfache und zusammengesetzte Postpositionen. Die einfachen Postpositionen sind:

का	**kā**	"von" (Genitivmarker, veränderlich!)
को	**ko**	"zu" (Dativ- und Akkusativmarker)
तक	**tak**	"bis"
ने	**ne**	"durch" (mehr dazu in Lektion 24)
पर	**par**	"auf"
में	**mẽ**	"in"
से	**se**	"aus, von, mit"

Postposition का kā

का **kā** "von" ist eine Postposition, mit der ein Genitiv ausgedrückt werden kann: दोस्त का नाम **dost kā nām** "Freund von Name = der Name des Freundes".

Sie passt sich in Genus und Numerus an das Besitztum (hier नाम **nām**) an. Dementsprechend kommt sie in den Formen का **kā**♂ (Sg.), के **ke**♂ (Pl.) und की **kī**♀ (Sg. & Pl.) vor. Wie jede Postposition verändert का **kā** die vorangehenden Bezugswörter, die dann folglich in der gebeugten Form stehen müssen: दोस्तों का नाम **dostõ kā nām** "Freunden von Name = der Name der Freunde".

Kommt का **kā** in einer Kombination mit zwei Hauptwörtern vor, auf die sich eine weitere Postposition bezieht, wird es selbst auch gebeugt: दोस्त के नाम में **dost ke nām mẽ** "Freund von Name in = im Namen des Freundes". Diese Beugung gibt es aber nur beim Singular का **kā**, das wie hier zu के **ke** wird (und somit der Pluralform gleicht). की **kī**♀ (Sg. & Pl.) und के **ke**♂ (Pl.) bleiben auch in der gebeugten Form unverändert.

Diese gebeugte Form von का **kā** (के **ke**) steht häufig in Verbindung mit verschiedenen Adverbien und bildet somit zusammengesetzte Postpositionen, z. B. नीचे **nīce** (unten) > के नीचे **ke nīce** (unter). इधर नीचे आओ ! **idhar nīce āo !** (hierher unten komm = komm hierher [nach] unten!) und घर के नीचे **ghar ke nīce** (Haus von unten = unter dem Haus).

7. Zahlen von 1 bis 20

एक	**ek**	"eins"
दो	**do**	"zwei"
तीन	**tīn**	"drei"
चार	**cār**	"vier"
पाँच	**pā̃c**	"fünf"
छे	**che** (छः **chah**)	"sechs"
सात	**sāt**	"sieben"
आठ	**āṭh**	"acht"
नौ	**nau**	"neun"
दस	**das**	"zehn"

ग्यारह	**gyārah**	"elf"
बारह	**bārah**	"zwölf"
तेरह	**terah**	"dreizehn"
चौदह	**caudah**	"vierzehn"
पंद्रह	**pandrah**	"fünfzehn"
सोलह	**solah**	"sechzehn"
सतरह	**satrah**	"siebzehn"
अठारह	**aṭhārah**	"achtzehn"
उन्नीस	**unnīs**	"neunzehn"
बीस	**bīs**	"zwanzig"

Weitere Zahlen können Sie den Lektionsnummern und den Seitenzahlen entnehmen.

Lerntipp: *Sie sind nun am Ende Ihrer zweiten Wiederholungslektion angelangt. Setzen Sie sich beim Lernen nicht unter Druck, mit der Zeit werden Sie ein Gefühl für Hindi bekommen. Wichtig ist, dass Sie sich regelmäßig mit der Sprache befassen: Eine halbe Stunde am Tag reicht vollkommen aus. Sie müssen nicht jeden Tag eine ganze Lektion bearbeiten. Bestimmen Sie selbst Ihr Pensum und verteilen Sie den Stoff einer Lektion ruhig auf mehrere Tage.*

पाठ पंद्रह pāṭh pandrah

बोरिस ऊपर से गिरा

boris ūpar se girā

१ — लाटसाहब, मालूम है क्या बजा है ?
1 lāṭsāhab, mālūm hai kyā bajā hai ? ① ②

२ — निशा, मुझे माफ़ करो ! आज मैं दस बजे जगा ।
2 niśā, mujhe māf karo ! āj maĩ das baje jagā. ③ ④ ⑤

३ — चलो, आख़िर साहब की आँख तो खुली, नींद तो टूटी...
3 calo, ākhir sāhab kī ā̃kh♀ to khulī, nīnd♀ to ṭūṭī… ⑥ ⑦

४ क्योंकि कल शाम की दावत में तो तुम रम के पीछे ऐसे भागे...
4 kyõki kal śām kī dāvat♀ mẽ to tum ram♀ ke pīche aise bhāge… ⑧ ⑨

ANMERKUNGEN

① मालूम है **mālūm hai** "bekannt / wissend ist" ist ein feststehender Ausdruck, der ohne Subjekt stehen kann; wir übersetzen ihn mit "wissen".

② Mit क्या बजा है ? **kyā bajā hai ?** oder कितने बजे हैं ? **kitne baje haĩ ?** "Wie viele [Schläge] geläutet ist?" fragt man nach der Uhrzeit. Die Partizipien (Mittelwörter) बजा **bajā**♂ (Sg.) und बजे **baje**♂ (Pl.) drücken die Vergangenheit des Verbs बजना **bajnā** "läuten" aus. Sie stehen hier zusammengesetzt mit होना **honā** "sein".

③ मुझे माफ़ करो **mujhe māf karo** "entschuldige mich" und मुझे माफ़ कीजिए **(mujhe) māf kījie** "entschuldigen Sie (mich)" werden äußerst häufig gebraucht: माफ़ कीजिए, स्टेशन किधर है ? **māf kījie, sṭeśan**♂ **kidhar hai ?** "Entschuldigen Sie, wo geht es bitte zum Bahnhof?" (Entschuldigung machen-Sie, Bahnhof wohin ist?)

④ दस बजे **das baje** "um zehn Uhr": Das Verb बजना **bajnā** steht in der Partizip-Perfektform♂ (Pl.), da es sich auf mehrere – nämlich zehn – Stunden bezieht.

Boris fiel von oben herunter
(Boris oben aus gefallen)

1 – Mein Herr, wissen Sie, wie spät es ist?
(Lord-Herr, bekannt ist was geläutet ist?)

2 – Nisha, entschuldige mich! Ich bin heute um zehn Uhr aufgewacht.
(Nisha, mich Entschuldigung mach! heute ich zehn geläutet aufgewacht.)

3 – Also, endlich hat der Herr die Augen doch geöffnet und hat den Schlaf doch unterbrochen ...
(geh, endlich Herr von Auge doch geöffnet, Schlaf doch zerbrochen ...)

4 Weil du gestern beim Essen den Rum so hinunter gestürzt hast ...
(weil gestern Abend von Festessen in doch du Rum von hinter so gestürzt ...)

⑤ मैं जगा **maĩ jagā** ist das Partizip Perfekt von जगना **jagnā** "aufwachen" (auch जागना **jāgnā**). Es wird mit dem Verbstamm + Endung **-ā** gebildet, die sich wie ein Adjektiv anpasst. Steht es, wie hier, alleine (ohne Hilfsverb होना **honā**), drückt es eine in der Vergangenheit abgeschlossene Handlung aus (= historisches Perfekt).

⑥ चलो **calo** wird auch häufig im Sinne von "also" oder "los" verwendet.

⑦ खुली **khulī** und टूटी **ṭūṭī** sind Formen des historischen Perfekts im Femininum Singular, da आँख **ā̃kh** und नींद **nīnd** weiblich sind.

⑧ ऐसे भागे **aise bhāge**: Dem Pronomen तुम **tum** entsprechend steht hier das Verb im Plural.

⑨ Alkohol ist ein heikles Thema; er wird tabuisiert. Trunkenheit wird in der Öffentlichkeit nicht gerne gesehen. Aus diesem Grund ersetzen Sie die bei uns übliche Flasche Wein als Mitbringsel zur Essenseinladung in Indien besser durch etwas Anderes, z. B Süßigkeiten, Spielzeug für die Kinder oder ein typisches Souvenir von zu Hause.

५ – पड़ोस के कारखाने का भोंपू अचानक बजा तो मैं खाट से गिरा ।
5 paṛos♂ ke kārkhāne♂ kā bhõpū♂ acānak bajā to maĩ khāṭ♀ se girā.

६ फिर उठा और ग़ुसलख़ाने में भागा !
6 phir uṭhā aur gusalkhāne♂ mẽ bhāgā! ⑩

७ आख़िर साढ़े दस बजे मैं घर से निकला ।
7 ākhir sāṛhe das baje maĩ ghar♂ se niklā. ⑪

८ – तुम्हारी वह नई अलार्म क्लॉक क्यों नहीं बजी ?
8 tumhārī voh naī alārm klŏk♀ kyõ nahī̃ bajī ? ⑫

९ – अरे, शनिवार की पार्टी के बाद मैं रात को घर लौटा...
9 are, śanivār♂ kī pārṭī♀ ke bād maĩ rāt♀ ko ghar lauṭā…

१० बिस्तर के पास फिसला और सीधा उस घड़ी पर गिरा !
10 bistar♂ ke pās phislā aur sīdhā us ghaṛī♀ par girā ! ⑬ ⑭

११ वह ठीक बारह बजे रुकी और उस दिन से कभी नहीं चली ।
11 voh ṭhīk bārah baje rukī aur us din se kabhī nahī̃ calī.

ANMERKUNGEN

⑩ **ग़ुसलख़ाना gusalkhānā** "Badezimmer" steht aufgrund der Postposition **में mẽ** in der abhängigen Form: **ग़ुसलख़ाना gusalkhānā.**

⑪ **साढ़े दस sāṛhe das** "halb [nach] zehn". **साढ़े sāṛhe** "halb [nach]" und **सवा savā** "Viertel [nach]" werden immer der vollen Stunde hinzugerechnet. Der Ausdruck **पौना paunā** "drei Viertel" wird gebeugt verwendet und bedeutet "Viertel [vor]": **पौने तीन बजे paune tīn baje** "Viertel vor drei" (*nicht* 3:45 Uhr!).

5 – Die Sirene der Fabrik in der Nachbarschaft ertönte plötzlich und ich fiel aus dem Bett.
(Nachbarschaft von Fabrik von Sirene plötzlich geläutet doch ich Bett aus gefallen.)

6 Dann bin ich aufgestanden und bin ins Badezimmer geeilt!
(wieder aufgestanden und Badezimmer in gestürzt!)

7 Endlich bin ich um halb elf aus dem Haus gegangen.
(endlich halb-nach zehn geläutet ich Haus aus rausgegangen.)

8 – Und warum hat dein neuer Wecker nicht geklingelt?
(dein jene/r neuer Alarm Uhr warum nicht geläutet?)

9 – Oh ja, am Samstag nach der Party bin ich in der Nacht nach Hause gekommen ...
(ach, Samstag von Party von nach ich Nacht zu Haus zurückgekehrt ...)

10 Ich bin am Bett ausgerutscht und fiel genau auf jene Uhr!
(Bett von bei ausgerutscht und direkt jene/⌒ Uhr auf gefallen!)

11 Sie ist genau um zwölf Uhr stehen geblieben und ist von dem Tag an nicht mehr gelaufen.
(jener genau zwölf geläutet stehengeblieben und jene/r⌒ Tag aus manchmal nicht gegangen.)

⑫ अलार्म क्लॉक **alārm klŏk**♀ ist aus dem Englischen entlehnt. Hindi hat viele dieser Anglizismen, wie z. B.: अस्पताल **aspatāl**♂ "Krankenhaus", स्कूटर **skūṭar**♂ "Motorroller", टैक्सी **ṭaiksī**♀ "Taxi", टीवी **ṭīvī**♀ "Fernsehen" oder auch कांग्रेस **kāṅgres** "Congress", der Name einer der beiden großen politischen Parteien. Der Halbkreis über dem ॉ bezeichnet ein offenes englisches [o] wie in clock: स्टॉप **sṭŏp** "Stopp, Haltestelle", ऑटो **ŏṭo** "Auto", हॉरन **hŏrn** "Hupe".

⑬ Das Hindi kennt vier Entsprechungen für "Bett", die alle in etwa gleichbedeutend gebraucht werden können: बिस्तर **bistar**, चारपाई **cārpāī**, खाट **khāṭ** und पलंग **palaṅg**.

⑭ के पास **ke pās** "nahe bei, in der Nähe" ist eine ortsbezeichnende Nachsilbe. Ohne के **ke** ist पास **pās** ein Adverb: मेरा घर पास है । **merā ghar pās hai** . "Mein Haus ist in der Nähe", aber: मेरा घर सड़क के पास है । **merā ghar saṛak ke pās hai** . "Mein Haus ist nahe der Straße". Andere Kombinationen mit के **ke** sind: के क़रीब **ke qarīb** "nahe bei", के पीछे **ke pīche** "hinter" und के सामने **ke sāmne** "vor".

पहला अभ्यास: क्या आप ये वाक्य समझ रहे हैं ?

१ माफ़ कीजिए । मैं कल ग्यारह बजे बिस्तर से निकला ।
❶ māf kījie. maĩ kal gyārah baje bistar se niklā.

२ मेरी अलार्म क्लॉक ही नहीं बजी और नींद नहीं खुली ।
❷ merī alārm klŏk hī nahī̃ bajī aur nīnd nahī̃ khulī.

३ दस बजे कारख़ाने का भोंपू बजा और मैं जगा ।
❸ das baje kārkhāne kā bhõpū bajā aur maĩ jagā.

४ दोनों लड़कियाँ पार्टी के बाद बारह बजे घर लौटीं ।
❹ donõ laṛkiyā̃ pārṭī ke bād bārah baje ghar lauṭī̃.

५ मुन्नी कुरसी पर चढ़ी, फिर नीचे गिरी ।
❺ munnī kursī par caṛhī, phir nīce girī.

६ हम लोग अचानक उठे और बस के पीछे भागे ।
❻ ham log acānak uṭhe aur bas ke pīche bhāge.

७ वह छः बजे टीवी के सामने बैठा और रात के बारह बजे उठा ।
❼ voh che baje ṭīvī ke sāmne baiṭhā aur rāt ke bārah baje uṭhā.

दूसरा अभ्यास: वाक्य पूरे कीजिए ।

❶ Mein Motorroller blieb in der Nähe des Kinos stehen und fuhr danach nicht mehr.

१ मेरा स्कूटर सिनेमा के पास रुका और उसके बाद नहीं चला ।

merā skūṭar sinemā ke pās □□□□ aur uske bād nahī̃ □□□□.

❷ Die Mädchen kamen um halb neun (halb nach acht), aber die Jungen kamen um zwölf Uhr!

२ लड़कियाँ साढ़े आठ बजे आईं लेकिन लड़के बारह बजे आए !

laṛkiyā̃ □□□□□ □□□ baje □□ lekin laṛke bārah □□□□ □□!

पहला अभ्यास: क्या आप ये वाक्य समझ रहे हैं ? (जारी)

८ दोनों बच्चे आए, चाय लाए और छात्रों से हिन्दी बोले ।
⑧ donõ bacce āe, cāy lāe aur chātrõ se hindī bole.

९ रात के दो बजे ऊपर खिड़की खुली और नीचे एक टैक्सी रुकी ।
⑨ rāt ke do baje ūpar khiṛkī khulī aur nīce ek ṭaiksī rukī.

१० साहब पार्टी के बाद आख़िर कितने बजे घर लौटे ?
⑩ sāhab pārṭī ke bād ākhir kitne baje ghar lauṭe ?

पहले अभ्यास के उत्तर : क्या आप समझे ?

① Entschuldigen Sie mich. Ich bin gestern um 11 Uhr aus dem Bett gekommen. ② [Sogar] mein Wecker läutete (nur) nicht, und ich bin nicht aufgewacht. ③ Die Sirene der Fabrik ertönte um 10 Uhr, und ich wachte auf. ④ Beide Mädchen sind nach der Party um Mitternacht (12 Uhr) nach Hause zurückgekehrt. ⑤ Munni stieg auf [den] Stuhl [und] fiel dann herunter. ⑥ Wir [alle] sind plötzlich aufgestanden und hinter dem Bus hergeeilt. ⑦ Er hat sich um 6 Uhr vor den Fernseher gesetzt und ist um 12 Uhr nachts [wieder] aufgestanden. ⑧ [Die] beiden Kinder kamen, brachten Tee und sprachen Hindi mit den Schülern. ⑨ Um zwei Uhr in der Nacht öffnete sich oben das Fenster, und unten hielt ein Taxi an. ⑩ Um wie viel Uhr kam [der] Herr schließlich nach der Party nach Hause?

दूसरे अभ्यास के उत्तर: रिक्त स्थान

① — — — — — — rukā — — — — — calā. ② — sāṛhe āṭh — āĩ — — — baje āe !

दूसरा अभ्यास: वाक्य पूरे कीजिए । (जारी)

❸ Nach einer Stunde kamst du aus dem Krankenhaus.

३ एक घंटे के बाद तुम अस्पताल से निकले ।
ek □□□□□□ ke bād tum aspatāl se □□□□□.

❹ Als der Alarm läutete, bekam der Händler Angst und flüchtete aus dem Laden!

४ अलार्म बजा तो दुकानवाला घबराया और दुकान से भागा !
alārm □□□□ to dukānvālā □□□□□□□□ aur dukān se □□□□□ !

❺ Sie stand gegen neun Uhr auf und ging um zehn Uhr hinaus.

५ वह नौ बजे के क़रीब उठी और दस बजे निकली ।
voh nau baje ke qarīb □□□□ aur das baje □□□□□.

लिपि का अभ्यास : अक्षर

फ फ फ फ फ फ ① **pha**

लिपि का अभ्यास : शब्द

नींद	न+ ी+द+ ं	**nīnd**	Schlaf
फिर	फ+ ि+र	**phir**	dann
क्लॉक	क+ल+ ॉ+क+ ्	**klŏk**	Uhr ②

लिपि का अभ्यास : संयुक्ताक्षर

तुम्हारी	म + ह = म्ह
tumhārī	**m + h = mh**
क्लॉक	क + ल = क्ल (oder क्ल)
klŏk	**k + l = kl**

दूसरे अभ्यास के उत्तर: रिक्त स्थान (जारी)

❸ — ghaṇṭe — — — — — nikle. ❹ — bajā — — ghabrāyā — — — bhāgā ! ❺ — — — — — — uṭhī — — — niklī.

> ***Lerntipp:*** *Sehen Sie sich auch die vorherigen Lektionen ab und zu noch einmal an. Besonders die Wiederholungslektionen sollen Ihnen immer wieder zum Nachschlagen dienen.*

लिपि का अभ्यास : संयुक्ताक्षर (जारी)

बिस्तर	स + त = स्त
bistar	**s + t = st**

Anmerkungen zur (Devanagari-) Schrift und zur Aussprache

① Achtung: Verwechseln Sie **फ pha** nicht mit **क ka**!

② Der Halbkreis über dem **ॉ a** bezeichnet ein offenes englisches [o]. Bei **ऑटो ŏṭo** "Auto" (Anmerkung 12) z.B. befindet er sich über der vollen Form des **आ ā.**

Indische Umgangsformen

Viele für uns alltägliche Höflichkeitsfloskeln sind im Hindi Übersetzungen aus dem Englischen oder dem Persischen. Die Wendungen मुझे माफ़ करो **mujhe māf karo** "Entschuldige mich" und माफ़ कीजिए **māf kījie** "Entschuldigen Sie" werden nur bei gravierenden Fehlern oder Missverständnissen im Sinne von "Verzeihung" verwendet. In der modernen Sprache der mondänen Großstädter wird bei Fragen eher das englische "excuse me" benutzt. Unser "bitte" kann durch die Wörter कृपया **kripayā** oder कृपा करके **kripā karke** wiedergegeben werden, hat dabei aber einen leicht übertriebenen, fast demütigen Beiklang. Neutraler klingen मेहरबानी करके **meharbānī karke** oder eben das englische प्लीज़ **plīz**. Vor einem Imperativ erfüllt das Wörtchen ज़रा **zarā** die Funktion, den Befehl etwas abzuschwächen, z. B. ज़रा यह बताइए! **zarā yeh batāie...!** "Sagen Sie [mir] bitte ...!"

पाठ सोलह **pāṭh solah**

बोरिस भागकर पहुँचा
boris bhāgkar pahũcā

१ — घर से निकलकर मैं ढाबे पर खाने गया ।
1 ghar♂ se nikalkar maĩ ḍhābe♂ par khāne gayā . ① ②

२ वहाँ पहुँचकर चाय पीने और ऑमलेट खाने बैठा ।
2 vahā̃ pahũckar cāy pīne aur ŏmleṭ♂ khāne baiṭhā .

३ मुझे देखकर दुकानदार बहुत हँसा ।
3 mujhe dekhkar dukāndār♂ bahut hā̃sā .

४ पता नहीं क्यों... मेरी समझ में नहीं आया ।
4 patā nahī̃ kyõ… merī samajh♀ mẽ nahī̃ āyā . ③

५ बस को देखकर मैं उसकी ओर लपका...
5 bas ko dekhkar maĩ uskī or♀ lapkā…

६ दुकानदार बाहर आकर ख़ूब चिल्लाया, पता नहीं क्यों...
6 dukāndār bāhar ākar khūb cillāyā, patā nahī̃ kyõ…

७ अरे ! मैं ऑमलेट और चाय के पैसे देना भूल गया !
7 are ! maĩ ŏmleṭ aur cāy ke paise denā bhūl gayā ! ④

ANMERKUNGEN

① निकलकर **nikalkar**: Neben dem Partizip Präsens gibt es ein "echtes" Gerundium (Verlaufsform), zusammengesetzt aus Verbstamm + Silbe कर **kar** (von करना **karnā** "machen"). Diese Form bezeichnet meist aufeinander folgende oder sich bedingende Handlungen.

② Das Verb जाना **jānā** "gehen" ist unregelmäßig. गया **gayā** ist seine einfache Vergangenheit. Verben der Bewegung können mit anderen Verben im Infinitiv kombiniert werden (z. B. "essen gehen"). Dieser Infinitiv wird dabei wie ein Substantiv verwendet, steht jedoch im gebeugten Fall, z. B. खाने **khāne** anstelle von खाना **khānā**.

16. Lektion

Boris kam angelaufen
(Boris laufen-machen angekommen)

1 – Von zuhause aus ging ich zum Essen in die Dhaba.
(Haus aus hinauskommen-machen ich Dhaba auf Essen gegangen.)

2 Nachdem [ich] dort angekommen war, setzte [ich mich], um Tee zu trinken und [ein] Omelett zu essen.
(dort ankommen-machen Tee trinken und Omelett essen gesetzt.)

3 Als der Wirt mich sah, lachte [er] sehr.
(mich sehen-machen Händler sehr gelacht.)

4 [Ich] weiß nicht warum ... Ich habe nichts verstanden.
(Information nicht warum ... mein Verständnis in nicht gekommen.)

5 Als ich den Bus sah, bin ich zu ihm hingerannt ...
(Bus zu sehen-machen ich seine Richtung losgerannt ...)

6 [Der] Wirt kam heraus und schrie laut, ich weiß nicht, warum ...
(Händler heraus kommen-machen viel geschrien, Information nicht warum ...)

7 Oh je! Ich vergaß, das Omelett und den Tee zu bezahlen!
(ach! ich Omelett und Tee von Geld geben vergessen gegangen!)

③ आया **āyā**: Verben, deren Stamm auf आ **-ā**, ओ **-o**, ई **-ī** oder ए **-e** endet – wie hier आना **ānā** "kommen" – bilden das historische Perfekt durch Einschieben eines य **-y** vor der Endung आ **-ā** des ♂ Singular. Im ♂ / ♀ Plural ist das य **-y** in der Schreibung nicht zwingend.

④ Die Wendung भूल गया **bhūl gayā** setzt sich zusammen aus dem Stamm von भूलना **bhūlnā** "vergessen" und जाना **jānā** "gehen". Es entspricht einem Passiv: "es wurde vergessen".

८ ख़ैर... कूदकर चलती बस में चढ़ा ।
8 khair... kūdkar caltī bas♀ mẽ caṛhā . ⑤

९ और यह लो ! यहाँ उतरकर सीधा तुम्हारे घर पहुँचा ।
9 aur yeh lo ! yahā̃ utarkar sīdhā tumhāre ghar pahũcā . ⑥

१० — अब यह बताइए, आप स्वेटर उलटा पहनकर क्यों पधारे ?
10 ab yeh batāie, āp sveṭar ulṭā pahankar kyõ padhāre ? ⑦

११ — हे भगवान, आज का दिन सचमुच बड़ा मनहूस निकला !
11 he bhagvān, āj kā din sacmuc baṛā manhūs niklā !

ANMERKUNGEN

⑤ Die wörtliche Übersetzung enthält zwei Gerundiumformen: "springen-machen fahrend". Ein "echtes" Gerundium wie **कूदकर kūdkar** braucht immer eine Ergänzung durch ein zweites Verb; hier das Partizip Präsens **चलती caltī** (**चलना calnā** "fahren, losfahren"). Zusätzlich muss eine Form von **होना honā** oder ein Substantiv (hier **बस bas**♀) ergänzt werden.

पहला अभ्यास: क्या आप ये वाक्य समझ रहे हैं ?

१ सुबह उठकर बोरिस अकसर स्वेटर उलटा पहनता है ।
1 subah uṭhkar boris aksar sveṭar ulṭā pahantā hai .

२ घर से निकलकर वह ढाबे पर गया ।
2 ghar se nikalkar voh ḍhābe par gayā .

३ बोरिस को देखकर लोग काफ़ी हँसे ।
3 boris ko dekhkar log kāfī hãse .

४ चाय पीकर वह बस की ओर लपका ।
4 cāy pīkar voh bas kī or lapkā .

8 Endlich ... Mit einem Sprung stieg ich in den fahrenden Bus.
(endlich ... springen-machen fahrend Bus in eingestiegen.)

9 Nun ja! Nachdem ich hier ausstieg, kam ich direkt zu dir.
(und diese/r nimm! hier aussteigen-machen direkt dein Haus angekommen.)

10 – Jetzt sagen Sie mir, warum Sie mit verkehrt angezogenem Pullover erschienen?
(jetzt diese/r erzählen-Sie, Sie Pullover verkehrt anziehen-machen warum erschienen?)

11 – Mein Gott, der heutige Tag erweist sich wirklich als unheilvoll!
(he Gott, heute von Tag wirklich groß unglücklich rausgegangen!)

⑥ Das "echte" Gerundium kann auch benutzt werden, um – wie hier – eine Handlung zu beschreiben, die vor einer anderen geschehen ist.

⑦ पधारना **padhārnā** "erscheinen" ist ein sehr gewählter Ausdruck aus dem Sanskrit und wird hier eher ironisch gebraucht. Üblicher ist अन्दर आना **andar ānā** "eintreten".

पहले अभ्यास के उत्तर : क्या आप समझे ?

❶ [Nachdem] Boris morgens aufgestanden ist, zieht er häufig den Pullover verkehrt herum an. ❷ [Nachdem] er aus [seinem] Haus hinausging, ging er in die Dhaba. ❸ [Als] sie Boris sahen, haben sie ziemlich gelacht. ❹ [Nachdem] er Tee getrunken hatte, rannte er los zum Bus.

पहला अभ्यास: क्या आप ये वाक्य समझ रहे हैं ? (जारी)

५ दुकानदार उठकर बाहर आया ।
⑤ dukāndār uṭhkar bāhar āyā .

६ बोरिस को बस में देखकर वह पंजाबी में कुछ बोला ।
⑥ boris ko bas mẽ dekhkar voh pãjābī mẽ kuch bolā .

७ बस से उतरकर बोरिस निशा के घर पहुँचा ।
⑦ bas se utarkar boris niśā ke ghar pahũcā .

८ बच्चा चलती बस के पास गिरा ।
⑧ baccā caltī bas ke pās girā .

९ यह मनहूस चाय बनाकर कौन लाया ?
⑨ yeh manhūs cāy banākar kaun lāyā ?

१० वह लड़की रात को खिड़की से निकलकर कहाँ गई ?
⑩ voh laṛkī rāt ko khiṛkī se nikalkar kahā̃ gaī ?

दूसरा अभ्यास: वाक्य पूरे कीजिए ।

❶ Als sie seine Worte hörten, lachten die Leute ziemlich.
१ उसकी बातें सुनकर लोग काफ़ी हँसे ।
uskī bātẽ □□□□□□ log kāfī □□□□ .

❷ Als er den Direktor sah, stand Raisahab auf und lief ihm entgegen (ihn treffen ging).
२ डायरेक्टर को देखकर रायसाहब उठे और उनसे मिलने गए ।
ḍāyrekṭar ko □□□□□□□ rāysāhab □□□□ aur unse milne □□□ .

लिपि का अभ्यास : अक्षर

ढ ढ ढ ढ ढ ढ ① **ḍha**
ढ़ ढ़ ढ़ ढ़ ढ़ ढ़ ② **ṛha**

पहले अभ्यास के उत्तर : क्या आप समझे ? (जारी)

⑤ Der Ladeninhaber stand auf und kam hinaus. ⑥ [Als] er Boris im Bus sah, sagte er etwas in Panjabi. ⑦ [Nachdem] er aus dem Bus gestiegen war, kam Boris in Nishas Haus an. ⑧ Das Kind fiel neben den fahrenden Bus. ⑨ Wer hat diesen üblen (unglücklichen) Tee gemacht und gebracht? ⑩ Wohin ging das Mädchen, nachdem es in der Nacht aus dem Fenster gestiegen war?

दूसरा अभ्यास: वाक्य पूरे कीजिए । (जारी)

❸ Nachdem wir gegessen (und getrunken) hatten, sind wir um Viertel vor neun aus dem Haus gegangen.

३ खा पीकर हम लोग पौने नौ बजे घर से निकले ।
□□□ □□□□□ ham log □□□□□ □□□ baje ghar se □□□□□ .

❹ Nachdem sie Karten gespielt hatten, sind die Angestellten Tee trinken gegangen.

४ ताश खेलकर कर्मचारी चाय पीने गए ।
tāś □□□□□□□ karmcārī cāy □□□□ □□□ .

❺ Dann, nachdem sie etwas gearbeitet hatten, sind sie Betel essen gegangen.

५ फिर, ज़रा-सा काम करके वे पान खाने चले गए ।
phir, zarā-sa kām □□□□□ ve pān □□□□□ cale □□□ .

दूसरे अभ्यास के उत्तर: रिक्त स्थान

❶ — — sunkar — — hãse . ❷ — — dekhkar — uṭhe — — — gae . ❸ khā pīkar — — paune nau — — — nikle . ❹ — khelkar — — pīne gae . ❺ —, — — — karke — — khāne — gae .

Anmerkungen zur (Devanagari-) Schrift und zur Aussprache

① Dieser Buchstabe beginnt wie **ट** **ṭa**, endet aber in einem kleinen Schnörkel.

② Setzen Sie nun noch einen Punkt unter den Buchstaben, und Sie erhalten **ढ़** **ṛha**.

लिपि का अभ्यास : शब्द

ढाबा	ढ+ा+ब+ा	**ḍhābā**	Dhaba
चढ़ा	च+ढ+ा	**caṛhā**	eingestiegen

लिपि का अभ्यास : संयुक्ताक्षर

चिल्लाया	ल + ल = ल्ल (oder ल्ल) ③
cillāyā	**l + l = ll**
स्वेटर	स + व = स्व ④
svetar	**s + v = sv**

Lerntipp: *Kennzeichnen Sie schwierige Redewendungen oder Ausdrücke mit einem Textmarker, und blättern Sie von Zeit zu Zeit zu diesen Stellen zurück. Oder schreiben Sie Wörter und Wendungen, die Sie sich schlecht merken können, mehrmals ab. Auch hierbei können Sie wieder mit Karteikarten arbeiten.*

Anmerkungen zur (Devanagari-) Schrift und zur Aussprache

③ Diese Ligatur aus ल **la** + ल **la** haben Sie schon einmal im Wort दिल्ली **dillī** gesehen.

④ Auch die Ligatur स **sa** + व **va** gehört zu denen, bei denen der vertikale Strich des ersten Elements entfällt.

Die ḍhābā

Die ढाबा **ḍhābā** ist ein volkstümliches Lokal, ähnlich einem Imbiss, mit preiswerten Speisen. Neben Tee und einfachen Gerichten werden dort die bekanntesten Leckerbissen der traditionellen nordindischen Küche angeboten. Auf fast jeder Speisekarte findet man दाल **dāl** "gekochte und stark gewürzte Linsen, Bohnen oder Kichererbsen", चावल **cāval** "Reis", आलू-गोभी **ālū-gobhī** "Kartoffeln mit Blumenkohl", मटर-पनीर **maṭar-panīr** "Erbsen mit Käse" und andere सबज़ी **sabzī** "Gemüse". Dazu kann man लस्सी **lassī**, ein Joghurt-Getränk, zu sich nehmen und die Mahlzeit mit einem खीर **khīr** "Milchreis" abschließen. Eine gute Dhaba ausfindig zu machen ist übrigens nicht schwer: Wo viel los ist, ist auch das Essen gut. Nach dem Mahl liebt man das पान-खाना **pān khānā** "Betel essen". पान **pān** ist eine Mischung aus Betelnussstücken mit verschiedenen Zutaten, die in ein Blatt eingewickelt wird und deren Verzehr eine leicht berauschende Wirkung hat.

पाठ सत्रह pāṭh satrah

नाम ग़लत छपा है !
nām galat chapā hai !

१ — रायसाहब, मेरा भाई कल शाम पैरिस से पहुँचा है ।
1 rāysāhab, merā bhāī kal śām pairis se pahũcā hai . ① ②

२ — मुझे मालूम है । आज सवेरे ही उससे मिला भी हूँ ।
2 mujhe mālūm hai . āj savere hī usse milā bhī hū̃ . ③

३ — वह तुम्हारे लिए बड़ी अच्छी ख़बर लाया है, न ?
3 voh tumhāre lie baṛī acchī khabar♀ lāyā hai, na ? ④

४ — जी हाँ । कुछ पत्रिकाओं में मेरे पहले उपन्यास की आलोचनाएँ छपी हैं ।
4 jī hā̃. kuch patrikāõ♀ mẽ mere pahale upanyās♂ kī ālocnāẽ♀ chapī haĩ . ⑤ ⑥

५ निधन-सूचना के कालम के क़रीब !
5 nidhan♂ -sūcnā♀ ke kālam♂ ke qarīb ! ⑦

६ — कुछ अख़बारों में तुम्हारी तस्वीर भी छपी है ।
6 kuch akhbārõ♀ mẽ tumhārī tasvīr♀ bhī chapī hai . ⑧

ANMERKUNGEN

① In कल शाम **kal śām** wird शाम **śām** "Abend" durch कल **kal** "gestern" näher bestimmt und bezeichnet einen bestimmten Abend (ebenso: उसी शाम **usī śām** "an diesem Abend"). Im Gegensatz dazu hat das durch को **ko** bestimmte शाम को **śām ko** "abends" generalisierende Bedeutung.

② वह पहुँचा है **voh pahũcā hai:** Das Partizip Perfekt (= historisches Perfekt) kann mit der Präsensform des Hilfsverbs **honā** zusammengesetzt werden. Es bezeichnet eine Handlung in der Vergangenheit, die sich noch bis in die Gegenwart auswirkt (= Perfekt).

③ सवेरे **savere** ist die abhängige Form von सवेरा **saverā**.

17. Lektion

Der Name ist falsch gedruckt!
(Name falsch gedruckt ist!)

1 – Raisahab, mein Bruder ist gestern Abend aus Paris angekommen.
(Raisahab, mein Bruder gestern Abend Paris aus angekommen ist.)

2 – Ich weiß. Ich habe ihn sogar heute Morgen getroffen.
(mir bekannt ist. heute morgens eben ihm-mit getroffen auch bin.)

3 – Er hat dir [eine] sehr gute Nachricht gebracht, nicht wahr?
(er/sie dein für groß gut Nachricht gebracht ist, nicht?)

4 – Ja. Einige Zeitschriften haben Kritiken über meinen ersten Roman gedruckt.
(ji ja. einige Zeitschriften in meinem ersten Roman von Kritiken gedruckt sind.)

5 Neben der Rubrik mit den Todesanzeigen!
(Dahinscheiden-Anzeige von Rubrik von nahe!)

6 – In einigen Zeitungen ist sogar dein Foto gedruckt.
(einige Zeitungen in deine Foto auch gedruckt ist.)

④ Bei लाना **lānā** handelt es sich um ein weiteres Verb, dessen Stamm auf -ा **-ā** endet. Daher wird beim Perfekt Partizip ein य **-y-** eingeschoben: लाया **lāyā**.

⑤ Bei आलोचना **ālocnā** handelt es sich um ein Femininum, obwohl es auf आ **-ā** endet. Die Pluralendung lautet folglich -एँ **-ẽ**.

⑥ Der weibliche Plural der zusammengesetzten Vergangenheit ist ein Sonderfall. Er ist identisch mit dem Singular, d. h. die Nasalierung des Hauptverbs fällt weg (hier छपी **chapī** anstelle von छपीं **chapī̃**). Nur bei dem Hilfsverb bleibt sie erhalten: छपी हैं **chapī haĩ**.

⑦ निधन-सूचना का कालम **nidhan-sūcnā kā kālam** beinhaltet निधन **nidhan**♂ (Sg.) "das Dahinscheiden". Die gebräuchlichen Wörter für "Tod" sind मृत्यु **mrityu**♀ und मौत **maut**♀.

⑧ कुछ **kuch** "einige, etwas" kann Adjektiv, Pronomen oder Adverb sein: कुछ आया है **kuch āyā hai** "etwas ist gekommen". रायसाहब कुछ बीमार हैं । **rāysāhab kuch bīmār haĩ** . "Raisahab ist etwas krank." Negiert (कुछ नहीं **kuch nahī̃**) bedeutet es "nichts".

७ — एक भारतीय पत्रिका में भी कुछ आया है ।
7 ek bhāratīy patrikā♀ mẽ bhī kuch āyā hai . ⑨

८ — लेकिन वहाँ तुम्हारा नाम निशा सेमेनियाको नहीं, निशा सिंघानिया छपा है !
8 lekin vahā̃ tumhārā nām niśā semeniyāko nahī̃, niśā siṅghāniyā chapā hai !

९ — अब जाकर तुम पूरी तरह भारतीय बनी हो !
9 ab jākar tum pūrī tarah bhāratīy banī ho ! ⑩ ⑪

ANMERKUNGEN

⑨ Beachten Sie, dass es sich bei **पत्रिका patrikā** um ein weibliches Substantiv handelt und dadurch der gebeugte Fall **पत्रिका में patrikā mẽ** heißt und nicht: **patrike mẽ**!

पहला अभ्यास: क्या आप ये वाक्य समझ रहे हैं ?

१ आज सवेरे ही मैं जाकर मिनिस्टर साहब से मिला हूँ । आप भी पहले मिले हैं ।
❶ āj savere hī maī̃ jākar miniṣṭar sāhab se milā hū̃ . āp bhī pahale mile haī̃ .

२ जल्दी ही वे हमारे इंस्टिटयूट के लिए अच्छी ख़बर लेकर आएँगे ।
❷ jaldī hī ve hamāre insṭiṭyūṭ ke lie acchī khabar lekar āẽge .

३ अरे, तुम्हें मालूम नहीं ? कांग्रेस सरकार आज ही गिरी है ।
❸ are, tumhẽ mālūm nahī̃ ? kāṅgres sarkār āj hī girī hai .

४ वह कई बार सिंगापुर गया है और वहाँ से तरह-तरह की चीज़ें लाया है ।
❹ voh kaī bār siṅgāpur gayā hai aur vahā̃ se tarah-tarah kī cīzẽ lāyā hai .

7 – Es hat sogar etwas in einer indischen Zeitschrift gegeben.
(eins indisch Zeitschrift in auch etwas gekommen ist.)

8 – Dort ist aber dein Name nicht Nisha Semeniako, sondern Nisha Singhania gedruckt!
(aber dort dein Name Nisha Semeniako nicht, Nisha Singhania gedruckt ist!)

9 – Nun bist du endlich [eine] echte Inderin geworden!
(jetzt gehen-machen du rein Weise indisch gemacht-worden bist!)

⑩ Die Wendung अब जाकर **ab jākar** bedeutet "endlich": अब जाकर वह मात्राएं समझा है । **ab jākar voh mātrāẽ samjhā hai .** "Er hat endlich die Matras verstanden." Eine vergangene Handlung wird mit तब **tab** "schließlich" ausgedrückt: तब जाकर उपन्यास छपा । **tab jākar upanyās chapā** . "Schließlich druckte (man) den Roman."

⑪ Das Verb बनना **bannā** "gemacht werden" wird auch im Sinne von "werden" gebraucht: फिर भी आप महान लेखक बने हैं । **phir bhī āp mahān lekhak bane haĩ** . "Doch Sie sind auch ein großer Schriftsteller geworden."

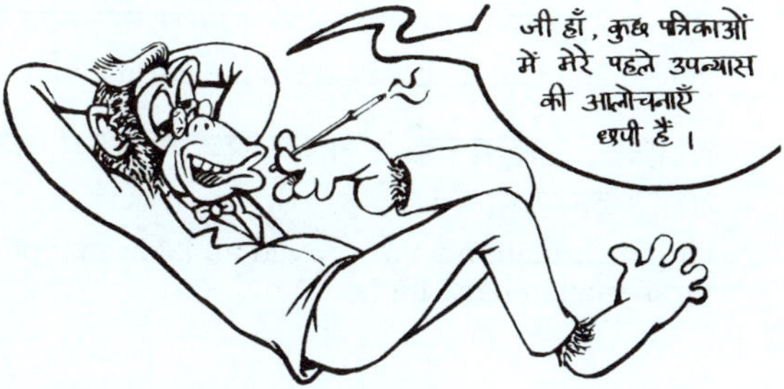

पहले अभ्यास के उत्तर : क्या आप समझे ?

❶ Noch heute Morgen ging ich und habe den Herrn Minister getroffen. Sie haben [ihn] vorher auch schon getroffen. ❷ Schon bald wird er mit [einer] guten Nachricht (eine gute Nachricht bringend) für unser Institut kommen. ❸ Oh, das weißt du nicht? Die Congress-Regierung ist gerade heute abgesetzt worden (gefallen ist). ❹ Er ist mehrere Male nach Singapur gefahren und hat von dort allerlei Sachen mitgebracht.

पहला अभ्यास: क्या आप ये वाक्य समझ रहे हैं ? (जारी)

५ अंग्रेज़ी अख़बारों में यह ख़बर छपी है लेकिन हिन्दी अख़बारों में कुछ नहीं आया ।

⑤ aṅgrezī a<u>kh</u>bārõ mẽ yeh <u>kh</u>abar chapī hai lekin hindī a<u>kh</u>bārõ mẽ kuch nahī̃ āyā .

६ ये अख़बार कल शाम लंदन से पहुँचे हैं ।

⑥ ye a<u>kh</u>bār kal śām landan se pahũce haĩ .

७ पंडितजी, क्या आपको मालूम है कि "टाइम्स" में आपकी तस्वीर छपी है ?

⑦ paṇḍitjī, kyā āpko mālūm hai ki ṭāims mẽ āpkī tasvīr chapī hai ?

८ लेकिन... तस्वीर आलोचना से काफ़ी दूर, निधन-सूचना के कालम में छप गई है !

⑧ lekin… tasvīr ālocnā se kāfī dūr, nidhan-sūcnā ke kālam mẽ chap gaī hai !

९ यह तो आप मेरे लिए बहुत अच्छी ख़बर नहीं लाए हैं ।

⑨ yeh to āp mere lie bahut acchī <u>kh</u>abar nahī̃ lāe haĩ .

१० या फिर... मालूम नहीं... शायद अब जाकर मैं पूरी तरह महान बना हूँ !

⑩ yā phir… mālūm nahī̃… śāyad ab jākar maĩ pūrī tarah mahān banā hū̃ !

दूसरा अभ्यास: वाक्य पूरे कीजिए ।

❶ Schauen Sie, Ihr Tee und Ihre Jalebis sind gekommen. Wie gut die Jalebis gemacht sind!

१ देखिए, आपकी चाय और जलेबियाँ आई हैं । जलेबियाँ कितनी अच्छी बनी हैं !

dekhie, āpkī cāy aur jalebiyā̃ □□ □□□ . jalebiyā̃ kitnī acchī □□□□ □□□ !

पहले अभ्यास के उत्तर: क्या आप समझे ? (जारी)

⑤ In den Zeitungen auf Englisch wurde diese Nachricht gedruckt, aber in [den] Hindi-Zeitungen kam nichts. ⑥ Diese Zeitungen sind gestern Abend aus London angekommen. ⑦ Panditji, wissen Sie, dass Ihr Foto in der "Times" gedruckt wurde? ⑧ Aber ... das Foto wurde ziemlich weit [entfernt] von der Kritik, in der Rubrik mit den Todesanzeigen, gedruckt! ⑨ Damit haben Sie mir keine sehr gute Nachricht gebracht. ⑩ Obwohl ... ich weiß nicht ... vielleicht bin ich gerade jetzt ganz berühmt geworden!

दूसरा अभ्यास: वाक्य पूरे कीजिए । (जारी)

❷ Sie (Pl.) haben sich noch einmal diesen schrecklichen Film angesehen. [Er] wird noch im "Rigal" gespielt.

२ वे फिर उसी मनहूस फ़िल्म को देखने गए हैं । रीगल सिनेमा में चल रही है ।

ve phir usī □□□□□□ film ko □□□□□□ □□□ haĩ . rīgal sinemā mẽ □□□ □□□□ □□□ .

❸ Ich bin mehrfach im Badezimmer ausgerutscht (ausrutschend) [und] gefallen.

३ मैं कई बार ग़ुसलख़ाने में फिसलकर गिरा हूँ ।

maĩ kaī bār gusalkhāne mẽ □□□□□□□□□ □□□□ hū̃ .

❹ In dieser Woche haben wir♂ nicht viel Hindi gesprochen.

४ हम लोग इस हफ़्ते ज़्यादा हिन्दी नहीं बोले हैं ।

ham log is hafte zyādā hindī nahī̃ □□□□ □□□ .

❺ Auch Talat Mahmood und Hemant Kumar sangen sehr gut.

५ तलत महमूद और हेमन्त कुमार भी बहुत अच्छा उठे हैं ।

talat mahmūd aur hemant kumār bhī bahut acchā □□□□ □□□ .

दूसरे अभ्यास के उत्तर: रिक्त स्थान

❶ — , — — — — āī haĩ . — — — banī haĩ ! ❷ — — — manhūs — — dekhne gae — ! — — — cal rahī hai . ❸ — — — — — phisalkar girā — . ❹ — — — — — — — — — — bole haĩ . ❺ — — — — — — — — — — uṭhe haĩ .

लिपि का अभ्यास : अक्षर

ऊ	ऊ	ऊ	ऊ	ऊ	ऊ ①	**ū**
ङ	ङ	ङ	ङ	ङ	ङ	**ṅa**
ग़	ग़	ग़	ग़	ग़	ग़	**g̲a**

लिपि का अभ्यास : शब्द

लखनऊ	ल+ख+न+ऊ	**lakhnaū**	Lucknow
ऊँचा	ऊ+च+◌ा+◌ँ	**ũ̄cā**	hoch
ग़लत	ग़+ल+त	**g̲alat**	falsch
सिंघानिया	स+ि◌+घ+◌ा+न+ि◌+य+◌ा	**siṅghāniyā**	Singhania ②

> ***Lerntipp:*** *Sprechen Sie die Sätze möglichst oft laut nach, damit Sie die Aussprache des Hindi erlernen.*

लिपि का अभ्यास : संयुक्ताक्षर

कांग्रेस

ग + र = ग्र

kāṅgres

g + r = gr

Anmerkungen zur (Devanagari-) Schrift und zur Aussprache

① Nun kennen Sie alle vier Formen des **u**: das Matra für das kurze und das lange **u** und die vollen Formen für das kurze und das lange **u**.

② **ṅa** ist die Schreibweise für das nasalierte **na** als erstes Element einer Ligatur, wenn danach ein Konsonant der phonetischen Gruppe der Laryngale (Rachenlaute) wie **k, q, kh, <u>kh</u>, g, <u>g</u>,** oder **gh** folgt.

Hits der Leinwand

Ein indischer Film ohne Filmmusik ist undenkbar. Zu jeder Neuproduktion in मुम्बई **mumbaī** (umgangssprachlich immer noch sehr häufig बंबई **bambaī** genannt) gehören die sogenannten Song-and-Dance-Einlagen genauso untrennbar dazu wie die Dialoge, die sich abwechselnden tragisch-bitteren und komisch-süßen Szenen oder die Love Story. Dabei wird die Filmmusik schon vor den Dreharbeiten von einem Komponisten und einem Songtexter komponiert. Danach erarbeitet der Choreograph die Tanzszenen in Absprache mit dem Drehbuchautor. Der vielleicht berühmteste zeitgenössische Komponist und Songtexter ist A. R. Rahman, der für die Musik zu *Slumdog Millionaire* 2009 einen Oscar gewonnen hat. Die traditionell bekanntesten Sänger – die v.a. in den 60er und 70er Jahren den Musikmarkt dominierten, aber immer noch gerne gehört werden – sind u.a. Talat Mahmood, Hemant Kumar, Mukesh, Mohammed Rafi, Kishore Kumar oder Asha Bosle.

पाठ अठारह pāṭh aṭhārah

इस देश की चमक वापस लाए थे
is deś kī camak vāpas lāe the

१ — यह बताओ, निशा, तुम्हारा यह हिन्दुस्तानी नाम आख़िर कहाँ से आया ?

1 yeh batāo, niśā, tumhārā yeh hindustānī nām ākhir kahā̃ se āyā ? ①

२ — तुम नहीं जानते, बोरिस, कि मेरे पिताजी काफ़ी जाने-माने फ़ोटोग्राफ़र हैं ?

2 tum nahī̃ jānte, boris, ki mere pitājī kāfī jāne-māne foṭogrāfar haĩ ? ②

३ वे भारत आए थे... कई बार... और इस देश में काफ़ी घूमे-फिरे थे ।

3 ve bhārat āe the... kaī bār... aur is deś♂ mẽ kāfī ghūme-phire the . ③

४ आह ! कैसी-कैसी तस्वीरें वापस लाए थे... क़िलों, खंडहरों और मंदिरों की ।

4 āh ! kaisī-kaisī tasvīrẽ vāpas lāe the... qilõ♂, khaṇḍaharõ♂ aur mandirõ♂ kī . ④

५ अँधेरी रात में कैसी अनोखी तस्वीरें निकली थीं !

5 ā̃dherī rāt mẽ kaisī anokhī tasvīrẽ niklī thī̃ !

ANMERKUNGEN

① **हिन्दुस्तानी hindustānī** oder **भारतीय bhāratīy** "indisch" ist ein Beispiel für gleichbedeutende Wörter aus persisch-arabischen und Sanskrit-Quellen. Es ist nicht erforderlich, dass Sie diese sprachlichen Unterschiede nachvollziehen.

18. Lektion

Sie hatten diesem Land seinen Glanz zurückgegeben
(diese/r⌢ Land von Glanz zurück gebracht waren)

1 – Sag mal, Nisha, woher kommt letztendlich dein indischer Name?
(diese/r erzähl, Nisha, dein diese/r indisch Name endlich wo aus gekommen?)

2 – Du weißt nicht, Boris, dass mein Vater ein ziemlich bekannter Fotograf ist?
(du nicht wissend, Boris, dass meine Vater ziemlich wissen-akzeptieren Fotograf sind?)

3 Er war nach Indien gekommen ... mehrere Male ... und ist in diesem Land viel herum gekommen.
(sie Indien gekommen waren ... einige Male ... und diese/r⌢ Land in ziemlich spazierengegangen-herumgereist waren.)

4 Ah! Welch schöne Bilder er mitgebracht hatte ... von Burgen, Ruinen und Tempeln.
(ah! wie-wie Bilder zurück gebracht waren ... Burgen, Ruinen und Tempel von.)

5 Welch wunderbare Bilder waren aus dunkler Nacht aufgetaucht!
(dunkel Nacht in wie wunderbar Bilder rausgegangen waren!)

② Verdopplungen wie जाने-माने **jāne-māne** "wissen-akzeptieren", z. B. in दुनिया भर में जाने-माने **duniyā**♂ (Sg.) **bhar mẽ jāne-māne** "weltweit bekannt", sind häufig: घूमना-फिरना **ghūmnā-phirnā** "spazieren gehen, herumreisen". Das Hilfsverb हो **ho** fehlt durch die Negation.

③ Bei वे आए थे **ve āe the** handelt es sich um das Plusquamperfekt (Vorvergangenheit), das wie das Perfekt gebildet wird, jedoch anstelle des Präsens von होना **honā** "sein" dessen Perfektformen था **thā**♂ (Sg.), थी **thī**♀ (Sg.), थे **the**♂ (Pl.), थीं **thī̃**♀ (Pl.) benötigt. Der Plural drückt hier wieder das respektvolle Verhältnis aus.

④ कैसी-कैसी **kaisī-kaisī** deutet so verdoppelt auf eine größere Zahl von Objekten hin, z. B. इस गली में कैसे-कैसे लोग रहते हैं । **is galī mẽ kaise-kaise log rahte haĩ** . "Was für [eigenartige] Leute wohnen in dieser Straße."

६ इसी नैशिक तकनीक की वजह से उनका नाम "भूतनाथ" पड़ा था !

6 isī naiśik taknīk kī vajah se unkā nām "bhūtnāth" paṛā thā ! ⑤ ⑥

७ बस, मेरा नाम भी ऐसी ही किसी चमकती रात से निकला था ! निशा... यानी रात !

7 bas, merā nām bhī aisī hī kisī camaktī rāt se niklā thā ! niśā... yānī rāt ! ⑦ ⑧

ANMERKUNGEN

⑤ Aus **निशा niśā** "Nacht" kann durch Anhängen von **इक -ik** das Adjektiv **नैशिक naiśik** "nächtlich" gebildet werden.

⑥ "Bhootnath" – hier in etwa: Herr der Gespenster – ist einer der vielen Namen für den Gott Shiva, den "Zerstörer" innerhalb der hinduistischen Trinität.

पहला अभ्यास: क्या आप ये वाक्य समझ रहे हैं ?

१ अरे ! अभी-अभी तुम्हारी माँ आई थीं ।

❶ are ! abhī-abhī tumhārī mā̃ āī thī̃ .

२ मैं भी दिसंबर में हिन्दुस्तान में काफ़ी घूमा-फिरा था ।

❷ maĩ bhī disambar mẽ hindustān mẽ kāfī ghūmā-phirā thā .

३ उनकी बहन केरल से बहुत सारे मसाले लाई थी ।

❸ unkī bahan keral se bahut sāre masāle lāī thī .

४ आप तो उस फ़िल्म में महाराजा बने थे, न ?

❹ āp to us film mẽ mahārājā bane the, na ?

५ मालूम नहीं कल की दावत में कौन-कौन आया था ।

❺ mālūm nahī̃ kal kī dāvat mẽ kaun-kaun āyā thā .

6 Wegen dieser nächtlichen Werke hatte man ihn "Bhootnath" genannt!
(diese/r-genau~ nächtlich Technik von wegen aus ihr Name "Bhootnat" gefallen war!)

7 So ist das, auch mein Name ist aus solch einer herrlichen Nacht hervorgegangen! "Nisha" ... das heißt Nacht!
(das-reicht, mein Name auch solche nur jemanden glänzend Nacht aus rausgegangen war! Nisha ... das-bedeutet Nacht!)

⑦ किसी **kisī** ist die abhängige Form von कोई **koī** "jemand, ein gewisser", die nur in Verbindung mit einer Postposition verwendet wird. कोई **koī** und किसी **kisī** können auch Pronomen sein: कोई है ? **koī hai ?** "Ist da jemand?" किसी को बुलाओ ! **kisī ko bulāo** ! "Ruf jemanden!"

⑧ निकला था **niklā thā** ist zwar ein Plusquamperfekt, wird aber – wie häufig im Hindi – wie ein Perfekt verwendet.

पहले अभ्यास के उत्तर : क्या आप समझे ?

❶ Ach! Deine Mutter war gerade angekommen. ❷ Auch ich war ziemlich [häufig] im Dezember in Indien herumgereist. ❸ Ihre Schwester hatte sehr viele verschiedene Gewürze aus Kerala mitgebracht. ❹ In jenem Film hatten Sie doch "seine Majestät" (Maharadscha) gespielt (geworden waren), nicht wahr? ❺ [Ich] weiß nicht, wer gestern Abend zum Essen (Einladung) gekommen ist (war).

पहला अभ्यास: क्या आप ये वाक्य समझ रहे हैं ? (जारी)

६ तस्वीरें तो सभी बहुत सुन्दर छपी थीं ।
⑥ tasvīrẽ to sabhī bahut sundar chapī thī̃ .

७ दस बजे भी महाराज़ की आँख नहीं खुली थी !
⑦ das baje bhī mahārāj kī ā̃kh nahī̃ khulī thī !

८ मुन्नी का भाई बाहर बैठा था ।
⑧ munnī kā bhāī bāhar baiṭhā thā .

९ वह बच्चा भी एक बार खिड़की से गिरा था ।
⑨ voh baccā bhī ek bār khiṛkī se girā thā .

१० इनके बच्चे भी लाहौर में हुए थे ।
⑩ inke bacce bhī lāhaur mẽ hue the .

दूसरा अभ्यास: वाक्य पूरे कीजिए ।

❶ Ich hatte die Worte des Rikscha-Fahrers nicht verstanden.
१ मैं रिक्शावाले की बात नहीं समझा था ।
maĩ rikśāvāle kī bāt □□□□ □□□□□□ thā .

❷ Die Angestellten hatten zum Kartenspielen draußen gesessen.
२ कर्मचारी ताश लेकर बाहर बैठे थे ।
karmacārī □□□ lekar bāhar □□□□□□ the .

लिपि का अभ्यास : अक्षर

थ	थ	थ	थ	थ	थ	**tha**
ड़	ड़	ड़	ड़	ड़	ड़	**ṛa**
ण	ण	ण	ण	ण	ण ①	**ṇa**
फ़	फ़	फ़	फ़	फ़	फ़	**fa**

पहले अभ्यास के उत्तर : क्या आप समझे ? (जारी)

⑥ Die Bilder sind (waren) doch alle sehr schön (gedruckt) geworden. ⑦ Sogar um 10 Uhr hatte der Maharadscha die Augen noch nicht aufgemacht! ⑧ Munnis Bruder hatte draußen gesessen. ⑨ Auch dieses Kind war einmal aus dem Fenster gefallen. ⑩ Auch seine Kinder stammten (waren) aus (in) Lahore .

दूसरा अभ्यास: वाक्य पूरे कीजिए । (जारी)

❸ Gestern ist (war) jemand für dich aus Allahabad gekommen.

३ कल तुम्हारे लिए इलाहाबाद से कोई आया था ।
kal tumhāre lie ilāhābād □□ koī □□□ □□□.

❹ Raisahab, [am] Sonntag sind (waren) Sie mit den Kindern ins Kino gegangen, nicht wahr?

४ रायसाहब, रविवार को आप बच्चों के साथ सिनेमा गए थे, न ?
rāysāhab, ravivār ko □□ baccõ ke sāth sinemā □□□ □□□, na ?

❺ Weißt du, vor wie vielen Jahren auch ich in genau diesem Park spazieren ging?

५ – मालूम है कितने साल पहले मैं भी इसी पार्क में घूमा-फिरा था ?
mālūm hai kitne sāl □□□□□□ maĩ bhī □□□ pārk mẽ ghūmā-phirā □□□ ?

दूसरे अभ्यास के उत्तर: रिक्त स्थान

❶ — — — — nahī̃ samjhā — . ❷ — tāś — — baiṭhe — . ❸ — — — — se — āyā thā . ❹ —, — — āp — — — — gae the, — ? ❺ — — — — pahale — — isī — — — thā ?

Anmerkungen zur (Devanagari-) Schrift und zur Aussprache

① **ṇa** ist die Schreibweise für das nasalierte **na** als erstes Element einer Ligatur, wenn danach ein Konsonant der phonetischen Gruppe der retroflexen Laute folgt (die Zungenspitze wird nach oben gebogen; die Zungenränder drücken breit gegen den oberen Zahndamm).

लिपि का अभ्यास : शब्द

थे	थ+◌े	**the**	waren
भूतनाथ	भ+◌ू+त+न+◌ा+थ	**bhūtnāth**	Bhootnat
पढ़ाई	प+ढ़+◌ा+ई	**paṛhāī**	Studien ②
खंडहरों	ख+ड+ह+र+◌ो+◌ं+◌ं	**khaṇḍaharõ**	Ruinen ③
फ़ोटोग्राफ़र	फ़+◌ो+ट+◌ो+ग+◌्+र+◌ा+फ़+र	**foṭogrāfar**	Fotograf ④

Lerntipp: *Lassen Sie sich durch die neuen Zeitformen nicht verwirren. Versuchen Sie weiterhin, die Hindi-Sätze und deren deutsche Übersetzung in Verbindung zu bringen und sich das neue Vokabular passiv einzuprägen. Nur Mut, schon bald wird Ihnen all das keine Schwierigkeiten mehr bereiten!*

Anmerkungen zur (Devanagari-) Schrift und zur Aussprache

② Achtung: Hier handelt es sich in der Wortmitte nicht um eine Ligatur von ड़ **ṛa** + ह **ha,** sondern um den Buchstaben ढ़ **ṛha**, den Sie in Lektion 16 kennen gelernt haben.

③ Der linke Punkt oberhalb der Rekha steht stellvertretend für den Nasalkonsonanten **ṇa**, der rechte kennzeichnet die Nasalierung des kurzen **o** am Wortende.

④ Indem Sie die Schreibweise dieses Wortes üben, wiederholen Sie auch gleich die Ligatur ग **ga** + र **ra** = ग्र **gra,** die Sie bereits im Wort कांग्रेस **kāṅgres** angetroffen haben.

Die hinduistische Trinität

Die meisten Legenden Indiens stammen aus der Götterwelt des Hinduismus, wobei speziell Shiva häufig vorkommt, eine der drei großen Gottheiten des Hindu-Götterhimmels. Diese sogenannte Trinität – त्रिमूर्ति **trimūrti** – besteht aus den Göttern ब्रह्मा **brahmā** (= Schöpfer der Welt), विष्णु **viṣṇu** (= Bewahrer der Schöpfung), und शिव **śiva** (= Zerstörer der Welt). Während Vishnu in den angesprochenen Heldenepi in seinen vermenschlichten Formen – अवतार **avatāra** – u. a. als राम **rām** und कृष्ण **kriṣṇa** vorkommt, findet sich Shiva häufig in seiner ursprünglichen Gottesgestalt. Die blaue Farbe seiner Brust geht zurück auf die Schöpfungsgeschichte, als Shiva das dunkelblaue Gift des Milchozeans trank, aus dem die Welt geschaffen werden sollte. Die Götter hatten ihn dafür zur Hilfe gerufen, denn er galt als der Asket (योगी **yogī**) unter den Göttern. Er wird im kosmischen Rad tanzend dargestellt. Seine blaue Farbe ist allerdings vom fast schwarzen Blau Krishnas zu unterscheiden (in Hindi श्याम **śyām**).

पाठ उन्नीस pāṭh unnīs

मैं वहाँ क्या-क्या करता था !
maĩ vahā̃ kyā-kyā kartā thā !

१ — क्या आप जानते हैं कि पहले मैं राजस्थान में रहता था ?
1 kyā āp jānte haĩ ki pahale maĩ rājasthān mẽ rahtā thā ? ①

२ — अच्छा ? आप वहाँ क्या काम करते थे ?
2 acchā ? āp vahā̃ kyā kām karte the ? ②

३ मैं विदेशी पर्यटकों को राजस्थान की सैर कराता था ।
3 maĩ videśī paryaṭakõ♂ ko rājasthān kī sair♂ karātā thā . ③

४ अकसर हम लोग महलों या क़िलों में ही रहते थे ।
4 aksar ham log mahalõ♂ yā qilõ mẽ hī rahte the .

५ — जहाँ पहले राजा-महाराजा रहते थे, वही महल आज होटल हैं क्या ?
5 jahā̃ pahale rājā-mahārājā rahte the, vahī mahal āj hoṭal haĩ kyā ? ④ ⑤

६ — जी हाँ । दस-पंद्रह दिन तक इसी तरह हम कोच में चलते थे ।
6 jī hā̃ . das-pandrah din tak isī tarah ham koc mẽ calte the . ⑥

ANMERKUNGEN

① **मैं रहता था maĩ rahtā thā** ist eine weitere Vergangenheitsform: das Generelle Imperfekt, das eine allgemeine Feststellung oder Handlung in der Vergangenheit bezeichnet. Diese Form wird durch das Partizip Präsens und die Imperfektformen von **होना honā** "sein" (**था thā**) gebildet.

② **आप क्या काम करते थे ? āp kyā kām karte the ?** ist auch ein Generelles Imperfekt und bezeichnet hier eine allgemeine, über eine längere Zeit in der Vergangenheit anhaltende Handlung.

19. Lektion

Was ich dort alles machte!
(ich dort was-was machend war!)

1 – Wissen Sie, dass ich früher in Rajasthan lebte?
(was Sie wissend sind dass früher ich Rajasthan in wohnend war?)

2 – Tatsächlich? Welche Arbeit machten Sie dort?
(gut? sie dort was Arbeit machend waren?)

3 Ich führte ausländische Touristen durch Rajasthan.
(ich ausländisch Touristen zu Rajasthan von Exkursion machen-lassend war.)

4 Oft wohnten wir sogar in Schlössern oder Burgen.
(oft wir Leute Schlösser oder Burgen in nur wohnend waren.)

5 – Wo früher Rajas und Maharadjas wohnten, jene Schlösser dort, sind heute Hotels?
(dort-wo früher Raja-Maharadscha wohnend waren, diese-eben Schlösser heute Hotels sind was?)

6 – Ja. 10 bis 15 Tage lang reisten wir auf diese Weise im Bus.
(ji ja. zehn-fünfzehn Tage bis diese-eben Weise wir Reisebus in gehend waren.)

③ कराना **karānā** "machen lassen, veranlassen zu" ist ein sog. Kausativ. Hierfür wird an den Verbstamm आ **-ā** angehängt. Dies verleiht diesem den Zusatz "lassen" / "machen". Wir kennen bereits: सुनना **sunnā** "hören" -> सुनाना **sunānā** "hören lassen = erzählen"; पढ़ना **paṛhnā** "lesen" -> पढ़ाना **paṛhānā** "lesen lassen, lehren". Wichtig sind auch: चलाना **calāna** "gehen machen = lenken", घुमाना **ghumānā** "spazieren machen = begleiten, ausführen". Vorsicht: Nicht alle Verben bilden kausative Formen.

④ Vergleichen Sie जहाँ **jahā̃** "dort wo" mit dem Adverb वहाँ **vahā̃** "dort".

⑤ In वही महल **vahī mahal** ist वही **vahī** die nachdrückliche Form von वे **ve**. Das kleine Wörtchen ही **hī** kann neben "eben" auch mit "nur", "sogar" oder "genau" übersetzt werden.

⑥ दस-पंद्रह **das-pandrah** "10-15"; दस-बारह **das-bārah** "10-12"; दो-चार **do-cār** "zwei bis vier". Um einen ungefähren Wert anzudeuten, kann man auch एक **ek** verwenden: बीस एक **bīs ek** "etwa zwanzig"; दस एक **das ek** "etwa zehn".

७	कभी पुराने क़िलों में घूमते थे, कभी बाज़ारों में,
7	kabhī purāne qilõ mẽ ghūmte the, kabhī bāzārõ mẽ,

८	कभी ऊँटों पर तो कभी हाथी पे ।
8	kabhī ū̃ṭõ♂ par to kabhī hāthī pe . ⑦ ⑧

९	कभी हम लोक-संगीत सुनते थे तो कभी कठपुतली के खेल वग़ैरह देखते थे ।
9	kabhī ham lok-saṅgīt sunte the to kabhī kaṭhputlī♂ ke khel♂ vag̱airah dekhte the . ⑨

१० —	अकसर बीच-बीच में क़ालीन, ज़ेवर, ऐंटिक आदि ख़रीदते थे ।
10	aksar bīc-bīc mẽ qālīn♂, zevar♂, aiṇṭīk♂ ādi k̲h̲arīdte the . ⑩

११	दुकानदार मेरी बहुत ख़ातिर करते थे, क्योंकि मैं ही तो उनके लिए शिकार पकड़कर लाता था !
11	dukāndār merī bahut k̲h̲ātir♀ karte the, kyõki maĩ hī to unke lie śikār♂ pakaṛkar lātā thā ! ⑪

(ANMERKUNGEN)

⑦ **कभी... कभी... तो कभी** kabhī... kabhī... to kabhī. Vor dem letzten **कभी** kabhī muss **तो** to eingeschoben werden.

⑧ **पे** pe ist eine umgangssprachliche Variante der Postposition **पर** par.

⑨ Um Aufzählungen deutlich zu machen, benutzt man **आदि** ādi "usw." (Sanskrit) oder **वग़ैरह** vag̱airāh (arabisch-persisch).

⑩ **बीच-बीच में** bīc-bīc mẽ "mitten drin, zwischendurch". Solche Verdopplungen sind in der Umgangssprache sehr häufig.

7 Mal waren wir in alten Burgen unterwegs, mal auf Basaren,
(manchmal alt Burgen in spazierend waren, manchmal Basare in,)

8 mal auf Kamelen, mal auf Elefanten.
(manchmal Kamele auf doch manchmal Elefanten auf.)

9 Manchmal hörten wir Volksmusik, manchmal sahen wir Marionetten-Theater usw.
(manchmal wir Volks-Musik hörend waren doch manchmal Marionetten von Spiel usw. sehend waren.)

10 – Oft kauften wir zwischendurch Teppiche, Schmuck, Antiquitäten usw.
(oft mitten-mitten in Teppiche, Schmuck, Antiquitäten usw. kaufend waren.)

11 Die Händler respektierten mich, weil ich es war, der ihnen Kundschaft brachte!
(Händler mein sehr Respekt machend waren, weil ich nur doch ihnen für Beute fangen-machen bringend war!)

मैं विदेशी पर्यटकों को राजस्थान की
सैर कराता था ।

⑪ Obwohl ख़ातिर **khātir** ein Substantiv ist, bildet es hier zusammen mit करते **karte** einen Ausdruck, der im Deutschen durch ein einziges Verb – hier "respektieren" – übersetzt wird. Das gilt auch für die Wendung स्वागत करना **svāgat karnā** ("willkommen machen"): वे मंत्री का स्वागत करेंगे । **ve mantrī kā svāgat karẽge** . "Sie werden den Minister empfangen / willkommen heißen."

पहला अभ्यास: क्या आप ये वाक्य समझ रहे हैं ?

१ उन्नीस सौ अड़सठ (१९६८) में हम लोग बंबई में रहते थे ।
① unnīs sau arsaṭh (1968) mẽ ham log bambaī mẽ rahte the .

२ हम बच्चे थे, दिन भर सड़कों पर क्रिकेट खेलते थे ।
② ham bacce the, din bhar saṛkõ par krikeṭ khelte the .

३ शकुंतला छोटी थी, फिर भी बस से जाती थी ।
③ śakuntalā choṭī thī, phir bhī bas se jātī thī .

४ बीकानेर के बाज़ार में बैठकर नवाब राजस्थानी औरतों को देखता था ।
④ bīkāner ke bāzār mẽ baiṭhkar navāb rājasthānī auratõ ko dekhtā thā .

५ बड़े लड़के कुछ पत्रिकाएँ पढ़ते थे लेकिन मुझे नहीं दिखाते थे ।
⑤ baṛe laṛke kuch patrikāẽ paṛhte the lekin mujhe nahī̃ dikhāte the .

६ पहले आप लोग देश भर में घूमते थे और बच्चों को भी घुमाते थे ।
⑥ pahale āp log deś bhar mẽ ghūmte the aur baccõ ko bhī ghumāte the .

७ मैं ख़ूब चलता था और दोस्तों को भी चलाता था !
⑦ maĩ khūb caltā thā aur dostõ ko bhī calātā thā !

८ विदेशी छात्र तो छोटू के साथ जलेबियाँ वग़ैरह भी बनाते थे !
⑧ videśī chātr to choṭū ke sāth jalebiyā̃ vagairah bhī banāte the !

९ गांधीजी केवल बकरी का दूध पीते थे, बकरी खाते नहीं थे !
⑨ gāndhījī keval bakrī kā dūdh pīte the, bakrī khāte nahī̃ the !

१० जोधपुर में तो आप ख़ूब लस्सी पीती थीं ।
⑩ jodhpur mẽ to āp khūb lassī pītī thī̃ .

पहले अभ्यास के उत्तर : क्या आप समझे ?

① 1968 wohnten wir in Bombay. ② [Als] wir Kinder waren, spielten wir den ganzen Tag Kricket auf den Straßen. ③ Shakuntala war klein, trotzdem fuhr sie mit dem Bus. ④ [Als] Navab im Basar von Bikaner saß, betrachtete er die rajasthanischen Frauen. ⑤ Die großen Jungen lasen irgendwelche Zeitschriften, zeigten [sie] mir aber nicht. ⑥ Früher reisten (spazierten) Sie im ganzen Land und ließen auch [Ihre] Kinder mitreisen. ⑦ Ich reiste (ging) viel und ließ auch meine Freunde mitreisen! ⑧ Die ausländischen Schüler kochten zusammen mit Chotu sogar Jalebis usw.! ⑨ Gandhi trank nur Ziegenmilch, aß [aber] kein Ziegen[-fleisch]! ⑩ In Jodhpur tranken Sie viel Lassi.

दूसरा अभ्यास: वाक्य पूरे कीजिए ।

❶ In Delhi ließ uns Raisahab Hindi-Übungen machen.

१ दिल्ली में रायसाहब हमको हिन्दी का अभ्यास कराते थे ।
dillī mẽ rāysāhab hamko hindī kā abhyās □□□□□□ □□□ .

❷ Ich♀ hörte den ganzen Tag Nachrichten in Urdu und Hindi im Radio.

२ मैं दिन भर रेडियो पर उर्दू और हिन्दी में ख़बरें / समाचार सुनती थी ।
maĩ din bhar reḍiyo par urdū aur hindī mẽ <u>kh</u>abrẽ / samācār □□□□□ □□□ .

❸ Und auch du, du ließest uns am frühen Morgen die Filmmelodien im Radio hören.

३ और तुम भी सुबह-सुबह रेडियो लगाकर हमें फ़िल्मों के गाने सुनाते थे ।
aur tum bhī subah-subah reḍiyo lagākar hamẽ filmõ ke gāne □□□□□□ □□□ .

दूसरे अभ्यास के उत्तर: रिक्त स्थान

❶ ––––––––– karāte the . ❷ ––––––––––––– suntī thī . ❸ –––––––––––––– sunāte the .

दूसरा अभ्यास: वाक्य पूरे कीजिए । (जारी)

❹ Wie schön die alten Filmmelodien waren!

४ पुरानी फ़िल्मों के गाने कितने सुन्दर होते थे !

purānī filmõ ke gāne kitne sundar □□□□ □□□ !

❺ Ihr Freund ist gestern Nacht sehr spät angekommen. Jetzt ist er noch nicht aufgestanden.

५ आपके दोस्त कल रात बहुत देर से आए । अभी तक नहीं उठे ।

āpke dost kal rāt bahut der se □□ . abhī □□□ nahī̃ □□□□ .

लिपि का अभ्यास : अक्षर

ष	ष	ष	ष	ष	ष	**ṣa**
क्ष	क्ष	क्ष	क्ष	क्ष	क्ष	**kṣa**
ज्ञ	ज्ञ	ज्ञ	ज्ञ	ज्ञ	ज्ञ ①	**gya**

लिपि का अभ्यास : शब्द

भाषा	भ+ा+ष+ा	**bhāṣā**	Sprache
शिक्षा	श+ि+क्ष+ा	**śikṣā**	Erziehung, Ausbildung
लक्षण	ल+क्ष+ण	**lakṣaṇ**	Symbol, Zeichen
ज्ञान	ज्ञ+ा+न	**gyān**	Wissen, Kenntnisse
आज्ञा	आ+ज्ञ+ा	**āgyā**	Befehl

लिपि का अभ्यास : संयुक्ताक्षर

पंद्रह	द + र = द्र
pandrah	**d + r = dr**

दूसरे अभ्यास के उत्तर: रिक्त स्थान (जारी)

❹ – – – – – – – hote the ! ❺ – – – – – – – – – āe – tak – uṭhe.

Lerntipp: *Merken Sie sich Wendungen und Strukturen möglichst als Ganzes. Die notwendigen grammatikalischen Grundlagen liefern wir Ihnen in den Wiederholungslektionen.*

Anmerkungen zur (Devanagari-) Schrift und zur Aussprache

① Mit क्ष **kṣa** und ज्ञ **gya** wenden wir uns heute zwei Buchstaben zu, die eigentlich Ligaturen sind, deren beide Konsonanten jeweils aber nicht zu erkennen sind; sie werden als sog. अक्षर **akṣar** im Devanagari-Alphabet bezeichnet. Im Wörterbuch sind sie jeweils unter den Buchstaben क **ka** und ग **ga** eingeordnet.

Tourismus in Indien

Seit vielen Jahrzehnten ist Indien ein beliebtes Ziel für Touristen und mittlerweile auch für immer mehr Geschäftsreisende. Während das Land in den 1970er und 1980er Jahren noch vorrangig von jungen Menschen auf der Suche nach spiritueller Inspiration besucht wurde, sind es heute Personen aus allen Bevölkerungsschichten. Zu den beliebtesten Regionen der Touristen gehören die Bundesstaaten Himachal Pradesh, Goa, Kerala und Rajasthan. Die am meisten frequentierten Metropolen sind Delhi und Mumbai, die durch ihre internationalen Flughäfen für Europäer das Tor Indien darstellen. Da immer mehr typisch Indisches auch in unseren Breitengraden bekannt wird – z. B. das Essen, Yoga, Bollywood oder Chai-Tee – und es an Universitäten, anderen Bildungseinrichtungen und in der Wirtschaft ein verstärktes Interesse an Indien gibt, kann man davon ausgehen, dass die Zahl der Reisenden auch in Zukunft steigen wird. In diesem Sinne: आपकी यात्रा मंगलमय हो ! **āpkī yātrā maṅgalmay ho !** "Gute Reise!"

पाठ बीस pāṭh bīs

उनको बहुत कुछ आता था !
unko bahut kuch ātā thā!

१ — रायसाहब, क्या इन विदेशी टूरिस्टों को कभी हिन्दी आती थी ?
1 rāysāhab, kyā in videśī ṭūrisṭõ ko kabhī hindī ātī thī ? ① ②

२ — नहीं, आप जैसे विद्वानों से मैं पहले कभी नहीं मिला था !
2 nahī̃, āp jaise vidvānõ♂ se maĩ pahale kabhī nahī̃ milā thā ! ③

३ हाँ, कभी-कभी उनको हिन्दी में दिलचस्पी होती थी ।
3 hā̃, kabhī-kabhī unko hindī mẽ dilcaspī♀ hotī thī . ④

४ ख़ास तौर से बहुत-से विदेशियों को हिन्दी की नागरी लिपि बहुत पसंद थी ।
4 <u>kh</u>ās taur se bahut-se videśiyõ♂ ko hindī kī nāgarī lipi♀ bahut pasand thī . ⑤ ⑥

५ हिन्दी फ़िल्मों के गीत भी अकसर उन्हें अच्छे लगते थे ।
5 hindī filmõ ke gīt♂ bhī aksar unhẽ acche lagte the .

ANMERKUNGEN

① Bei vielen Satzkonstruktionen bezieht sich das Verb auf das Objekt; das Subjekt steht dabei gebeugt mit को **ko**. Beispiel: उसको ख़ुशी है । **usko <u>kh</u>uśī hai** . "Er ist glücklich." (ख़ुशी **<u>kh</u>uśī** "Glück"); उसको दुःख है । **usko dukh hai** . "Er ist unglücklich." (दुःख **dukh** "Unglück, Kummer").

② आना **ānā** "kommen" bedeutet in einer solchen Konstruktion mit को **ko** oftmals "wissen, können" oder "beherrschen": उसको हिन्दी आती थी ? **usko hindī ātī thī** ? "Konnte er Hindi [sprechen]?"

③ Bezieht sich जैसे **jaise** auf eine Person, steht es gewöhnlich mit einem Possessivpronomen in der gebeugten Form: मेरे जैसे **mere jaise** "einer wie ich"; उसके जैसे **uske jaise** "einer wie er". Nur die 2. Pers. Pl. आप **āp** bleibt unverändert: आप जैसे विद्वान **āp jaise vidvān.**

20. Lektion

Sie wussten einiges!
(Ihnen sehr etwas kommend war!)

1 – Raisahab, konnten diese ausländischen Touristen manchmal Hindi?
(Raisahab, was diesen ausländisch Touristen zu manchmal Hindi kommend war?)

2 – Nein, ich habe nie zuvor solch einen Gelehrten getroffen wie Sie!
(nein, Sie wie Gelehrte mit ich früher manchmal nicht getroffen war!)

3 Ja, manchmal interessierten sie sich für Hindi.
(ja, manchmal-manchmal ihnen Hindi in Interesse seiend war.)

4 Sehr vielen Ausländern gefiel die Nagari-Schrift des Hindi ganz besonders.
(besonders Art mit sehr-lich Ausländern zu Hindi von Nagari Schrift sehr angenehm war.)

5 Oft gefielen ihnen auch die Lieder der Hindi-Filme.
(Hindi Filmen von Lieder auch oft ihnen⌢ gut fühlend waren.)

④ उनको दिलचस्पी होती थी । **unko dilcaspī hotī thī** . (दिलचस्पी **dilcaspī** "Interesse"; दिलचस्प **dilcasp** "interessant") ist wieder eine indirekte Satzkonstruktion, bei der "interessieren" durch ein Substantiv und ein Verb – hier होना **honā** in seiner regelmäßigen generellen Form होता **hotā**♂ / होती **hotī**♀ – ausgedrückt wird. Der Gegenstand des "Interesses" erhält dazu die Postposition में **mẽ** "in".

⑤ पसंद होना **pasand honā** wird wie der gleichbedeutende Ausdruck अच्छा लगना **acchā lagnā** ebenfalls indirekt gebraucht, d. h. das Verb wird nicht in Abhängigkeit vom Subjekt, sondern vom Objekt (लिपि **lipi**♀) konjugiert. लगना **lagnā** "fühlen" ist in diesen Konstruktionen häufig zu finden: (किसी को **kisī ko**) गर्मी लगना **garmī lagnā** / ठंड लगना **ṭhaṇḍ lagnā** "(jdm.) ist heiß / kalt": मुझको ठंड लग रही है । **mujhko ṭhaṇḍ lag rahī hai** . "Mir ist kalt."

⑥ In Lektion 13 haben Sie bereits die Endsilbe सा **-sā** kennen gelernt, die sich an das vorangehende Adjektiv oder Substantiv anpasst und die wir mit "-lich" übersetzen.

६ सुन-सुनकर झूमते थे और कभी-कभी फ़िल्मी गाने गाते भी थे ।

6 sun-sunkar jhūmte the aur kabhī-kabhī filmī gāne gāte bhī the . ⑦

७ कुछ टूरिस्टों को देखकर तो लोगों को बड़ी हँसी आती थी ।

7 kuch ṭūrisṭõ ko dekhkar to logõ ko baṛī hãsī♀ ātī thī . ⑧

८ हाँ, लेकिन कुछ विदेशियों को भारतीय समाज और इतिहास के बारे में बहुत कुछ मालूम था ।

8 hã̄, lekin kuch videśiyõ ko bhāratīy samāj♂ aur itihās♂ ke bāre mẽ bahut kuch mālūm thā .

९ पहले से ख़ूब पढ़कर आते थे ।

9 pahale se khūb paṛhkar āte the .

१० कुछ मूर्ख भी होते थे...

10 kuch mūrkh bhī hote the...

११ भारतीय खाना टूरिस्टों को बहुत पसंद था ।

11 bhāratīy khānā ṭūrisṭõ ko bahut pasand thā .

१२ ख़ूब खाते थे ।

12 khūb khāte the .

१३ हाँ, बाद में कभी-कभी बेचारों को "टूरिस्टा" हो जाता था !

13 hã̄, bād mẽ kabhī-kabhī becārõ ko "ṭūrisṭā" ho jātā thā ! ⑨ ⑩ ⑪

ANMERKUNGEN

⑦ **सुन-सुनकर sun-sunkar** ist die **kar**-Form mit Stammverdopplung, die die Gleichzeitigkeit zweier Handlungen ausdrückt. Je nach Kontext kann diese Konstruktion auch implizieren, dass eine Handlung einer anderen vorausgeht oder eine andere ursächlich bedingt.

⑧ Achten Sie auf die vielen Anwendungen des Verbs **आना ānā** "kommen" in indirekten Satzkonstruktionen, z.B. im Sinne von "wissen", "können" oder "beherrschen" – **उसको हिन्दी आती है । usko hindī ātī hai** . "Er kann / beherrscht Hindi". oder in Verbindung mit einem Substantiv wie hier: **लोगों को बड़ी हँसी आती थी । logõ ko baṛī hãsī ātī thī.**

6 Als sie [die Filmmusik] hörten, schunkelten sie, und manchmal sangen sie die Schlager sogar.
(hören-hören-machen schwingend waren und manchmal-manchmal filmisch Lieder singend auch waren.)

7 Als die Leute einige von den Touristen sahen, brachen sie in großes Gelächter aus.
(einige Touristen zu sehen-machen doch Leuten zu groß Gelächter kommend war.)

8 Ja, aber einige Ausländer wussten sehr viel über die indische Gesellschaft und Geschichte.
(ja, aber etwas Ausländern zu indisch Gesellschaft und Geschichte von betreffend in sehr etwas bekannt war.)

9 Sie hatten, bevor sie kamen, schon viel gelesen.
(früher mit viel lesen-machen kommend waren.)

10 Einige Dummköpfe gab es aber auch ...
(etwas dumm auch seiend waren ...)

11 Das indische Essen schmeckte den Touristen sehr.
(indisch Essen Touristen zu sehr angenehm war.)

12 Sie aßen viel.
(viel essend waren.)

13 Ja, danach bekamen die Armen manchmal die "Tourista"!
(ja, nach in manchmal-manchmal Arme zu "Tourista" sein gehend war!)

⑨ Das Adverb बाद में **bād mẽ** besteht immer aus beiden Wörtern, nicht nur aus बाद **bād** allein. Dagegen steht पहले **pahale** "vor" ohne Postposition.

⑩ Bei हो जाता था **ho jātā thā** im Sinne von "wurden / bekamen" handelt es sich um ein zusammengesetztes Verb, das sich in indirekten Sätzen an das Objekt angleicht. Das erste Verb (हो **ho**) besteht nur aus seinem Stamm, während das zweite (जाता **jātā**) normal konjugiert wird.

⑪ Für "टूरिस्टा" "**ṭūrisṭā**" gibt es keine wörtliche deutsche Entsprechung. Gemeint sind die Magen-/Darmprobleme, zu denen es bei ausländischen Touristen häufig aufgrund des ungewohnten Essens kommt.

पहला अभ्यास: क्या आप ये वाक्य समझ रहे हैं ?

१ रायसाहब की माँ को अंग्रेज़ी नहीं आती, केवल हिन्दी आती है ।

❶ rāysāhab kī mā̃ ko aṅgrezī nahī̃ ātī, keval hindī ātī hai .

२ आप लोगों को चाय पीना आता है, बनाना क्यों नहीं आता ?

❷ āp logõ ko cāy pīnā ātā hai, banānā kyõ nahī̃ ātā ?

३ उस मूर्ख डाक्टर को सर्जरी में दिलचस्पी तो थी लेकिन उसे कुछ आता नहीं था ।

❸ us mūrkh ḍākṭar ko sarjarī mẽ dilcaspī to thī lekin use kuch ātā nahī̃ thā .

४ आपको गणेश जी के बारे में यह बात मालूम है ?

❹ āpko gaṇeś jī ke bāre mẽ yeh bāt mālūm hai ?

५ गणेश जी को दिन भर खाना अच्छा लगता था, ख़ास तौर से खीर बहुत पसंद थी ।

❺ gaṇeś jī ko din bhar khānā acchā lagtā thā, <u>kh</u>ās taur se khīr bahut pasand thī .

६ भई, तुम्हारी अंग्रेज़ी सुनकर तो हमें बड़ी हँसी आती है ।

❻ bhaī, tumhārī aṅgrezī sunkar to hamẽ baṛī hãsī ātī hai .

७ डाक्टर साहब, आयुर्वेद के बारे में आपको कुछ मालूम है ?

❼ ḍākṭar sāhab, āyurved ke bāre mẽ āpko kuch mālūm hai ?

८ हरदयाल की बातें सुनकर उन्हें ख़ुशी हुई लेकिन मुझे कुछ दुःख हुआ ।

❽ hardayāl kī bātẽ sunkar unhẽ <u>kh</u>uśī huī lekin mujhe kuch dukh huā .

पहला अभ्यास: क्या आप ये वाक्य समझ रहे हैं ? (जारी)

९ ऑस्ट्रेलिया में हमें दिसंबर में गर्मी लगती थी और जून में ठंड लगती थी ।

⑨ ŏsṭreliyā mẽ hamẽ disambar mẽ garmī lagtī thī aur jūn mẽ ṭhanḍ lagtī thī .

१० मैं फ़ौरन कुछ खाना-पीना चाहता हूँ । मुझे बहुत भूख लगी है और प्यास भी लगी है ।

⑩ maĩ fauran kuch khānā-pīnā cāhtā hũ . mujhe bahut bhūkh lagī hai aur pyās bhī lagī hai .

कुछ टूरिस्टों को
देखकर तो लोगों को
बड़ी हँसी आती थी

पहले अभ्यास के उत्तर : क्या आप समझे ?

① Raisahabs Mutter kann kein Englisch, [sie] kann nur Hindi. ② Ihr könnt Tee trinken, warum könnt [ihr ihn] nicht machen? ③ Jener dumme Doktor interessierte sich zwar für Chirurgie, aber er verstand davon nichts. ④ Ist Ihnen diese Sache über Ganesh bekannt? ⑤ Ganesh mochte den ganzen Tag essen, und Khir mochte er ganz besonders (angenehm) gern. ⑥ Bruder, wenn wir dein Englisch hören, fangen wir kräftig an zu lachen. ⑦ Herr Doktor, wissen Sie etwas über Ayurveda? ⑧ Sie (Pl.) waren glücklich, Hardayals Worte zu hören, aber ich war etwas unglücklich. ⑨ In Australien war es uns heiß im Dezember und kalt im Juni. ⑩ Ich wünsche sofort etwas zu essen und zu trinken. Ich habe großen Hunger und auch Durst.

दूसरा अभ्यास: वाक्य पूरे कीजिए ।

❶ Der Herr kann Auto fahren, Fahrrad fahren kann er nicht.

१ साहब को कार चलाना आता है, साइकिल चलाना नहीं आता ।

sāhab ko kār □□□□□□ □□□ hai, sāikil calānā nahī̃ □□□ .

❷ Sie (*höfl.*) waren schon vorher nach Indien gekommen, aber Sie konnten kein Hindi.

२ आप पहले भी भारत आए थे लेकिन आपको हिन्दी नहीं आती थी ।

āp pahale bhī bhārat □□ □□□ lekin □□□□ hindī nahī̃ □□□ □□□ .

❸ Die Hindi-Schrift gefällt uns und die Urdu-Schrift auch.

३ हमें / हमको हिन्दी की लिपि अच्छी लगती है और उर्दू की लिपि भी पसंद है ।

□□□□/□□□□□ hindī kī lipi acchī □□□□□ □□□ aur urdū kī lipi bhī □□□□□□ □□□ .

❹ Solchen Dummköpfen gefallen die Worte von solchen Gelehrten wie Ihnen nicht.

४ इनके जैसे मूर्खों को आपके जैसे विद्वानों की बातें अच्छी नहीं लगतीं ।

inke jaise mūrkhõ ko □□□□ □□□□□ vidvānõ kī bātẽ acchī nahī̃ □□□□□ .

लिपि का अभ्यास : अक्षर

Sie haben in den bisherigen Lektionen fast alle wichtigen Buchstaben des Devanagari-Alphabets kennen gelernt, nur die beiden im Folgenden aufgeführten fehlen Ihnen noch:

ऋ ऋ ऋ ऋ ऋ ऋ ① **ri**

ष़ ष़ ष़ ष़ ष़ ष़ ② **ṣa**

दूसरा अभ्यास: वाक्य पूरे कीजिए । (जारी)

⑤ Es interessierte sie auch, Fremdsprachen zu lernen, insbesondere Englisch.

५ – विदेशी भाषाएँ सीखने में भी उनको / उन्हें दिलचस्पी थी, ख़ास तौर से अंग्रेज़ी ।

videśī bhāṣāẽ sīkhne □□ bhī □□□□/□□□□ dilcaspī thī, □□□□ □□□□ □□ aṅgrezī .

दूसरे अभ्यास के उत्तर: रिक्त स्थान

❶ — — — calānā ātā —, — — — ātā . ❷ — — — — — āe the — āpko — — ātī thī . ❸ hamẽ / hamko — — — — lagtī hai — — — — — pasand hai . ❹ — — — — — āpke jaise — — — — — — lagtī̃ . ❺ — — — mẽ — unko / unhẽ — —, k͟hās taur se — .

लिपि का अभ्यास : शब्द

Wir wollen nun die Schreib- und Leseübungen mit einigen "transparenten" Wörtern abschließen (also Wörtern, deren Bedeutung Sie leicht erraten können) sowie einigen Wörtern, die das Hindi aus dem Englischen entlehnt hat. Gemeinsam ist allen Wörtern, dass in ihnen insbesondere Konsonantenverbindungen mit r vorkommen, die ja bekanntermaßen in Hindi eine kleine Schwierigkeit darstellen. Versuchen Sie, die Schreibweise der unten gezeigten Wörter nachzuvollziehen.

आयुर्वेद	आ+य+ ु+व+ र्‍ े+द	**āyurved**	Ayurveda (alte indische Heilkunst)
ऑस्ट्रेलिया	ऑ+स+ट्र+ े+ ि+ल+य+ा	**ŏsṭreliyā**	Australien

Anmerkungen zur (Devanagari-) Schrift und zur Aussprache

① **ऋ ri** ist ein Archaismus, also ein Element, das nur noch selten gebraucht wird. **ऋ ri** spielt heute nur noch bei der Schrift eine Rolle. Die moderne Aussprache ist [*r*] + [*i*]. Früher war dieser Laut ein reiner Vokallaut.

② **ष ṣa** ist der entsprechende retroflexe Laut zu **श śa**. Viele Hindi-Sprecher machen aber zwischen diesen beiden Lauten kaum einen Unterschied.

लिपि का अभ्यास : शब्द

ट्रैफ़िक	ट्र+◌ै+ि◌+फ़+क	**ṭraifik**	Verkehr
ड्रामा	ड्र+◌ा+म+◌ा	**ḍrāmā**	Theater
रुपया	रु+प+य+◌ा	**rupayā**	Rupie, Geld
ड्राइवर	ड्र+◌ा+इ+व+र	**ḍrāivar**	Fahrer
ट्रैक्टर	ट्र+◌ै+क+ट+र	**ṭraikṭar**	Traktor

लिपि का अभ्यास : संयुक्ताक्षर

विद्वान	द + व = द्व ③
vidvān	**d + v = dv**

पाठ इक्कीस **pāṭh ikkīs**

दोहराव और व्याख्या

doharāv aur vyākhyā

Wir möchten nun wieder all das zusammenfassen, was Sie in den letzten Lektionen über diese Sprache erfahren haben. Sie haben die indirekte Satzkonstruktion des Hindi, einige wichtige Postpositionen

Anmerkungen zur (Devanagari-) Schrift und zur Aussprache

③ Sie wissen ja: Eine ausführliche Übersicht über die verschiedenen Typen von Ligaturen finden Sie in der Einleitung; sie dient Ihnen zum Nachschlagen.

***Lerntipp:** Wieder sind Sie sechs Lektionen weitergekommen und haben die nächste Wiederholungslektion erreicht. Was macht Ihre Aussprache? Üben Sie am besten täglich ein wenig Hindi zu sprechen.*

Filmmusik

Zu den beliebten Filmen werden sowohl Soundtracks als auch Texthefte herausgegeben. Dadurch wird Hindi auch in Gegenden verbreitet, in denen es nicht Muttersprache ist. Somit sind die Lieder wirkungsvoller als die Hindi-Sprachinstitute, die es gibt, seit man nach der Unabhängigkeit 1947 Hindi zur Landessprache erklärt hat. Ein Hindi-Spielfilm enthält sechs bis acht Gesangs- und Tanzszenen. Bollywood-Schauspieler müssen daher neben der Schauspielerei auch Talent fürs Tanzen mitbringen. Der Gesangspart hingegen wird oft als Playback von professionellen Sängern übernommen. Über die Landesgrenzen hinaus bekannt ist die Sängerin Lata Mangeshkar, die “Nachtigall Indiens". Sie sang Lieder für mehr als 900 Filme und hält den Weltrekord für die größte Anzahl aufgenommener Titel.

21. Lektion

und reichlich neue Zeitformen kennen gelernt. Außerdem wissen Sie bereits, wie man einen Kausativ erkennt.

1. Indirekte Satzkonstruktion

Wenn es um Handlungen geht, die nicht vom Subjekt initiiert werden, sondern die sich vielmehr aus einem inneren Zwang, aus einer

Erkenntnis oder aus Gefühlen heraus ergeben, d. h. bei Verben, die unfreiwillige Handlungen ausdrücken, benutzt man meistens die sog. indirekte Satzkonstruktion. Auch das Deutsche kennt diese Form, jedoch wird sie bei uns weit weniger verwendet als im Hindi. Bei einem indirekten Satz bezieht sich das Verb auf das Objekt und nicht auf das Subjekt. Beispiel: "Es geht mir gut." Subjekt ist "Es", die Satzaussage bezieht sich aber auf das Objekt "mir".

Im Deutschen steht der Satzgegenstand beim indirekten Satz im Dativ oder seltener im Akkusativ. In Hindi erhält er die Postposition को **-ko** oder eine seiner Abwandlungen (wie bei मुझे **mujhe**). Das Verb richtet sich in Numerus (Zahl) und Genus (Geschlecht) nach dem Objekt:

उस लड़के को हिन्दी आती है ।	**us laṛke ko hindī ātī hai .**	"Jener Junge kann/ beherrscht Hindi."
उसको यह बात मालूम है ?	**usko yeh bāt mālūm hai ?**	"Ist ihm/ihr diese Sache bekannt?"
मुझे इसमें दिलचस्पी नहीं है ।	**mujhe ismẽ dilcaspī nahī̃ hai .**	"Das interessiert mich nicht."
उन टूरिस्टों को टूरिस्टा हुआ ।	**un ṭūristõ ko ṭūristā huā .**	"Jene Touristen bekamen die "Tourista"."
यह फ़िल्म मुझे बहुत पसंद आई ।	**yeh film mujhe bahut pasand āī .**	"Dieser Film hat mir sehr gefallen."
यह नीली कमीज़ तुमको कैसी लगती है ?	**yeh nīlī kamīz tumko kaisī lagtī hai ?**	"Wie gefällt dir dieses blaue Hemd?"

Ähnlich sind unter anderem die Satzkonstruktionen für "Angst haben (vor)": (से **se**) डर लगना **ḍar lagnā**, चिंता होना **cintā honā** (aus dem Sanskrit) oder परेशानी होना **pareśānī honā** (aus dem Arabisch-Persischen).

2. Verben

Im Hindi gibt es zwar zahlreiche Zeitformen für die Verben, ihre Bildungsweise ist jedoch sehr einfach. Zunächst wollen wir uns mit dem historischen Perfekt beschäftigen. Wenn Ihnen diese Formen geläufig sind, wird es für Sie bedeutend einfacher: Andere Vergangenheitsformen wie das Perfekt und das Plusquamperfekt werden aus dem historischen Perfekt in Verbindung mit Formen von होना **honā** gebildet.

2.1 Historisches Perfekt

Das historische Perfekt ist in seiner Funktion vergleichbar mit dem deutschen Imperfekt (einfache Vergangenheit) und bezeichnet eine in der Vergangenheit abgeschlossene, meist einmalig stattfindende Handlung.

Das historische Perfekt ist ein veränderliches Partizip und wird daher in der wörtlichen Übersetzung mit "gegangen", "genommen" usw. wiedergegeben. Zu seiner Bildung hängt man an den Verbstamm jeweils आ **-ā**♂ (Sg.), ई **-ī**♀ (Sg.), ए **-e**♂ (Pl.) oder ईं **-ī̃**♀ (Pl.) an.

Anhand von चलना **calnā** "gehen" geben wir Ihnen ein Beispiel für die Bildung des historischen Perfekts:

मैं चला / चली	**maĩ calā / calī**	"ich ging"
तू चला / चली	**tū calā / calī**	"du gingst"
वह चला / चली	**voh calā / calī**	"er / sie ging"
तुम चले / चलीं	**tum cale / calī̃**	"du gingst / ihr gingt"
हम चले / चलीं	**ham cale / calī̃**	"wir gingen"
आप चले / चलीं	**āp cale / calī̃**	"ihr gingt / Sie gingen"
वे चले / चलीं	**ve cale / calī̃**	"sie gingen"

आप भारत कब पहुँचे ?	**āp bhārat kab pahũce ?**	"Wann kamen Sie in Indien an?"
तुम उससे कल मिले ।	**tum usse kal mile .**	"Ihr traft ihn gestern."

Sie sehen: Die Verbformen sind im Singular und im Plural (einschließlich तुम **tum**) gleich. Sie variieren nur nach Genus (Maskulinum / Femininum) und Numerus (Singular / Plural). Achten Sie auf die Nasalierung von ईं **-ī̃** im Femininum Plural!

Endet ein Verbstamm auf einen Vokal, so wird im Mask. Sg. vor der Endsilbe य **-y-** eingeschoben:

आना **ānā** "kommen" > आया **āyā** "gekommen" (aber: आए **āe**, आई **āī**, आईं **āī̃**).
सोना **sonā** "schlafen"> सोया **soyā** "geschlafen" (aber: सोए **soe**, सोई **soī**, सोईं **soī̃**).

Weitere Unregelmäßigkeiten:

पीना **pīnā** "trinken"> पिया **piyā** "getrunken" (पिए **pie**, पी **pī**, पीं **pī̃**);
करना **karnā** "machen" > किया **kiyā** "gemacht" (किए **kie**, की **kī**, कीं **kī̃**);
लेना **lenā** "nehmen" > लिया **liyā** "genommen" (hier ist der Stammvokal ganz verschwunden; लिए **lie**, ली **lī**, लीं **lī̃**);
देना **denā** "geben" > दिया **diyā** "gegeben" (दिए **die**, दी **dī**, दीं **dī̃**);
जाना **jānā** "gehen" ist gänzlich unregelmäßig: गया **gayā** (गए **gae**, गई **gaī**, गईं **gaī̃**) "gegangen".

2.2 Perfekt

Das Perfekt ist wie im Deutschen eine zusammengesetzte Zeitform, die aus dem Partizip Perfekt (= historisches Perfekt) und होना **honā** im Präsens besteht. Die Partizipform wird allerdings im Femininum Plural nicht nasaliert.

Das zusammengesetzte Perfekt bezeichnet eine Handlung in der Vergangenheit, die sich noch bis in die Gegenwart auswirkt.

मैं चला / चली हूँ	**maĩ calā / calī hū̃**	"ich bin gegangen"
तू चला / चली है	**tū calā / calī hai**	"du bist gegangen"
वह चला / चली है	**voh calā / calī hai**	"er / sie ist gegangen"

तुम चले / चली हो	**tum cale / calī ho**	"du bist gegangen", "ihr seid gegangen"
हम चले / चली हैं	**ham cale / calī haĩ**	"wir sind gegangen"
आप चले / चली हैं	**āp cale / calī haĩ**	"ihr seid / Sie sind gegangen"
वे चले / चली हैं	**ve cale / calī haĩ**	"sie sind gegangen".

Das Perfekt des Hindi ist nicht immer mit der entsprechenden Zeitform des Deutschen zu übersetzen. Oftmals entspricht es eher dem Präsens.

Den Satz मैं यहाँ बैठा हूँ । **maĩ yahā̃ baiṭhā hū̃,** dessen grammatikalisch richtige Übersetzung im Perfekt "Ich habe mich hierher gesetzt (und sitze immer noch)" lautet, könnte man auch mit "Ich sitze hier" wiedergeben. Im Unterschied dazu schwingt im Hindi aber beim Präsens immer eine gewisse Regelmäßigkeit mit, weshalb मैं यहाँ बैठता हूँ । **maĩ yahā̃ baiṭhtā hū̃** von einem Hindi-Sprecher eher als "Ich sitze immer hier" verstanden wird.

2.3 Plusquamperfekt

Auch das Plusquamperfekt ist eine zusammengesetzte Zeitform. Es besteht aus den Partizip-Perfekt-Formen, also dem historischen Perfekt, und der Vergangenheit von होना **honā** (d. h. seinen unregelmäßigen Formen था **thā**♂ (Sg.), थी **thī**♀ (Sg.), थे **the**♂ (Pl.), थीं **thī̃**♀ (Pl.)). Auch hier variieren die Formen nur nach Genus und Numerus.

मैं चला था / चली थी	**maĩ calā thā / calī thī**	"ich war gegangen"
तू चला था / चली थी	**tū calā thā / calī thī**	"du warst gegangen"
वह चला था / चली थी	**voh calā thā / calī thī**	"er / sie war gegangen"
तुम चले थे / चली थीं	**tum cale the / calī thī̃**	"du warst gegangen", "ihr wart gegangen"

हम चले थे / चली थीं	**ham cale the / calī thī̃**	"wir waren gegangen"
आप चले थे / चली थीं	**āp cale the / calī thī̃**	"ihr wart / Sie waren gegangen"
वे चले थे / चली थीं	**ve cale the / calī thī̃**	"sie waren gegangen"

Hier ist das Hilfsverb im Femininum Plural nasaliert, nicht jedoch das Partizip.

Das Plusquamperfekt bezeichnet eine abgeschlossene Handlung, die einer anderen Handlung in der Vergangenheit vorangegangen ist. Man spricht in diesem Zusammenhang von Vorvergangenheit.

2.4 Generelles Imperfekt

Das Generelle Imperfekt (Allgemeine Vergangenheit) wird aus dem Partizip Präsens und der Vergangenheit von होना **honā** gebildet. Wie beim Allgemeinen Präsens geht es auch bei dieser Zeitform um gewohnheitsmäßige und wiederholt ausgeführte Handlungen. Da es sich um die Vergangenheit handelt, drückt diese Zeitform allerdings keine sich gerade im Ablauf befindlichen Handlungen aus.

मैं चलता था / चलती थी	**maĩ caltā thā / caltī thī**	"ich ging"
तू चलता था / चलती थी	**tū caltā thā / caltī thī**	"du gingst"
वह चलता था / चलती थी	**voh caltā thā / caltī thī**	"er / sie ging"
तुम चलते थे / चलती थी	**tum calte thẽ / caltī thī̃**	"du gingst","ihr gingt"
हम चलते थे / चलती थीं	**ham calte the / caltī thī̃**	"wir gingen"
आप चलते थे / चलती थीं	**āp calte the / caltī thī̃**	"ihr gingt / Sie gingen"
वे चलते थे / चलती थीं	**ve calte the / caltī thī̃**	"sie gingen"

Beispiel:

पिछले साल बोरिस रोज़ (कभी-कभी) क्लास जाता था ।
pichle sāl boris roz (kabhī-kabhī) klās jātā thā . "Letztes Jahr ist Boris jeden Tag zum Unterricht gegangen." (und zwar regelmäßig bzw. gewohnheitsmäßig).

Vergleichen Sie dazu in erster Linie das Präsens und das Generelle Imperfekt:

Präsens:

छोटू बहुत काम करता है ।	**choṭū bahut kām kartā hai .**	"Chotu arbeitet viel."

Generelles Imperfekt:

छोटू बहुत काम करता था ।	**choṭū bahut kām kartā thā .**	"Chotu arbeitete viel."

So wie sich das Generelle Präsens und die Verlaufsform des Präsens unterscheiden, so unterscheiden sich auch das Generelle Imperfekt und die Verlaufsform der Vergangenheit, z. B.:

Generelles Präsens:

वह बोल लिखता है ।	**voh bol likhtā hai .**	"Er schreibt Texte." (= ist Texter)

Verlaufsform des Präsens:

वह बोल लिख रहा है ।	**voh bol likh rahā hai .**	"Er schreibt gerade den/einen Text."

Generelles Imperfekt:

वह फ़िल्मी गानों की तर्ज़ बनाता था । **voh filmī gānõ kī tarz banātā thā .** "Er komponierte Filmmelodien." ("Er filmisch Liedern von Melodie zubereitend war." -> "Er betätigte sich regelmäßig und gewohnheitsmäßig als Komponist.")

Verlaufsform der Vergangenheit:

उस वक़्त वह फ़िल्मी गाने की तर्ज़ बना रहा था । **us vaqt voh filmī gāne kī tarz banā rahā thā .** "In jenem Moment war er gerade dabei, eine Filmmelodie zu komponieren." (einmalige, in der Ausführung befindliche Handlung)

2.5 Beispiele für den Gebrauch der vier Zeitformen

वे रोज़ कॉलेज जाती थीं । एक दिन, वे बचपन की एक सहेली से मिलीं : यह सहेली पहले उसी स्कूल गई थी । **ve roz kŏlej jātī thī̃ . ek din, ve bacpan kī ek sahelī se milī̃ : yeh sahelī pahale usī skūl gaī thī .** "Sie gingen jeden Tag ins College. Eines Tages trafen sie eine Jugendfreundin: Jene Freundin war vorher in die gleiche Schule gegangen."

वह अमरीका गया ।	**voh amrīkā gayā .**	"Er fuhr nach Amerika." (und kam vielleicht zurück)
वह अमरीका गया है ।	**voh amrīkā gayā hai .**	"Er ist nach Amerika gefahren." (und ist heute noch dort)
वह बाज़ार गया, फिर घर वापस आया ।	**voh bāzār gayā, phir ghar vāpas āyā .**	"Er ging zum Markt und kehrte dann nach Hause zurück."
वह बाज़ार गया है ।	**voh bāzār gayā hai .**	"Er ist zum Markt gegangen." (und ist vermutlich noch dort)

kar-Form

Mit der unveränderlichen **kar**-Form, die aus dem Stamm des Verbs und der Endsilbe कर **-kar** gebildet wird, kann man zwei Handlungen eines Subjekts zueinander in Beziehung setzen. So kann die Gleichzeitigkeit, die Vor- oder Nachzeitigkeit zweier Handlungen ausgedrückt werden. Zudem kann gekennzeichnet werden, dass eine Handlung eine andere ursächlich bedingt oder die Art und Weise einer Handlung näher definiert.

Im Deutschen kann man sinngemäß mit einem Nebensatz (eingeleitet z. B. durch "um … zu", "als", "wenn", "nachdem" usw.) übersetzen:

वह बाज़ार जाकर फल ख़रीदता है ।	**voh bāzār jākar phal <u>kh</u>arīdtā hai .**	"Er geht auf den Markt, um Früchte zu kaufen."
हम लोग खाकर आए हैं ।	**ham log khākar āe haĩ .**	"Nachdem wir gegessen hatten, sind wir gekommen."
वह ज़्यादा मिर्च खाकर बीमार हो गया ।	**voh zyādā mirc khākar bīmār ho gayā .**	"Er wurde krank, weil er zu viel Pfeffer gegessen hatte."
वह हँसकर बोला ।	**voh hãskar bolā .**	"Lachend sprach er."

Achtung Ausnahme: Die कर **kar**-Form von करना **karnā** lautet करके **karke** (nicht करकर **karkar**)!

2.6 Verben des Veranlassens (Kausativ) und des Bewirkens (Faktitiv)

Im Deutschen setzen sich Wendungen des Veranlassens aus einer Kombination des jeweiligen Verbs mit "lassen" oder "machen" – z. B. "hören lassen" – zusammen. Im Hindi ist die Bildung dieses sogenannten Kausativs einfacher: Man bildet die kausative Form eines Verbs, indem man zwischen Stamm und Endung eines Verbs आ **-ā** einschiebt. सुनना **sunnā** "hören" wird zu सुनाना **sunānā** "hören lassen = erzählen"; पढ़ना **paṛhnā** "studieren" wird zu पढ़ाना **paṛhānā** "lehren".

Diese Bildung funktioniert aber in erster Linie bei transitiven Verben, also solchen, die ein Akkusativobjekt benötigen. Ein transitives Verb kann oder muss im Deutschen immer durch den Zusatz "etw." (etwas) oder "jdn." (jemanden) ergänzt werden: "Peter schreibt einen Brief."

Wird ein intransitives Verb (ein Verb, das nicht zusammen mit einem Akkusativobjekt stehen kann) in den Kausativ gesetzt, wird es transitiv:

चलना **calnā** "gehen" wird zu चलाना **calānā** "gehen machen = (etw.) lenken";

जलना **jalnā** "brennen" wird zu जलाना **jalānā** "(etw.) verbrennen";

घूमना **ghūmnā** "spazieren gehen" wird zu घुमाना **ghumānā** "(jdn./ etw.) begleiten, ausführen"

(किसी को घुमाना **kisī ko ghumānā** "jdn. ausführen/begleiten").

Manchmal ändert sich bei dieser Bildung der Vokal des Stamms.

Einige intransitive Verben bilden ihre entsprechende transitive Form nur durch eine Änderung des Stammvokals:

निकलना **nikalnā** "herauskommen", निकालना **nikālnā** "(etw.) herausbringen";

दिखना **dikhnā** "erscheinen, sichtbar sein", देखना **dekhnā** "(etw.) sehen";

रुकना **ruknā** "stehenbleiben", रोकना **roknā** "(etw. oder jdn.) anhalten";

बीतना **bītnā** "vergehen, vorübergehen", बिताना **bitānā** "(etw.) vergehen lassen".

Manchmal wird neben dem Vokal auch ein Konsonant verändert:

टूटना **ṭūṭnā** "zerbrechen" (intransitiv), तोड़ना **toṛnā** "(etw.) zerbrechen";

छूटना **chūṭnā** "frei werden", छोड़ना **choṛnā** "(etw.) frei lassen".

3. Postposition und Adverb

Viele Postpositionen setzen sich aus einem Adverb + के **ke** zusammen. Dieses के **ke** steht grundsätzlich vor dem Adverb und verlangt, dass das Substantiv oder Verb, auf das es sich bezieht, gebeugt wird:

पास **pās** "nahe", के पास **ke pās** "in der Nähe von";

सामने **sāmne** "vorn", के सामने **ke sāmne** "vor ...";

पीछे **pīche** "hinten", के पीछे **ke pīche** "hinter ...";

नीचे **nīce** "unten", के नीचे **ke nīce** "unter ...";
ऊपर **ūpar** "oben", के ऊपर **ke ūpar** "über ...";
बाहर **bāhar** "draußen", के बाहर **ke bāhar** "außerhalb von ...".

Achtung: पहले **pahale** "früher" (zeitlich) wird nicht mit के **ke**, sondern mit से **se** zusammengesetzt: से पहले **se pahale** "vor ..." (zeitlich).

Eine Besonderheit bilden auch की वजह से **kī vajah**♀ **se** (aus dem Arabisch-Persischen) und के कारण **ke kāraṇ**♂ (aus dem Sanskrit), beide bedeuten "wegen".

4. Tage und Stunden

Der Tag kann folgendermaßen unterteilt werden: सुबह **subah** "Morgen", d.h. die Zeit von Tagesbeginn bis zum Mittagessen, दोपहर **dopahar** "Nachmittag", die Zeit von 13 bis 17 Uhr, शाम **śām** "Abend", die Zeit von 17 bis 20 Uhr und रात **rāt** "Nacht".

Diese Wörter können auch adverbial gebraucht werden ("morgens", "am Morgen", "nachmittags", "am Nachmittag" usw.). सुबह **subah** erhält in dieser Anwendung keine Postposition; शाम **śām** und रात **rāt** benötigen dann jedoch die Postposition को **ko**, दोपहर **dopahar** kann ebenfalls mit को **ko** oder **mẽ** में stehen:

वह शाम को आएगा ।	**voh śām ko āegā .**	"Er wird am Abend kommen."
रात को बारिश हुई ।	**rāt ko bāriś**♀ **huī .**	"In der Nacht hat es geregnet."
सुबह, मैं जल्दी उठती हूँ ।	**subah, maĩ jaldī uṭhtī hū̃ .**	"Morgens stehe ich früh auf."

Wenn diese Wörter als Subjekt gebraucht werden, erhalten sie keine Postposition:

रात गहरी थी ।	**rāt gahrī thī .**	"Es war tiefe Nacht." (Nacht tief war.)

In ähnlicher Weise erhalten die Wochentage als adverbiale Bestimmung der Zeit die Postposition को **ko** und die Monate (die alle aus dem Englischen abgeleitet sind) die Postposition में **mẽ**:

इतवार को, मैं देर से उठती हूँ ।	**itvār ko, maĩ der se uṭhtī hū̃ .**	"Sonntags stehe ich spät auf," aber:
आज इतवार है ।	**āj itvār hai .**	"Heute ist Sonntag."
मैं दिसंबर में भारत जाऊंगा ।	**maĩ disambar mẽ bhārat jāū̃gā .**	"Ich werde im Dezember nach Indien fahren."

Aber: फ़रवरी सब से छोटा महीना है । **farvarī sab se choṭā mahīnā hai .** "Der Februar ist der kürzeste / kleinste Monat."

रायसाहब पाँच तारीख़ को आएंगे ।	**rāysāhab pā̃c tārī<u>kh</u> ko āẽge .**	"Raisahab wird am 5. kommen."
वे सोमवार को आएंगे ।	**ve somvār ko āẽge .**	"Er wird Montag kommen" (höflich).
वे जून में आएंगे ।	**ve jūn mẽ āẽge .**	"Er wird im Juni kommen" (höflich).

Die Namen der Wochentage lauten:

सोमवार **somvār** "Montag";

मंगलवार **maṅgalvār** "Dienstag";

बुधवार **budhvār** "Mittwoch";

गुरुवार **guruvār** / बृहस्पतिवार **brihaspativār** "Donnerstag";

शुक्रवार **śukrvār** "Freitag";

शनिवार **śanivār** "Samstag";

इतवार **itvār** / रविवार **ravivār** "Sonntag".

Die Namen der Monate lauten:

जनवरी **janvarī** "Januar";

फ़रवरी **farvarī** "Februar";

मार्च **mārc** "März";
अप्रैल **aprail** "April";
मई **maī** "Mai";
जून **jūn** "Juni";
जुलाई **julāī** "Juli";
अगस्त **agast** "August";
सितंबर **sitambar** "September";
अक्तूबर **aktūbar** "Oktober";
नवंबर **navambar** "November";
दिसंबर **disambar** "Dezember".

Die Uhrzeiten werden durch Zahlen und das Wort बजे **baje** "geschlagen" bzw. बजा **bajā** für "1 Uhr" angegeben. बजे **baje** deswegen, weil damit die Stunde gemeint ist, die es "geschlagen" hat:

एक बजा है ।	**ek bajā hai .**	"Es ist ein Uhr."
चार बजे हैं ।	**cār baje haĩ .**	"Es ist vier Uhr."

Als adverbiale Bestimmung wird die Angabe der Uhrzeit in der abhängigen Form ohne Postposition ausgedrückt:

वह एक बजे / चार बजे निकला ।	**voh ek baje / cār baje niklā .**	"Er ging um ein Uhr / vier Uhr hinaus."

Wie im Deutschen lässt sich der Tagesabschnitt durch eine genaue Zeitangabe ergänzen:

सुबह के दस बजे	**subah ke das baje**	"morgens um zehn Uhr";
रात के दस बजे	**rāt ke das baje**	"nachts um zehn Uhr";
शाम के पाँच बजे	**śām ke pā̃c baje**	"abends um fünf Uhr".

सवा **savā**, die "Viertelstunde", wird der Stundenzahl hinzugerechnet:

सवा दो बजे हैं ।	**savā do baje haĩ .**	"Es ist Viertel nach zwei."

साढ़े **sāṛhe**, die "halbe Stunde", wird ebenfalls der Stundenzahl hinzugerechnet:

साढ़े दस बजे हैं । **sāṛhe das baje haĩ .** "Es ist halb elf."

Die Dreiviertelstunde, पौने **paune** "drei Viertel", wird immer der Stunde, die der angegebenen Zahl vorausgeht, hinzugerechnet:

पौने चार बजे हैं । **paune cār baje haĩ .** "Es ist Viertel vor vier."

Bei diesem Beispiel, "drei Viertel vier geschlagen ist", gehen Sie also von drei Uhr aus und addieren eine Dreiviertelstunde hinzu.

Weiterhin gibt es zwei besondere Ausdrücke: डेढ़ **ḍeṛh** "anderthalb" und ढाई **ḍhāī** "zwei und ein halb", diese heißen in Bezug auf die Uhrzeit "halb zwei" und "halb drei".

Vergangene Minuten nach der vollen Stunde bzw. verbleibende Minuten vor der vollen Stunde werden folgendermaßen ausgedrückt:

दस बजने में पाँच मिनट	**das bajne mẽ pā̃c minaṭ**	"fünf Minuten vor 10";
दस बजकर पाँच मिनट	**das bajkar pā̃c minaṭ**	"fünf Minuten nach 10".

Lerntipp: *Alles, was in dieser Lektion wiederholt wurde, werden Sie in den nächsten Lektionen noch häufig antreffen. Es ist eines der Hauptmerkmale der Assimil-Methode, dass Sie beim täglichen Lernen automatisch alles, was Sie bereits kennen gelernt haben, wiederholen und sich Ihre Kenntnisse auf diese Weise – für Sie fast unmerklich – festigen.*

Rajasthan

राजस्थान **rājasthān**, das "Land der Könige" (राजा **rājā** "König"; स्थान **sthān** "Ort"), ist einer der touristisch interessantesten Bundesstaaten Indiens. Er liegt an der Grenze zu Pakistan zwischen den Staaten Gujarat und Panjab. Viele Schlösser und Burgen zeugen von einer bewegten Geschichte. Das Kunsthandwerk ist in Rajasthan sehr vielfältig und berühmt: Hier werden Stoffe, Kissen mit umstickten kleinen Spiegeln, Marionetten (कठपुतली **kaṭhputlī**), Schmuck, Halbedelsteine und Malereien hergestellt. Die Hauptstadt Jaipur, die rosa Stadt mit dem berühmten Palast der Winde (हवा महल **havā mahal**) und dem Observatorium (जंतर मंतर **jantar mantar**), entstand erst im 18. Jahrhundert. Jaisalmer (जैसलमेर **jaisalmer**) zeigt dagegen die vergangene feudale Größe mit den Havelis (हवेली **havelī**), den alten Häusern der reichen Marwar-Händler, und mit den gewaltigen Befestigungsanlagen. Diese aus gelbem Ton erbaute Stadt liegt am Rand der "Wüste Thar" (थार मरुस्थल **thār marusthal**).

पाठ बाईस **pāṭh bāīs**

लोग बाहर लटक रहे थे !
log bāhar laṭak rahe the !

१ — हे भगवान... कल मैं शहर में ऑटो-रिक्शा से नहीं, बस से चली !

1 he bhagvān... kal maĩ śahar mẽ ŏṭo-rikśā se nahī̃, bas♀ se calī ! ①

२ अभी तक मेरा सर चकरा रहा है !

2 abhī tak merā sar♂ cakrā rahā hai ! ②

३ ड्राइवर ख़तरनाक तरीक़े से चला रहा था ।

3 ḍrāivar <u>kh</u>atarnāk tarīqe♂ se calā rahā thā . ③

४ झटके दे-देकर ब्रेक लगा रहा था ।

4 jhaṭke♂ de-dekar brek♂ lagā rahā thā . ④

५ मुसाफ़िर इधर-उधर गिर रहे थे ।

5 musāfir♂ idhar-udhar gir rahe the .

६ कंडक्टर पीछे की सीट पर ऊँघ रहा था ।

6 kaṇḍakṭar pīche kī sīṭ par ū̃gh rahā thā .

७ और धीरे-धीरे टिकट काट रहा था ।

7 aur dhīre-dhīre ṭikaṭ kāṭ rahā thā .

८ कुछ लोग दरवाज़े के बाहर लटक रहे थे !

8 kuch log darvāze♂ ke bāhar laṭak rahe the !

ANMERKUNGEN

① Die Postposition से **se** "aus, von" wird bekanntlich im übertragenen Sinne auch mit "mit", "durch" übersetzt, sollte aber nicht mit der Konstruktion के साथ **ke sāth** "mit" verwechselt werden, die angibt, wer oder was eine Person begleitet. बस से **bas se** "mit dem Bus", aber छोटू के साथ **choṭū ke sāth** "(zusammen) mit Chotu" (Chotu von mit).

22. Lektion

Sie hingen draußen dran!
(Leute draußen hängen geblieben waren!)

1 – Oh Gott ... gestern bin ich nicht mit der Auto-Rikscha, sondern mit dem Bus in die Stadt gefahren!
(he Gott ... gestern ich Stadt in Auto-Rikscha mit nicht, Bus mit gefahren!)

2 Mein Kopf dreht sich jetzt noch!
(jetzt-eben bis mein Kopf drehen geblieben ist!)

3 Der Fahrer fuhr sehr riskant.
(Fahrer gefährlich Weise mit fahren geblieben war.)

4 Er bremste ständig ruckartig.
(Stöße geben-geben-machen Bremse bedienen geblieben war.)

5 Die Passagiere fielen hin und her.
(Reisender hierher-dorthin fallen geblieben waren.)

6 Der Schaffner döste hinten auf einem Sitz.
(Schaffner hinten von Sitz auf dösen geblieben war.)

7 Und er knipste die Fahrscheine sehr langsam.
(und langsam-langsam Fahrscheine schneiden geblieben war.)

8 Einige Menschen hingen außen an der Tür!
(einige Leute Tür von außen hängen geblieben waren!)

② तक **tak** bedeutet "bis", im zeitlichen wie auch im räumlichen Sinne: दरवाज़े तक जाओ । **darvāze**♂ **tak jāo** . "Geh bis zur Tür."

③ चला रहा था **calā rahā thā** ist die Verlaufsform der Vergangenheit. Sie wird mit der Vergangenheitsform des Hilfsverbs होना **honā** gebildet.

④ झटके दे-देकर **jhaṭke de-dekar** ist wieder eine **kar**-Form mit Stammverdopplung, die die Gleichzeitigkeit zweier Handlungen deutlich macht.

९ हर मोड़ पर बस शराबी की तरह झूम रही थी ।
9 har moṛ♂ par bas śarābī♂ kī tarah jhūm rahī thī . ⑤

१० अब तो मैं एक साइकिल ख़रीदूँगी और उसी पर चलूँगी ।
10 ab to maĩ ek sāikil kharīdū̃gī aur usī par calū̃gī . ⑥

११ मगर इन मनहूस बसों में कभी नहीं चढ़ूँगी !
11 magar in manhūs basõ mẽ kabhī nahī̃ caṛhū̃gī !

पहला अभ्यास: क्या आप ये वाक्य समझ रहे हैं ?

१ कल शहर में क्या तमाशा हो रहा था !
❶ kal śahar mẽ kyā tamāśā ho rahā thā !

२ बहुत सी बकरियाँ सड़क पर चल रही थीं ।
❷ bahut sī bakriyā̃ saṛak par cal rahī thī̃ .

३ उनके पीछे एक आदमी रेडियो लेकर जा रहा था ।
❸ unke pīche ek ādmī reḍiyo lekar jā rahā thā .

४ कुछ लड़के बकरियों को सलाद दे रहे थे ।
❹ kuch laṛke bakriyõ ko salād de rahe the .

५ पीछे एक बस धीरे-धीरे आ रही थी ।
❺ pīche ek bas dhīre-dhīre ā rahī thī .

६ कुछ बकरियाँ इधर-उधर भाग रही थीं ।
❻ kuch bakriyā̃ idhar-udhar bhāg rahī thī̃ .

७ कुछ लोग चलती बस पर चढ़ रहे थे ।
❼ kuch log caltī bas par caṛh rahe the .

८ कुछ मुसाफ़िर नीचे उतर रहे थे ।
❽ kuch musāfir nīce utar rahe the .

९ मैं किताबों की दुकान से तमाशा देख रही थी ।
❾ maĩ kitābõ kī dukān se tamāśā dekh rahī thī .

१० देख-देखकर मुझे हँसी आ रही थी ।
❿ dekh-dekhkar mujhe hãsī ā rahī thī .

9 In jeder Kurve schwankte der Bus wie ein Betrunkener.
(jeder Kurve auf Bus Betrunkener von Art schwanken geblieben war.)

10 Jetzt werde ich wohl ein Fahrrad kaufen und damit fahren.
(jetzt doch ich eins Fahrrad werde-kaufen und jene-eben auf werde-fahren.)

11 Aber ich werde nie wieder in diese schrecklichen Busse einsteigen!
(aber diesen unglücklich Busse in manchmal nicht werde-einsteigen!)

ANMERKUNGEN

⑤ शराबी **śarābī** heißt "Betrunkener" und "betrunken". Es ist von शराब **śarāb**♀ "Alkohol" abgeleitet.

⑥ Bei ख़रीदूँगी **kharīdū̃gī** handelt es sich erneut um eine Futurform. Erinnern Sie sich noch an die Bildung?

पहले अभ्यास के उत्तर : क्या आप समझे ?

❶ Welch ein Schauspiel es gestern in der Stadt gab! ❷ Viele Ziegen liefen auf der Straße. ❸ Hinter ihnen lief ein Mann mit einem Radio (ein Radio nehmend). ❹ Einige Jungen gaben den Ziegen Salat. ❺ Dahinter kam ganz langsam ein Bus. ❻ Einige Ziegen rannten hin und her. ❼ Einige Leute stiegen in/auf den fahrenden Bus. ❽ Einige Passagiere stiegen aus (hinunter). ❾ Ich sah den Spaß vom Buchladen aus. ❿ Als ich das sah, lachte ich.

दूसरा अभ्यास: वाक्य पूरे कीजिए ।

❶ Raisahab, was geschah heute im Hindi-Unterricht?

१ रायसाहब, आज हिन्दी की क्लास में क्या हो रहा था ?
rāysāhab, āj hindī kī klās mẽ □□□ ho □□□□ □□□?

❷ Die Jungen und die Mädchen rannten hin und her!

२ लड़के और लड़कियाँ इधर उधर भाग रहे थे !
laṛke aur □□□□□□□ idhar □□□□□ □□□□ rahe □□□ !

❸ Ein Schüler ließ ein großes Radio spielen.

३ एक छात्र बड़ा-सा रेडियो बजा रहा था ।
ek chātr baṛā-sā reḍiyo bajā □□□□ □□□ .

❹ Nisha, wir spielten ein Hindi-Theaterstück.

४ निशा, हम हिन्दी का नाटक खेल रहे थे ।
niśā, ham □□□□□ kā nāṭak khel □□□□ □□□ .

❺ Als ich euch sah, hatte ich wirklich Angst!

५ आप लोगों को देखकर मुझे सचमुच डर लग रहा था !
āp logõ □□ dekhkar mujhe sacmuc ḍar lag □□□□ □□□ !

पाठ तेइस **pāṭh teis**

सजे हुए घोड़े पर घबराते हुए
saje hue ghoṛe par ghabrāte hue

१ — लगता है कि दिल्ली में आजकल शादी का मौसम चल रहा है !

1 lagtā hai ki dillī mẽ ājkal śādī♀ kā mausam♂ cal rahā hai ! ①

दूसरे अभ्यास के उत्तर: रिक्त स्थान

❶ —, — — — — — — kyā — rahā thā ? ❷ — — laṛkiyā̃ — udhar bhāg — the ! ❸ — — — — — — rahā thā . ❹ —, — hindī — — — rahe the . ❺ — — ko — — — — — — rahā thā !

Busfahren in Indien

Obwohl U-Bahnnetze in Indiens Metropolen gebaut und ausgebaut werden, ist das wichtigste öffentliche Verkehrsmittel immer noch der Bus. Wichtig bei einer Busfahrt ist in erster Linie, das gewünschte Fahrtziel zu kennen, denn durch den Bus läuft ein Fahrkartenschaffner, der die Tickets verkauft und je nach Ziel entwertet. Wer zufällig beim Aussteigen kontrolliert wird und zu weit gefahren ist, zahlt Strafe. Busfahrten sind allerdings äußerst billig und ein echtes Erlebnis; dies gilt speziell für die nach englischem Vorbild rot gestrichenen Doppeldeckerbusse. Oftmals brauchen Busse wesentlich länger für eine Strecke als Taxen oder Rikschas, da sie immer wieder an hoffnungslos überfüllten Bushaltestellen halten und nicht selten im Wirrwarr des Großstadtverkehrs erbarmungslos stecken bleiben. Auch können Busfahrten rau und anstrengend sein, da die Fahrer durch den extremen Verkehr häufig zu abrupten Bremsmanövern gezwungen werden. Ein Erlebnis der Superlative ist eine Busfahrt jedoch allemal: माहौल कितना मज़ेदार है ! **māhaul kitnā mazedār hai !** "Was für eine tolle Atmosphäre!"

23. Lektion

Voller Angst auf einem geschmückten Hengst
(geschmückt gewesen Hengst auf zitternd gewesen)

1 – Es scheint, dass in Delhi gerade die Saison der Hochzeiten stattfindet!
(scheinend ist dass Delhi in heutzutage Hochzeit von Jahreszeit gehen geblieben ist!)

ANMERKUNGEN

① चल रहा है **cal rahā hai** hat häufig die Bedeutung "im Gange sein". Ebenso: यह ड्रेस ख़ूब चल रहा है । **yeh ḍres <u>kh</u>ūb cal rahā hai** . "Dieses Kleid ist gerade sehr beliebt."

२ यह लो, इधर बाज़ार से गुज़रती हुई बारात कितनी मज़ेदार लग रही है !
2 yeh lo, idhar bāzār se guzartī huī bārāt♀ kitnī mazedār lag rahī hai ! ②

३ – किधर ? ③
3 kidhar ?

४ – उधर देखो !
4 udhar dekho !

५ आगे-आगे बैंडवाले ज़ोर-ज़ोर से बैंड बजाते हुए जा रहे हैं ।
5 āge-āge baĩḍvāle zor-zor se baĩḍ♂ bajāte hue jā rahe haĩ . ④

६ उनके पीछे कुछ युवक नाचते-गाते हुए, या उछलते हुए आ रहे हैं ।
6 unke pīche kuch yuvak♂ nācte-gāte hue, yā uchalte hue ā rahe haĩ .

७ सजे हुए घोड़े पर ... या शायद सजी हुई घोड़ी पर ... दूल्हा बैठा है ।
7 saje hue ghoṛe♂ par … yā śāyad sajī huī ghoṛī♀ par … dūlhā♂ baiṭhā hai . ⑤ ⑥

ANMERKUNGEN

② **गुज़रती guzartī**: Partizip Präsens von **गुज़रना guzarnā**. Das Partizip von **होना honā** (**हुआ huā**♂ Sg., **हुए hue**♂ Pl., **हुई huī**♀ Sg./Pl.) "gewesen" wird oft zur Verstärkung hinzugefügt.

③ Gerade umgangssprachlich wird **किधर kidhar** "wohin" sehr häufig auch anstelle von **कहाँ kahā̃** "wo" gebraucht.

2 Sieh da, wie belustigend der Umzug ist, der durch diesen Markt zieht!
(dieser nimm, hierher Basar von vorbeiziehend gewesen Umzug wie-viel belustigend scheinen geblieben ist!)

3 – Wo?
(wohin?)

4 – Sieh dort!
(dorthin sieh!)

5 Vorneweg gehen Musiker und spielen sehr laute Musik.
(vorn-vorn Orchesterleute stark-stark mit Orchester spielend gewesen gehen geblieben sind.)

6 Hinter ihnen kommen einige tanzende, singende und auch hüpfende junge Leute.
(ihr hinter etwas junge-Leute tanzend-singend gewesen, oder hüpfend gewesen kommen bleibend sind.)

7 Auf einem geschmückten Hengst ... oder vielleicht auf einer geschmückten Stute ... sitzt der Bräutigam.
(geschmückt gewesen Hengst auf ... oder vielleicht geschmückt gewesen Stute auf ... Bräutigam gesessen ist.)

④ Im Gegensatz zum zweiten Satz der Lektion folgt hier das Partizip बजाते हुए **bajāte hue** auf das Substantiv und steht daher in der abhängigen Form auf **-e** (wie bei हुए **hue**).

⑤ सजे हुए घोड़े पर **saje hue ghoṛe**♂ **par** beinhaltet ein Partizip Perfekt, das vor dem Substantiv steht und daher als Adjektiv an dieses angeglichen wird. Es bezeichnet eine vergangene, abgeschlossene Handlung.

⑥ दूल्हा बैठा है **dūlhā**♂ **baiṭhā hai** steht im Perfekt, wird hier aber mit der Gegenwart übersetzt, da es um eine Handlung geht, die in der Vergangenheit begonnen hat, aber bis in die Gegenwart andauert. Wir sind in L. 21 bereits auf diese grammatikalische Eigenart eingegangen.

८ वह सामने देख रहा है, या फिर देखने की कोशिश कर रहा है !

8 voh sāmne dekh rahā hai, yā phir dekhne kī kośiś kar rahā hai ! ⑦ ⑧ ⑨

९ लोग फ़ुटपाथ पर खड़े-खड़े तमाशा देख रहे हैं ।

9 log futpāth par khaṛe-khaṛe tamāśā♂ dekh rahe haĩ . ⑩

१० दूल्हा साफ़ा-सेहरा पहने दुल्हन को लाने जा रहा है ।

10 dūlhā sāfā♂ - sehrā♂ pahane dulhan♀ ko lāne jā rahā hai . ⑪ ⑫

११ — बहुत-से आदमी सिर पर जलती हुई लालटेनें रखे साथ-साथ चल रहे हैं ।

11 bahut-se ādmī sir par jaltī huī lālṭenẽ♀ rakhe sāth-sāth cal rahe haĩ . ⑬

ANMERKUNGEN

⑦ **सामने sāmne** ist das Gegenteil von **पीछे pīche** "hinten". Stellt man vor diese Adverbien das Wörtchen **के ke**, werden auch sie zu Postpositionen.

⑧ **देखने की कोशिश कर रहा है । dekhne kī kośiś kar rahā hai** . "Er versucht gerade zu schauen." Das Verb "versuchen" kann nur durch das Substantiv **कोशिश kośiś** zusammen mit **करना karnā** ausgedrückt werden.

⑨ **कोशिश kośiś** ist weiblich. Es wird deshalb durch **की kī** mit dem Subjekt verbunden. In der Tat sieht der Bräutigam von der reich geschmückten Braut kaum etwas, da ihr Gesicht meist verhüllt ist.

⑩ **फ़ुटपाथ futpāth** ist dem englischen "footpath" entlehnt. Sie wissen bereits, dass viele englische Begriffe problemlos "hindisiert" werden

पहला अभ्यास: क्या आप ये वाक्य समझ रहे हैं ?

१ उछलते-कूदते हुए लड़के कितने मूर्ख लग रहे हैं, न ?

❶ uchalte-kūdte hue laṛke kitne mūrkh lag rahe haĩ, na ?

8 Er schaut gerade vor sich hin, oder er versucht eher gerade, [vor sich hin] zu schauen!
(er/sie vorn sehen geblieben ist, oder wieder sehen von Versuch machen geblieben ist!)

9 Die Menschen stehen am Gehweg und schauen dem Treiben zu.
(Menschen Fußweg auf stehend-stehend Spaß sehen geblieben sind.)

10 Der Bräutigam mit seinem Turban und dem Blumenkranz auf dem Kopf holt die Braut ab.
(Bräutigam Turban-Blumenkranz bekleidet Braut zu bringen gehen geblieben ist.)

11 – Viele Männer gehen mit ihnen und tragen brennende Laternen auf dem Kopf.
(sehr-lich Männer Kopf auf brennend seiend Laternen gestellt zusammen-zusammen gehen geblieben sind.)

können, z.B. वॉकमैन **vŏkmain** "Walkman", साइकिल **sāikil** "Fahrrad", बैंड **baĩḍ** "Band", शॉल **śŏl** "Tuch/Schal" uvm.

⑪ पहने **pahane**: Partizip Perfekt in adverbialer Verwendung nach dem entsprechenden Substantiv und daher in der abhängigen Form mit ए **-e.** Hier fehlt das Verb हुए **hue**, was den Sinn der Sätze nicht verändert.

⑫ दुल्हन को **dulhan ko** steht hier mit der Postposition को **ko,** da es sich um eine bestimmte Person handelt. So sagt man auch: राम को बुलाओ । **rām ko bulāo** . "Ruf Ram."

⑬ Es gibt zwei Verben für "gehen": चलना **calnā** und जाना **jānā**. Ersteres wird speziell im Sinne von "zu Fuß gehen", aber auch für "bewegen, fahren; funktionieren" verwendet. Das Ziel ist dabei übrigens häufig unbestimmt. जाना **jānā** dagegen bedeutet "zu/nach ... gehen"; das Ziel ist also immer bestimmt. Außerdem kann जाना **jānā** als Hilfsverb mit anderen Verben stehen.

पहले अभ्यास के उत्तर : क्या आप समझे ?

❶ Wie dumm doch diese hüpfenden [und] springenden Jungen aussehen, nicht wahr?

पहला अभ्यास: क्या आप ये वाक्य समझ रहे हैं ? (जारी)

२ तुम वॉकमैन सुनते हुए सड़क के बीच में चल रहे थे !
❷ tum vŏkmain sunte hue saṛak ke bīc mẽ cal rahe the !

३ पीछे एक बस भोंपू बजाती हुई धीरे-धीरे आ रही थी ।
❸ pīche ek bas bhõpū bajātī huī dhīre-dhīre ā rahī thī .

४ सजी हुई दुल्हन घर में बैठी हुई थी ।
❹ sajī huī dulhan ghar mẽ baiṭhī huī thī .

५ खड़ी-खड़ी क्या देख रही हो ? कुछ बोलो भी !
❺ khaṛī-khaṛī kyā dekh rahī ho? kuch bolo bhī !

६ साइकिल पर बैठे हुए लड़के हँसते-गाते हुए जा रहे थे ।
❻ sāikil par baiṭhe hue laṛke hãste-gāte hue jā rahe the .

७ इतनी गर्मी में आप कोट पहने और शॉल लिए आ रही हैं ।
❼ itnī garmī mẽ āp koṭ pahane aur śŏl lie ā rahī haĩ !

८ वह रुकी हुई घड़ी को हाथ में रखे चावल पका रहा है ।
❽ voh rukī huī ghaṛī ko hāth mẽ rakhe cāval pakā rahā hai .

९ हँसती हुई एक लड़की सबको जले हुए समोसे दे रही थी !
❾ hãstī huī ek laṛkī sabko jale hue samose de rahī thī !

१० लगता है कि अब जैसलमेर में फ्रांसीसी काफ़ी चल रही है !
❿ lagtā hai ki ab jaisalmer mẽ frānsīsī kāfī cal rahī hai !

पहले अभ्यास के उत्तर: क्या आप समझे ? (जारी)

❷ Du gingst in der Mitte der Straße und hörtest [Musik auf deinem] Walkman! ❸ Dahinter kam sehr langsam ein Bus hupend näher. ❹ Die geschmückte junge Braut saß im Haus. ❺ Was siehst du, wenn du stehst? Sag [doch] auch [mal] was! ❻ Die Jungen fuhren lachend und singend auf [ihren] Fahrrädern (sitzend). ❼ Bei dieser Hitze haben Sie einen Mantel angezogen und tragen ein Tuch! ❽ Er hält [die] stehengebliebene Uhr in der Hand und kocht Reis. ❾ Ein lachendes Mädchen gab allen angebrannte Samosas! ❿ Es scheint, dass in Jaisalmer jetzt Französisch sehr (gerne) beliebt ist!

आगे-आगे बैंडवाले ज़ोर-ज़ोर से बैंड
बजाते हुए जा रहे हैं।

दूसरा अभ्यास: वाक्य पूरे कीजिए ।

❶ Er kam angelaufen und stieg in einen fahrenden Bus.

१ वह दौड़ता/भागता हुआ आया और चलती हुई बस में चढ़ गया ।

voh □□□□□□□/□□□□□□□ □□□ āyā aur □□□□□□ □□□ bas mẽ caṛh gayā .

❷ Die Gemüse- und Obstverkäufer stehen mit Körben auf dem Kopf.

२ सब्ज़ीवाले और फलवाले सिर पर टोकरियाँ रखकर खड़े हुए हैं ।

sabzīvāle aur phalvāle sir par ṭokriyā̃ □□□□□□□□ □□□□□□ □□□ □□□ .

दूसरे अभ्यास के उत्तर: रिक्त स्थान

❶ — dauṛtā/bhāgtā huā — — caltī huī — — — — — . ❷ — — — — — — rakhkar khaṛe hue haĩ .

दूसरा अभ्यास: वाक्य पूरे कीजिए । (जारी)

❸ Laut schreiend versuchen sie in den Zug einzusteigen.

३ ज़ोर-ज़ोर से चिल्लाते हुए वे गाड़ी में चढ़ने की कोशिश कर रहे हैं ।

zor-zor se □□□□□□□ □□□ ve gāṛī mẽ □□□□□□ kī kośiś kar rahe haĩ .

❹ Er nimmt Frau und Kind auf dem Fahrrad mit, um einen Film anzusehen.

४ बीबी-बच्चों को साथ लेकर वह साइकिल पर फ़िल्म देखने जा रहा है ।

bībī-baccõ ko sāth □□□□□ voh sāikil par film □□□□□□ jā rahā hai .

❺ Vergangene Zeit kommt nicht zurück, vergehende Zeit bleibt nicht stehen.

५ गुज़रा हुआ वक़्त लौटकर नहीं आता, गुज़रता हुआ वक़्त कभी रुकता नहीं ।

□□□□□ huā vaqt lauṭkar nahī̃ ātā, □□□□□□□ huā vaqt kabhī ruktā nahī̃ .

पाठ चौबीस pāṭh caubīs

हमने बंबई वाली फ़िल्म देखी !
hamne bambaī vālī film dekhī !

१ – रायसाहब, इतवार को हमने एक हिन्दी फ़िल्म देखी ।

1 rāysāhab, itvār ko hamne ek hindī film dekhī . ①

२ – कौनसी फ़िल्म ?

2 kaunsī film ?

दूसरे अभ्यास के उत्तर: रिक्त स्थान (जारी)

❸ — — cillāte hue — — — caṛhne — — — — — — . ❹ — — — lekar — — — — — dekhne — — —. ❺ guzrā — — — — — —, guzartā — — — — — — .

Auf der Suche nach dem richtigen Ehepartner

Die Hochzeit शादी **śādī** ist zweifelsohne das wichtigste Ereignis im Leben eines Inders oder einer Inderin. Traditionell handelt es sich dabei um eine Art lebenslange Verpflichtung, zu der im Vorfeld nicht selten Astronomen befragt werden. Gewöhnlich wird versucht, über Heiratsvermittlungen und durch Heiratsannoncen (मैट्रिमोनियल **maiṭrimoniyal**) auf sich aufmerksam zu machen. Wer im heiratsfähigen Alter ist, erfährt auf der Suche nach dem Partner fürs Leben Unterstützung von der ganzen Familie. Der oder die Liebste sollte nämlich aus dem gleichen sozialen Umfeld stammen, der gleichen Kaste angehören und, wenn möglich, für den gesellschaftlichen Aufstieg und die Verbesserung der finanziellen Situation der gesamten Familie sorgen können. In weiten Kreisen der indischen Gesellschaft sind immer noch durch die Eltern arrangierte Ehen üblich.

24. Lektion

Wir sahen einen Bollywood-Film!
(wir-durch Bombay Besitzerin Film gesehen!)

1 – Raisahab, am [letzten] Sonntag sahen wir einen Hindi-Film.
(Raisahab, Sonntag zu wir-durch eins Hindi Film gesehen.)

2 – Welchen Film?
(welche Film?)

ANMERKUNGEN

① देखी **dekhī** ist hier ein transitives (zielendes) Verb. Bei diesen Verben erhält das Subjekt die Postposition ने **ne** "durch". Außerdem wird das Verb nicht abhängig vom Subjekt, sondern vom Objekt – in diesem Fall फ़िल्म **film** – konjugiert.

३ — "हिसाब-किताब", अमिताभ बच्चन वाली ।
3 "hisāb♂-kitāb♀", amitābh baccan vālī . ②

४ एक दृश्य में नायक ने छत से कूदकर गाड़ी पकड़ी ही थी कि...
4 ek driśya♂ mẽ nāyak♂ ne chat♀ se kūdkar gāṛī pakṛī hī thī ki… ③ ④

५ — खलनायक ने ऊपर से भारी पत्थर फेंका और बेचारे की टाँग तोड़ दी ।
5 khalnāyak♂ ne ūpar se bhārī patthar♂ phẽkā aur becāre kī ṭā̃g♀ toṛ dī . ⑤ ⑥ ⑦

६ गुंडों ने नायिका के साथ भी काफ़ी मार-पीट की ।
6 guṇḍõ♂ ne nāyikā♀ ke sāth bhī kāfī mār-pīṭ♀ kī . ⑧

७ — अंत में हीरो ने लंबी छलांग लगाई और सब के छक्के छुड़ा दिए ।
7 ant mẽ hīro ne lambī chalāṅg♀ lagāī aur sab ke chakke♀ chuṛā die . ⑨

८ उसने नायिका के हाथ-पाँव खोल दिए ।
8 usne nāyikā ke hāth♂-pā̃v♂ khol die . ⑩

ANMERKUNGEN

② Das Wörtchen **वाला vālā** drückt einen Besitz aus, weshalb wir es der Einfachheit halber mit "Besitzer" und **वाली vālī** "Besitzerin" übersetzen. Es kann Substantiven, Adjektiven oder Namen nachgestellt werden; es bedeutet dann "von". Z.B. **प्याज़वाला सलाद लाओ । pyāzvālā salād lāo** . "Hol den Zwiebelsalat." (**प्याज़ pyāz**♂ "Zwiebel"). **वाला vālā** wird nach dem Substantiv dekliniert, das es näher bestimmt, auch wenn dieses nicht ausdrücklich genannt wird.

③ In **पकड़ी ही थी कि pakṛī hī thī ki** bedeutet **ही hī** "kaum, gerade".

④ Auch hier wird das transitive Verb nicht abhängig vom Subjekt (**नायक ने nāyak ne** "Held"), sondern nach dem Objekt (**गाड़ी gāṛī**♀ "Zug") konjugiert.

⑤ **खलनायक khalnāyak**, wörtlich "Gegenheld", bedeutet "Bösewicht".

3 – "Die große Abrechnung" mit Amitabh Bacchan.
(Abrechnung-Buch, Amitabh Bacchan Besitzerin.)

4 In einer Szene sprang der Held vom Dach und konnte gerade noch [auf den] Zug gelangen, als ...
(eins Szene in Held durch Dach aus springen-machen Zug ergriffen eben war dass ...)

5 – [Der] Bösewicht warf von oben einen schweren Stein und hat dem Armen das Bein gebrochen.
(Bösewicht durch oben aus schwer Stein geworfen und Armer von Bein zerbrechen gegeben.)

6 Die Verbrecher haben auch die Heldin übel zugerichtet.
(Verbrecher durch Heldin von zusammen auch ziemlich schlagen-prügeln gemacht.)

7 – Am Ende hat der Held einen großen Sprung gemacht und alle auf einen Schlag umgehauen.
(Ende in Held durch lang Sprung bedient und alle von Schlag lassen gegeben.)

8 Er hat der Heldin die Hände und Füße befreit.
(er/sie⌢-durch Heldin von Hände-Füße öffnen gegeben.)

⑥ Vorsicht: Manche unveränderlichen Adjektive enden auf -**ī**, wie भारी **bhārī** "schwer", नारंगी **nāraṅgī** "orange" oder गुलाबी **gulābī** "rosa". Man darf diese nicht mit der weiblichen Form der veränderlichen Adjektive verwechseln!

⑦ In तोड़ दी **toṛ dī** folgt dem sinntragenden Hauptverb (nur Stamm) ein zweites Verb. Dieses übernimmt die Rolle eines Hilfsverbs, um wie hier die Richtung der Handlung auf das Objekt hin anzudeuten. देना **denā** ist ein häufig gebrauchtes Hilfsverb für transitive Verben.

⑧ Aus नायक **nāyak** "Held" lässt sich नायिका **nāyikā** "Heldin" bilden, so wie aus अध्यापक **adhyāpak** "Lehrer" अध्यापिका **adhyāpikā** "Lehrerin" wird.

⑨ छक्के छुड़ाना **chakke chuṛānā** ist eine idiomatische Wendung und bedeutet in etwa "jemanden KO schlagen" oder "fertig machen".

⑩ Die Postposition ने **ne** wird an die üblichen Pronomen angehängt. Ausnahmen bilden nur die 3. Person Sg. und Pl., die statt वह **voh** und वे **ve** dann उसने **usne** und उन्होंने **unhõne** lauten.

९ देखने वालों ने ख़ूब तालियाँ पीटीं और सीटियाँ बजाईं ।
9 dekhne vālõ ne k͟hūb tāliyā̃♀ pīṭī̃ aur sīṭiyā̃♀ bajāī̃ . ⑪

१० — लेकिन... बदमाशों ने तो हीरो की टाँग तोड़ दी थी ? उसने यह सब कैसे किया ?
10 lekin… badmāśõ ne to hīro kī ṭā̃g toṛ dī thī ? usne yeh sab kaise kiyā ?

११ — रायसाहब, लगता है आपने बंबई की हिन्दी फ़िल्म कभी नहीं देखी !
11 rāysāhab, lagtā hai āpne bambaī kī hindī film kabhī nahī̃ dekhī .

पहला अभ्यास: क्या आप ये वाक्य समझ रहे हैं ?

१ आज इन छात्रों ने एक दिलचस्प फ़िल्म देखी ।
❶ āj in chātrõ ne ek dilcasp film dekhī .

२ नायक ने ऊपर से कूदकर लखनऊ वाली गाड़ी पकड़ी ।
❷ nāyak ne ūpar se kūdkar lakhnaū vālī gāṛī pakṛī .

३ खलनायक ने बेचारे नायक की टाँग तोड़ दी ।
❸ khalnāyak ne becāre nāyak kī ṭā̃g toṛ dī .

४ नायक ने फिर भी लंबी छलाँग लगाई ।
❹ nāyak ne phir bhī lambī chalā̃g lagāī .

५ ड्राइवर ने स्कूटर तो चलाया लेकिन मीटर नहीं चलाया ।
❺ ḍrāivar ne skūṭar to calāyā lekin mīṭar nahī̃ calāyā .

६ मुन्नी ने बंटू के ऊपर किताब फेंकी और मार-पीट की ।
❻ munnī ne banṭū ke ūpar kitāb phẽkī aur mār-pīṭ kī .

७ कंडक्टर ने सीटी बजाई और ड्राइवर ने बस रोकी ।
❼ kanḍakṭar ne sīṭī bajāī aur ḍrāivar ne bas rokī .

८ खेल देखनेवालों ने तालियाँ पीटीं और सीटियाँ बजाईं।
❽ khel dekhnevālõ ne tāliyā̃ pīṭī̃ aur sīṭiyā̃ bajāī̃ .

9 Die Zuschauer haben viel geklatscht und gepfiffen.
(sehen Besitzer durch viel Händeklatschen geschlagen und Pfiffe gespielt.)

10 – Aber ... da die Bösewichte die Beine des Helden gebrochen hatten? Wie konnte er das alles machen?
(aber ... Bösewichte durch doch Held von Bein zerbrechen gegeben waren? er/sie⌢-durch diese/r alles wie gemacht?)

11 – Raisahab, es scheint, dass Sie [noch] nie einen Hindi-Film aus Bombay gesehen haben.
(Raisahab, scheinend ist Sie-durch Bombay von Hindi Film manchmal nicht gesehen.)

ANMERKUNGEN

⑪ देखने वाला **dekhne vālā** "Zuschauer" kann getrennt oder zusammen geschrieben werden. Es handelt sich um die gleiche Endsilbe -वाला **-vālā** wie weiter oben, hier aber an einem Verb in der abhängigen Form.

पहले अभ्यास के उत्तर : क्या आप समझे ?

❶ Heute sahen diese Schüler einen interessanten Film. ❷ Der Held sprang von oben herunter und gelangte auf den Zug von Lucknow. ❸ Der Bösewicht brach dem armen Helden das Bein. ❹ Der Held machte jedoch einen großen Sprung. ❺ Der Fahrer hat den Scooter losfahren lassen, aber den Zähler nicht eingeschaltet. ❻ Munni hat ein Buch auf Bantu geworfen und ihn geschlagen. ❼ Der Schaffner pfiff, und der Fahrer stoppte den Bus. ❽ Die Zuschauer des Spiels klatschten und pfiffen.

पहला अभ्यास: क्या आप ये वाक्य समझ रहे हैं ? (जारी)

९ मैंने टमाटर वाला सलाद बनाया और प्याज़ वाले पकौड़े भी खाए ।

⑨ maĩne ṭamāṭar vālā salād banāyā aur pyāz vāle pakauṛe bhī khāe .

१० आज तुमने बहुत शैतानी की : दो गिलास तोड़े और तीन खिड़कियाँ तोड़ीं ।

⑩ āj tumne bahut śaitānī kī : do gilās toṛe aur tīn khiṛkiyā̃ toṛī̃ .

दूसरा अभ्यास: वाक्य पूरे कीजिए ।

❶ Amitabh leistete in diesem Film eine gute Arbeit.

१ अमिताभ ने इस फ़िल्म में अच्छा काम किया ।

amitābh □□ is film mẽ acchā kām □□□□ .

❷ Am Ende schaute die Heldin aus dem Fenster und sang ein Lied.

२ अंत में नायिका ने खिड़की से देखा और एक गाना गाया ।

ant mẽ nāyikā ne □□□□□□ se □□□□□ aur ek gānā □□□□ .

❸ Er warf die alte Zeitung weg und kaufte eine neue (Zeitung).

३ उसने पुराना अख़बार फेंक दिया और नया अख़बार ख़रीद लिया ।

usne purānā akhbār □□□□ □□□□ aur nayā akhbār kharīd liyā .

❹ Wir nahmen eine Auto-Rikscha, fuhren nach Daryaganj und kauften Tee. Wir kauften auch noch Gewürze.

४ हमने ऑटो-रिक्शा लिया और दरियागंज जाकर चाय ख़रीदी । मसाले भी ख़रीदे ।

hamne ŏṭo-rikśā □□□□ aur dariyāgãj jākar cāy □□□□□□□. masāle bhī □□□□□□□ .

पहले अभ्यास के उत्तर : क्या आप समझे ? (जारी)

⑨ Ich machte einen Tomatensalat und aß auch die Zwiebel-Pakoras (= frittiertes Gemüse in Teig). ⑩ Heute hast du viel Unsinn gemacht: Du zerbrachst zwei Gläser und (zerbrachst) drei Fenster[scheiben].

दूसरा अभ्यास: वाक्य पूरे कीजिए । (जारी)

❺ Sie sahen fern, hörten Lieder, lasen aber keine Bücher.

५ उन्होंने टीवी देखा, गाने सुने, लेकिन किताबें नहीं पढ़ीं ।

□□□□□□ ṭīvī □□□□□, gāne □□□□, lekin kitābẽ nahī̃ □□□□□ .

दूसरे अभ्यास के उत्तर: रिक्त स्थान

❶ — ne — — — — — — kiyā . ❷ — — — — — khiṛkī — dekhā — — — gāyā . ❸ — — — phẽk diyā — — — — — — — . ❹ — — liyā — — — — — kharīdī. — — kharīde . ❺ unhõne — dekhā, — sune — — — paṛhī̃ .

Filme in Indien

Mit über 900 Filmen jährlich – dreimal mehr als Hollywood! – produziert Indien mehr Kinofilme als jedes andere Land der Welt. Das Hindi-sprachige Kino liegt mit 200-300 Produktionen jährlich zwar rein zahlenmäßig hinter den südindischen Filmindustrien, dafür sind Hindi-Filme in fast ganz Indien erfolgreich, verfügen über die aufwendigsten Produktionen und sind mit den berühmtesten Stars des Landes besetzt. Die Bezeichnung "Bollywood" bezeichnet die Filmindustrie an sich. Das "B" steht für "Bombay", denn hier befindet sich eben diese Filmindustrie des Subkontinents, die auf Hindi dreht. Das vielleicht bekannteste und typischste Genre dieser Industrie sind die *Masala Movies* ("Gewürz-Filme"), in denen zwischenmenschliche Dramen in vielfältig überlappende Gattungen eingebettet sind. Anstatt reine Komödien, Action- oder Horrorfilme westlicher Machart zu produzieren, haben die Filmemacher vielmehr den Anspruch, allen Kinobesuchern etwas zu bieten. Dementsprechend müssen die Produktionen gleichermaßen spannend, witzig, traurig, dramatisch und belehrend sein. Neben diesem Kommerzkino gibt es in Indien seit über 60 Jahren auch ein hochwertiges Parallelkino, das zwar nicht die Massen begeistern mag, dafür aber durchaus kritisch Missstände und Probleme der indischen Gesellschaft beleuchtet. Bekannte zeitgenössische Filmschaffende des Parallelkinos auf Hindi sind Mira Nair und Deepa Mehta.

पाठ पच्चीस pāṭh paccīs

आपने कभी ऐसी लड़की को देखा है ?
āpne kabhī aisī laṛkī ko dekhā hai ?

१ — वाह ! एक "सुंदर ब्राह्मण कन्या" है, रंग दूधिया और कॉनवेंट में पढ़ी हुई ...

1 vāh ! ek "sundar brāhmaṇ kanyā♀" hai, raṅg♂ dūdhiyā aur kŏnvenṭ mẽ paṛhī huī ...

२ आपने कभी ऐसी नफ़ीस लड़की को देखा है ?

2 āpne kabhī aisī nafīs laṛkī ko dekhā hai ? ①

३ बोरिस को ज़रूर पसंद आएगी... लेकिन बेचारा ब्राह्मण नहीं है, बस...

3 boris ko zarūr pasand āegī... lekin becārā brāhmaṇ nahī̃ hai, bas... ② ③

४ — निशा रानी, तुम केवल मेरा ही मज़ाक़ क्यों उड़ाती हो ?

4 niśā rānī, tum keval merā hī mazāq♂ kyõ uṛātī ho ? ④

५ — तुम्हें छेड़ना ही मुझे अच्छा लगता है, क्या करूँ ?

5 tumhẽ cheṛnā hī mujhe acchā lagtā hai, kyā karū̃ ? ⑤

६ — अब हम ज़रा अख़बार छोड़ें और मेन्यू देखें ।

6 ab ham zarā akhbār choṛẽ aur menyū dekhẽ . ⑥

ANMERKUNGEN

① Eine Besonderheit der ergativen Vergangenheitskonstruktion: Steht das Objekt in seiner abhängigen Form, erhält das Verb die unveränderliche Endung ा -ā: **आपने एक लड़की को देखा है । āpne ek laṛkī ko dekhā hai** . "Sie haben ein Mädchen gesehen."

② **बोरिस को पसंद आएगी । boris ko pasand āegī** . "Sie wird Boris gefallen." ist ein weiterer indirekter Satzaufbau (Subjekt mit **को ko**).

③ **पसंद होना pasand honā** "gefallen" impliziert eine Gewohnheit, **पसंद आना pasand ānā** "gefallen" bezieht sich auf etwas Zufälliges, Einmaliges.

25. Lektion

Haben Sie jemals ein solches Mädchen gesehen?
(Sie-durch manchmal so-eine Mädchen zu gesehen ist?)

1 – Oh! Ein hübsches junges Brahmanen-Mädchen, eine Hautfarbe wie Milch, im Kloster erzogen ...
(oh! eins hübsch Brahmanen Jungfrau ist, Farbe Milch-wie und Kloster in gelernt gewesen ...)

2   Haben Sie jemals ein so feines Mädchen gesehen?
(Sie-durch manchmal so-eine fein Mädchen zu gesehen ist?)

3   Sie wird Boris wirklich gefallen ... aber der Arme ist kein Brahmane, keine Chance ...
(Boris zu sicherlich angenehm wird-kommen ... aber arm Brahmane nicht ist, es-reicht ...)

4 – Liebe Nisha, warum machst du dich ausgerechnet über mich lustig?
(Nisha Königin, du nur mein eben Spaß warum fliegen-machend bist?)

5 – Dich zu necken gefällt mir gut, was soll ich tun?
(dich necken eben mir gut fühlend ist, was würde-machen?)

6 – Jetzt könnten wir die Zeitung ein bisschen weglegen und die Speisekarte ansehen.
(jetzt wir wenig Zeitung würden-lassen und Menü würden-sehen.)

④ (किसी का) मज़ाक़ उड़ाना (kisī kā) mazāq uṛānā "sich (über jdn.) lustig machen" ist eine idiomatische Wendung (मज़ाक़ mazāq "Scherz"; मज़ाक़ करना mazāq karnā "scherzen").

⑤ Der Konjunktiv क्या करूँ ? kyā karū̃ ? drückt Unsicherheit, einen Wunsch, eine höfliche Bitte aus. Er findet sich meist in Nebensätzen. Man könnte hier mit "würden/sollen" umschreiben. Bildung: Stamm + Endung ऊँ -ū̃ für maĩ मैं, ओ -o für tum तुम, ए -e für voh वह und tū तू, एँ -ẽ für die drei Pluralpersonen: मैं जाऊँ maĩ jāū̃ "ich würde gehen", वे जाएँ ve jāẽ "sie würden gehen". कूड़ा कहाँ फेंकूँ ? kūṛā kahā̃ phẽkū̃ ? "Wo könnte ich den Abfall wegwerfen?".

⑥ खा-पी लें khā-pī lẽ: Das Verb in der 1. Pers. Pl. bezieht sich auf das (hier fehlende) Subjekt हम ham "wir". Sie erinnern sich, dass Personalpronomen oft wegfallen. Ähnlich: देख लें । dekh lẽ . "Lasst uns sehen." सुन लीजिए । sun lījie . "Lassen Sie hören." सुना दीजिए । sunā dījie . "Erzählen Sie."

७ कुछ खा-पी लें ।
7 kuch khā-pī lẽ .

८ संगीत भी है ! मैंने कल लता को सुना था ।
8 saṅgīt♂ bhī hai ! maĩne kal latā ko sunā thā .

९ अब रफ़ी को सुन लीजिए ।
9 ab rafī ko sun lījie .

१० – अरे, सुनिए ! पहले हमें एक-एक गिलास ठंडा पानी चाहिए । जल्दी !
10 are, sunie ! pahale hamẽ ek-ek gilās♂ ṭhaṇḍā pānī♂ cāhie. jaldī !

११ – अभी लीजिए, मेमसाहब ! और क्या-क्या लाऊँ ?
11 abhī lījie, memsāhab♀ ! aur kyā-kyā lāū̃ ?

१२ – भाई, मुझे तो आपका वही नफ़ीस मुर्ग़ मखनी चाहिए ।
12 bhāī, mujhe to āpkā vahī nafīs murg♂ makhnī cāhie . ⑦

१३ बोरिस ने भुनी हुई मूंगफली खा ली है । इसे कुछ नहीं चाहिए ।
13 boris ne bhunī huī mūṅgphalī♀ khā lī hai . ise kuch nahĩ cāhie .

१४ – भाईसाहब, आपने कभी ऐसी लड़की को देखा है ?
14 bhāīsāhab, āpne kabhī aisī laṛkī ko dekhā hai ?

पहला अभ्यास: क्या आप ये वाक्य समझ रहे हैं ?

१ क्या आपने कभी गीता दत्त को देखा है ? उनको सुना है ?
❶ kyā āpne kabhī gītā datt ko dekhā hai ? unko sunā hai ?

२ लड़के ने जल्दी-जल्दी अपनी बकरियों को बुलाया ।
❷ laṛke ne jaldī-jaldī apnī bakriyõ ko bulāyā .

३ मुझे मालूम है कि आपको मीठा पसंद है । मेरा हलवा आपको पसंद आया ?
❸ mujhe mālūm hai ki āpko mīṭhā pasand hai . merā halvā āpko pasand āyā ?

7 Lasst uns etwas essen und trinken.
(etwas essen-trinken würden-nehmen.)

8 Es gibt auch Musik! Gestern habe (hatte) ich Lata [Mangeshkar] gehört.
(Musik auch ist! ich-durch gestern Lata zu gehört war.)

9 Nun hören Sie [Mohammed] Rafi.
(jetzt Rafi zu hören nehmen-Sie.)

10 – Hallo, bitte! Zuerst hätten wir gern ein Glas kaltes Wasser. Schnell!
(ach, hören-Sie! früher uns eins-eins Glas kalt Wasser möchtend. schnell!)

11 – Gleich bitte, meine Dame! Und was soll ich noch bringen?
(jetzt-eben nehmen-Sie, meine-Dame! und was-was würde-bringen?)

12 – Ober, ich möchte doch [etwas] von Ihrem köstlichen Hähnchen in Butter.
(Bruder, mir doch Ihr jener-eben fein Hähnchen gebuttert möchtend.)

13 Boris aß gegrillte Erdnüsse. [Sonst] wünscht er nichts.
(Boris durch gegrillt gewesen Erdnüsse essen genommen ist. ihm etwas nicht möchtend.)

14 – Mein Herr, haben sie je ein solches Mädchen gesehen?
(Bruder-Herr, Sie-durch manchmal so-eine Mädchen zu gesehen ist?)

ANMERKUNGEN

⑦ मुझे चाहिए **mujhe cāhie** "ich möchte" ist unveränderlich. Das Subjekt steht in der abhängigen Form mit को **ko** (hier मुझ **mujh** + को **ko** = मुझे **mujhe**). Handelt es sich beim Objekt um einen Plural, findet sich चाहिएं **cāhiẽ**.

पहले अभ्यास के उत्तर : क्या आप समझे ?

❶ Haben Sie schon jemals Geeta Dutt gesehen? [Haben Sie] sie schon gehört? ❷ Der Junge rief sehr schnell seine Ziegen. ❸ Mir ist bekannt, dass Sie Süßes mögen. Mögen Sie meine Halva?

पहला अभ्यास: क्या आप ये वाक्य समझ रहे हैं ? (जारी)

४ ज़रा यहाँ बैठें । अख़बार पढ़ लें । मैट्रिमोनियल देखें !

④ zarā yahā̃ baiṭhẽ . a<u>kh</u>bār paṛh lẽ . maiṭrimoniyal dekhẽ !

५ आइए अब ज़रा हिन्दी का काम करें । कुछ लिखूँ या ज़ोर-ज़ोर से पढ़ूँ ?

⑤ āie ab zarā hindī kā kām karẽ . kuch likhū̃ yā zor-zor se paṛhū̃ ?

६ कृपया बीड़ी-सिगरेट न पिएँ, कूड़ा न फेंकें, इस बस को साफ़ रखें ।

⑥ kripayā bīṛī-sigreṭ na piẽ, kūṛā na phẽkẽ, is bas ko sāf rakhẽ .

७ नाटक के लिए हमें एक लड़का चाहिए और दो लड़कियाँ चाहिएँ ।

⑦ nāṭak ke lie hamẽ ek laṛkā cāhie aur do laṛkiyā̃ cāhiẽ .

८ देख लीजिए और सोच लीजिए । आपको और कुछ चाहिए ?

⑧ dekh lījie aur soc lījie . āpko aur kuch cāhie ?

९ नहीं, मैंने देख लिया है और सोच भी लिया है । कुछ नहीं चाहिए ।

⑨ nahī̃, maĩne dekh liyā hai aur soc bhī liyā hai . kuch nahī̃ cāhie .

१० आप लोगों को फ़िल्म देखना पसंद है । टीवी चलाऊँ या वीडियो कैसेट लाऊँ ? ... या सिनेमा चलें ?

⑩ āp logõ ko film dekhnā pasand hai . ṭīvī calāū̃ yā vīḍiyo kaiseṭ lāū̃?… yā sinemā calẽ ?

दूसरा अभ्यास: वाक्य पूरे कीजिए ।

❶ Der Junge ist gelaufen, um seine Ziegen zu fangen.

१ लड़के ने भागकर अपनी बकरियों को पकड़ा ।

□□□□□ ne bhāgkar □□□□ bakriyõ □□ □□□□□ .

पहले अभ्यास के उत्तर: क्या आप समझे ? (जारी)

④ Lasst [uns] hier etwas sitzen. Lasst uns [die] Zeitung lesen. Lasst uns die Heiratsanzeigen ansehen! ⑤ Kommt, lasst uns jetzt etwas Hindi üben (arbeiten). Soll ich etwas schreiben, oder soll ich etwas laut lesen? ⑥ Bitte, rauchen Sie keine Bidi-Zigaretten*, werfen Sie keinen Abfall weg, halten Sie diesen Bus sauber. ⑦ Für das Theaterstück möchten wir einen Jungen und zwei Mädchen. ⑧ Lasst uns sehen und nachdenken. Brauchen Sie noch etwas? ⑨ Nein, ich habe nachgesehen und auch nachgedacht. Ich möchte nichts. ⑩ Sie sehen gern Filme. Soll ich den Fernseher anstellen oder eine Video-Kassette bringen? ... Oder gehen wir ins Kino?

* Als बीड़ी **bīṛī** bezeichnet man Zigaretten aus Tabak, der in Tendublätter (Ceylon-Ebenholz) gewickelt ist. Sie haben einen stark würzigen Geschmack und werden wegen ihres äußerst niedrigen Preises auch als "Volkszigarette" bezeichnet.

दूसरा अभ्यास: वाक्य पूरे कीजिए । (जारी)

② Ladakh gefiel ihnen. Tibet wird ihnen auch gefallen.

२ उन्हें/उनको लद्दाख़ पसंद आया था । तिब्बत भी पसंद आएगा ।

□□□□/□□□□ laddā<u>kh</u> pasand □□□ □□□ . tibbat bhī □□□□□□ □□□□ .

दूसरे अभ्यास के उत्तर: रिक्त स्थान

① laṛke — — apnī — ko pakṛā . ② unhẽ/unko — — āyā thā. — — pasand āegā .

दूसरा अभ्यास: वाक्य पूरे कीजिए । (जारी)

❸ He, lasst uns die Idee mit dem Kino aufgeben und in Ruhe fernsehen.

३ अरे, सिनेमा की बात छोड़ें और आराम से टीवी देखें ।

are, sinemā kī bāt □□□□□ aur ārām se ṭī-vī □□□□□ .

❹ Was wünschen Sie morgen zu tun? Denken [Sie] nach, und lassen [Sie es] mich wissen.

४ आपको कल क्या-क्या चाहिए होगा ? सोच लीजिए और मुझे बता दीजिए ।

□□□□ kal kyā-kyā □□□□□ hogā ? soc □□□□□ aur mujhe batā □□□□□ .

❺ Ruhen Sie sich aus. Setzen Sie sich etwas, essen Sie etwas, trinken Sie etwas, hören Sie ein bisschen Musik.

५ – आप आराम कीजिए/करें । ज़रा बैठें, कुछ खाएँ, कुछ पिएँ, ज़रा संगीत सुनें ।

āp ārām □□□□□/□□□□. zarā baiṭhẽ, kuch □□□□, kuch □□□, zarā saṅgīt □□□□ .

पाठ छब्बीस **pāṭh chabbīs**

अपने-अपने प्रॉबलम !

apne-apne prŏblam!

१ – अब आप लोग ज़रा मेन्यू की तरफ़ ध्यान दें...

1 ab āp log zarā menyū kī taraf♀ dhyān♂ dẽ... ① ②

ANMERKUNGEN

① In **आप ध्यान दें āp dhyān dẽ** drückt der Konjunktiv eine höfliche Aufforderung aus. Er kann auch mit "... bitte" oder "könnten Sie bitte" übersetzt werden.

दूसरे अभ्यास के उत्तर: रिक्त स्थान (जारी)

❸ —, — — — choṛẽ — — — — dekhẽ. ❹ āpko — — cāhie — ? — lījie — — — dījie . ❺ — — kījie/karẽ. — —, — khāẽ, — piẽ, — — sunẽ .

Tandoori-Hähnchen

Allein der Name lässt einem das Wasser im Mund zusammenlaufen: नफ़ीस मुर्ग़ मखनी **nafīs murg makhnī** "feines Hähnchen in Butter" (मक्खन **makkhan** "Butter"). Auch das "Tandoori"-Hähnchen ist ein kulinarischer Höhepunkt. Man lässt das Hähnchen lange in Joghurt ziehen und backt es dann nur 15 Minuten im Steinofen (तंदूर **tandūr**♂). Durch die große Hitze und die kurze Garzeit bleibt der feine Geschmack voll erhalten. Solche Gerichte wurden von den Moslems seit dem Mittelalter aus Afghanistan und Persien nach Indien gebracht und dann dort weiterentwickelt. Dazu wird Fladenbrot (तंदूरी रोटी **tandūrī roṭī**♀ oder नान **nān**♀) serviert.

26. Lektion

Jedem sein Problem!
(eigen-eigen Problem!)

1 – Jetzt solltet ihr etwas auf die Speisekarte achten ...
(jetzt Sie Leute wenig Speisekarte auf Seite Achtung würdet-geben ...)

② की तरफ़ **kī taraf**, wörtlich "auf Seite", kann auch "nach, in Richtung" heißen.

२ यह सब क्या है, भाई ? कोरमा, मुर्ग-मखनी, दोप्याज़ा, बादाम पसंदा... ?

2 yeh sab kyā hai, bhāī ? kormā♂, murg♂-makhnī, dopyāzā♂, bādām♀ pasandā♂... ? ③

३ अच्छा, इस "रौग़न जोश" के बारे में कुछ बताएँ । क्या-क्या होता है, इसमें ?

3 acchā, is "raugan jośʼ" ke bāre mẽ kuch batāẽ . kyā-kyā hotā hai, ismẽ ?

४ – बकरे का गोश्त है । इसमें तरह-तरह के मसाले पड़ते हैं ।

4 bakre kā gośt hai . ismẽ tarah-tarah ke masāle parṭe haĩ . ④

५ जैसे, इलायची, लौंग, तेजपत्ता, दालचीनी, ज़ीरा, धनिया, काली मिर्च.... ख़ूब सारा घी, प्याज़, लहसुन, अदरक.... और हाँ, लाल मिर्च ।

5 jaise, ilāycī♀, lauṅg♀, tejpattā♂, dālcīnī♀, zīrā♂, dhaniyā♂, kālī mirc♀ ...khūb sārā ghī♂, pyāz♂, lahs-un♂, adrak♀ ... aur hā̃, lāl mirc . ⑤

६ – ओफ़ ओह ! फिर वही लाल मिर्च । यह तो बड़ी मुश्किल है, भाई ।

6 of oh ! phir vahī lāl mirc . yeh to baṛī muśkil♀ hai, bhāī .

७ मैं फिर अपना पेट ख़राब नहीं करना चाहता ।

7 maĩ phir apnā peṭ♂ kharāb nahī̃ karnā cāhtā . ⑥ ⑦

ANMERKUNGEN

③ All diese Gerichte sind nordindische Currys, also eintopfartige Gemüse- oder Fleischspeisen, in würzigen Saucen gekocht.

④ **पड़ना parṇā** "fallen" kann viele Zusatzbedeutungen haben, z.B. "geschehen", "sich befinden", "sich ergeben". **इस हलवे में इलायची नहीं पड़ती । is halve mẽ ilāycī nahī̃ parṭī** . "Man gibt kein Kardamom in diese Halvas." **शिमला में बरफ़ पड़ती है । śimlā mẽ baraf**

2 Was ist das alles, Bruder? "Korma", "Murghmakhni", "Dopiaza", "Badam pasanda" ...?
(diese/r alles was ist, Bruder? Korma, Murgh makhni, Dopiaza, Badam pasanda ...?)

3 Gut, sage mir doch etwas zu diesem "Rogan Josh". Was enthält es?
(gut, diese/r⌒ Rogan Josh von betreffend in etwas würdet-erzählen. was-was seiend ist, diese/r⌒-in?)

4 – Es ist Ziegenfleisch. Man gibt verschiedene Gewürze hinzu.
(Ziege von Fleisch ist. diese/r⌒-in Art-Art von Gewürze fallend sind.)

5 Wie Kardamom, Nelkenpfeffer, Lorbeerblätter, Zimt, Kümmel, Koriander, Pfeffer ... viel Ghee, Zwiebeln, Knoblauch, Ingwer ... ach ja, roten Pfeffer.
(wie, Kardamom, Nelkenpfeffer, Lorbeerblätter, Zimt, Kümmel, Koriander, Pfeffer ... viel ganz Ghee, Zwiebeln, Knoblauch, Ingwer ... und ja, rot Pfeffer.)

6 – Oh je! Wieder dieses rote Chili. Das ist sehr schlecht, Bruder.
(je oh! wieder jener-eben rot Pfeffer. diese/r doch groß Schwierigkeit ist, Bruder.)

7 Ich möchte mir nicht wieder meinen Magen verderben.
(ich wieder eigen Bauch schlecht nicht machen möchtend.)

paṛtī hai . "In Simla fällt Schnee." Bei Speisenzutaten verwendet man auch डालना **ḍālnā**: और मसाला डाल दो । **aur masālā ḍāl do** . "Gib mehr Gewürze hinzu."

⑤ Unter घी **ghī** versteht man Butterschmalz, das aus Butter durch Entfernen von Wasser, Milcheiweiß und Milchzucker gewonnen wird. Ghee ist eine Grundzutat der meisten indischen Gerichte.

⑥ अपना **apnā** "eigen" ist veränderlich und wird anstelle des Possessivpronomens benutzt, wenn das Subjekt deutlich macht, wer gemeint ist: वह अपनी बहन से बात कर रहा है । **voh apnī bahan se bāt kar rahā hai** . "Er spricht mit [seiner] eigenen Schwester."

⑦ In ख़राब करना **kharāb karnā** drückt करना **karnā** eine aktive Handlung aus. होना **hoṇā** würde das Gleiche ins Passiv umkehren: ख़राब हुआ **kharāb huā** "schlecht geworden, verdorben".

८ — अरे, नो प्रॉबलम! आप अपने लिए मिर्च कम करा लीजिए ।

8 are, no prŏblam ! āp apne lie mirc kam karā lījie . ⑧ ⑨

९ इसमें कौनसी बड़ी बात है ?

9 ismẽ kaunsī baṛī bāt hai ?

१० — बड़ी मेहरबानी होगी... ठीक है, मेरे लिए रौग़न जोश ही चलेगा, बिना मिर्च के, प्लीज़ ।

10 baṛī meharbānī♀ hogī . ṭhīk hai, mere lie raugan jóś hī calegā, binā mirc ke, plīz .

११ अरे, इसी बीच शोरबा ठंडा हो गया...

11 are, isī bīc śorbā♂ ṭhaṇḍā ho gayā... ⑩

१२ — रायसाहब, आप कुछ नहीं बोले अभी तक ।

12 rāysāhab, āp kuch nahī̃ bole abhī tak . ⑪

१३ आपको मौक़ा ही नहीं मिलता ।

13 āpko mauqā♂ hī nahī̃ miltā .

१४ — बात यह है कि मैं शाकाहारी हूँ...

14 bāt yeh hai ki maĩ śākāhārī hū̃...

१५ मेरी तबीयत ठीक नहीं है ।

15 merī tabīyat♀ ṭhīk nahī̃ hai .

ANMERKUNGEN

⑧ **प्रॉबलम prŏblam** entspricht im Hindi dem aus dem Sanskrit entlehnten Ausdruck **समस्या samasyā**♀ und dem arabisch-persischen **तकलीफ़ taklīf**♀.

⑨ **अपना apnā** "eigen" kann auch in seiner gebeugten Form mit Postpositionen stehen: **अपने लिए apne lie** "für sich selbst": **मैं अपने लिए काम कर रहा हूँ । maĩ apne lie kām kar rahā hū̃** . "Ich arbeite für mich." **आप अपने लिए काम कर रहे हैं । āp apne lie kām kar rahe haĩ** . "Sie arbeiten für sich."

8 – Oh, kein Problem! Sie sollten für sich weniger Pfeffer hinzugeben.
(ach, kein Problem! Sie eigen für Pfeffer wenig machen-machen nehmen-Sie.)

9 Ist dies ein Problem?
(diese/r⌒-in welche groß Sache ist?)

10 – Ich wäre Ihnen sehr dankbar ... also gut, für mich ein "Rogan Josh", ohne Chili, bitte.
(groß Freundlichkeit wird-sein ... richtig ist, mein für Rogan Josh nur wird-gehen, ohne Pfeffer von, bitte.)

11 Oh, inzwischen ist diese Suppe kalt geworden ...
(ach, dieser-eben zwischen Suppe kalt sein gegangen ...)

12 – Raisahab, Sie haben bis jetzt nichts gesagt.
(Raisahab, Sie etwas nicht gesagt jetzt-eben bis.)

13 Sie hatten noch keine Gelegenheit.
(ihnen Gelegenheit eben nicht erhaltend.)

14 – Die Sache ist, dass ich Vegetarier bin ...
(Sache diese/r ist dass ich Vegetarier bin ...)

15 mir geht es gesundheitlich nicht gut.
(meine gesundheitliche-Verfassung richtig nicht ist)

⑩ ठंडा हो गया है **ṭhaṇḍā ho gayā hai**: Das zusammengesetzte हो जाना **ho jānā** "werden", wörtlich "sein gehen", bezeichnet eine Zustandsänderung. Mit einem Adjektiv entspricht diese Wendung oft unserer Vorsilbe "ver-": "vergrößern" = बड़ा हो जाना **baṛā ho jānā**.

⑪ आप कुछ नहीं बोले **āp kuch nahı̃ bole** ist eine Ausnahme: Trotz des transitiven Verbs richtet sich dieses nach dem Subjekt, nicht dem Objekt! Ebenso bei भूलना **bhūlnā** "vergessen"; लाना **lānā** "bringen"; समझना **samajhnā** "verstehen". बोरिस अपनी चाबी नहीं भूला । **boris apnī cābī♀ nahı̃ bhūlā** . "Boris hat seinen Schlüssel nicht vergessen." रायसाहब मिठाई लाए । **rāysāhab miṭhāī♀ lāe** . "Raisahab hat Süßigkeiten mitgebracht."

LEKTION 26

१६ मैं तो सिर्फ़ दही-चावल खाऊँगा ।
16 maĩ to sirf dahī-cāval khāū̃gā .

१७ बाद में, थोड़ी-सी खीर खा लूँगा ।
17 bād mẽ, thoṛī-sī khīr khā lū̃gā . ⑫

पहला अभ्यास: क्या आप ये वाक्य समझ रहे हैं ?

१ यह रौग़न जोश ख़राब हो नहीं गया है, आपने ख़राब कर दिया है !
❶ yeh raugan jośh kharāb ho nahī̃ gayā hai, āpne kharāb kar diyā hai !

२ इसमें इलायची तो पड़ती है लेकिन होंग बिलकुल नहीं पड़ती ।
❷ ismẽ ilāycī to paṛtī hai lekin hīng bilkul nahī̃ paṛtī .

३ बिना बहस के आप मानना नहीं चाहते । अपने मसाले डाल देते हैं, तरह-तरह के !
❸ binā bahas ke āp mānnā nahī̃ cāhte . apne masāle ḍāl dete haĩ, tarah-tarah ke !

४ और इतनी मिर्च ! क्या आपने केवल अपने लिए बनाया है ?
❹ aur itnī mirc ! kyā āpne keval apne lie banāyā hai ?

५ ठीक है, आप अपना ही पेट ख़राब करें ! मैं तो नहीं खाना चाहती ।
❺ ṭhīk hai, āp apnā hī peṭ kharāb karẽ ! maĩ to nahī̃ khānā cāhtī .

६ मुझे दही-चावल दे दीजिए, मेरे लिए वही चलेगा ।
❻ mujhe dahī-cāval de dījie, mere lie vahī calegā .

७ ओफ़ ओह ! खा लो, न ! तुम्हें खाने का मौक़ा ही नहीं मिलता ।
❼ of oh ! khā lo, na ! tumhẽ khāne kā mauqā hī nahī̃ miltā .

16 So werde ich nur Reis mit Joghurt essen.
(ich doch nur Joghurt-Reis werde-essen.)

17 Danach werde ich gern etwas Khir nehmen.
(danach in, wenig-lich Khir essen werde-nehmen.)

ANMERKUNGEN

⑫ Unter खीर **khīr** versteht man eine Art Reispudding, der überall in Indien gerne als leichte Nachspeise gegessen wird.

पहला अभ्यास: क्या आप ये वाक्य समझ रहे हैं ? (जारी)

८ बात यह है कि आप पंजाबी हैं और मैं गुजराती हूँ ।
⑧ bāt yeh hai ki āp pãjābī haĩ aur maĩ gujarātī hū̃ .

९ चलिए, अब आप अपना मिर्च वाला रौग़न जोश खा लीजिए ।
⑨ calie, ab āp apnā mirc vālā raug̱an jos̀ khā lījie .

१० मैं अपने मीठे आलू खा लूँगी । दोनों अपना-अपना खाना खाएँगे !
⑩ maĩ apne mīṭhe ālū khā lū̃gī . donõ apnā-apnā khānā khāẽge !

पहले अभ्यास के उत्तर : क्या आप समझे ?

❶ Dieses Rogan Josh ist nicht verdorben, ihr habt es verderben lassen! ❷ Man gibt hier wohl Kardamom hinzu, aber auf gar keinen Fall Asant. ❸ Sie wollen nichts ohne Diskussion akzeptieren. Sie nehmen Ihre Gewürze [so], wie sie es wollen (Art-Art von)! ❹ Und so viel Chili/Pfeffer! Haben Sie ihn nur für sich gemacht? ❺ Einverstanden, Sie können sich Ihren eigenen Magen verderben! Ich will nichts [davon] essen. ❻ Geben Sie mir bitte Reis mit Joghurt, das wird mir passen. ❼ Oh je! Iss doch! Du hast sonst keine Gelegenheit, davon zu essen. ❽ Die Sache ist, dass Sie Panjabi sind und ich Gujarati (bin). ❾ Na los, essen Sie jetzt Ihr Rogan Josh mit Chili. ❿ Ich werde meine süßen Kartoffeln essen. Wir werden [beide] jeder sein Essen essen!

दूसरा अभ्यास: वाक्य पूरे कीजिए ।

❶ Sie (Leute) sollten sich jetzt etwas um die Suppe kümmern. Sie ist ganz kalt geworden!

१ अब आप लोग ज़रा शोरबे की तरफ़ देखें । बिल्कुल ठंडा हो गया है !

ab āp log zarā □□□□□ kī taraf □□□□□ . bilkul □□□□□□□ ho gayā hai !

❷ Einverstanden, wir geben Butter in das Butterhähnchen, aber ich möchte nicht noch mehr hineingeben.

२ ठीक है, मुर्ग़-मखनी में मक्खन पड़ता है, लेकिन मैं ज़्यादा नहीं डालना चाहता ।

ṭhīk hai, murg-makhnī mẽ makkhan □□□□□ hai, □□□□□ maĩ zyādā nahī̃ ḍālnā □□□□□ .

❸ Na los, esst jetzt euer Tandoori-Hähnchen, und ich sollte meinen Reis mit Joghurt essen.

३ चलिए, अब आप अपना मुर्ग़ तंदूरी खा लीजिए और मैं अपना दही-चावल खा लूँगी ।

calie, ab āp □□□□ murg tandūrī □□□ lījie aur maĩ □□□□ dahī-cāval khā □□□□ .

❹ Ich möchte nur einen Platz für mich und mein Kind. Ein Liegeplatz würde ausreichen.

४ मुझे केवल अपने लिए और अपने बच्चे के लिए जगह चाहिए । एक ही स्लीपर चलेगा ।

mujhe keval □□□□ □□□ aur □□□□ bacce □□ □□□ jagah cāhie . ek hī slīpar □□□□□□□ .

❺ Im Basar isst er irgendwelche Sachen und verdirbt sich den Magen.

५ बाज़ार में वह तरह तरह की चीज़ें खाता है और अपना पेट ख़राब कर लेता है ।

bāzār mẽ voh □□□□□ □□□□□ kī cīzẽ khātā hai aur □□□□ peṭ kharāb kar letā hai .

दूसरे अभ्यास के उत्तर: रिक्त स्थान

❶ — — — — śorbe — — dekhẽ. — ṭhaṇḍā — — — ! ❷ — —, — — — paṛtā —, lekin — — — — — cāhtā . ❸ —, — — apnā — — khā — — — apnā — — lũgī . ❹ — — apne lie — apne — ke lie — — . — — — calegā . ❺ — — — tarah tarah — — — — — apnā — — — — — .

Essgewohnheiten

Für viele Inder entspricht streng vegetarisches Essen (ohne Fleisch und ohne Eier) den herkömmlichen Gewohnheiten. Dies gilt speziell für Hindus und besonders für Jainas, die sogar nur Gemüse essen, das nicht unter der Erde wächst. Für die, die nicht gerne ausschließlich vegetarisch essen, gibt es eine große Auswahl an Fleischgerichten. Vor allem in wohlhabenden und westlich orientierten Familien wird regelmäßig Fleisch gegessen, besonders Hühnerfleisch, Lammfleisch und Fisch. Speziell die Moslems, die ca. 10 % der indischen Bevölkerung ausmachen, essen Fleisch. Die vegetarischen Speisen in Indien sind allerdings köstlich, und wenn Sie bei einer Indienreise die Städte verlassen und sich in ländliche Gebiete begeben, werden Sie häufig ausschließlich vegetarisches Essen bekommen.

पाठ सत्ताईस **pāṭh sattāīs**

सबसे बढ़िया कमीज़ !

sabse baṛhiyā kamīz !

१ — हाँ, तो बताइए जनाब, कौनसी कमीज़ अच्छी लगी ?
1 hā̃, to batāie janāb, kaunsī kamīz acchī lagī ? ① ② ③

२ — वह सफ़ेद वाली इस रंगबिरंगी से ज़्यादा अच्छी है ।
2 voh safed vālī is raṅgbiraṅgī se zyādā acchī hai . ④

३ — अरे नहीं, तुमने ठीक से पहनकर इसे नहीं देखा ।
3 are nahī̃, tumne ṭhīk se pahankar ise nahī̃ dekhā . ⑤

४ मेरे ख़याल से तो यही सबसे बढ़िया है ।
4 mere <u>kh</u>ayāl♂ se to yahī sabse baṛhiyā hai . ⑥

५ सफ़ेद कमीज़ें तो तुम्हारे पास पहले से हैं, कल भी सफ़ेद ही पहनी थी ।
5 safed kamīzẽ to tumhāre pās pahale se haĩ, kal bhī safed hī pahanī thī . ⑦

ANMERKUNGEN

① बताना **batānā** "erzählen" / बात करना **bāt karnā** bzw. कहना **kahnā** "sagen". Die beiden ersten erfordern को **ko** als Postposition des Objekts, das Letztere dagegen से **se**. बोलना **bolnā** heißt "sprechen" im Sinne von "eine Sprache sprechen".

② अच्छी लगी **acchī lagī**: Das Verb im historischen Perfekt drückt hier weniger eine vergangene Handlung als vielmehr eine unveränderliche Empfindung aus. Es ist gleichbedeutend mit पसंद आना **pasand honā** / पसंद आना **pasand ānā**.

③ कमीज़ **kamīz** ist trotz der untypischen Endung ein weibliches Substantiv. Andersherum können auch Substantive mit scheinbar weiblicher Endung männlich sein, z. B. दर्ज़ी **darzī**♂ "Schneider".

27. Lektion

Das beste Hemd!

(alles-aus hervorragend Hemd!)

1 – Ja, sagen Sie mal [mein] Herr, was für ein Hemd würde [Ihnen] gefallen?
(ja, doch erzählen-Sie Meister, welche Hemd gut gefühlt?)

2 – Jenes Weiße ist schöner als jenes Bunte.
(jene/r weiß Besitzerin diese/r⌢ bunt aus mehr gut ist.)

3 – Aber nein, da du es nicht richtig anprobiert hast, [konntest du] es nicht sehen.
(ach nein, du-durch richtig aus tragen-machen diesen nicht gesehen.)

4 Ich glaube, dass dieses das Beste ist.
(mein Gedanke auch doch dieser-eben alles-aus hervorragend ist.)

5 Weiße Hemden hast du doch schon, gestern trugst du doch auch ein Weißes.
(weiß Hemden doch dein bei früher aus sind, gestern auch weiß nur getragen war.)

④ से ज़्यादा अच्छी **se zyādā acchī** ist der Komparativ (erste Steigerungsstufe) von अच्छा **acchā**. सबसे ज़्यादा **sabse zyādā** bedeutet außerdem "am meisten".

⑤ इसे **ise** (= इसको **isko**) ist hier das Objekt, das den vorausgehenden Nebensatz aufgreift. In diesem Fall ergibt sich für das Verb die männliche Form.

⑥ Der Ausdruck सबसे बढ़िया **sabse baṛhiyā** ist unveränderlich, d.h. im Maskulinum und Femininum gleich. Der Superlativ (höchste Steigerungsstufe) wird durch सबसे **sabse** vor dem Adjektiv gebildet. बोरिस सबसे लंबा है । **boris sabse lambā hai** . "Boris ist der Größte."

⑦ Mit तुम्हारे पास है **tumhāre pās hai** wird ausgedrückt, dass man einen Gegenstand besitzt, denn das Verb "haben" gibt es nicht: मेरे पास एक गाड़ी है । **mere pās ek gāṛī hai** . "Ich habe ein Auto."

६ इसको पहनोगे तो हीरो लगोगे ।
6 isko pahanoge to hīro lagoge .

७ दिल्ली की लड़कियाँ "बोरिस, बोरिस" चिल्लाती हुई आएँगी ।
7 dillī kī laṛkiyā̃ "boris, boris" cillātī huī āẽgī . ⑧

८ — अजी रहने दो ! हीरो बनने में फ़िलहाल मुझे कोई दिलचस्पी नहीं है ।
8 ajī rahne do ! hīro banne mẽ filhāl mujhe koī dilcaspī nahī̃ hai . ⑨

९ कल रायसाहब भी मुस्कुराते हुए पूछेंगे कि यह सर्कस वाली कमीज़ कहाँ से ख़रीदी ।
9 kal rāysāhab bhī muskurāte hue pūchẽge ki yeh sarkas vālī kamīz kahā̃ se kharīdī .

१० — तुम सचमुच बड़े बोरिंग आदमी हो !
10 tum sacmuc baṛe boriṅg ādmī ho ! ⑩

११ ख़ैर, जल्दी से कुछ ख़रीद लें और वापस चलें ।
11 khair, jaldī se kuch kharīd lẽ aur vāpas calẽ .

पहला अभ्यास: क्या आप ये वाक्य समझ रहे हैं ?

१ मेरा दर्ज़ी तुम्हारे दर्ज़ी से ज़्यादा अमीर है !
❶ merā darzī tumhāre darzī se zyādā amīr hai !

२ मुन्नी अपने भाई से छोटी है लेकिन उससे ज़्यादा बदमाश है ।
❷ munnī apne bhāī se choṭī hai lekin usse zyādā badmāś hai .

३ निशा और बोरिस अपनी क्लास में सबसे ज़्यादा बोलते हैं ।
❸ niśā aur boris apnī klās mẽ sabse zyādā bolte haĩ .

6 Wenn du dieses trägst, wirst du wirken wie ein Held.
(diesen wirst-tragen doch Held wirst-fühlen.)

7 Die Mädchen in Delhi werden angelaufen kommen und "Boris, Boris" rufen.
(Dehli von Mädchen "Boris, Boris" rufend gewesen werden-kommen.)

8 – Lass sein! Ich habe im Moment kein Interesse daran, ein Held zu sein.
(he bleiben gib! Held werden in Moment mir irgendein Interesse nicht ist.)

9 Morgen wird auch Raisahab mit einem Lächeln fragen, wo ich dieses "Zirkus"-Hemd gekauft habe.
(morgen Raisahab auch lächelnd gewesen werden-fragen dass diese/r Zirkus Besitzerin Hemd wo aus kaufte.)

10 – Du bist wirklich ein sehr langweiliger Mensch!
(du wirklich groß langweilig Mensch bist!)

11 Also, lass uns schnell etwas kaufen und zurückfahren.
(gut, schnell aus etwas kaufen würden-nehmen und zurück würden-fahren.)

ANMERKUNGEN

⑧ चिल्लाती हुई **cillātī huī** ist ein Adjektiv in adverbialer Verwendung, angeglichen an लड़कियाँ **laṛkiyā̃** "Mädchen". Gebildet wird es durch das Partizip Präsens in Verbindung mit हुआ **huā** "gewesen".

⑨ हीरो बनने में **hīro banne mẽ**: बनना **bannā** "werden" ist ein Infinitiv, wird aber wie ein Substantiv verwendet und nimmt deshalb vor einer Postposition die abhängige Form auf -ने **-ne** an.

⑩ Für बोरिंग **boriṅg** kann man im Hindi auch नीरस **nīras** "langweilig" sagen; बोर करना **bor karnā** "langweilen"; बोर होना **bor honā** "sich langweilen".

पहले अभ्यास के उत्तर : क्या आप समझे ?

❶ Mein Schneider ist reicher als dein Schneider! ❷ Munni ist kleiner als ihr Bruder, aber sie ist böser als er. ❸ Boris und Nisha sprechen in ihrem Unterricht am meisten.

पहला अभ्यास: क्या आप ये वाक्य समझ रहे हैं ? (जारी)

४ बोरिस को सफ़ेद कमीज़े अच्छी लगती हैं । उसके पास चार-पाँच हैं ।

4 boris ko safed kamīzẽ acchī lagtī haĩ . uske pās cār-pā̃c haĩ .

५ तुमने इस लड़की को तो देखा है पर सबसे सुंदर वाली को नहीं देखा । मेरे पास उसकी एक तस्वीर है ।

5 tumne is larkī ko to dekhā hai par sabse sundar vālī ko nahī̃ dekhā . mere pās uskī ek tasvīr hai .

६ लंदन पैरिस से बड़ा है मगर न्यूयॉर्क उससे भी बड़ा है ।

6 landan pairis se baṛā hai magar nyūyŏrk usse bhī baṛā hai .

७ इन तीनों नाटकों में से कौन-सा नाटक आपको सबसे दिलचस्प लगा ?

7 in tīnõ nāṭakõ mẽ se kaun-sā nāṭak āpko sabse dilcasp lagā ?

८ सचमुच तुम्हारे पास दुनिया की सबसे सुंदर साड़ी है !

8 sacmuc tumhāre pās duniyā kī sabse sundar sāṛī hai !

९ मैंने सबसे बड़े भाई को गाते हुए सुना है । उसके पास सितार भी है ।

9 maĩne sabse baṛe bhāī ko gāte hue sunā hai . uske pās sitār bhī hai .

१० इन जूतों को पहनोगे तो चारली चैपलिन से भी ज़्यादा मज़ेदार लगोगे ।

10 in jūtõ ko pahanoge to cārlī caiplin se bhī zyādā mazedār lagoge .

पहले अभ्यास के उत्तर : क्या आप समझे ? (जारी)

❹ Boris gefallen weiße Hemden. Er hat vier bis fünf davon. ❺ Du hast dieses Mädchen doch gesehen, aber das hübscheste hast du nicht gesehen. Ich habe ein Bild von ihr. ❻ London ist größer als Paris, aber New York ist noch [mal] größer. ❼ Welches von den drei Theaterstücken scheint dir das interessanteste zu sein? ❽ Du hast wirklich den schönsten Sari der Welt! ❾ Ich habe den ältesten Bruder singen hören. Er hat auch eine Sitar. ❿ Wenn du jene Schuhe trägst, wirst du noch lustiger aussehen als Charlie Chaplin.

दूसरा अभ्यास: वाक्य पूरे कीजिए ।

❶ Lächelnd nahm Chotu die größte Jalebi.

१ छोटू ने मुस्कुराते हुए सबसे बड़ी जलेबी ले ली ।
choṭū ne □□□□□□□□□ hue □□□□□ baṛī jalebī le lī .

❷ Jalebis zu essen gefällt ihr (oder ihm) am meisten.

२ उसको जलेबियाँ खाना ज़्यादा अच्छा लगता है ।
usko jalebiyā̃ □□□□□ zyādā acchā □□□□□ hai .

दूसरे अभ्यास के उत्तर: रिक्त स्थान

❶ — — muskurāte — sabse — — — —. ❷ — — khānā — — lagtā —.

दूसरा अभ्यास: वाक्य पूरे कीजिए । (जारी)

❸ Ihr (oder sein) Bruder hat nur eine große Jalebi, aber sie hat vier bis fünf kleine Jalebis.

३ उसके भाई के पास एक ही बड़ी जलेबी है, लेकिन इसके पास चार-पाँच छोटी जलेबियाँ हैं ।

uske bhāī □□ □□□ ek hī baṛī jalebī hai, lekin iske □□□ cār-pā̃c □□□□□ jalebiyā̃ haĩ .

❹ Ja, wir haben billigere Teppiche als diesen. Dieser hier ist zwar der teuerste, aber [er] ist auch der schönste!

४ जी हाँ, हमारे पास इससे सस्ते क़ालीन हैं । यह वाला सबसे महंगा तो है, लेकिन सबसे सुन्दर भी है !

jī hā̃, □□□□□□ □□□ isse saste qālīn haĩ . yeh vālā □□□□□ mahãgā to hai, lekin □□□□□ sundar bhī hai !

पाठ अट्ठाईस pāṭh aṭṭhāīs

दोहराव और व्याख्या

doharāv aur vyākhyā

1. Ergativer Satzaufbau

Der ergative Satzaufbau ist eine Besonderheit der Hindi-Syntax, die nur bei transitiven Verben – also solchen, die ein Akkusativobjekt benötigen – in einer abgeschlossenen Vergangenheitsform auftritt: beim historischen Perfekt (einfache Vergangenheit), beim Perfekt (zusammengesetzte Vergangenheit) und beim Plusquamperfekt (zusammengesetzte Vorvergangenheit).

In dieser syntaktischen Struktur nimmt das Subjekt die abhängige Form an, und ने **ne** "durch" wird als Postposition angehängt. Die Verben werden in Genus und Numerus nach dem Objekt konjugiert. Hier zwei Beispiele dazu, je mit einem weiblichen und einem männlichen Objekt im Singular:

दूसरा अभ्यास: वाक्य पूरे कीजिए । (जारी)

❺ Sie haben auch den größten Süßigkeiten-Laden in Chandni Chowk.

५ उनके पास चाँदनी चौक की सबसे बड़ी मिठाई की दुकान भी है ।

unke □□□ cā̃dnī cauk kī □□□□□ baṛī miṭhāī kī □□□□□ bhī hai .

दूसरे अभ्यास के उत्तर: रिक्त स्थान (जारी)

❸ — — ke pās — — — — — —, — — pās — choṭī — — . ❹ — —, hamāre pās — — — —. — — sabse — — —, — sabse — — — ! ❺ — pās — — — sabse — — — dukān — —.

28. Lektion

मैंने किताब पढ़ी। **maĩne kitāb♀ paṛhī .** "Ich las ein Buch."

मैंने अख़बार पढ़ा । **maĩne akhbār♂ paṛhā .** "Ich las eine Zeitung."

Vergleichen Sie hierzu auch den folgenden Satz:

मैंने दो कुर्सियाँ देखीं । **maĩne do kursiyā̃ dekhī̃ .** "Ich sah zwei Stühle." Wörtlich übersetzt heißt er: "Durch mich wurden zwei Stühle gesehen." Die Verbform richtet sich dabei in Zahl und Geschlecht nach dem Objekt (hier: "Stühle"). Für zusammengesetzte Formen erhalten wir: देखी हैं **dekhī haĩ** "(ich) habe gesehen", देखी थीं **dekhī thī̃** "(ich) hatte ... gesehen".

Im Femininum Plural wird das letzte Verbelement immer nasaliert.

Einige Ausnahmen: Bestimmte transitive Verben bilden keinen ergativen Satzaufbau, auch wenn es ein Objekt im Satz gibt: बोलना **bolnā** "sprechen", भूलना **bhūlnā** "vergessen" und लाना **lānā** "bringen".

Das Gleiche gilt für die zusammengesetzten Verben ले जाना **le jānā** "mitbringen" und ले आना **le ānā** "mitnehmen":

बोरिस अपनी किताब ले आया ।	**boris apnī kitāb le āyā .**	"Boris brachte sein Buch mit."
शिवानी अपने बच्चे को स्कूल ले गई ।	**śivānī apne bacce ko skūl le gaī .**	"Shivani brachte ihren Sohn mit zur Schule."

Das Verb समझना **samajhnā** "verstehen" kann beide Formen bilden.

In seltenen Fällen ist das Hauptverb transitiv und das zweite, als Hilfsverb fungierende Verb intransitiv. Dann liegt kein ergativer Satzaufbau vor:

उसने पानी पिया ।	**usne pānī piyā .**	"Er trank Wasser."

aber:

वह पानी पी गया ।	**voh pānī pī gayā .**	"Er trank Wasser (mit einem Schluck)."

2. Reflexivpronomen

Bezieht sich ein Personalpronomen oder Possessivpronomen auf das vorher bereits genannte Subjekt, wird es immer durch das Reflexivpronomen अपना **apnā** "eigen" ersetzt. अपना **apnā** verhält sich wie ein veränderliches Adjektiv:

मैं अपना काम जल्दी करूँगा और उसके बाद अपने यहाँ वापस लौटूँगा । **maĩ apnā kām jaldī karū̃gā aur uske bād apne yahā̃ vāpas lauṭū̃gā .** "Ich werde schnell meine Arbeit machen und werde dann zu mir [nach Hause] zurückkehren." Hier ersetzen अपना **apnā** und अपने **apne** die Pronomen मेरा **merā** bzw. मेरे **mere.** Steht nach dem Subjekt ein Possessivpronomen und nicht अपना **apnā,** deutet dies darauf hin, dass es sich um eine andere Person handelt.

Im Vergleich:

वह उसका काम करना नहीं चाहता ।	**voh uskā kām karnā nahī̃ cāhtā .**	"Er will seine Arbeit [= die Arbeit eines anderen] nicht machen."

aber:

वह अपना काम करना नहीं चाहता ।	**voh apnā kām karnā nahī̃ cāhtā .**	"Er will seine [eigene] Arbeit nicht machen."

Das Reflexivpronomen अपने **apne,** gefolgt von einer Postposition, tritt gelegentlich in der verstärkten Form अपने आप **apne āp** auf, wobei आप **āp** etwa dem Zusatz "selbst" entspricht.

बोरिस शीशे में अपने को देख रहा है ।	**boris śīśe mẽ apne ko dekh rahā hai .**	"Boris sieht sich im Spiegel an."
बोरिस शीशे में अपने आप को देख रहा है ।	**boris śīśe mẽ apne āp ko dekh rahā hai .**	"Boris sieht sich selbst im Spiegel an."
वह अपने से पूछ रहा है ।	**voh apne se pūch rahā hai .**	"Er fragt sich selbst."

3. Verben

3.1 Verlaufsform der Vergangenheit

Die Verlaufsform der Vergangenheit wird wie die der Gegenwart gebildet, allerdings mit den Vergangenheitsformen des Hilfsverbs होना **honā.** Auch die Verlaufsform der Vergangenheit drückt den unabgeschlossenen Aspekt aus, d. h. es wird eine im Ablauf befindliche Handlung beschrieben. Im Deutschen kann man das Andauern der Handlung durch den Zusatz "gerade" verdeutlichen:

मैं चल रहा था / चल रही थी	**maĩ cal rahā thā / cal rahī thī** "ich lief (gerade)"
तू चल रहा था / चल रही थी	**tū cal rahā thā / cal rahī thī** "du liefst (gerade)"
वह चल रहा था / चल रही थी	**voh cal rahā thā / cal rahī thī,** "er/sie lief (gerade)"
तुम चल रहे थे / रही थीं	**tum cal rahe the / rahī thī̃** "du liefst (gerade)"

हम चल रहे थे / चल रही थीं	**ham cal rahe the / cal rahī thī̃** "wir liefen (gerade)"
आप चल रहे थे / चल रही थीं	**āp cal rahe the / cal rahī thī̃** "ihr lieft (gerade)"
वे चल रहे थे / चल रही थीं	**ve cal rahe the / cal rahī thī̃** "sie liefen (gerade)"

Der folgende Satz zeigt den Unterschied zum gewöhnlichen Imperfekt: वह उस दिन स्कूल जा रहा था । उसी रास्ते से रोज़ जाता था । **voh us din skūl jā rahā thā . usī rāste se roz jātā thā .** "An jenem Tag ging er gerade in die Schule. Diesen Weg ging er jeden Tag."

3.2 Konjunktiv

Sie kennen bereits den Indikativ und den Imperativ, hier wollen wir jetzt auf den Konjunktiv eingehen. Mit dem Konjunktiv werden Zweifel, Unsicherheit, manchmal auch Wünsche oder höfliche Bitten ausgedrückt. Wie im Deutschen tritt er meist in Nebensätzen auf.

Man bildet ihn mit dem Stamm und der Endung -ऊं **-ū̃** für मैं **maĩ**, -ो **-o** für तुम **tum**, -े **-e** für **voh** und **tū** sowie एं **-ẽ** für die drei Personen des Plurals.

कूड़ा कहाँ फेंकूँ ?	**kūṛā kahā̃ phẽkū̃ ?**	"Wo könnte ich den Abfall wegwerfen?"
मैं चलूँ	**maĩ calū̃**	"ich würde gehen"
तू चले	**tū cale**	"du würdest gehen"
वह चले	**voh cale**	"er/sie würde gehen"
तुम चलो	**tum calo**	"du würdest gehen"
हम चलें	**ham calẽ**	"wir würden gehen"
आप चलें	**āp calẽ**	"ihr würdet/Sie würden gehen"
वे चलें	**ve calẽ**	"sie würden gehen"

Der Konjunktiv kann einen Befehl oder Wunsch und auch eine Frage höflicher erscheinen lassen:

मैं बताऊँ ?	**maĩ batāū̃ ?**	"Darf ich [etwas] erzählen?"
क्या लाऊँ ?	**kyā lāū̃ ?**	"Was darf ich bringen?"
चलें !	**calẽ !**	"Lasst uns gehen!"
कुछ खाएँ !	**kuch khāẽ !**	"Lasst uns etwas essen!"

Anmerkung: Im Prinzip ist der Konjunktiv nur eine verkürzte Form des Futurs: मैं जाऊँगा **maĩ jāū̃gā** "ich werde gehen" und मैं जाऊँ **maĩ jāū̃** "ich würde gehen", वे जाएंगे **ve jāẽge** "sie werden gehen" und वे जाएं **ve jāẽ** "sie würden gehen".

Im Folgenden finden Sie eine Übersicht über den Konjunktiv des Verbs होना **honā**:

मैं हों	**maĩ hõ**	"ich wäre", "ich würde sein"
तू हो	**tū ho**	"du wärst", "du würdest sein"
वह हो	**voh ho**	"er/sie wäre", "er/sie würde sein"
तुम हो	**tum ho**	"du wärst", "du würdest sein"/"ihr wärt", "ihr würdet sein"
हम हों	**ham hõ**	"wir wären", "wir würden sein"
आप हों	**āp hõ**	"ihr wärt", "ihr würdet sein" / "Sie wären", "Sie würden sein"
वे हों	**ve hõ**	"sie wären", "sie würden sein"

3.3 Partizipien

Wie Sie bereits wissen, bildet das Hindi nur zwei Partizipien, das Partizip Präsens und das Partizip Perfekt:

- Das Partizip Präsens wird gebildet durch den Verbstamm und die veränderliche Endung ता **-tā**, also करता **kartā**♂ Sg. / करते **karte**♂

Pl. / करती **kartī**♀ Sg. / करतीं **kartī̃**♀ Pl. oder पहुँचता **pahũctā**♂ Sg. / पहुँचते **pahũcte**♂ Pl. / पहुँचती **pahũctī**♀ Sg. / पहुँचतीं **pahũctī̃**♀ Pl.

- Das Partizip Perfekt wird durch den Verbstamm und die veränderliche Endung ◌ा **–ā** gebildet, also सिखा **sikhā**♂ Sg. / सिखे **sikhe**♂ Pl. / सिखी **sikhī**♀ Sg. / सिखीं **sikhī̃**♀ Pl. oder पहुँचा **pahũcā**♂ Sg. / पहुँचे **pahũce**♂ Pl. / पहुँची **pahũcī**♀ Sg. / पहुँचीं **pahũcī̃**♀ Pl.

Die Formen des Partizips Perfekt entsprechen denen des historischen Perfekts, mit dem Unterschied, dass sie im Femininum Plural nicht nasaliert werden. कोने में बैठी लड़कियाँ । **kone**♂ **mẽ baiṭhī laṛkiyā̃ .** "Die Mädchen, die in der Ecke saßen" (die in der Ecke sitzenden Mädchen), aber: लड़कियाँ बैठीं । **laṛkiyā̃ baiṭhī̃ .** "Die Mädchen setzten sich." ("Mädchen gesessen").

Beide Partizipformen werden des Weiteren häufig mit हुआ **huā** "gewesen", dem echten Partizip Perfekt des Verbs होना **honā** (oftmals Partizip II genannt), verwendet. Manchmal werden sie auch adjektivisch gebraucht, sie stehen dann vor dem Substantiv und werden an dieses angeglichen:

बोरिस सड़क से गुज़रती हुई बारात देख रहा है।	**boris saṛak se guzartī huī bārāt dekh rahā hai .**	"Boris sieht sich den durch die Straße ziehenden Umzug an."
बैठक में बैठे हुए लोग बात कर रहे हैं।	**baiṭhak**♀ **mẽ baiṭhe hue log bāt kar rahe haĩ .**	"Die im Salon sitzenden Leute unterhalten sich."

Folgt das Partizip dem Substantiv, kann es auch adverbial gebraucht werden. Es hat dann in den meisten Fällen eine unveränderliche, gebeugte Form auf -ते **-te** (mit oder auch ohne हुए **hue**):

खाते हुए मत बोलो।	**khāte hue mat bolo .**	"Sprich nicht während des Essens."
लड़की ने मुस्कुराते हुए कहा ...	**laṛkī ne muskurāte hue kahā ...**	"Das Mädchen sagte lachend ... ."

Besonders häufig werden diese sog. Partizipialkonstruktionen dort verwendet, wo im Deutschen Infinitivkonstruktionen stehen. Als ergänzende Verben benutzt man im Hindi insbesondere solche der Wahrnehmung wie देखना **dekhnā** "sehen" und सुनना **sunnā** "hören":

बोरिस ने निशा को आते हुए देखा।	**boris ne niśā ko āte hue dekhā .**	"Boris sah Nisha kommen."
उन्होंने मक्खी को भिनभिनाते हुए सुना।	**unhõne makkhī ko bhinbhināte hue sunā .**	"Er hörte die Fliege summen."
मैंने कई बार डागर बंधुओं को गाते हुए सुना है।	**maĩne kaī bār ḍāgar bandhuõ ko gāte hue sunā hai .**	"Ich habe die Brüder Dagar mehrmals singen hören."

3.4 Zusammengesetzte Verben

Zusammengesetzte Verben werden umgangssprachlich sehr häufig gebraucht und folgen keinen festen Regeln. Wie selbstständige Verben werden Sie sie nach und nach durch die Praxis erlernen. Bei den zusammengesetzten Verben behält das erste Verb nur seinen Stamm. Das zweite dient als Hilfsverb, "Vektor" genannt, und wird wie üblich konjugiert. Der Vektor verliert seine eigentliche Bedeutung und gibt der Zusammensetzung eine neue Bedeutung. Konstruktionen mit देना **denā** "geben" betonen häufig das Objekt, solche mit लेना **lenā** "nehmen" unterstreichen das Subjekt:

वह खाता है। **voh khātā hai .** "Er isst." als einfaches Präsens und वह खा लेता है। **voh khā letā hai .** "Er essen nehmend ist." = "Er nimmt Essen zu sich."

Besonders häufig treten diese Kombinationen in den diversen Vergangenheitsformen auf: बोरिस ने मुझे बताया। **boris ne mujhe batāyā .** "Boris durch mir erzählt." = "Boris erzählte mir." bzw. बोरिस ने मुझे बता दिया। **boris ne mujhe batā diyā .** "Boris durch mir erzählen gegeben." = "Boris erzählte mir."

Intransitive Verben werden häufig mit जाना **jānā** "gehen" zusammengesetzt:

कुर्सी गिर गई । **kursī gir gaī .** "Der Stuhl fiel um." ("Stuhl fallen gegangen")

आ जाओ ! **ā jāo !** "Komm her!" ("Kommen geh!")

Die Zusammensetzung हो जाना **ho jānā** bedeutet "werden".

Solche Zusammensetzungen werden selten in verneinten Sätzen verwendet.

Die Verben सकना **saknā** "können", पाना **pānā** "können", लगना **lagnā** "beginnen", चुकना **cuknā** "aufhören" und das Hilfsverb रहना **rahnā** "bleiben" werden nicht in diesen Zusammensetzungen gebraucht, da sie bereits selbst zusammengesetzt verwendet werden.

4. Substantive

4.1 Objekte mit der Postposition को ko

Handelt es sich bei dem Objekt eines transitiven Verbs um eine Person oder einen Eigennamen, so folgt ihm die Postposition को **ko.** Transitive Verben erhalten in den abgeschlossenen Zeitformen die unveränderliche Endung आ **-ā.**

बदमाशों ने इस हीरो को बुरी तरह मारा।	**badmāśõ ne is hīro ko burī tarah mārā .**	"Die Gangster haben den Helden schlimm geschlagen."
क्या तुमने दूसरी छात्राओं को देखा ?	**kyā tumne dūsrī chātrāõ ko dekhā ?**	"Hast du die anderen Schülerinnen gesehen?"

5. Adjektive

5.1 Komparativ

Der Komparativ wird mit der vergleichenden Partikel से **se** – manchmal ergänzt durch ज़्यादा **zyādā** – und dem Adjektiv gebildet, die beide dem zu vergleichenden Objekt folgen. ज़्यादा **zyādā** kann vor dem Adjektiv auch weggelassen werden. Dies ändert die Bedeutung nicht:

मेरा भाई तुम से लंबा है ।	**merā bhāī tum se lambā hai .**	"Mein Bruder ist größer als du."

Achten Sie dabei auf die Wortstellung: Subjekt – Vergleichsobjekt – **se** – (**zyādā**) – Adjektiv – Verb:

बोरिस रामू से ज़्यादा लंबा है ।	**boris rāmū se zyādā lambā hai .**	"Boris ist größer als Ramu."

Ein weiteres Beispiel: मेरा दर्ज़ी तुम्हारे दर्ज़ी से (ज़्यादा) अमीर है । **merā darzī tumhāre darzī se (zyādā) amīr hai .** "Mein Schneider ist reicher als deiner."

Am Possessivpronomen तुम्हारे **tumhāre** erkennen Sie, dass hier der zweite Schneider wegen der Postposition से **se** die abhängige Form angenommen hat.

बोरिस उस लड़के से ज़्यादा मोटा है ।	**boris us laṛke se zyādā moṭā hai .**	"Boris ist dicker als jener Junge."
क्या हिन्दी भाषा जर्मन भाषा से ज़्यादा मुश्किल है ?	**kyā hindī bhāṣā jarman bhāṣā se zyādā muśkil hai ?**	"Ist (die Sprache) Hindi schwieriger als die deutsche Sprache?"

Eine mögliche Antwort wäre: हिन्दी जर्मन से कम मुश्किल है । **hindī jarman se kam muśkil hai .** "Hindi ist weniger schwierig als Deutsch."

"... noch (+ Steigerung)..." wird ausgedrückt durch से भी **se (bhī).**

Beispiele:

निशा रायसाहब से भी तेज़ है ।	**niśā rāysāhab se bhī tez hai .**	"Nisha ist noch geschwätziger als Raisahab."

मेरे जूते तुम्हारे जूतों से सस्ते हैं । **mere jūte tumhāre jūtõ se saste haĩ .** "Meine Schuhe sind noch billiger als deine." (सस्ता **sastā** "billig", महंगा **mahaṅgā** "teuer".)

5.2 Superlativ

Der Superlativ, die höchste Steigerungsstufe, wird mit सबसे **sabse** "von allen" vor dem Adjektiv gebildet:

वह परिवार में सबसे लंबा है।	**voh parivār♂ mẽ sabse lambā hai .**	"Er ist der Größte in der Familie."
नवाब मेरा सबसे अच्छा मित्र है।	**navāb merā sabse acchā mitr hai .**	"Navab ist mein bester Freund."
उन बच्चियों में से सबसे शैतान मुन्नी है।	**un bacciyõ mẽ se sabse śaitān munnī hai .**	"Unter diesen Mädchen ist Munni das größte Teufelchen."

6. Farben

Wer in Indien unterwegs ist, der wird schnell von der Farbenpracht des Landes und der Kleidung seiner Menschen begeistert sein. Gut, wenn man da die Namen der Farben kennt:

नीला	**nīlā**	blau
पीला	**pīlā**	gelb
हरा	**harā**	grün
जामुनी	**jāmunī**	lila (unveränderlich (= uv))
नारंगी	**nāraṅgī**	orange (uv)
गुलाबी	**gulābī**	rosa (uv)
लाल	**lāl**	rot (uv)
काला	**kālā**	schwarz
सफ़ेद	**safed**	weiß (uv)
गहरा	**gahrā**	dunkel
हलका	**halkā**	hell

Daraus kann man Kombinationen bilden, wie गहरा नीला **gahrā nīlā** "dunkelblau" oder हलका हरा **halkā harā** "hellgrün". Mit dem veränderlichen Suffix सा **-sā** bildet man die deutschen Farbadjektive auf "-lich", z. B. पीला-सा **pīlā-sā** "gelblich".

7. "Zweite Welle"

Heute hat Ihr Hindi-Studium mit Assimil eine wichtige Stufe erreicht. Sie haben sich in 28 von insgesamt 55 Lektionen passiv mit Hindi beschäftigt. Wie wir am Anfang angekündigt haben, beginnt nun die "Zweite Welle". Zunächt festigen Sie in Lektion 29 wie gewohnt Ihr intuitiv assimiliertes Wissen durch Hören, Lesen, Verstehen und Wiederholen. Anschließend beginnen Sie mit dem *aktiven* Lernprozess, und zwar in Lektion 1. Sie werden jetzt versuchen, die deutschen Lektionssätze der Lektion 1 auf Hindi zu formulieren. Nachdem Sie bereits 28 Lektionen durchgearbeitet und in dieser Zeit viele Vokabeln und Strukturen intuitiv assimiliert haben, wird Ihnen dies nicht schwer fallen. Verfahren Sie danach genauso mit der Verständnisübung: Übersetzen Sie die Sätze vom Deutschen ins Hindi, am besten schriftlich. Inklusive der Übungen zur "Zweiten Welle" werden Sie ab jetzt etwas mehr Zeit für die Bearbeitung einer Lektion brauchen.

Arbeiten Sie so nach der 30. die Lektion 2, nach der 31. die Lektion 3 durch und so weiter, bis Sie Lektion 55 passiv und parallel dazu Lektion 27 aktiv durchnehmen. Danach setzen Sie die "Zweite Welle" noch von Lektion 28 bis zum Ende des Buches fort.

Lerntipp: *Und weil Sie die Devanagari-Schrift jetzt bestimmt schon gut beherrschen, führen wir noch eine zweite Änderung ein: Von der nächsten Lektion an wird in den Lektionen und den Übungen auf die lateinische Umschrift verzichtet. Wenn Sie Schwierigkeiten beim Lesen oder Aussprechen eines bestimmten Wortes haben, schlagen Sie in der Liste der Laute in der Einleitung nach, oder hören Sie sich den betreffenden Satz mehrmals auf den Tonaufnahmen an.*

पाठ उनतीस

भारत में अब कुछ भी हो सकता है ...

१ — अगले महीने♂ मेरी भतीजी♀ कविता की शादी♀ हो रही है ...

२ लड़का और लड़की♀ दोनों एक दूसरे को दो-तीन बार♀ देख चुके हैं और सगाई♀ हो चुकी है । ① ②

३ — तो क्या अब शादी से पहले लड़का-लड़की खुले-आम मिल सकते हैं ? ③

४ मैंने तो समझा था कि यह नहीं हो सकता !

५ — हाँ, पुराने ज़माने♂ में दूल्हा♂-दुल्हन♀ शादी से पहले एक दूसरे का चेहरा♂ भी नहीं देख पाते थे ! ④

६ आपने पुरानी फ़िल्मों♀ में नहीं देखा ?

७ दूल्हा अपनी दुल्हन का घूँघट♂ उठाकर कितना चकित और प्रसन्न हो जाता है !

ANMERKUNGEN

① एक दूसरे को **ek dūsre ko** "einander, gegenseitig" drückt die Gegenseitigkeit aus, ebenso das unveränderliche आपस में **āpas mẽ** (wörtl. "wechelseitig in"). ये लड़कियाँ एक दूसरे से नफ़रत करती हैं । **ye laṛkiyā̃ ek dūsre se nafrat♀ kartī haĩ♀ .** "Diese Mädchen hassen sich (gegenseitig)." Die Postposition को **ko** deutet an, dass das Objekt eine Person ist.

② देख चुके हैं । **dekh cuke haĩ.** Ebenso: हो चुकी है । **ho cukī hai .** "Es ist bereits geschehen." Eine vollendete Handlung wird mit dem Hilfsverb चुकना **cuknā** "beendet werden" in einer der Vergangenheitsformen ausgedrückt. मैं वहाँ जा चुकी हूँ । **maĩ vahā̃ jā cukī hū̃ .** "Ich bin schon dorthin gegangen."

③ मिल सकते हैं **mil sakte haĩ:** "können" wird mit dem Hilfsverb सकना **saknā** – in Verbindung mit einem Verbstamm – ausgedrückt.

29. Lektion

In Indien kann jetzt alles Mögliche geschehen ...
(Indien in jetzt etwas auch sein könnend ist ...)

1 – Im nächsten Monat wird die Hochzeit meiner Nichte Kavita stattfinden ...
(nächster Monat meine Nichte Kavita von Hochzeit sein geblieben ist ...)

2 Der Junge und das Mädchen haben sich erst zwei-, dreimal gesehen und sich bereits verlobt.
(Junge und Mädchen beide eins zweiter zu zwei-drei Mal sehen beendet sind und Verlobung sein beendet ist.)

3 – Also können sich nun Jungen und Mädchen vor ihrer Hochzeit öffentlich treffen?
(doch was jetzt Hochzeit aus früher Junge-Mädchen geöffnet-allgemein sich-treffen könnend sind?)

4 Ich hatte doch gedacht, dass man das nicht kann!
(ich-durch doch verstanden war dass dieser nicht sein könnend!)

5 – Ja, in vergangenen Zeiten sahen Braut und Bräutigam vor der Hochzeit nicht einmal gegenseitig ihr Gesicht!
(ja, alt Zeiten in Bräutigam-Braut Hochzeit aus früher eins zweiter von Gesicht auch nicht sehen bekommen waren!)

6 Haben Sie das nicht in alten Filmen gesehen?
(Sie-durch alt Filme in nicht gesehen?)

7 Wenn der Bräutigam den Schleier seiner Braut hochhebt, wie überrascht und erfreut er ist!
(Bräutigam eigene Braut von Schleier hochheben-machen wieviel überrascht und erfreut sein gehend ist!)

④ In वे... नहीं देख पाते थे । **ve... nahī̃ dekh pāte the .** wird "können" durch पाना **pānā** ausgedrückt (etwa "etw. bekommen / erreichen, gelingen"), was vor allem in negativen und Fragesätzen gebraucht wird: लोग नहीं बोल पाते । **log nahī̃ bol pāte .** "Es gelingt ihnen nicht, zu Wort zu kommen." Dagegen würde नहीं बोल सकते **nahī̃ bol sakte** bedeuten, dass man nicht sprechen kann, d.h. physisch nicht dazu in der Lage ist.

८ मगर अब तो भारत में कुछ भी हो सकता है ... ⑤

९ – रायसाहब, शादी के दिन आपको देखकर आपकी पत्नी♀ भी काफ़ी चकित हुई थीं, क्या ?

१० – ह ! ह ! ह ! अरे बिलकुल नहीं ! शिवानी तो कॉलेज♂ में मुझे देख-देखकर पहले ही बोर हो चुकी थी ! ⑥

११ इसलिए हम लोग शादी के दिन सस्पेंस का मज़ा♂ नहीं ले पाए ! ⑦

ANMERKUNGEN

⑤ कुछ भी **kuch bhī** "irgend etwas, was auch immer" hat eine unbestimmte, verallgemeinernde Bedeutung, ebenso जहाँ भी **jahā̃ bhī** "irgendwo" (danach folgt meist ein Konjunktiv) und जो भी **jo bhī** "irgendwer".

पहला अभ्यास: क्या आप ये वाक्य समझ रहे हैं ?

१ शादी के बाद बहुत बड़ी दावत हो रही है । बोरिस भी वहाँ जा रहा है ।

२ वह खाने का मेन्यू देख चुका है और बावर्ची से मिल चुका है ।

३ क्या शादी से पहले अन्दर जाकर वह कुछ खा सकता है ?

४ बाद में बहुत से लोग मेज़ों के सामने खड़े होंगे और वह ठीक से नहीं खा पाएगा ।

५ निशा और बोरिस दिनभर बोल सकते हैं । दूसरे लोग बीच में नहीं बोल पाते ।

६ बोरिस ने समझा था कि बावर्ची से कहकर वह सबसे पहले खा सकेगा, लेकिन नहीं खा पाया ।

8 Aber in Indien kann jetzt alles mögliche geschehen ...
(aber jetzt doch Indien in etwas auch sein kann ist ...)

9 – Raisahab, war Ihre Frau am Hochzeitstag auch überrascht, als sie Sie sah?
(Raisahab, Hochzeit von Tag Ihnen sehen-machen Ihre Ehefrau auch ziemlich überrascht gewesen war, was?)

10 – Ha! Ha! Ha! Oh, überhaupt nicht! Shivani hatte sogar schon genug davon, mich im College zu sehen!
(ha! ha! ha! ach überhaupt nicht! Shivani doch College in mich sehen-sehen-machen früher eben gelangweilt sein beendet war!)

11 Daher hatten wir am Hochzeitstag nicht mehr die Freude der Überraschung!
(diese/r⌒für wir Leute Hochzeit von Tag Spannung von Freude nicht nehmen bekommen!)

⑥ बोर होना **bor honā** "gelangweilt sein" ist dem Englischen entlehnt und wird durch den Zusatz पहले ही **pahle hī** "vorher schon" verstärkt. Auch देख-देखकर **dekh-dekhkar** verstärkt die dargestellte kausale Beziehung.

⑦ Beachten Sie, dass पाना **pānā** und सकना **saknā** in den abgeschlossenen Zeitformen keinen ergativen Satzaufbau bewirken.

पहले अभ्यास के उत्तर : क्या आप समझे ?

❶ Nach der Hochzeit gibt es ein sehr großes Festmahl. Boris geht auch dort hin. ❷ Er hat schon die Speisekarte angeschaut und hat schon den Koch getroffen. ❸ Kann er schon vor der Hochzeit hineingehen [und] etwas essen? ❹ Danach werden viele Leute vor den Tischen stehen, und man wird nicht richtig essen können. ❺ Nisha und Boris können den ganzen Tag sprechen. Die anderen Leute können dazwischen nicht zu Wort kommen. ❻ Boris hatte geglaubt (verstanden war), dass er vor allen wird essen können, [wenn] er mit dem Koch spricht, aber es gelang [ihm] nicht zu essen.

पहला अभ्यास: क्या आप ये वाक्य समझ रहे हैं ? (जारी)

७ मैं काफ़ी पहले स्टेशन पहुँच चुकी थी, मगर ट्रेन में नहीं चढ़ पाई ।

८ हो सकता है कि आपकी रिज़र्व सीट पर दो-चार आदमी पहले ही बैठ चुके हों ।

९ मैं रौग़न जोश खा सकता हूँ मगर मिर्च वाला नहीं खा पाता ।

१० बोरिस जी, आप काफ़ी खा चुके हैं । अब मैं आपके लिए और कुछ नहीं ला सकता ।

दूसरा अभ्यास: वाक्य पूरे कीजिए ।

❶ Nächste Woche fahre ich nach Indien. Ich kann Hindi verstehen, aber nicht richtig sprechen.

१ --- हफ़्ते मैं भारत ------ । मैं हिन्दी ------मगर ठीक से ------ ।

❷ Ich bin vorher schon mehrmals dahin gefahren, konnte aber nicht alle Orte besuchen.

२ मैं पहले भी कई --- जा ---- मगर सब जगह नहीं ---- ।

❸ Dieses Mädchen ist schon mit einem Inder verheiratet, aber es ist ihr noch nicht gelungen, ein Visum zu erhalten!

३ यह लड़की एक भारतीय से शादी कर ---- लेकिन उसे अभी तक वीज़ा--- मिल --- !

दूसरे अभ्यास के उत्तर: रिक्त स्थान

❶ अगले – जा रहा हूँ – समझ सकता हूँ – बोल नहीं पाता
❷ बार – चुकी हूँ – जा सकी ❸ चुकी है – नहीं – पाया

पहले अभ्यास के उत्तर: क्या आप समझे ? (जारी)

➐ Ich kam schon ziemlich früh am Bahnhof an, es gelang mir aber nicht, in den Zug zu steigen. ➑ Es kann sein, dass sich vorher schon zwei-drei (vier) Leute auf Ihre reservierten Plätze gesetzt haben. ➒ Ich kann Rogan Josh essen, aber ich schaffe es nicht, gepfeffertes [Essen] zu essen. ➓ Herr Boris, Sie haben schon genug gegessen. Jetzt kann ich Ihnen nichts mehr bringen.

यह लड़की एक भारतीय से शादी कर चुकी है
लेकिन उसे अभी तक वीज़ा नहीं मिल पाया !

Lerntipp: *Auch für Sie beginnt nun ein neuer Abschnitt Ihres Hindistudiums: die "Aktive Phase" – oder "Zweite Welle". Ab jetzt finden Sie am Ende jeder Lektion die Angabe: "Zweite Welle" und die Nummer einer Lektion, die Sie nun "aktiv" wiederholen sollen. Nachdem Sie also wie gewohnt eine neue Lektion studiert haben, gehen Sie zurück zu der angegebenen Lektion, lesen diese kurz durch und versuchen dann, den deutschen Text auf der rechten Buchseite auf Hindi zu formulieren. Sie können diese Übung auch schriftlich machen, um gleichzeitig die Devanagari-Schrift zu üben. Seien Sie nicht schüchtern, sprechen Sie laut, und artikulieren Sie deutlich. Üben Sie die Aussprache bestimmter Laute auch mehrmals hintereinander. Bei der "Zweiten Welle" werden Sie feststellen, dass Sie bereits vieles intuitiv assimiliert haben!*

दूसरा अभ्यास: वाक्य पूरे कीजिए । (जारी)

❹ Was? Ich bin Fotograf, deshalb sollte ich nicht schnell ein Visum erhalten können?

४ क्या ? मैं फ़ोटोग्राफ़र हूँ इसलिए ––– वीज़ा जल्दी नहीं ––– ?

❺ Was in Indien geschehen kann, dazu kann niemand etwas sagen.

५ भारत में क्या हो –––, इसके ––– कोई ––– कह –– ।

दूसरे अभ्यास के उत्तर: रिक्त स्थान (जारी)

❹ मुझे/मुझको – मिल सकता ❺ सकता है – बारे में – कुछ नहीं – सकता

पाठ तीस

एक दूल्हा जो आइ.ए.एस था

१ – आपको याद[१] है ? हमने अपनी सहेली[२] रुक्मिणी के यहाँ एक हिन्दू विवाह[७] देखा था । ① ②

ANMERKUNGEN

① आपको याद है **āpko yād hai** ist ein indirekter Satzaufbau. होना **honā** + रखना **rakhnā** "stellen" impliziert eine vom Subjekt gesteuerte Absicht: तुम याद रखो । **tum yād rakho .** "Erinnere dich." Kommt रहना **rahnā** "bleiben" hinzu, wird daraus eine andauernde Handlung: आपको याद रहेगी । **āpko yād rahegī .** "Es bleibt Ihnen in Erinnerung." Ähnlich bezeichnen हो **ho** und जाना **jānā** eine im Ablauf befindliche Handlung:

Das Hochzeitszeremoniell

Eine traditionelle hinduistische Hochzeitsfeier verläuft folgendermaßen: Auf die Begrüßung, bei der sich die beiden Neuvermählten Blumengirlanden वरमाला **varmālā** um den Hals legen, folgt das कन्या दनम **kanyā danam**, bei dem sich die Braut von ihrem jungfräulichen Leben rituell verabschiedet und von ihrem Vater feierlich an ihren Ehemann übergeben wird. All das findet in einem mit Blumen geschmückten Pavillon namens मंडप **maṇḍap** statt. Darauf folgen die religiösen Rituale, die von einem Priester पुरोहित **purohit** durchgeführt werden. Hierbei ist besonders der heilige Feuerritus हवन **havan** wichtig. Nachdem der Bräutigam seinen Fuß auf einen Stein gestellt und der Frau seine Treue versprochen hat, gehen die beiden sieben Mal um das heilige Feuer अग्नि **agni**; dabei werden manchmal die Kleider miteinander verknotet. Die letzten sieben Schritte der Braut सप्तपदी **saptapadī** versinnbildlichen ihre sieben Rechte und Verpflichtungen. Nachdem der Bräutigam ihr rotes Farbpulver सिन्दूर **sindūr** auf die Haare gestreut hat, folgt der "traurigste" Teil der Hochzeit namens विदाई **vidāī** oder डोली **ḍolī**, bei der die Braut sich von ihren Eltern verabschiedet. Ab jetzt wird sie im Haus des Bräutigams leben.

Zweite Welle: Aktivieren Sie heute Lektion 1!

30. Lektion

Ein Bräutigam der I.A.S.

(eins Bräutigam welcher I.A.S. war)

1 – Erinnern Sie sich? Wir haben bei unserer Freundin Rukmini eine Hindu-Hochzeit gesehen.
(Ihnen Erinnerung ist? wir-durch unsere Freundin Rukmini von hier eins Hindu Hochzeit gesehen war.)

उसको सरदर्द हो गया । **usko sardard ho gayā .** "Er hat Kopfschmerzen bekommen."

② Sowohl bei Hindu-Hochzeiten als auch bei muslimischen Hochzeiten lassen sich die Frauen die Hände (हाथ **hāth**♂) mit rotbraunem Henna (मेहंदी **mehndī**♀) bemalen.

२ आँगन♂ के बीच में एक सुन्दर-सा मंडप♂ था जो ख़ास तौर से शादी के लिए बना था । ③ ④ ⑤

३ — मंडप के नीचे अग्नि देवता♂ थे जो विवाह की रस्म♀ के साक्षी♂ थे । ⑥

४ — बीच में मोटा-सा एक युवक♂ सजा-धजा बैठा था जो दूल्हा ही हो सकता था ...

५ हालाँकि लड़का काफ़ी बदसूरत था, फिर भी सभी अपनी बेटी के लिए उसी को चाहते थे, क्योंकि वह आइ. ए. एस. अफ़सर♂ था । ⑦ ⑧

६ पिछले दिनों जब वह धनबाद में डी.एम. था तब काफ़ी पैसा बना चुका था । ⑨

ANMERKUNGEN

③ सुन्दर-सा **sundar-sā**: Nach Adjektiven, die eine Größenordnung oder ein subjektives Urteil andeuten, wirkt die Endung सा **sā** verstärkend (बड़ा **baṛā** "groß", छोटा **choṭā** "klein", लम्बा **lambā** "lang", चौड़ा **cauṛā** "breit", अच्छा **acchā** "gut", मीठा **mīṭhā** "süß", सुन्दर **sundar** "schön, hübsch", प्यारा **pyārā** "hübsch, freundlich"). Bei Farbbezeichnungen hingegen deutet diese Endung eine Abschwächung an.

④ Der मंडप **maṇḍap** "Pavillon" wird mit vier Pfeilern aus Fruchtholz gebaut und mit Stoffen, Blumen und Zweigen dekoriert.

⑤ जो **jo** ist das Relativpronomen für die direkte Form ("welcher, -e, -es") und wird für Singular und Plural, Maskulinum und Femininum unverändert verwendet.

⑥ Beachten Sie hier den (höflichen) Plural für den Gott अग्नि **agni.** Dabei handelt es sich übrigens um eine Verbildlichung des heiligen Feuers, das vom Priester in einer Schale entzündet wird und als der wahrhaftige Zeuge der Hochzeit gilt.

⑦ हालाँकि ... फिर भी **hālā̃ki ... phir bhī** "obwohl ...". Gegensätzliche Handlungen werden durch हालाँकि **hālā̃ki** "obwohl" eingeleitet und durch einen Gegenbegriff aufgegriffen: फिर भी **phir bhī** "jedoch", पर **par,** लेकिन **lekin**, मगर **magar** "aber". हालाँकि बच्चे बहुत शोर मचाते

2 Mitten im Hof stand ein sehr schöner Pavillon, der speziell für die Hochzeit gebaut wurde.
(Hof von zwischen in eins schön-lich Pavillon war welcher besonders Gelegenheit aus Hochzeit von für gebaut war.)

3 – Unter dem Pavillon war der Gott Agni, der Zeuge des Hochzeitsrituals war.
(Pavillon von unter Agni Gott waren welcher Hochzeit von Ritual von Zeuge waren)

4 – In der Mitte saß ein dicker reich geschmückter junger Mann, der nur der Bräutigam sein konnte ...
(zwischen in dick-lich eins junger-Mann geschmückt-herausgeputzt gesessen war welcher Bräutigam eben sein könnend war ...)

5 Obwohl der Junge ziemlich hässlich war, wollte ihn jeder für seine Tochter haben, denn gerade er war Beamter des I.A.S.
(obwohl Junge ziemlich hässlich war, wieder auch alle-eben eigene Tochter von für ihn-eben zu möchtend waren, weil jene/r I.A.S. Beamter war.)

6 In der Zeit, als er D.M. in Dhanbad war, hat er genug Geld verdienen können.
(letzte Tage als jene/r Dhanbad in D.M. war dann ziemlich Geld machen beendet war.)

हैं, मगर उनकी माँ उनको नहीं डांटती । **hālā̃ki bacce bahut śor**♀ **macāte haĩ, magar unkī mā̃ unko nahī̃ ḍā̃ṭtī .** "Obwohl die Kinder viel Lärm machten, schimpfte ihre Mutter nicht mit ihnen." Solche Beziehungswörter tauchen immer wieder auf, z.B. जब... तब **jab... tab** "wenn ... dann". Sie decken sich nicht immer mit deutschen Ausdrücken.

⑧ I.A.S. (Indian Administrative Service) ist die von Beamten beherrschte öffentliche Verwaltung. Angehörige des I.A.S. haben eine gesicherte Beschäftigung und einen hohen sozialen Status. Abkürzungen werden immer mit den englischen Namen der Buchstaben ausgesprochen, also in etwa: [*ai e eß*].

⑨ Die Abkürzung D.M. steht für District Magistrate, was in etwa einem Regierungspräsidenten entspricht.

७ सप्तपदी♀ की क्रिया♀ हुई जिसमें दोनों अग्नि की परिक्रमा♀ करते हैं । ⑩

८ — यही सबसे महत्वपूर्ण क्रिया है, जिसके बाद दोनों शत-प्रतिशत पति♂-पत्नी♀ हो जाते हैं !

९ — बोरिस, तैयार रहना ! ऐसे भी ससुर♂ हैं जिनके लिए तुम्हारी शकल♀ और अक़्ल♀ से ज़्यादा तुम्हारी जेब महत्वपूर्ण है ! ⑪ ⑫

ANMERKUNGEN

⑩ जिस **jis** (Plural जिन **jin**) "welchen" ist die abhängige Form von जो **jo**, wenn eine Postposition folgt, z. B. जिसमें **jismẽ**. Ebenso: नौकर पतीले मेज़ पर रख रहे थे, जिनसे ख़ुशबू आ रही थी । **naukar♂ patīle♂ mez par rakh rahe the, jinse khuśbū ā rahī thī .** "Die Diener stellten die Töpfe, aus denen ein guter Duft kam, auf den Tisch." Ähnlich auch जिसके बाद **jiske bād** "nach dem".

पहला अभ्यास: क्या आप ये वाक्य समझ रहे हैं ?

१ मंडप के नीचे एक मोटा-सा पंडित बैठा था जो ज़ोर-ज़ोर से संस्कृत♀ में कुछ सुना रहा था ।

२ आँगन में बहुत सारी लड़कियाँ बैठी थीं जो रात भर शादी के गीत गा रही थीं ।

३ शादी में दो राजस्थानी औरतें आई थीं जिन्होंने सभी लड़कियों के हाथों पर मेंहदी लगाई ।

४ पंडित जी के पास बहुत-सा घी था जिसको वे "स्वाहा ! स्वाहा !" कहते हुए अग्नि में डाल रहे थे ।

५ हालाँकि लड़के के पास पहले ही काफ़ी पैसा आ चुका था, फिर भी लड़कीवालों ने उसे और भी दहेज दिया ।

7 Es gab gerade die Zeremonie der sieben Runden, in der beide das heilige Feuer umrunden.
(sieben-Runden von Zeremonie gewesen welchen-in beide heiliges-Feuer von Umrundung machend sind.)

8 – Dies ist die wichtigste Zeremonie, nach der die beiden ganz und gar Ehemann und Ehefrau werden!
(dieser-eben alles-aus wichtig Zeremonie ist, welchen-von nach beide 100-Prozent Ehemann-Ehefrau sein gehend sind!)

9 – Boris, halte dich bereit! Es gibt Schwiegerväter, für die dein Aussehen und dein Intellekt weniger wichtig sind als deine Brieftasche!
(Boris, bereit bleiben! solche auch Schwiegerväter sind welchen-von für dein Gestalt und Intellekt aus mehr deine Tasche wichtig ist!)

⑪ ऐसे भी ससुर हैं जिनके लिए । **aise bhī sasur haĩ jinke lie .** Die gebeugte Pluralform von जो **jo** ist wie gesagt जिन **jin**. Daher auch: ऐसी औरतों को जानता हूँ जिनको बच्चों में कोई दिलचस्पी नहीं है । **aisī auratõ ko jāntā hū̃ jinko baccõ mẽ koī dilcaspī nahī̃ hai .** "Ich kenne Frauen, die sich nicht für Kinder interessieren."

⑫ Beachten Sie: जिन **jin** + ने **ne** = जिन्होंने **jinhõne.**

पहले अभ्यास के उत्तर : क्या आप समझे ?

❶ Unter dem Pavillon saß ein ziemlich dicker Priester, der sehr laut etwas in Sanskrit rezitierte. ❷ Im Hof saßen sehr viele Mädchen und sangen die ganze Nacht Hochzeitslieder. ❸ Es waren zwei Frauen aus Rajasthan zur Hochzeit gekommen, die die Hände aller Mädchen mit Mehndi bemalten. ❹ Der Priester hatte viel Ghi, das gab er ins Feuer und rief dabei: "Svaha! Svaha!". ❺ Obwohl der Junge schon vorher genug Geld erhalten hatte, gaben ihm die Eltern des Mädchens trotzdem noch mehr Mitgift (दहेज).

पहला अभ्यास: क्या आप ये वाक्य समझ रहे हैं ? (जारी)

६ जब लड़की ने अपने दूल्हे की जेब देखी तब वह भी काफ़ी खुश हुई ।

७ जब उसने अपने पति की शक्ल और अक़्ल को देखा तब उसे ज़रा दुःख हुआ ।

८ हालाँकि दुल्हन ख़ूबसूरत है, बाद में वह दिन भर ताश खेलेगी और मोटी हो जाएगी ।

९ रोज़ वह ऐसी सहेलियों के साथ पकौड़े और चाट खाएगी जिनका और कोई काम नहीं ।

१० जब सभी सहेलियाँ बड़े-बड़े होटलों° में ब्रिज खेलेंगी तब काफ़ी शोर होगा ।

दूसरा अभ्यास: वाक्य पूरे कीजिए ।

❶ Sie sahen aufmerksam nach den Dienern, die langsam das Essen auf die Tische stellten.

१ वे ध्यान से उन नौकरों को देख रही थीं — धीरे-धीरे मेज़ पर खाना लगा — — ।

❷ Zuerst brachten die Diener große Töpfe, aus denen der Duft von "Murgh Makhni" aufstieg.

२ — — पहले बड़े-बड़े पतीले रखे — मुर्ग़ मखनी की — आ रही थी ।

❸ Als die Diener alles richtig auf den Tisch gestellt hatten, eilten alle Leute zum Essen.

३ — नौकर सब कुछ ठीक से मेज़ पर लगा चुके थे, — सभी लोग — की ओर लपके ।

पहले अभ्यास के उत्तर: क्या आप समझे ? (जारी)

⑥ Als das Mädchen den Geldbeutel ihres Bräutigams sah, war auch sie ziemlich erfreut. ⑦ Als sie sich über das Aussehen und den Intellekt ihres Ehemanns klar wurde, war sie etwas unglücklich. ⑧ Obwohl der Bräutigam hübsch ist, wird sie danach den ganzen Tag Karten spielen und dick werden. ⑨ Zusammen mit ihren Freundinnen, die sonst nichts zu tun haben, wird sie jeden Tag Pakoras und Tchat essen. ⑩ Wenn alle Freundinnen in den großen Hotels Bridge spielen werden, dann gibt es ziemlichen Lärm.

फिर सबसे महत्वपूर्ण
क्रिया हुई जिसमें
दोनों अग्नि की
परिक्रमा करते हैं।

***Lerntipp:** Bei der "Zweiten Welle" werden Sie feststellen, dass Ihnen die erforderlichen Ausdrücke und Redewendungen spontan einfallen. Mittlerweile verstehen Sie sehr viel, und die Texte der ersten Lektionen werden Ihnen besonders leicht erscheinen. Achtung: Bevor Sie diesen neuen Lernabschnitt ab-solvieren, sollten Sie die heutige Lektion ganz normal bearbeiten, d.h. sich nur mit dem Verstehen des Dialogs beschäftigen.*

दूसरे अभ्यास के उत्तर: रिक्त स्थान

❶ जो – रहे थे ❷ नौकरों ने – जिनसे – ख़ुशबू ❸ जब – तब – खाने

दूसरा अभ्यास: वाक्य पूरे कीजिए । (जारी)

❹ Jene Leute, denen man nicht ein zweites Mal Halva reichte (denen Halva nicht kam), waren ziemlich unglücklich.

४ वे लोग —— लिए दूसरी बार हलवा नहीं आया उन्हें काफ़ी दुःख हुआ ।

❺ Raisahab blieb an dem Tisch, auf dem die vegetarischen Gerichte standen.

५ रायसाहब उसी मेज़ के पास रहे —— —— शाकाहारी खाना रखा था ।

दूसरे अभ्यास के उत्तर: रिक्त स्थान (जारी)

❹ जिनके ❺ जिस पर

पाठ इकतीस

जो मंज़िलें अभी नहीं आईं

१ — यह तस्वीर देखिए और बताइए ! जो लड़का इस कुरसी पर बैठा है वह कौन है ? ①

२ जो सूटवाले और मूछोंवाले साहब बीच में खड़े हैं वे उसके पिता पंडित मोतीलाल हैं ... ②

ANMERKUNGEN

① Hier werden Neben- und Hauptsatz vertauscht. Der Hauptsatz wird nachgestellt und durch वह **voh** aufgegriffen जो बच्चा बाहर खेल रहा है, वह मेरा छोटा भाई है । **jo baccā bāhar khel rahā hai, voh merā choṭā bhāī hai** . "Das Kind, das draußen spielt, ist mein kleiner Bruder." जो तस्वीर दीवार पर लगी हुई है, वह बहुत भद्दी है । **jo tasvīr dīvār♀ par lagī huī hai, voh bahut bhaddī hai** . "Das Bild, das an der Wand hängt, ist sehr hässlich."

Die richtige Wortwahl

Sie haben in dieser Lektion verschiedene Wörter für "Hochzeit" kennengelernt: विवाह **vivāh**♂ und शादी **śādī**♀ aus dem Sanskrit und damit vorrangig von Hindus verwendet sowie ब्याह **byāh**♂ aus dem Arabisch-Persischen und dadurch v. a. von Moslems benutzt. Der Hindi-Wortschatz ist wegen seiner komplexen Ursprünge sehr vielfältig. So gibt es für das Wort "Frau" die drei Ausdrücke औरत **aurat**♀ (Urdu – folglich arabisch-persisch), महिला **mahilā**♀ und स्त्री **strī**♀ (beide Hoch-Hindi, also aus dem Sanskrit). Diese Vielfalt sollte Sie nicht verunsichern. Sie passen sich damit der jeweiligen Situation an. Die Sanskrit-Wörter sind oftmals etwas formeller und die Urdu-Wörter etwas umgangssprachlicher.

Zweite Welle: Aktivieren Sie heute Lektion 2!

31. Lektion

Diese Ziele traten nie ein

(welcher Ziele jetzt-eben nicht gekommen)

1 – Sieh dir das Bild an, und sag mal! Wer ist der Junge, der auf dem Stuhl sitzt?
(diese/r Bild sehen-Sie und erzählen-Sie! welcher Junge diese/r Stuhl auf gesessen ist jene/r wer ist?)

2 Dieser Herr im Anzug und mit Bart, der in der Mitte steht, ist sein Vater Pandit Motilal ...
(dieser Anzug-Besitzer und Bart-Besitzer Herr zwischen in stehend ist jene sein Vater Pandit Motilal sind ...)

② सूटवाले **sūṭvāle**: मूछोंवाले **mūchõvāle** "der Bart tragende". Das angehängte वाला **-vālā** qualifiziert das nachfolgende Substantiv: लहंगेवाली लड़की **lahãgevālī laṛkī** "Mädchen im Lahanga-Rock", वासकटवाले साहब **vāskaṭvāle sāhab** "Herr in einer Weste", चायवाला **cāyvālā** "jemand, der für den Tee zuständig ist". लड़कीवाले **laṛkīvāle** ist "die Familie von Seiten des Mädchens", लड़केवाले **laṛkevāle** "die Familie von Seiten des Jungen". Das Substantiv steht immer in seiner abhängigen Form."

३ जिस महिला♀ ने कानों♂ में कश्मीरी अटहरू♂ पहने हुए हैं वह स्वरूपरानी हैं ... ③ ④

४ — बस, मैं समझ गई ! जिस बच्चे को यहाँ अंग्रेज़♂ बनाया हुआ है उसका नाम जवाहरलाल नेहरू है ! ⑤

५ — जिन संस्थाओं♀ में जवाहर को शिक्षा♀ मिली उनमें ब्रिटिश राज♂ की होनेवाली "एलीट♀" बनती थी । ⑥

६ पिता मोतीलाल इलाहाबाद के बहुत रईस वकील♂ थे और कांग्रेस♀ के नेता♂ भी ।

७ उन्होंने बेटे♂ को विलायत♀ भेजा ताकि वह भी बहुत बड़ा वकील बने । ⑦ ⑧

८ मगर हाय ! जवाहरलाल तो केम्ब्रिज जाकर सोशलिस्ट♂ बन गया ! ⑨

ANMERKUNGEN

③ In जिस महिला ने **jis mahilā ne** "jene Frau/(durch), die" nimmt die Wortgruppe durch die Postposition die abhängige Form an; daher जिस **jis** (nicht जो **jo**).

④ पहने हुए हैं **pahane hue haĩ** "tragen". हुए **hue** (Partizip von होना **honā**) verleiht dem normalen Perfekt den Aspekt einer andauernden Handlung: Vergleichen Sie वह अमरीका गया है । **voh amrīkā gayā hai .** "Er ist nach Amerika gefahren (und noch nicht zurück)" und वह अमरीका गया हुआ है । **voh amrīkā gayā huā hai .** "Er ist nach Amerika gefahren (und ist bis heute dort)." Ebenso unterscheiden sich बनाया है **banāyā hai** "gemacht haben, verändert haben" und बनाया हुआ है **banāyā huā hai** "bleibend verändert haben".

⑤ बनाना **banānā** bedeutet neben "zubereiten" auch "machen, verändern": मैं तुमको अच्छा लड़का बनाऊँगा। **maĩ tumko acchā laṛkā banāū̃gā .** "Ich werde aus dir einen guten Jungen machen."

⑥ जवाहरलाल को शिक्षा मिली । **javāharlāl ko śikṣā milī .** "Jawaharlal erhielt eine Ausbildung." ist wieder ein indirekter Satzaufbau.

3 Die Frau, die an den Ohren Kashmir-Ohrringe trägt, ist Swaruprani ...
(welche Frau durch Ohren in kashmirisch Ohrringe angezogen gewesen sind jene/r Swaruprani sind ...)

4 – Schluss, ich habe verstanden! Jener Junge, den man dort zu einem Engländer gemacht hat, sein Name ist Jawaharlal Nehru!
(es-reicht, ich verstehen gegangen! welchen Kind zu dort Engländer gemacht gewesen ist sein Name Jawaharlal Nehru ist!)

5 – Die Institutionen, in denen Jawaharlal seine Ausbildung erhielt, bildeten die zukünftige "Elite" des britischen Empire aus.
(welche Institutionen in Jawahar zu Ausbildung gefunden jenen-in britisch Regierung von sein-Besitzerin Elite machend war.)

6 Sein Vater Motilal war ein sehr wohlhabender Rechtsanwalt in Allahabad und auch der Vorsitzende der Congress-Partei.
(Vater Motilal Allahabad von sehr vornehm Rechtsanwalt waren und Congress von Anführer auch.)

7 Er schickte den Sohn nach Großbritannien, damit auch er ein großer Rechtsanwalt würde.
(jenen-durch Sohn zu Westen geschickt damit jene/r auch sehr groß Rechtsanwalt würde-werden.)

8 Aber leider! Jawaharlal wurde Sozialist, als er in Cambridge war!
(aber oh-weh! Jawaharlal doch Cambridge gehen-machen Sozialist werden gegangen!)

⑦ Die in तािक वह भी वकील बने **tāki voh bhī vakīl bane** zum Ausdruck gebrachte Absicht wird wie im Deutschen durch einen Konjunktiv ausgedrückt.

⑧ Das Arabisch-stämmige विलायत **vilāyat** bezeichnete unter den Briten v.a. das "Mutterland", also Großbritannien. Heute wird es allgemein für den "Westen" gebraucht, einschließlich Nordamerika.

⑨ वकील बने **vakīl bane** "dass er Rechtsanwalt würde". सोशलिस्ट बन गये । **sośalisṭ ban gaye.** "Er wurde Sozialist." बनना **bannā** wird insbesondere in Verbindung mit "werden" eingesetzt. Hier hätte man auch sagen können: सोशलिस्ट हो गए । **sośalisṭ ho gae.** "Er wurde Sozialist."

९ कितने-कितने सपने♂... जवाहरलाल का समाजवाद♂, महात्मा गांधी का रामराज्य♂, कम्युनिस्टों♂ का इनक़लाब♂, जनसंघियों♂ का हिन्दू राष्ट्र♂ और जाने क्या-क्या ! ⑩

१० १९४७ में जिस वक़्त♂ पंडित नेहरू ने कहा कि हिन्दुस्तान आज़ादी♀ की सुबह♀ में जाग रहा है, उसी वक़्त एक शायर ने कहा : ⑪ ⑫ ⑬

११ "यह वह सहर♀ तो नहीं इंतज़ार♂ था जिसका ..." ⑭

ANMERKUNGEN

⑩ समाजवाद **samājvād** "Sozialismus" besteht aus समाज **samāj**♂ "Gesellschaft" und -वाद **-vād** "-ismus". Ganz ähnlich lautet das Hindi-Wort für "Sozialist": समाजवादी **samājvādī.**

⑪ जिस वक़्त... उसी वक़्त **jis vaqt... usī vaqt** "zu der Zeit, als ...". उसी **usī** ergibt sich aus उस **us** und ही **hī**.

⑫ Als पंडित **paṇḍit** bezeichnet man in der Regel einen Gelehrten oder einen Brahmanen-Priester. Für namhafte, berühmte Brahmanen – wie Nehru – wird es aber auch als respektvolle Form der Anrede verwendet.

पहला अभ्यास: क्या आप ये वाक्य समझ रहे हैं ?

१ जो साहब पान की दुकान पर खड़े होकर बहस कर रहे हैं वे नवाबराय ही हैं, न ?

२ जिस फ़्रांसीसी लड़की ने राजस्थानी लहँगा पहना हुआ था वही निशा थी क्या ?

३ जिस रूसी लड़के ने अपनी जवाहर-कट वास्कट में लाल गुलाब लगाया हुआ है वह बोरिस ही हो सकता है ।

४ जिस शास्त्रीय संगीत को हेरमान सुनता है उसे सुनकर बोरिस बोर हो जाता है ।

9 Lauter Träume ... der Sozialismus des Jawaharlal, der "Ramrajya" des Mahatma Gandhi, die Revolution der Kommunisten, die Hindu-Nation des Jansangh und was weiß ich noch!
(wieviele-wieviele Träume ... Jawaharlal von Sozialismus, Mahatma Gandhi von Ramrajya, Kommunisten von Revolution, Jansangh von Hindu Nation und wissen was-was!)

10 1947, als Pandit Nehru sagte, dass Indien am Morgen der Freiheit erwacht, antwortete ein Dichter:
(1947 in welchen Zeit Pandit Nehru durch gesagt dass Indien Freiheit von Morgen in aufwachen geblieben ist, jene-eben Zeit eins Dichter durch gesagt:)

11 "Es war wohl nicht der Morgen, den wir erwarteten..."
(diese/r jene/r Morgen doch nicht Erwartung war welchen-von ...)

⑬ 1947 erklärte Indien seine Unabhängigkeit. Seine Verfassung stammt aus dem Jahre 1950 und machte das Land zur größten Demokratie der Welt – zumindest in Bezug auf die Bevölkerungszahl.

⑭ Diese Zeilen stammen von dem in Nordindien, Pakistan und Bangladesh sehr bekannten Urdu-Dichter Faiz Ahmad Faiz (1911-1984). Faiz bezieht sich hier auf die als Partition bezeichnete Teilung des indischen Subkontinents in das muslimische Pakistan und das überwiegend hinduistische Indien direkt nach der Unabhängigkeit, bei der hunderttausende Menschen den Tod fanden.

पहले अभ्यास के उत्तर : क्या आप समझे ?

❶ Jener Herr, der an der Bethel-Bude steht und diskutiert, ist wohl Herr Navabray, nicht wahr? ❷ Jenes französische Mädchen, das eine rajasthanische Lahanga trug, war wohl Nisha? ❸ Jener russische Junge, der eine rote Rose an seine Weste [im] Jawaharlal-Schnitt gesteckt hat, kann nur Boris sein. ❹ Jene klassische Musik, die Hermann sich anhört, langweilt Boris, wenn er sie hört.

पहला अभ्यास: क्या आप ये वाक्य समझ रहे हैं ? (जारी)

५ जिन फ़िल्मी गानों को बोरिस अपने टेपरिकॉर्डर पर बजाता है उन्हें सुनकर हेरमान को सरदर्द हो जाता है ।

६ जो बातें मैंने तुम्हें कल समझाई थीं, क्या वे तुम्हें याद रहेंगी ?

७ जिस काम के लिए हम यहाँ आए थे उसे तो हम कर नहीं पाए ।

८ जो-जो कर्मचारी दफ़्तर में ताश खेल रहे थे उनको डायरेक्टर साहब ने बुलाया है ।

९ जिन्हें अपनी भाषा ही ठीक से नहीं आती वे विदेशी भाषा में क्या लिख पाएँगे ?

१० जिसने रवि शंकर को कभी नहीं सुना वह सितार को कैसे समझ सकता है ?

दूसरा अभ्यास: वाक्य पूरे कीजिए ।

❶ Das Auto, das hupend heranrast, ist ein Maruti.

१ — कार हॉर्न♂ बजाते हुए भाग रही है — मारुति♀ है ।

❷ Jene Ohrringe, die ich trage, wird auch meine zukünftige Schwiegertochter tragen.

२ — अटहरू मैंने — — हैं, उन्हीं को मेरी — बहू भी पहनेगी ।

❸ In der Zeit, als Pandit Motilal Rechtsanwalt war, leuchtete sein Haus "Anand Bhavan" in Allahabad sogar in der finsteren Nacht!

३ — — पंडित मोतीलाल वकील थे, — — इलाहाबाद में उनका घर "आनन्द भवन" — — में भी — — !

पहले अभ्यास के उत्तर: क्या आप समझे ? (जारी)

⑤ Jene Film-Schlager, die Boris auf seinem Tonbandgerät spielen lässt, machen Hermann Kopfschmerzen, wenn er sie hört. ⑥ Die Sachen, die ich♀ dir gestern erklärte, wirst du dich an sie erinnern? ⑦ Die Arbeit, für die wir hierher gekommen waren, ist uns doch nicht gelungen. ⑧ Alle Angestellten, die im Büro Karten gespielt hatten, ließ der Herr Direktor rufen. ⑨ Diejenigen, die ihre eigene Sprache nicht richtig kennen, wie werden sie eine ausländische Sprache schreiben können? ⑩ Derjenige, der nie Ravi Shankar gehört hat, wie wird er die Sitar verstehen können?

दूसरे अभ्यास के उत्तर: रिक्त स्थान

❶ जो – वह ❷ जो – पहने हुए – होनेवाली ❸ जिस वक़्त – उस वक़्त – अँधेरी रात – चमकता था

***Lerntipp:** Sie können die "Zweite Welle" selbstverständlich auch schriftlich absolvieren. Auf diese Weise lernen Sie auch das Schreiben der Devanagari-Schrift!*

दूसरा अभ्यास: वाक्य पूरे कीजिए । (जारी)

❹ Ja, Munni, jener bärtige deutsche Philosoph, dessen Bild hier abgedruckt ist, ist Nietzsche, und er hat dieses Buch geschrieben.

४ हाँ मुन्नी, — — जर्मन फ़िलॉसफ़र की तस्वीर यहाँ — — है, वही नीत्शे हैं और उन्हीं ने यह किताब लिखी है ।

❺ Diesen Angestellten, dem Nishas Lahanga etwas zu viel gefallen hatte, ließ der Herr Direktor auch rufen!

५ — कर्मचारी को निशा का लहँगा बहुत ज़्यादा — — — , — भी डायरेक्टर साहब ने बुलाया है !

पाठ बत्तीस

देखते रहिए ...

१ – रायसाहब, तो क्या आज़ादी के बाद अलग-अलग गुट♂ आपस में लड़ते रहे ? ①

ANMERKUNGEN

① देखते रहिए **dekhte rahie.** रहना **rahnā** impliziert das Andauern einer Handlung. Dies wird mit dem Partizip Präsens des Hauptverbs (in Genus und Numerus an das Subjekt angeglichen) und dem Hilfsverb रहना **rahnā** ausgedrückt.

दूसरे अभ्यास के उत्तर: रिक्त स्थान (जारी)

❹ जिन मूछोंवाले – छपी हुई ❺ जिस – पसंद आया था – उसे

Rāmrājya

रामराज्य **rāmrājya** ist die Regierungsform, die an den epischen Helden राम **rām** aus der Ramayana anknüpft. इनक़लाब **inqalāb** "Revolution" ist ein arabisch-persisches Wort, ihm entspricht das Sanskrit-Wort क्रांती **krānti**♀ (daraus abgeleitet: क्रांतीकारी **krāntikārī** "Revolutionär"). Die Partei Jansangh, wörtlich "Vereinigung des Volkes" (von जन **jan**" Volk") ist nach und nach aus der indischen Politik verschwunden. Anders dagegen die *Congress*-Partei, die die indische Politik seit der Unabhängigkeit – mit wenigen kurzen Unterbrechungen – beherrscht, zuerst unter der Regierung von Jawaharlal Nehru (1889-1964). Er gilt zusammen mit Mahatma Gandhi als Vater der Unabhängigkeit Indiens und wurde zum ersten Ministerpräsidenten des Landes gewählt. Später übernahmen seine Tochter Indira Gandhi (ermordet 1984), dann ihr Sohn Rajiv Gandhi (ermordet 1990) und schließlich dessen Ehefrau Sonia Gandhi die Führung der Partei.

Zweite Welle: Aktivieren Sie heute Lektion 3!

32. Lektion

Warten Sie und sehen Sie ...
(sehend bleiben-Sie ...)

1 – Raisahab, haben sich die verschiedenen Fraktionen denn nach der Freiheit weiter bekämpft?
(Raisahab, doch was Freiheit von nach verschieden-verschieden Fraktionen gegenseitig in kämpfend geblieben?)

२ – और क्या ? गाँधीजी "गाँव गाँव" ♂ करते रहे और नेहरूजी "विज्ञान" ♂ "तकनॉलॉजी"♀ जपते रहे । ② ③

३ बेचारी कम्युनिस्ट पार्टी♀ स्तालिन का मुँह♂ ताकती रही, संसद♀ और इनक़लाब♂ के बीच झूलती रही !

४ काँग्रेस के नेता♂ मिनिस्टर-गवर्नर बनते रहे और सरकारी अफ़सर अपनी जेबें भरते रहे ।

५ पैसेवाले और ताक़तवाले घी-शक्कर खाते रहे और ग़रीब आदमी सूखी रोटी♀ का मुँह♂ ताकता रहा । ④

६ गाँधीजी कुछ देर♀ हताश होकर बैठे रहे और कहते रहे कि देश लोभ♂ के दलदल♂ में डूब रहा है । ⑤

७ उनकी बात किसी ने न सुनी और फिर तो उनकी हत्या♀ ही हो गई । ⑥ ⑦

ANMERKUNGEN

② Wie जो **jo** und जैसा **jaisā** ist जब **jab** ein Relativpronomen. Es hat eine temporale (zeitliche) Bedeutung im Sinne von "als" oder "wenn". जब उनका परिचय हो जाएगा, दोनों आपस में मिलते रहेंगे । **jab unkā paricay♂ ho jāegā, donõ āpas mẽ milte rahẽge .** "Wenn Sie sich kennengelernt haben werden, werden Sie sich ständig treffen." लड़ना **laṛnā** steht immer zusammen mit der Postposition से **se.**

③ करते रहे **karte rahe**: progressive, sich wiederholende Vergangenheit von "machen", hier im Sinne von "sich beschäftigen". जपते रहे **japte rahe** meint das Rezitieren von Gebeten oder Mantras, hier ironisch gebraucht. Das Subjekt steht hier in der ehrerbietigen Form mit जी **-jī**.

④ घी-शक्कर खाना **ghī-śakkar khānā** ist ein Ausdruck für Wohlstand, denn diese beiden Lebensmittel sind besonders geschätzt. Darüber hinaus spielt घी **ghī** "Butterschmalz" bei vielen, insbesondere religiösen, Zeremonien eine Rolle.

⑤ बैठे रहे **baiṭhe rahe**: बैठना **baiṭhnā** bedeutet eher "unbewegt an einer Stelle bleiben". Es unterscheidet sich von रहना **rahnā**, da es in Verbindung mit dem Verb eine länger andauernde Handlung andeutet: वे महिलाओं की सीट पर बैठे रहे । **ve mahilāõ kī sīṭ par baiṭhe rahe .** "Sie sitzen noch immer auf den für Frauen reservierten Sitzen."

2 – Und wie! Gandhijis Aufmerksamkeit galt nur den "Dörfern" und Nehruji predigte "Wissenschaft" und "Technologie".
(und was? Gandhiji Dorf-Dorf machend geblieben und Nehruji Wissenschaft Technologie predigend geblieben.)

3 Die arme Kommunistische Partei starrte auf Stalins Gesicht und schwankte zwischen Parlament und Revolution!
(arm kommunistisch Partei Stalin von Gesicht starrend geblieben, Parlament und Revolution von zwischen schwankend geblieben!)

4 Die Führer der Kongresspartei stellten die Minister und Gouverneure, und die Regierungsbeamten füllten weiterhin ihre Taschen.
(Kongress von Führer Minister-Gouverneure machend geblieben und Regierungs Beamte eigen Taschen füllend geblieben.)

5 Die Reichen und Mächtigen lebten in Saus und Braus, und die Armen sahen nur das trockene Brot.
(Geld-Besitzer und Macht-Besitzer Ghi-Zucker essend geblieben und arm Mann trocken Brot von Gesicht ansehend geblieben.)

6 Lange Zeit war Gandhi am Boden zerstört und beharrte immer wieder darauf, dass das Land in einem Sumpf von Neid unterginge.
(Gandhiji etwas Verspätung niedergeschlagen sein-machen gesessen geblieben und sagend geblieben dass Land Neid von Sumpf in untertauchen geblieben ist.)

7 Niemand hörte sein Wort, und schließlich wurde er sogar ermordet.
(ihre Wort jemand durch nicht gehört und wieder doch sein Mord nur sein gegangen.)

⑥ किसी ने न सुनी **kisī ne na sunī.** Achten Sie hier auf das Verb im historischen Perfekt, das nach dem Objekt बात **bāt** "Wort" konjugiert wird, und auf die abhängige Form von कोई नहीं **koī nahī̃** = किसी (ने) न / नहीं **kisī (ne) na / nahī̃** .

⑦ उनकी हत्या हो गई । **unkī hatyā ho gaī .** "Sein Mord sein gegangen," = "Sein Mord ist geschehen." (intransitiv). Dagegen: उनकी हत्या करना **unkī hatyā karnā** "ihn ermorden" (transitiv).

८ — रायसाहब, भारत की जनता॰ क्या उल्लू॰ बनी रहेगी और बदमाश ही राज॰ करते रहेंगे ? ⑧

९ — देखते रहिए.... मैं पहले आपसे कह चुका हूँ : भारत में कुछ भी हो सकता है !

ANMERKUNGEN

⑧ उल्लू बनी रहेगी **ullū banī rahegī** "wird weiterhin an der Nase herumgeführt".

पहला अभ्यास: क्या आप ये वाक्य समझ रहे हैं ?

१ मुसलमान भारत छोड़कर पाकिस्तान जाते रहे और हिन्दू आते रहे ।

२ कई भारतीय उर्दू और फ़ारसी से बचते रहे और पाकिस्तानी हिन्दी और संस्कृत से दूर होते रहे ।

३ फिर भी बहुत-से लेखक हिन्दी और उर्दू की धाराओं को घुलाते-मिलाते रहे ।

४ पाकिस्तान के लोग हिन्दी फ़िल्में देखते रहे और भारत में भी लोग ग़ुलाम अली और मेहदी हसन को सुनते रहे ।

५ हिन्दुस्तानी पाकिस्तान टेलिविज़न के नाटक देखते रहे और वीडियो पर उनको रिकार्ड करते रहे !

६ बड़े ग़ुलाम अली ख़ाँ कृष्ण भक्ति के गीत गाते रहे, बेगम अख़्तर ब्रजभाषा में ठुमरियाँ गाती रहीं ।

७ उस्ताद फ़ैय्याज़ुद्दीन और ज़हीरुद्दीन डागर ध्रुपद संगीत गाते रहे ।

8 – Raisahab, wird Indiens Volk weiterhin an der Nase herum geführt, und die Gangster stellen die Regierung?
(Raisahab, Indien von Volk was Eule gemacht wird-bleiben und Bösewicht nur Regierung machend werden-bleiben?)

9 – Warten Sie ab ... Ich sagte es schon vorhin: In Indien kann alles Mögliche geschehen!
(sehend bleiben-Sie... ich früher Sie-aus sagen beendet bin: Indien in etwas auch eben sein könnend ist!)

पहले अभ्यास के उत्तर : क्या आप समझे ?

❶ Immer noch verlassen Moslems Indien und gehen nach Pakistan, und weiterhin kommen Hindus. ❷ Viele Inder halten sich von Urdu und Persisch fern, und Pakistani von Hindi und Sanskrit. ❸ Dennoch verschmelzen und vermischen viele Schriftsteller weiterhin die Hindi- und Urdu-Strömungen. ❹ Pakistanis sehen weiterhin Hindi-Filme, und sogar in Indien hört man weiterhin Ghulam Ali und Mehdi Hassan. ❺ Die Inder sehen sich weiterhin pakistanische Theaterstücke im Fernsehen an und nehmen sie auf Video auf! ❻ Bare Ghulam Ali Khan singt weiterhin Musik zur Krishna-Verehrung und Begam Akhtar singt Thumri-Lieder in der Braj-Sprache. ❼ Ustad (Meister) Faiyyazuddin und Zahiruddin Dagar singen weiterhin die Dhrupad-Musik.

पहला अभ्यास: क्या आप ये वाक्य समझ रहे हैं ? (जारी)

८ राही मासूम रज़ा और अब्दुल बिस्मिल्ला जैसे लेखक मिली-जुली हिन्दी-उर्दू में लिखते रहे ।

९ मगर भारतीय रेडियो, टीवी और सरकारी काम-काज की हिन्दी संस्कृत बनती रही !

१० हाँ, हिन्दी फ़िल्मों के डायलाग और गाने हमेशा हिन्दी और उर्दू को एक ही ज़बान मानते रहे !

दूसरा अभ्यास: वाक्य पूरे कीजिए ।

❶ Eines Tages, im Bengali Markt, schaute Boris ständig nach einem hübschen indischen Mädchen.

१ एक दिन बंगाली मार्केट में बोरिस एक सुन्दर-सी हिन्दुस्तानी लड़की का मुँह ताकता ___ ।

❷ Das Mädchen kam auch manchmal, um Tchat zu essen, manchmal um Fruchtsaft zu trinken und um den Zustand des armen Boris zu beobachten.

२ लड़की भी कभी चाट खाने, ___ फ़्रूट-जूस पीने ___ ___ और बेचारे बोरिस की हालत देखती ___ ।

❸ Eines Tages sprach Raisahab in der Klasse mit Boris, der nahe am Fenster saß und über etwas nachdachte.

३ एक दिन क्लास में रायसाहब बोरिस से बात ___ ___ और वह खिड़की के पास बैठा-बैठा कुछ ___ ___ ।

❹ Manchmal gab ihm Nisha weiter Ratschläge und machte ihm auch Mut!

४ बीच-बीच में निशा उसे सलाह ___ ___ और ___ भी ___ ___ !

पहले अभ्यास के उत्तर: क्या आप समझे ? (जारी)

⑧ Schriftsteller wie Rahi Masoom Raza und Abdul Bismilla schreiben weiterhin auf Hindi, verschmolzen und gemischt mit Urdu. ⑨ Aber das Hindi des indischen Radios, des Fernsehens und der Regierungsgeschäfte wurde weiter zum Sanskrit hin verändert! ⑩ Ja, in den Filmdialogen und Schlagern werden immer noch Hindi und Urdu als eine Sprache verstanden!

दूसरा अभ्यास: वाक्य पूरे कीजिए । (जारी)

❺ Warten Sie ab! Boris wird nicht mehr so lange warten! Im Bengali Markt kann diese Woche alles Mögliche geschehen!

५ — — ! बोरिस ज़्यादा देर इस तरह नहीं — — !
बंगाली मार्केट में इस हफ़्ते कुछ भी — — — !

दूसरे अभ्यास के उत्तर: रिक्त स्थान

❶ रहा ❷ कभी – आती रही – रही ❸ करते रहे – सोचता रहा ❹ देती रही – बढ़ावा – देती रही ❺ देखते रहिए – बैठा रहेगा –हो सकता है

Theater

Das indische Theater hat eine lange Tradition. Seit vielen Jahrhunderten wurden und werden die Heldenepen des Hinduismus durch Schauspieler auf der Bühne vorgetragen. Unter den Briten war das Theater oftmals Ausdruck des Widerstands, indem es verschlüsselt Kritik an den fremden Herrschern ausdrückte. Die Hindi-Literatur verfügt nur über ein kleines Repertoire an moderneren Stücken. Als Verkehrssprache des ganzen Landes dient das Hindi aber bis heute als Ausdrucksmittel des Protests und das auch häufig im Theater. Regierungs- und Oppositionsparteien stehen gleichermaßen im Mittelpunkt des Spotts und der Parodie. Bei einem Indien-Besuch sollten Sie versuchen, ein Theaterstück in einem kleinen Amateurtheater zu erleben. Sie werden meist öffentlich, auch in Schulen oder auf Dorfplätzen, aufgeführt.

Zweite Welle: Aktivieren Sie heute Lektion 4!

पाठ तैंतीस

करें या करवाएँ ?

१ — क्या बात है ? डायरेक्टर साहब दिन-ब-दिन मोटे होते जा रहे हैं । ①

२ — औरं नहीं तो क्या ! दिनभर मक्खियाँ मारते रहते हैं और ख़ाक छानते रहते हैं । ②

३ कोई भी काम अपने आप तो करते नहीं, सब कुछ दूसरों से करवाते हैं ... ③ ④

४ अपनी अटैची तक ख़ुद नहीं उठाते, चपरासी से उठवाते हैं । ⑤

५ चिट्ठियाँ भी स्वयं नहीं लिख पाते, सेक्रेटरी से लिखवाते हैं ।

ANMERKUNGEN

① मोटे होते जा रहें हैं **moṭe hote jā rahe haĩ** beschreibt eine andauernde, sich steigernde Handlung. Diese wird durch das (Hilfs-)Verb जाना **jānā** in der jeweils konjugierten Form ausgedrückt. "Dick sein" wird bekanntlich mit मोटा होना **moṭā honā** wiedergegeben.

② Die sehr bildhaften Ausdrücke मक्खियाँ मारना **makkhiyā̃ mārnā** "Fliegen töten" und ख़ाक छानना **<u>kh</u>āk chānnā** "Staub sieben" sind beides herablassende Beschreibungen für anhaltende Faulheit.

③ अपने आप **apne āp** folgt auf das Subjekt und verstärkt es häufig. Weiter unten finden Sie gleichbedeutende Ausdrücke arabisch-persischen Ursprungs (ख़ुद **<u>kh</u>ud**) sowie aus dem Sanskrit (स्वयं sprich: **svayam**).

④ Die Endsilbe वा **-vā** in करवाते **karvāte** weist darauf hin, dass eine andere, durch die Postposition से **se** eingeführte Person, etwas macht (Kausativ II). Daneben gibt es noch die Kausativ-Form कराना **karānā** "machen lassen". दाँत निकल गया । **dā̃t**♂ **nikal gayā.** "Der Zahn ist ausgefallen." डेंटिस्ट ने दाँत निकाल दिया । **ḍenṭisṭ**♂ **ne dā̃t nikāl diyā.** "Der Zahnarzt hat den Zahn gezogen." उसने डेंटिस्ट से दाँत निकलवा दिया । **usne ḍenṭisṭ se dā̃t nikalvā diyā.** "Er hat den Zahn von einem Zahnarzt ziehen lassen."

Machen oder machen lassen?
(würden-machen oder würden-machen-lassen?)

1 – Was ist los? Der Herr Direktor wird von Tag zu Tag dicker.
(was Sache ist? Direktor Herr Tag-zu-Tag dick seiend gehen geblieben sind.)

2 – Was soll es! Er schlägt tagelang Fliegen tot und dreht Däumchen!
(und nicht doch was! Tag-ganz Fliegen tötend bleibend sind und Staub siebend bleibend sind!)

3 Er macht keine Arbeit selbst, alles lässt er von anderen machen ...
(irgendeiner auch Arbeit eigene selbst doch machend nicht, alles etwas anderen aus machen-lassend sind ...)

4 Er trägt noch nicht einmal seinen Aktenkoffer, er lässt ihn von einem Gehilfen tragen!
(eigen Aktenkoffer bis selbst nicht tragend, Gehilfe aus tragen-lassend sind!)

5 Sogar Briefe kann er nicht selbst schreiben, er lässt sie von einer Sekretärin schreiben.
(Briefe auch selbst nicht schreiben bekommend, Sekretärin aus schreiben-lassend sind.)

⑤ उठाते, उठवाते **uṭhāte**, **uṭhvāte** "heben, tragen (lassen)" verdeutlichen den Aufbau der Verben. Das eingeschobene -आ- **-ā-** verwandelt ein intransitives Verb in ein transitives. -वा- **-vā-** erzeugt den Kausativ II (s.o.): चलना **calnā** "laufen", चलाना **calānā** "laufen lassen = lenken", चलवाना **calvānā** "zum Lenken veranlassen"; छपना **chapnā** "gedruckt sein", छापना **chāpnā** "drucken", छपवाना **chapvānā** "drucken lassen". (In der 3. Form ist wieder ein kurzes **a** enthalten).

६ अरे, कई बार शोध-छात्रों से लेख लिखवाकर अपने नाम से छपवाए हैं ! ⑥

७ इतनी-सी मारुति कार भी अपने आप नहीं चला सकते, ड्राइवर से चलवाते हैं । ⑦

८ डाक्टर झटका ने उनसे कहा है कि फ़ौरन सिगरेट पीना बंद करें और कसरत करना शुरू करें । ⑧

९ — उनसे कहना चाहिए कि सिगरेट किसी दूसरे से पिलवा लें, ख़ुद तंबाकू से बचें ! ⑨ ⑩

१० — फिर तो वे कसरत भी ख़ुद नहीं करेंगे, किसी नौकर से ही करवाएँगे !

ANMERKUNGEN

⑥ अपने नाम से **apne nām se** ist ein fester Begriff, in dem से **se** nicht als Postposition eines Objekts zu verstehen ist.

⑦ Das hier ironisch gemeinte इतनी-सी **itnī-sī** bedeutet "so klein". So ist auch इतनी-सी बात **itnī-sī bāt**, wörtlich "eine solche Angelegenheit", als "eine Kleinigkeit" zu deuten: इतने-से चूहे से तुम डरती हो ! **itne-se cūhe**♂ **se tum ḍartī ho** ! "Du hast Angst vor einer so kleinen Maus!"

⑧ बंद करना **band karnā** und शुरू करना **śurū karnā** sind beides zusammengesetzte Verben. Hierbei ist das erste Element jedoch kein Verb, sondern eine erweiternde Bestimmung für ein Verb, das selbst im Infinitiv steht: बात करना बंद करो और पढ़ना शुरू करो । **bāt karnā band karo aur paṛhnā śurū karo .** "Hör auf zu sprechen, und fang an zu studieren."

⑨ Manchmal werden auch Konsonanten bei der Umwandlung der Verben durch -आ- **-ā-** und -वा- **-vā-** (Kausativ II) verändert: पीना **pīnā** "trinken", पिलाना **pilānā** "trinken lassen", पिलवाना **pilvānā** "jdm. zu trinken geben lassen". Oder धुलवाना **dhulvānā** "waschen lassen" von धोना **dhonā** "waschen".

⑩ Beachten Sie, dass man die Zigarette auf Hindi "trinkt".

6 He, mehrfach hat er Artikel von einem Forschungsstudenten schreiben und unter seinem Namen drucken lassen!
(ach, mehrere Mal Forschung-Student aus Artikel schreiben-lassen-machen eigen Namen aus drucken-gelassen sind!)

7 Er kann nicht einmal so einen kleinen Maruti fahren, er lässt sich von einem Fahrer fahren.
(so-sehr-lich Maruti Auto auch eigen selbst nicht fahren könnend, Fahrer aus fahren-lassend sind.)

8 Doktor Jhatka sagte ihm, dass er sofort mit dem Zigarettenrauchen aufhören und mit Sport anfangen solle.
(Doktor Jhatka durch jenen-aus gesagt ist dass sofort Zigarette trinken geschlossen würden-machen und Leibesübung machen Anfang würden-machen.)

9 – Man sollte ihm sagen, dass er andere Leute seine Zigaretten rauchen lassen sollte, er selbst aber Tabak meiden sollte!
(jenen-aus sagen möchtend dass Zigarette jemanden zweiter aus trinken-lassen würden-nehmen, selbst Tabak aus würden-verzichten!)

10 – Und dann wird er auch den Sport nicht selbst machen, sondern ihn von einem Diener machen lassen!
(wieder doch sie Leibesübungen auch selbst nicht werden-machen, jemanden Diener aus eben werden-machen-machen!)

पहला अभ्यास: क्या आप ये वाक्य समझ रहे हैं ?

१ हमारी दादी अपनी चिट्ठियाँ स्वयं नहीं पढ़ सकतीं, दूसरों से पढ़वाती हैं ।

२ मैं उस बदमाश को ख़ुद तो नहीं पीट सकता मगर दूसरों बदमाशों से पिटवाऊँगा ।

३ ये साहब तो मक्खियाँ भी ख़ुद नहीं मारते, अपने नौकरों से मरवाते हैं ।

४ हाँ, अपने आप ख़ाक भी नहीं छानते, बेचारे शोध-छात्रों से छनवाते हैं ।

५ आप अपनी पत्रिका यहीं क्यों नहीं छापते ? कभी सिंगापुर में तो कभी हांग कांग में छपवाते हैं ।

६ सुनील अपने सारे कपड़े धोबी से धुलवाता है लेकिन अपनी अमरीकन जीन्स अपने हाथों से धोता है ।

७ पापा, आप ख़ुद तो दिनभर बियर पीते रहते हैं, और हम लोगों को ठंडा पानी पिलवाते हैं ।

८ मैनेजर साहब बड़े अफ़सरों को स्कॉच व्हिस्की पिलवाते हैं और दूसरों को "मेड इन इंडिया" !

९ आप इस डेंटिस्ट से दाँत निकलवाना चाहते हैं ? दाँत ही नहीं, वह आपके सारे पैसे भी निकाल लेगा !

१० आप दिल्ली में मेट्रो बनाना चाहते हैं । जब बड़े अफ़सरों, लीडरों और पैसेवालों के पास कारें हैं, तब वे मेट्रो क्यों बनवाएँगे ?

पहले अभ्यास के उत्तर : क्या आप समझे ?

❶ Unsere Großmutter kann ihre Briefe nicht selbst lesen, sie lässt sie sich von anderen vorlesen. ❷ Ich kann jenen Bösewicht nicht zusammenschlagen, ich kann ihn aber von anderen Bösewichten zusammenschlagen lassen. ❸ Dieser Herr tötet nicht einmal die Fliegen selbst, die lässt er von seinen Dienern töten. ❹ Ja, er siebt nicht einmal den Staub selbst, das lässt er von den armen Forschungsstudenten machen. ❺ Warum drucken Sie Ihre Zeitschrift nicht hier? Sie lassen sie manchmal in Singapur und manchmal in Hongkong drucken. ❻ Sunil lässt seine ganze Wäsche vom Wäscher waschen, aber er wäscht seine amerikanischen Jeans mit eigenen Händen. ❼ Papa, du trinkst selbst den ganzen Tag Bier und lässt uns anderen kaltes Wasser zu trinken geben. ❽ Der Herr Manager gibt den höheren Beamten schottischen Whisky zu trinken und den anderen [Whisky] "made in India"! ❾ Möchten Sie Ihren Zahn von diesem Zahnarzt ziehen lassen? Er wird Ihnen nicht nur den Zahn ziehen, sondern auch all Ihr Geld! ❿ Sie wollen in Delhi eine U-Bahn bauen? Wenn die hohen Beamten, die Chefs und die Reichen Autos haben, warum werden sie eine U-Bahn bauen lassen?

दूसरा अभ्यास: वाक्य पूरे कीजिए ।

❶ Als der Herr Direktor jung war, lief er viel. Er fuhr auch Fahrrad.

१ डायरेक्टर साहब जब युवक थे तब काफ़ी — थे । साइकिल भी — — ।

❷ Jetzt lässt er den Maruti von einem Fahrer fahren!

२ अब ड्राइवर से मारुति — — !

दूसरे अभ्यास के उत्तर: रिक्त स्थान

❶ चलते – चलाते थे । ❷ चलवाते हैं

Lerntipp: *Verzichten Sie nicht auf die "Zweite Welle". Sie ist ein entscheidender Bestandteil der ASSIMIL-Methode und ermöglicht Ihnen, Kenntnisse, die Sie passiv verinnerlicht haben, praktisch anzuwenden.*

दूसरा अभ्यास: वाक्य पूरे कीजिए । (जारी)

❸ Die Leute aus Allahabad druckten sie. Jetzt wird er sie auch in Delhi drucken lassen.

३ इलाहाबाद वाले --- --- । अब दिल्ली में भी --- ।

❹ Dieser Hund will nicht aus dem Zimmer gehen. Bring ihn schnell hinaus, oder lass ihn von jemandem hinausbringen!

४ यह कुत्ता इस कमरे से नहीं --- --- । जल्दी --- इसको, या फिर किसी से --- !

❺ Ich habe die Wäsche vom Wäscher waschen lassen, das Essen von Munnis Mutter kochen lassen und sogar den Tee von Chotu bereiten lassen.

५ कपड़े धोबी से ---, खाना मुन्नी की माँ से ---, और चाय भी छोटू से ही --- ।

पाठ चौंतीस

सुनते ही मचलने लगेगा

१ – निशा जी, कल शाम जब मैं अपने घर लौटा तो मेरी पत्नी शिवानी ने एक शिकायत की ... ① ②

ANMERKUNGEN

① In कल शाम **kal śām** ist शाम **śām** nicht mit der Postposition को **ko** versehen, da es durch कल **kal** "gestern" näher bestimmt wird. Dies gilt auch für उसी शाम **usī śām** "diesen Abend = heute Abend".

दूसरे अभ्यास के उत्तर: रिक्त स्थान (जारी)

❸ छापते हैं – छपवाएँगे ❹ निकलना चाहता – निकालो – निकलवाओ ❺ धुलवाए – बनवाया – बनवाई

Der Maruti

Der मारुति **maruti** ist ein kleines Auto aus den Jahren 1983/84, das in einer Zusammenarbeit zwischen der indischen Regierung und Suzuki entwickelt wurde. Es hat sich schnell gegen den Ambassador durchgesetzt, der bis dahin das in Indien am meisten verbreitete Auto war. Der Maruti war billiger sowie wendiger und wurde schnell zum Auto der Mittelklasse, und das gerade in der Zeit der ersten Liberalisierung unter Indira Gandhi (1984) und Rajiv Gandhi (1984-1989). Daher ist der Maruti bis heute ein Symbol für wirtschaftlichen Wohlstand und Fortschritt. Heute werden, mittlerweile ohne das Mitwirken des indischen Staates, immer wieder neue Modelle produziert und das bei steigenden Absatzzahlen. Größter Konkurrent ist die Firma Tata, die durch den kleinen Nano – das billigste Auto der Welt – seit einigen Jahren enorm viel Furore macht.

Zweite Welle: Aktivieren Sie heute Lektion 5!

34. Lektion

Sobald er das hört, wird er ungeduldig

(hörend nur ungeduldig-sein wird-beginnen)

1 – Nisha, als ich gestern Abend in mein Haus zurückkehrte, beklagte sich meine Frau Shivani ...
(Nisha ji, gestern Abend als ich eigen Haus zurückgekehrt doch mein Ehefrau Shivani durch eins Klage gemacht ...)

② Bei मेरी पत्नी **merī patnī** wird das Possessivpronomen verwendet, da es Subjekt dieses Satzteils ist. In अपने घर **apne ghar** "mein Haus" dagegen gebraucht man das Reflexivpronomen, da es sich auf das Subjekt मैं **maĩ** bezieht.

२ काफ़ी नाराज़ होने लगी और कहने लगी कि मैंने अभी तक उसे अपने छात्रों से नहीं मिलवाया । ③ ④

३ आपकी नाटक♂ वाली तस्वीरें♀ देखते ही वह मचलने लगी थी और तुरन्त आप लोगों से मिलना चाहती थी । ⑤ ⑥

४ कल यह सुनते ही कि दिवाली♀ की छुट्टियों♀ में सभी विदेशी छात्र यहीं रहेंगे, उसने फ़ैसला♂ कर लिया । ⑦

५ आप सब दिवाली का भोजन♂ हमारे यहाँ करेंगे ।

६ आतिशबाज़ी♀ करेंगे और दिवाली हमारे साथ ही मनाएँगे ।

७ – वाह ! नेकी♀ और पूछ-पूछ♀ ! ऐसी बातें सुनते ही बोरिस के मुँह से तो लार♀ टपकने लगती है । ⑧

ANMERKUNGEN

③ नाराज़ होने लगी **nārāz hone lagī**; कहने लगी **kahne lagī**. Man beschreibt eine beginnende Handlung mit dem konjugierten Hilfsverb लगना **lagnā**, das nach einem Infinitiv in der abhängigen Form folgt. Dieser Ausdruck hat im historischen Perfekt keine ergative Form und kann nicht negiert gebraucht werden. Gleiches gilt für चुकना **cuknā** "beenden".

④ मिलवाया **milvāyā** bedeutet soviel wie "jdn. vorstellen". Dazu: Das abgeleitete Verb मिलाना **milānā** (vom einfachen Stamm मिल **mil** "treffen") hat die abweichende Bedeutung "vermischen". दूधवाला दूध में बहुत पानी मिलाता है । **dūdhvālā dūdh mẽ bahut pānī milātā hai .** "Der Milchmann mischt viel Wasser in die Milch."

⑤ देखते ही **dekhte hī**: Steht das Partizip Präsens in seiner abhängigen Form (auf **-e**) mit der Partikel ही **hī**, hat es die Bedeutung "sobald" + Verb: ये सुनते ही **ye sunte hī** "sobald sie hörten". In dieser Verbindung kommt kein anderes Hilfsverb vor. मुझे देखते ही वह मुझसे पूछने लगा ! **mujhe dekhte hī voh mujhse pūchne lagā** ! "Sobald er mich sah, begann er mich auszufragen!" ही **hī** hat in diesem Ausdruck eine etwas andere Bedeutung ("sobald, sogleich, kaum") als die, die Sie kennen ("eben, gerade, nur").

2 Sie begann ziemlich zu schimpfen und sagte, dass ich ihr meine Schüler bis jetzt nicht vorgestellt habe.
(ziemlich Unzufriedenheit sein begonnen und sagen begonnen dass ich-durch jetzt-eben bis jenen eigenen Schüler aus nicht vorgestellt.)

3 Sobald sie die Bilder eures Theaterstücks sah, wurde sie ungeduldig, euch sofort zu sehen.
(euer Theaterstück Besitzerin Bilder sehend eben jene/r ungeduldig-sein begonnen war und sofort ihr Leuten mit treffen möchtend war.)

4 Als sie gestern hörte, dass alle ausländischen Schüler über die Divali-Ferien hier bleiben werden, traf sie die Entscheidung.
(gestern diese/r hörend nur dass Divali von Ferien in alle ausländisch Schüler hier-genau werden-bleiben, jene/r⌢-durch Entscheidung machen genommen.)

5 Ihr werdet alle das Divali-Mahl bei uns einnehmen.
(ihr alles Divali von Mahl unser hier werdet-machen.)

6 Ihr werdet ein Feuerwerk machen und mit uns Divali feiern.
(Feuerwerk werden-machen und Divali unsere zusammen eben werdet-feiern.)

7 – Ah! Gutes muss man noch erbeten! Sobald er davon hört, läuft Boris das Wasser im Munde zusammen.
(oh! gut-Tat und fragen-fragen! solche Sachen hörend eben Boris von Mund aus doch Speichel tropfen beginnend ist.)

⑥ मचलने लगी थी **macalne lagī thī** ist ein Plusquamperfekt, obwohl die abgelaufene und vollendete Handlung in Bezug zur Gegenwart und nicht in Bezug zur Vergangenheit steht. Dies ist umgangssprachlich häufig der Fall.

⑦ यहीं **yahī̃** "genau hier", यहाँ **yahā̃** "hier", यही **yahī** (ohne Nasalierung) "genau dies".

⑧ नेकी **nekī** in diesem Idiom ist vom Adjektiv नेक **nek** "gut, tugendhaft" abgeleitet. Dagegen hat शरीफ़ **śarīf** "gut" eine soziale Bedeutung: शरीफ़ लोग **śarīf log** "gute = angesehene Leute". भारत में शरीफ़ घर की बेटियाँ धूम्रपान नहीं करतीं ! **bhārat mẽ śarīf ghar kī beṭiyā̃ dhūmrapān**♂ **nahī̃ kartī̃** ! "In Indien rauchen die Töchter angesehener Häuser (= Familien) nicht!"

८ उसके साथ कोई ज़बरदस्ती° करने की ज़रूरत° नहीं है ।

९ सुनते ही निकलने के लिए तैयार हो जाएगा ।

१० आपको याद° नहीं ? उस शादी में, यह देखते हुए भी कि पंडित माखनलाल नाराज़ होने लगे हैं, कैसे खाता जा रहा था ! ⑨

११ – हमारे यहाँ तो शाकाहारी भोजन ही मिलेगा ।

१२ मांसाहारियों° का बहुमत° होने पर भी यह नियम° नहीं बदल सकता ! ⑩

१३ – घबराइए मत ! यह जानने पर भी बोरिस का संकल्प° ढीला नहीं पड़ सकता !

ANMERKUNGEN

⑨ देखते हुए भी **dekhte hue bhī**: Die Partikel भी **bhī** "auch" nach dem Hilfsverb drückt "obwohl" aus. Ebenso: चाहते हुए भी **cāhte hue bhī** "obwohl er wünschte".

⑩ बहुमत होने पर भी **bahumat hone par bhī**: Hier wird "obwohl" auf eine andere Art ausgedrückt, mit dem abhängigen Infinitiv, der Postposition पर **par** "auf" und der Partikel भी **bhī**: ये जानने पर भी **ye jānne par bhī** "obwohl sie dies wussten".

पहला अभ्यास: क्या आप ये वाक्य समझ रहे हैं ?

१ दीवाली अभी काफ़ी दूर होने पर भी इन लोगों ने रात भर अतिशबाज़ी करने का फ़ैसला कर लिया है ।

२ आतिशबाज़ी का शोर सुनते ही बेचारा टौमी खाट के नीचे घुसकर बैठ गया ।

३ बहुत समझाने पर भी, दिवाली की मिठाइयाँ दिखाने पर भी, वह बाहर नहीं निकला ।

8 Niemand braucht ihn anzutreiben.
(jene/r⌒-von zusammen irgendein Eile machen von Notwendigkeit nicht ist.)

9 Sobald er das hört, wird er zum Ausgehen bereit sein.
(hörend eben rausgehen von für fertig sein wird-gehen.)

10 Erinnert ihr euch nicht? Wie er bei der Hochzeit, obwohl er sah, dass Pandit Makhanlal wütend wurde, da noch gegessen hat!
(euch Erinnerung nicht? jene/r⌒ Hochzeit in, diese/r sehend gewesen auch dass Pandit Makhanlal Wut sein gefühlt sind, wie essend gehen geblieben war!)

11 – Bei uns gibt es nur vegetarische Speisen.
(unser hier doch vegetarisch Speisen eben wird-treffen.)

12 Auch wenn es eine Mehrheit an Fleischessern gäbe, würde diese Regel nicht geändert!
(Fleischesser von Mehrheit sein auf auch diese/r Regel nicht ändern könnend!)

13 – Fürchten Sie sich nicht! Obwohl er das wusste, ließ Boris in seinem Entschluss nicht nach!
(sorgen-Sie-sich nicht! diese/r wissen auf auch Boris von Entschlossenheit gelockert nicht fallen kann!)

पहले अभ्यास के उत्तर: क्या आप समझे ?

❶ Obwohl Divali noch ziemlich weit ist, haben jene Leute beschlossen, die ganze Nacht Feuerwerkskörper zu zünden. ❷ Sobald der arme Tommy den Lärm der Feuerwerkskörper hörte, verschwand er unter dem Bett und blieb dort. ❸ Obwohl man ihn sehr drängte und obwohl man ihm Divali-Süßigkeiten zeigte, kam er nicht hervor.

पहला अभ्यास: क्या आप ये वाक्य समझ रहे हैं ? (जारी)

४ सब का त्यौहार होते हुए भी दिवाली सेठों, लीडरों और अफ़सरों का त्यौहार बन गई है ।

५ एक सेठजी मिठाइयों और फलों का टोकरा उठाए हुए इंडियन एयरलाइन्ज़ के डायरेक्टर के घर की ओर जाने लगे ।

६ मगर यह सुनते ही कि डायरेक्टर साहब पिछले हफ़्ते रिटायर हो चुके हैं, सेठजी अपना टोकरा लेकर वापस लौट गए ।

७ दीवाली के आते ही सभी लोग अपने घरों की ख़ूब सफ़ाई करने लगते हैं ।

८ दीवारें इतनी सफ़ेद होने पर भी गुप्ता जी फिर से उनकी सफ़ेदी कराने लगे हैं ।

९ जो घर साफ़-सुथरे और सजे-धजे होते हैं, लक्ष्मी जी उन्हीं घरों में पधारना पसंद करती हैं ।

१० अरे, मिसेज़ गुप्ता, आपका यह सजा-धजा घर देखते ही लक्ष्मी जी मारुति में बैठकर आ जाएँगी !

दूसरा अभ्यास: वाक्य पूरे कीजिए ।

❶ Sobald die Leute, die mit dem Umzug gekommen waren, die Speisen gegessen hatten, fingen sie an, über Bauchschmerzen zu klagen.

१ बारात में आए हुए लोग भोजन करते ही पेटदर्द की — — — ।

पहले अभ्यास के उत्तर: क्या आप समझे ? (जारी)

❹ Obwohl ein Fest für alle (seiend), ist Divali ein Fest für Händler, Geschäftsinhaber und Beamte geworden. ❺ Ein Händler mit einem Korb voll Süßigkeiten und Früchten ging (gehen begonnen) zum Hause des Direktors der Indian Airlines. ❻ Sobald er aber hörte, dass der Direktor in der vorangegangenen Woche schon pensioniert worden war, nahm der Händler seinen Korb wieder und ging zurück. ❼ Sobald Divali kommt, beginnen alle Leute ihre Häuser ganz sauber zu machen. ❽ Obwohl die Wände schon so weiß waren, ließ Guptaji sie wieder weißen. ❾ In die Häuser, die gesäubert und geschmückt sind, tritt Lakshmi gern ein. ❿ He, Frau Gupta, sobald Lakshmi Ihr geschmücktes Haus sieht, wird sie mit einem Maruti angefahren kommen!

दूसरा अभ्यास: वाक्य पूरे कीजिए । (जारी)

❷ Herr Direktor, sobald es regnet, beginnt Wasser in die Zimmer zu fließen. Obwohl so häufig gesagt, haben Sie nichts machen lassen.

२ डायरेक्टर साहब, बारिश – – कमरों के अंदर पानी – – – । इतनी बार – – – आपने कुछ नहीं – है ।

❸ Stellen Sie ihn mir vor, ich werde (mit ihm) sprechen!

३ मुझे उससे –, मैं बात करूँगा !

❹ Wir haben mit Mehrheit gegen die Raucher gestimmt.

४ धूम्रपान – नियम को हम लोगों ने – से बनाया है ।

दूसरे अभ्यास के उत्तर: रिक्त स्थान

❶ शिकायत करने लगे ❷ होते ही – टपकने लगता है – कहने पर भी – करवाया ❸ मिलवाइए ❹ वाले – बहुमत

दूसरा अभ्यास: वाक्य पूरे कीजिए । (जारी)

⑤ Obwohl sie wissen, dass Raisahab Vegetarier ist, nahmen die Schüler ihn hinterher mit zu "Karim"!

५ यह — — — कि रायसाहब — हैं, छात्र उन्हें लेकर "करीम" के यहाँ — — — !

दूसरे अभ्यास के उत्तर: रिक्त स्थान (जारी)

⑤ जानते हुए भी — शाकाहारी — जाते रहते हैं

पाठ पैंतीस

दोहराव और व्याख्या

1. Satzbau

1.1 Satzbau bei Relativsätzen

Je nach Bedeutung des Relativsatzes kann dieser vor oder nach dem Hauptsatz stehen. Er steht vor dem Hauptsatz, wenn seine Aussage eine Zusatzinformation zum Hauptsatz enthält, die besonders hervorgehoben werden soll. Dieser Nebensatz enthält dann auch das Subjekt oder das Substantiv, auf das sich der folgende Hauptsatz durch ein Pronomen bezieht:

जो आदमी परसों आएगा, वह मेरा सबसे अच्छा दोस्त है । **jo ādmī parsõ āegā, voh merā sabse acchā dost hai .** "Der Mann, der übermorgen kommen wird, (der) ist mein bester Freund."

जिस लड़के से मैं बात कर रहा था, वह तुम्हारी बहन का मित्र है । **jis laṛke se maĩ bāt kar rahā thā, voh tumhārī bahan kā mitr hai .** "Der Junge, mit dem ich sprach, (der) ist der Freund deiner Schwester."

Das Divali-Fest

Das Divali-Fest (त्यौहार **tyauhār**♂) zum Winteranfang findet Ende Oktober statt. Die Häuser werden gereinigt (साफ़-सुथरा **sāf-suthrā**) und überall werden kleine Öllämpchen (मिट्टी **miṭṭī**) aus Ton entzündet. Das Fest erinnert an die Rückkehr von Rama, Ramas Frau Sita und seinem Bruder Lakshman nach Ayodhya, nachdem sie den Dämonen Ravana besiegt haben. Die Stadt Ayodhya wurde der Legende nach damals überaus festlich geschmückt – Ausdruck hierfür sind heute die vielen Lichter. Nächtelang werden Feuerwerkskörper entzündet, und so ist daraus auch ein Fest des Glücks (verkörpert durch die Göttin Lakshmi) geworden. Es ist auch der Beginn des neuen Fiskaljahres, weshalb speziell die Händler (सेठ **seṭh**♂) um eine erfolgreiche und umsatzstarke Zukunft bitten.

Zweite Welle: Aktivieren Sie heute Lektion 6!

35. Lektion

जिन आदमियों के बारे में तुमने मुझे बताया, उनको मैं जानता हूँ । **jin ādmiyõ ke bāre mẽ tumne mujhe batāyā, unko maĩ jāntā hū̃ .** "Die Männer, über die du mit mir gesprochen hast, (die) kenne ich."

Der Relativsatz steht nach dem Hauptsatz, wenn seine Aussage die des Hauptsatzes näher umschreibt, aber von eher nebensächlicher Bedeutung ist:

मुझे एक मशहूर ऐक्टर मिला, जो मेरे घर के पास रहता है, जिसका नाम अमिताभ बच्चन है । **mujhe ek maśhūr aikṭar milā, jo mere ghar ke pās rahtā hai, jiskā nām amitābh baccan hai .** "Ich habe einen berühmten Schauspieler getroffen, der in der Nähe meines Hauses wohnt [und] dessen Name Amitabh Baccan ist."

1.1.1 Nebensätze, die ein Ziel umschreiben

ताकि **tāki** "damit, um" vor einem Verb im Konjunktiv drückt ein Ziel aus:

वह रोज़ झाड़ू लगाता है ताकि कमरा साफ़ रहे । **voh roz jhāṛū♂ lagātā hai tāki kamrā sāf rahe .** "Er benutzt den Besen jeden Tag, damit das Zimmer sauber bleibt."
मैं कुछ हिन्दी पढ़ रही हूँ, ताकि भारतीय लोगों से बात कर सकूँ । **maĩ kuch hindī paṛh rahī hũ, tāki bhāratīy logõ se bāt kar sakũ .** "Ich lerne etwas Hindi, um mit Indern sprechen zu können."

Wenn, wie im obigen Satz, das Subjekt in beiden Satzteilen identisch ist, kann die gleiche Aussage auch mit einem Infinitiv und der Postposition के लिए **ke lie** ausgedrückt werden:

मैं भारतीय लोगों से बात करने के लिए हिन्दी पढ़ रहा हूँ । **maĩ bhāratīy logõ se bāt karne ke lie hindī paṛh rahā hũ .** "Ich lerne Hindi, um mit Indern sprechen zu können."

1.1.2 Nebensätze, die Gegensätzliches umschreiben:

हालांकि **hālā̃ki** "obwohl" steht am Beginn des Nebensatzes, der Hauptsatz beginnt mit पर **par**, लेकिन **lekin** "aber" oder फिर भी **phir bhī** "jedoch". Das Verb wird in beiden Satzteilen gewöhnlich im Indikativ gebraucht:

हालांकि बोरिस बहुत खाता है, फिर भी उसका वज़न कम रहता है । **hālā̃ki boris bahut khātā hai, phir bhī uskā vazan♂ kam rahtā hai .** "Obwohl Boris viel isst, bleibt sein Gewicht niedrig (wenig)."

Wenn beide Satzteile das gleiche Subjekt haben, wird der Gegensatz durch einen Infinitiv und पर भी **par bhī** oder durch ein Partizip Präsens in der abhängigen Form + हुए **hue** + भी **bhī** ausgedrückt:

बहुत चावल खाने पर भी, बोरिस बिलकुल दुबला-पतला है । / बहुत चावल खाते हुए भी, बोरिस एकदम दुबला-पतला है । **bahut cāval khāne par bhī, boris bilkul dublā-patlā hai. / bahut cāval khāte hue bhī, boris ekdam dublā-patlā hai .** "Obwohl er viel Reis isst, ist Boris wirklich schlank (dünn-schlank)".

2. Verben

Sie kennen mittlerweile alle Zeitformen. In den letzten Lektionen sind Ihnen jedoch noch einige Zusatzverben begegnet, die Bedeutungsnuancen bewirken. Diese "Aspekte" genannten Feinheiten spielen im Hindi eine wichtige Rolle und werden meist wie im Deutschen durch zusätzliche Verben oder Hilfsverben ausgedrückt. Im Hindi folgen sie oft sehr unterschiedlichen Regeln.

2.1 Beginn einer Handlung

Nach dem Infinitiv eines Verbs wird लगना **lagnā** "beginnen" in seiner abhängigen Form eingeschoben. Dabei kann es weder mit einer Negation noch mit einem zusammengesetzten Verb oder in einer andauernden Zeitform verwendet werden. Selbst wenn das Hauptverb transitiv ist, wird लगना **lagnā** immer als intransitives Verb verwendet:

वह चाय बनाने लगा । **voh cāy banāne lagā .** "Er begann, Tee zu machen."

वह खाना बनाने लगी । **voh khānā banāne lagī .** "Sie begann, Essen zu machen."

बारिश होने लगी थी । **bāriś hone lagī thī .** "Es begann zu regnen."

Der Aspekt des Beginns kann allerdings auch durch den verbalen Ausdruck शुरू करना **śurū karnā** "anfangen" umschrieben werden:

वह काम करना शुरू कर रहा है । **voh kām karnā śurū kar rahā hai .** "Er fängt an, zu arbeiten."

2.2 Abschluss einer Handlung

चुकना **cuknā** "aufhören" wird nach dem Verbstamm eingeschoben. Dabei kann es weder mit einer Negation noch mit einem zusammengesetzten Verb oder in einer andauernden Zeitform verwendet werden. Selbst wenn das Hauptverb transitiv ist, wird चुकना **cuknā** immer als intransitives Verb verwendet, und zwar nur in den Zeitformen der abgeschlossenen Vergangenheit. In der Übersetzung steht häufig "schon" oder "bereits":

हम लोग खाना खा चुके हैं । **ham log khānā khā cuke haĩ .** "Wir haben aufgehört, das Essen zu essen. / Wir haben das Essen schon gegessen."

क्या तुम अमरीका जा चुके हो ? **kyā tum amrīkā jā cuke ho ?** "Bist du schon in Amerika gewesen?" (wörtlich: "Hast du schon aufgehört, nach Amerika zu gehen?")

Ein Satz wie dieser wird häufig durch पहले ही **pahle hī** "schon vorher" erweitert:

जी हाँ, मैं पहले ही जा चुका हूँ । **jī hā̃, maĩ pahle hī jā cukā hū̃ .** "Ja, ich bin schon [dort] gewesen."

Auch dieser Aspekt kann mit einem verbalen Ausdruck, hier ख़त्म करना **khatm karnā** "Ende machen = beenden, aufhören", umschrieben werden:

वह काम करना ख़त्म कर रहा है । **voh kām karnā khatm kar rahā hai .** "Er hat aufgehört zu arbeiten."

2.3 Andauern einer Handlung

रहना **rahnā** "bleiben" wird nach dem Partizip Präsens des Hauptverbs eingeschoben, das sich in Genus und Numerus nach dem Subjekt richtet:

बच्ची शैतानी करती रहती है, और माँ चिल्लाती रहती है । **baccī śaitānī kartī rahtī hai, aur mā̃ cillātī rahtī hai .** "Das Kind macht fortwährend Unsinn, und die Mutter schreit dauernd."

दवाई पीते रहो, सब ठीक हो जाएगा । **davāī♀ pīte raho, sab ṭhīk ho jāegā .** "Nimm weiter dein Medikament, und alles wird gut werden."

2.4 Andauernde Steigerung einer Handlung

जाना **jānā** "gehen" wird nach dem Partizip Präsens des Verbs eingeschoben:

पेट्रोल की क़ीमत रोज़ बढ़ती जा रही है । **peṭrol♂ kī qīmat♀ roz baṛhtī jā rahī hai .** "Der Benzinpreis steigt jeden Tag mehr und mehr."

Häufig werden Zeitangaben wie रोज़ **roz** "jeden Tag" oder दिन-ब-दिन **din-ba-din** "Tag für Tag" hinzugefügt.

Hilfsverb सकना **saknā:**

सकना **saknā** entspricht in etwa unserem Hilfsverb "können". Die Formen von सकना **saknā** stehen im Satz hinter einem auf seinen Stamm reduzierten Verb. Auch सकना **saknā** ist intransitiv, weshalb in den Vergangenheitsformen kein ergativer Satzaufbau erlaubt ist. Außerdem kann सकना **saknā** nicht im andauernden Präsens benutzt werden:

क्या तुम तैर सकते हो ? **kyā tum tair sakte ho ?** "Kannst du schwimmen?"

मैं वहाँ तीन बजे पहुँच सकूँगा । **maĩ vahā̃ tīn baje pahũc sakū̃gā .** "Ich werde in drei Stunden kommen können."

Hilfsverb पाना **pānā:**

सकना **saknā** wird selten verneint. Häufiger dagegen findet sich für "nicht können" पाना **pānā**, das – in Verbindung mit नहीं **nahī̃** – ebenfalls hinter dem Verbstamm steht und dabei auch den Regeln intransitiver Verben in der Vergangenheit folgt:

वह अपना काम पूरा नहीं कर पाया । **voh apnā kām pūrā nahī̃ kar pāyā .** "Es gelang ihm nicht, seine Arbeit zu beenden."

वह समझ नहीं पा रहा था । **voh samajh nahī̃ pā rahā thā .** "Er konnte nicht (es gelang ihm nicht zu) verstehen."

2.5 Kausativ II - von anderen Personen ausgeführte Handlungen

Bereits an mehreren Stellen unserer Lektionen wurde der Kausativ angesprochen. Damit sind die Verben gemeint, die das Veranlassen zu einer Tätigkeit ausdrücken: छपना **chapnā** "gedruckt werden" > छापना **chāpnā** "drucken". Neben diesen gibt es eine weitere Ableitung namens Kausativ II, die anzeigt, dass die jeweilige Handlung von einer anderen Person ausgeführt wird: छपवाना **chapvānā** "drucken lassen". Hierbei wird anstelle der typischen Kausativergänzung -◌ा- **-ā-** = "etwas machen, lassen" die Silbe -वा- **-vā-** = "etwas von jemandem machen lassen" an den Verbstamm angehängt:

बनना **bannā**	बनाना **banānā**	बनवाना **banvānā**
"gemacht sein"	"machen"	"machen lassen"
निकलना **nikalnā**	निकालना **nikālnā**	निकलवाना **nikalvānā**
"rausgehen"	"rausbringen"	"rausbringen lassen"
सीखना **sīkhnā**	सिखाना **sikhānā**	सिखवाना **sikhvānā**
"lernen"	"lehren"	"unterrichten lassen"
रुकना **ruknā**	रोकना **roknā**	रुकवाना **rukvānā**
"(von selbst) anhalten"	"(etwas oder jmdn.) anhalten"	"anhalten lassen"

Bei dieser Umwandlung können sich manchmal auch die übrigen Vokale und Konsonanten des Verbs verändern:

देखना **dekhnā**	दिखाना **dikhānā**	दिखवाना **dikhvānā**
"sehen"	"zeigen"	"zeigen lassen"
खाना **khānā**	खिलाना **khilānā**	खिलवाना **khilvānā**
"essen"	"essen machen = füttern"	"ernähren lassen, füttern lassen"
पीना **pīnā**	पिलाना **pilānā**	पिलवाना **pilvānā**
"trinken"	"zu trinken geben"	"zu trinken geben lassen"

Die ausführende Person wird dabei mit der Postposition से **se** gekennzeichnet:

उसने चिट्ठी अपने बड़े भाई से लिखवा ली । **usne ciṭṭhī apne baṛe bhāī se likhvā lī.** "Er ließ die Briefe von seinem großen Bruder schreiben."

3. Pronomen

3.1 Relativpronomen

Das Relativpronomen für die direkten Formen ist जो **jo** im Singular wie im Plural und in beiden Geschlechtern. Als abhängige Form wird es – wiederum für beide Geschlechter identisch – im Singular zu जिस **jis** und im Plural zu जिन **jin** abgewandelt. Mit der Postposition को **ko** sind zwei verschiedene Formen möglich: जिसे / जिसको **jise / jisko** im Singular und जिन्हें / जिनको **jinhẽ / jinko** im Plural.

देखो ! यही आदमी हमारा दोस्त है, जिसको हिन्दी नहीं आती । **dekho! yahī ādmī hamārā dost hai, jisko hindī nahī̃ ātī .** "Schau! Dieser Mann, der kein Hindi kann, ist unser Freund."

Im Hindi kann das Relativpronomen adjektivisch gebraucht werden und steht dann direkt vor dem Subjekt, auf das es sich bezieht.

4. Adverbien

Adverbien sind unveränderlich und auch sonst nicht kompliziert in der Anwendung. Sie stehen als adverbiale Bestimmungen bei

Verben, Adjektiven und anderen Adverbien. Man unterscheidet lokale, temporale und modale Adverbien. Hier einige Beispiele:

4.1 Lokale Adverbien

ऊपर	**ūpar**	"oben"
नीचे	**nīce**	"unten"
पास	**pās**	"nahe"
पीछे	**pīche**	"hinten"
बाहर	**bāhar**	"draußen"
यहाँ	**yahā̃**	"hier"
वहाँ	**vahā̃**	"dort"
सामने	**sāmne**	"vorn"

4.2 Temporale Adverbien

अब	**ab**	"jetzt"
आज	**āj**	"heute"
आजकल	**ājkal**	"heutzutage"
कल	**kal**	"gestern, morgen"
तुरंत	**turant**	"sofort"
परसों	**parsõ**	"vorgestern, übermorgen"
हमेशा	**hameśā**	"immer

4.3 Modale Adverbien

ज़रूर	**zarūr**	"bestimmt, natürlich"
बहुत	**bahut**	"sehr"
बिलकुल	**bilkul**	"völlig"
यानी	**yānī**	"das heißt"
सच	**sac**	"richtig, wahr"
सिर्फ़	**sirf**	"nur"

5. Konjunktionen und Partikeln

5.1 Konjunktionen

Wie im Deutschen verbinden Konjunktionen im Hindi verschiedene Satzteile miteinander. Zu den häufig gebrauchten gehören:

और	**aur**	"und"
इस लिए	**is lie**	"deswegen"
कि	**ki**	"dass"
क्योंकि	**kyõki**	"weil"
ताकि	**tāki**	"damit, um zu"
पर	**par**	"aber"
फिर भी	**phir bhī**	"jedoch, obwohl, trotzdem"
मगर	**magar**	"aber"
लेकिन	**lekin**	"aber"
या	**yā**	"oder"
हालांकि	**hālā̃ki**	"obwohl"

5.2 Partikeln

Außerdem verfügt das Hindi über eine Vielzahl verschiedenster Partikeln, zu diesen gehören u. a.:

तक	**tak**	"sogar"
तो	**to**	"doch"
भर	**bhar**	"ganz, komplett"
भी	**bhī**	"auch"
सा	**sā**	"wie, -lich" (veränderlich)
ही	**hī**	"eben, nur, gerade, ausgerechnet"

6. Zahlen

6.1 Allgemeines

Das Thema Zahlen ist im Hindi relativ komplex, denn es gibt bis 99 – anders als im Deutschen – keine regelmäßigen Kombinationen aus Einern und Zehnern, sondern eigene Bezeichnungen für jede entsprechende Zahl. Diese können Sie sowohl in Devanagari-Schrift als auch in phonetischer Umschrift den Seitenzahlen dieses Buches entnehmen. Weitere Zahlen finden Sie im Folgenden:

शून्य	**śūnya**	0
हज़ार	**hazār**	1000
दो हज़ार	**do hazār**	2000
दस हज़ार	**das hazār**	10 000
लाख	**lākh**	100 000
दस लाख	**das lākh**	1 000 000 (zehn Hunderttausend = eine Million)
करोड़	**karoṛ**	10 000 000 (zehn Millionen)
अरब	**arab**	1 000 000 000 (eine Milliarde)
खरब	**kharab**	100 000 000 000 (100 Milliarden)

Sie erkennen, dass das Hindi mit 100.000er-Blöcken (लाख **lākh**) rechnet. Die Schreibweise der Zahlen ändert sich dann – im Unterschied zum Deutschen – dahingehend, dass man Kommata nach der dritten, fünften, siebten, neunten usw. Stelle setzt, eine Million wird demnach wie folgt geschrieben: 10,00,000 bzw. १०,००,०००.

Die Bruchzahlen des Hindi heißen:

पौथाई / पाव	**pauthāī** *oder* **pāv**	¼ (ein Viertel)
पौन / पौना	**paun** *oder* **paunā**	¾ (drei Viertel)
(एक) तिहाई	**(ek) tihāī**	⅓ (ein Drittel)
दो तिहाई	**do tihāī**	⅔ (zwei Drittel)
आधा	**ādhā**	½ (ein halb)
डेढ़	**ḍeṛh**	1½ (eineinhalb)
ढाई	**ḍhāī**	2½ (zweieinhalb)

6.2 Ordnungszahlen

Die Ordnungszahlen des Hindi verhalten sich wie veränderliche Adjektive. Wir geben hier die am häufigsten gebrauchten von 1.-10. in ihrer männlichen Singularform an:

पहला / पहिला	**pahalā** *oder* **pahilā**	erster
दूसरा	**dūsrā**	zweiter
तीसरा	**tīsrā**	dritter
चौथा	**cauthā**	vierter
पांचवाँ	**pā̃cvā̃**	fünfter
छठा	**chaṭhā**	sechster
सातवाँ	**sātvā̃**	siebter
आठवाँ	**āṭhvā̃**	achter
नौवाँ	**nauvā̃**	neunter
दसवाँ	**dasvā̃**	zehnter

7. Zwillingsbegriffe

Die indische Kultur hat die auf sie wirkenden Einflüsse stets eher integriert als abgestoßen. Dies drückt auch das Hindi-Vokabular mit seinen beiden Strömungen (धारा **dhārā**♀) aus. Sogar für das Wort "Sprache" gibt es in Hindi zwei Begriffe: भाषा **bhāṣā**♀ aus dem Sanskrit und ज़बान **zabān**♀ aus dem Arabisch-Persischen.

Solche Zwillingsbegriffe machen den besonderen Reiz der indischen Literatur aus. Die Schriftsteller (लेखक **lekhak**♂) sind dabei, sie zu einer einheitlichen Sprache zu mischen (मिलाना **milānā**) und zu verschmelzen (घुलाना **ghulānā**).

Das gleiche gilt vielerorts in erstaunlicher Weise für die indische Architektur: Die Tempel (मंदिर **mandir**♂) entlehnen von den Moscheen (मस्जिद **masjid**♀) und auch die Moscheen von den Tempeln.

Auch in der klassischen indischen Musik (शास्त्रीय संगीत **śāstrīy saṅgīt**♂) sind in der Tradition des Dhrupah-Gesangs hinduistische und persische Quellen verschmolzen, ebenso in der neoklassischen Musik (ख़याल **khayāl**♂, ठुमरी **ṭhumrī**♀) und sogar in der Filmmusik (गाने **gāne**♂ "Lieder", नगमे **nagme**♂ "Melodien").

दोनों धाराएं घुल-मिलकर (**oder** मिल-जुलकर) एक हो गई हैं । **donõ dhārāẽ ghul-milkar (oder mil-julkar) ek ho gaī haĩ .** "Die beiden Strömungen wurden eins, indem sie sich mischten und miteinander verschmolzen."

Sie beherrschen nun die wesentlichen Strukturen des Hindi und haben schon einige Aspekte bei den Verben kennengelernt. Sie haben sich auch schon mit der indischen Geschichte und Kultur beschäftigt. Der sogenannte Kommunalismus oder Fraktionalismus, die Spannungen zwischen religiösen und kulturellen Gruppen, Sikhs, Hindus und Moslems usw. sind sicher bedeutende Faktoren der modernen indischen Politik, die sich zunehmend belastend auswirken.

Zweite Welle: Aktivieren Sie heute Lektion 7!

पाठ छत्तीस

क्या-क्या करना पड़ेगा ?

१ – नास्तासिया, तुम्हें इतनी अच्छी उर्दू♀ कैसे आती है ? ①

२ क्या प्राग में बैठे-बैठे ही सीख ली ? ②

३ – अरे नहीं । साल♂ भर वहाँ उर्दू पढ़ने के बाद सोचा किअब मुझे हिन्दुस्तान जाना चाहिए । ③

४ मैं लखनऊ में एक साल शकील साहब के यहाँ काट चुकी हूँ । बड़े शरीफ़ लोग हैं । ④

५ – अगले वर्ष♂ मुझे भी ऐसा ही कुछ करना है । ⑤

६ किसी हिन्दुस्तानी भाषा को ठीक से सीखने के लिए तो दिल्ली से निकलना पड़ेगा ! ⑥

ANMERKUNGEN

① तुम्हें उर्दू आती है । **tumhẽ urdū ātī hai .** Erinnern Sie sich an diese Konstruktion? Wörtlich bedeutet sie "Urdu kommt dir." = "Du sprichst Urdu."

② बैठे-बैठे ही **baiṭhe-baiṭhe hī**. Durch dieses verdoppelte, adverbial verwendete Partizip wird ein Zustand oder eine Ursache ausgedrückt: वे पढ़ते-पढ़ते थक गए हैं । **ve paṛhte-paṛhte thak gae haĩ** . "Durch das Lesen sind sie müde geworden".

③ Sie kennen चाहिए **cāhie**: मुझे पानी चाहिए । **mujhe pāni cāhie.** "Ich möchte Wasser." Steht es mit einem Verb im Infinitiv im indirekten Satzaufbau mit को **ko**, heißt es "müssen". चाहिए **cāhie** ist unveränderlich, im Plural wird es mitunter auch nasaliert: चाहिएं **cāhiẽ**. इन समस्याओं का समाधान करना चाहिए । **in samasyāõ♀ kā samādhān♂ karnā cāhie .** "Jene Probleme müssen gelöst werden."

④ In Lucknow wird wahrscheinlich das reinste Hindi gesprochen. Demgegenüber hat das Hindi in Delhi oder Mumbai eher einen schlechten Ruf. Wie in allen Metropolen ist die Bevölkerung dort westlich ausgerichtet, und viele sprechen gerne auch Englisch, u. a. um ihren sozialen Rang zu betonen

36. Lektion

Was muss alles gemacht werden?
(was-was machen wird-fallen?)

1 – Nastassia, wieso kannst du so gut Urdu?
(Nastassia, dir so-viel gut Urdu♀ wie kommend ist?)

2 Hast du es nur in Prag gelernt?
(was Prag in gesessen-gesessen eben lernen genommen?)

3 – Aber nein. Nachdem ich dort ein Jahr lang Urdu lernte, habe ich gedacht, dass ich einmal nach Indien fahren müsste.
(ach nein. Jahr voll dort Urdu lernen von nach gedacht dass jetzt mich Indien gehen wünschenswert.)

4 Ich habe ein Jahr bei Shakil Sahab in Lucknow verbracht. Das sind sehr angesehene Leute.
(ich Lucknow in eins Jahr Shakil Sahab von hier verbringen beendet bin. groß ehrenwert Leute sind.)

5 – Nächstes Jahr muss ich auch so etwas machen.
(nächster Jahr mich auch so-ein eben etwas machen ist.)

6 Um eine indische Sprache angemessen zu erlernen, muss man Delhi unbedingt verlassen!
(irgendein indisch Sprache zu richtig aus lernen von für doch Delhi aus rausgehen wird-fallen!)

⑤ मुझे ऐसा कुछ करना है । **mujhe aisā kuch karnā hai .** "Ich muss so etwas machen." Bezieht sich eine Verpflichtung/ein Zwang auf eine zukünftige Handlung, kann man auch einen indirekten Satzaufbau wählen (Subj. + को **ko**): मुझे अभ्यास करना है । **mujhe abhyās karnā hai .** "Ich muss üben." उसको आराम करना था । **usko ārām karnā thā .** "Er musste sich ausruhen."

⑥ Durch निकलना पड़ेगा **nikalnā paṛegā** erhält ein Zwang/eine Verpflichtung besonderen Nachdruck. Ebenso wird so deutlich, dass die Verpflichtung durch äußere Faktoren bedingt ist. Auch hier ist der Satzaufbau indirekt (Subj. + को **ko**). Das Hauptverb steht im Infinitiv; es folgt das Hilfsverb पड़ना **paṛnā**. धूल-धक्कड़ से बचने के लिए दादाजी को दिल्ली से जाना पड़ेगा । **dhūl♀-dhakkaṛ♂ se bacne ke lie dādājī ko dillī se jānā paṛegā .** "Um Staub und Hitze zu entgehen, wird Großvater Delhi verlassen müssen."

LEKTION 36

७ यहाँ तो हर वक़्त लोगों से अंग्रेजी बोलनी पड़ती है । ⑦

८ किसी से हिन्दी में बात पूछो तो तपाक♂ से अंग्रेजी में जवाब♂ देगा !

९ – तब तो तम्हें शकील साहब और अमीनाजी से मुलाक़ात♀ करनी चाहिए ।

१० मुझे भी उनके लिए कुछ चीज़ें भेजनी थीं ...

११ बस, तुम्हें इसी शनिवार को लखनऊ जाना होगा !

१२ उनसे पूछने की भी ज़रूरत नहीं । उनके घर को मैं अपना ही घर समझती हूँ ! ⑧ ⑨

१३ – अरे, गाड़ी♀ में सीट-वीट भी तो लेनी पड़ेगी ! ⑩

१४ या उसकी भी आवश्यकता♀ नहीं ? खड़े-खड़े ही जाऊँ ?

१५ – हाँ, यह तो सचमुच सरदर्द♂ है । टूरिस्ट कोटा♂ माँगना पड़ेगा और स्टेशन♂ पर मीठी-मीठी बातें करनी पड़ेगी ! ⑪

ANMERKUNGEN

⑦ अंग्रेज़ी बोलनी पड़ती है । **aṅgrezī**♀ (Sg.) **bolnī paṛtī hai** . "Man muss Englisch sprechen." बोलना **bolnā** wird hier zu बोलनी **bolnī,** da es in dieser Konstruktion an das weibliche Objekt angepasst werden muss.

⑧ Sätze, die ज़रूरत **zarūrat** (arabisch-persisch) oder आवश्यकता **āvaśyaktā** (Sanskrit) "Notwendigkeit" beinhalten, drücken ebenfalls einen Zwang/eine Verpflichtung oder ein Bedürfnis aus. Wird ein Subjekt genannt, muss der Satz indirekt mit को **ko** aufgebaut werden: तुमको यह पूछने की ज़रूरत नहीं । **tumko yeh pūchne kī zarūrat nahī̃** . "Du brauchst nicht zu fragen." मुझे ज़्यादा तनख़ाह की ज़रूरत नहीं । **mujhe zyādā tan<u>kh</u>āh**♀ **kī zarūrat nahī̃ .** "Ich brauche kein hohes Gehalt."

⑨ Mit Objekt und को **ko** bedeutet समझना **samajhnā** "erachten/betrachten als". मैं तुमको अपना दोस्त समझता हूँ । **maĩ tumko apnā dost samajhtā hū̃ .** "Ich betrachte dich als meinen Freund." यहाँ सेठ कारीगरों ओर बुनकरों को आदमी नहीं समझते । **yahā̃ seṭh kārīgarõ**♂

7 Hier muss man jederzeit mit den Leuten Englisch sprechen.
(hier doch jede Zeit Leuten aus Englisch sprechen fallend ist.)

8 Einige antworten begeistert in Englisch, wenn man eine Frage in Hindi stellt!
(jemanden aus Hindi in Wort frag doch Begeisterung aus Englisch in Antwort wird-geben!)

9 – Dann müsstest du doch Shakil Sahab und Amina treffen.
(dann doch dich Shakil Sahab und Amina-ji mit Treffen machen wünschenswert.)

10 Ich musste ihnen auch ein paar Sachen schicken ...
(mich auch ihr für etwas Sachen schicken waren ...)

11 Genug, du musst an diesem Samstag nach Lucknow fahren!
(es-reicht, dich diesen-eben Samstag zu Lucknow gehen wird-sein!)

12 Es ist nicht nötig, sie zu fragen. Ich betrachte ihr Haus als mein Haus!
(ihnen-aus fragen von auch Notwendigkeit nicht. Ihr Haus zu ich eigener eben Haus verstehend bin!)

13 – He, man muss im Zug Plätze reservieren!
(ach, Zug in "Sitz-Vitz" auch doch nehmen wird-fallen!)

14 Oder ist das doch nicht nötig? Werde ich stehen müssen?
(oder sein auch Notwendigkeit nicht! stehend-stehend eben würde-gehen?)

15 – Ja, das ist eine harte Nuss. Man muss nach Touristen-Quota fragen und dafür auf dem Bahnhof viel Süßholz raspeln!
(ja, diese/r doch wirklich Kopfschmerzen ist. Touristen Quota bitten wird-fallen und Bahnhof auf süß-süß Worte machen wird-fallen!)

aur bunkarõ♂ ko ādmī nahī̃ samajhte . "Hier betrachten die Chefs Handwerker und Weber nicht als Menschen."

⑩ Das Wortspiel सीट-वीट **sīṭ-vīṭ** ist reine Lautmalerei und bedeutet, dass es sich um viele "Sitze" bzw. "Plätze" handelt. Diese Nomen-Verdopplung mit Austausch des Anfangskonsonanten durch व **v** beim zweiten Wort ist häufig.

⑪ Die Quota sind für Touristen reservierte Plätze in einigen stark frequentierten Zügen. Man kann diese Plätze über Reisebüros, im Internet oder direkt am Schalter kaufen.

पहला अभ्यास: क्या आप ये वाक्य समझ रहे हैं ?

१ मुझे भी लखनऊ जाना चाहिए और हिन्दुस्तानी परिवार के साथ रहना चाहिए ।

२ आप लोगों को घर पर पढ़ने का भी अभ्यास करना चाहिए । हिन्दी में ख़बरें सुननी चाहिएँ, टीवी सीरियल[♂] वग़ैरह देखने चाहिएँ ।

३ रेमों, तुम्हें अब्दुल बिस्मिल्ला का उपन्यास पढ़ना चाहिए । कुछ और कहानियाँ भी हैं, जो पढ़नी चाहिएँ ।

४ अच्छा, तो अब मुझे लायब्रेरी[♀] जाना पड़ेगा और किताबें निकालकर लानी पड़ेगी ?

५ फिर रेडियो ख़रीदना होगा और वीडियो[♂] देखना होगा !

६ जुलाई-अगस्त में आपको भारत जाना है और हर रोज़ हिन्दी में ही बातें करनी हैं ।

७ बनारस में रेशम के काम पर रिसर्च[♀] करनी है, वहाँ लोगों से मिलना है ।

८ थोड़ा-बहुत काम तो करना ही होगा, हिन्दी तो ठीक से सीखनी ही पड़ेगी !

९ लेकिन बनारस जाने के लिए इतनी सारी किताबें पढ़ने की क्या ज़रूरत है ?

१० रेमों जी, आपको यहीं आराम करना चाहिए । इतनी गर्मी और धूल-धक्कड़ में हिन्दुस्तान जाने की क्या ज़रूरत है ?

पहले अभ्यास के उत्तर : क्या आप समझे ?

① Ich muss auch nach Lucknow fahren und muss bei einer indischen Familie wohnen. ② Ihr müsst zum Lernen auch zu Hause Übungen machen. Ihr müsst Nachrichten in Hindi hören, Fernsehserien usw. ansehen. ③ Raimond, du musst den Roman von Abdul Bismilla lesen. Es gibt noch andere Erzählungen, die du lesen musst. ④ Gut, werde ich jetzt zur Bibliothek gehen müssen, um von dort Bücher zu holen? ⑤ Dann muss man ein Radio kaufen und Videos ansehen! ⑥ Sie müssen im Juli, August nach Indien fahren und jeden Tag Hindi sprechen. ⑦ Man muss in Benares Forschung zur Bearbeitung der Seide betreiben und dort (die) Leute treffen. ⑧ Man muss doch ziemlich viel arbeiten, und es ist nötig, richtig Hindi zu erlernen! ⑨ Aber wofür ist es nötig, so viele Bücher ganz zu lesen, um nach Benares zu fahren? ⑩ Herr Raimond, Sie müssen sich hier erholen. Warum ist es nötig, bei so viel Hitze und Staub nach Indien zu fahren?

दूसरा अभ्यास: वाक्य पूरे कीजिए ।

❶ Seth, Sie wollen die Leute von der Gewerkschaft nicht treffen, aber Sie müssen dorthin gehen.

१ सेठ जी, आप यूनियन॰ वालों — मिलना नहीं — लेकिन आपको जाना — ।

दूसरे अभ्यास के उत्तर: रिक्त स्थान

❶ — से — चाहते — चाहिए

दूसरा अभ्यास: वाक्य पूरे कीजिए । (जारी)

❷ Man muss richtig über dieses Problem diskutieren, denn man muss dafür eine Lösung finden.

२ इस समस्या पर ठीक से बहस — होगी क्योंकि इसका समाधान — है ।

❸ Um eine Lösung zu finden, müssen Sie diese Leute treffen.

३ समाधान — के लिए — उन — से तो — ही — ।

❹ Sie hätten nicht drohen dürfen, mit der Arbeit aufzuhören. War eine solche Dummheit nötig?

४ — काम रोक — धमकियाँ नहीं देनी — / — । इस तरह बदमाशी — की क्या — थी ?

❺ Ich muss jetzt gehen. Welche Entscheidung Sie auch treffen, sie muss schnell getroffen werden.

५ मुझे अब — है । जो भी फ़ैसला आप — — हैं, वह जल्दी — / — ।

पाठ सैंतीस

सब कुछ किया जाएगा !

१ – भाई साहब, क्या लखनऊ का टिकट♂ भी इसी खिड़की पर बनाया जाता है ? ①

ANMERKUNGEN

① बनाया जाता है **banāyā jātā hai**: Passivform von बनाना **banānā** "machen, herstellen". Sie wird mit dem Partizip Perfekt gebildet, dem das Hilfsverb जाना **jānā** folgt.

दूसरे अभ्यास के उत्तर: रिक्त स्थान (जारी)

❷ — करनी — करना — । ❸ — निकालने — आपको — लोगों — मिलना — पड़ेगा ❹ उनको — कर — चाहिएँ / चाहिए । — करने — ज़रूरत — ? ❺ — जाना — । — करना चाहते — करना होगा / पड़ेगा ।

Bhārat

हिन्दुस्तान **hindustān** – auf Persisch "Land der Hindus" – war ursprünglich der Name für die Gebiete zwischen Indus und Ganges. Das moderne Indien – im geopolitischen Sinne – heißt offiziell भारत **bhārat** (vom Helden "Bharata" aus dem Epos "Mahabharata" (Sanskrit)). Auch ein Weiser aus der Zeit der Veden trug diesen Namen. Er stellte die Regeln für das indische Theater und den klassischen Tanz auf. Die drei Silben seines Namens repräsentieren die wesentlichen Elemente des Tanzes: भाव **bhāva** "Gefühl", राग **rāga** "Melodie", ताल **tāla** "Rhythmus".

Zweite Welle: Aktivieren Sie heute Lektion 8!

37. Lektion

Nun wird alles gemacht!
(alles etwas gemacht wird-gehen!)

1 – Mein Herr, werden die Fahrkarten für Lucknow auch an diesem Schalter ausgegeben?
(Bruder Herr, was Lucknow von Fahrkarten auch diese-eben Fenster auf gemacht gehend ist?)

२ – मैडम, जब से कंप्यूटर♂ का राज♂ है, हर काम हर जगह♀ किया जा रहा है ! ② ③

३ चाहे इधर आइए, चाहे उधर जाइए । ④

४ सीट मिलना मुश्किल है... मगर यह तो बताइए, आपको ऐसी हिन्दी कहाँ सिखाई गई है ?

५ – पैरिस में !

६ – तो क्या आपके देश♂ में भी हिन्दी पढ़ी जाती है ?

७ – पढ़ी ही क्यों, लिखी जाती है, बोली जाती है... अरे, गाई भी जाती है !

८ – यह तो बड़ा नेक काम किया जा रहा है ! ⑤

९ थोड़े दिन बाद आप बताएँगी कि वहाँ रेडियो♂ पर हिन्दी बोली जा रही है,

१० ...हिन्दी कविताएँ ♀ लिखी जा रही हैं, उपन्यास छापे जा रहे हैं ! हिन्दी फ़िल्में बनाई जा रही हैं ।

ANMERKUNGEN

② जब से **jab se** "seit(dem)" kann im Hauptsatz durch तब से **tab se** "seit" aufgegriffen werden, dies ist aber – wie hier – nicht zwingend der Fall.

③ किया जा रहा है **kiyā jā rahā hai** "es wird gemacht" ist das Passiv von करना **karnā** in der Verlaufsform der Gegenwart. Sie erinnern sich, dass करना **karnā** im historischen Perfekt wie im Partizip Perfekt unregelmäßig konjugiert wird.

④ सिखाई गई है **sikhāī gaī hai**: zusammengesetztes Perfekt von सिखाना **sikhānā** "unterrichten, lehren". Weitere Beispiele für das Passiv: यह मॉडल प्रधान मंत्री को दिखाया गया है । **yeh mŏḍal♂ pradhān mantrī ko dikhāyā gayā hai .** "Dieses Modell wurde dem Premierminister gezeigt." इन खम्बों पर जर्मन बल्ब लगाए गए हैं । **in khambõ♂ par jarman balb♂ lagāe gae haĩ .** "Es wurden deutsche Glühbirnen in diese Straßenlaternen gedreht."

2 – Meine Dame, seitdem der Computer alles beherrscht, wird jede Arbeit überall gemacht!
(Madam, als aus Computer von Regierung ist, jede Arbeit jeder Platz gemacht gehen geblieben ist!)

3 Egal, wohin Sie gehen.
(würde-möchten hierher kommen-Sie, würde-möchten dorthin gehen-Sie.)

4 Es ist schwer, einen Platz zu finden ... aber sagen Sie mir, wo hat man Sie so gut Hindi sprechen gelehrt?
(Platz treffen schwierig ist ... aber diese/r doch sagen-Sie, Ihnen so-eine Hindi wo gelehrt gegangen ist?)

5 – In Paris!
(Paris in!)

6 – So lernt man auch in Ihrem Land Hindi?
(doch was ihrem Land in auch Hindi gelesen gehend ist?)

7 – Man lernt nicht nur, man schreibt es, man spricht es ... oh! Man singt es auch!
(gelesen eben warum, geschrieben gehend ist, gesprochen gehend ist ... ach, gesungen auch gehend ist!)

8 – Da wird also gute Arbeit geleistet!
(diese/r doch groß anerkennenswert Arbeit gemacht gehen geblieben ist!)

9 Eines Tages werden Sie sagen, dass dort im Radio Hindi gesprochen wird,
(wenig Tag nach Sie werden-sagen dass dort Radio auf Hindi gesprochen gehen geblieben ist,)

10 ... dass Gedichte in Hindi geschrieben werden, Romane gedruckt werden! Dass Hindi-Filme gedreht werden.
(Hindi Gedichte geschrieben gehen geblieben sind, Roman gedruckt gehen geblieben sind! Hindi Filme gemacht gehen geblieben sind.)

⑤ बड़ा **barā**♂ kann vor einem Adjektiv in der Bedeutung "sehr" verwendet werden.

११ – भाई साहब, जब बी.बी.सी. में हिन्दी सर्विस♀ को इतने सालों से चलाया गया है, ⑥

१२ तो यही सब कुछ पैरिस में क्यों नहीं किया जा सकता ?

१३ और... जहाँ तक हिन्दी फ़िल्मों का सवाल♀ है, एक "ईविनंग इन पैरिस" तो कब की बनाई जा चुकी है ! ⑦ ⑧

१४ मेरे जैसे कुछ और लोग तैयार हो जाएँ तो बाक़ी सब कुछ भी देखा जाएगा ! ⑨ ⑩ ⑪

१५ – यह बात ! अब तो आपके लिए वी.आई.पी कोटा♂ में से ही सीट निकाली जाएगी !

ANMERKUNGEN

⑥ Hier ist को **ko** die Postposition des passivischen Subjekts, daher die Verb-Endung -आ **-ā** + ergativer Satzaufbau. पुलिस ने इन चोरों को पकड़ा है । **pulis ne in corõ ko pakṛā hai .** "Die Polizei hat jene Diebe gefangen." इन चोरों को पकड़ा गया है । **in corõ ko pakṛā gayā hai .** "Jene Diebe wurden gefangen." सभी गाय-भैंसों को इस सड़क से हटाया जाएगा । **sabhī gāy♀ -bhaĩsõ♀ ko is saṛak♀ se haṭāyā jāegā .** "Alle Kühe und Büffel werden von dieser Straße getrieben." Aber: आज चपातियाँ नहीं बनाई जाएँगी । **āj capātiyā̃♀ nahī̃ banāī jāẽgī .** "Heute werden keine Chapatis (Fladenbrot) gemacht".

⑦ जहाँ तक **jahā̃ tak** heißt hier "soweit". Ähnlich: यहाँ तक कि **yahā̃ tak ki** "so sehr, dass"; ...यहाँ तक कि अधिकारी भी हड़ताल पर हैं । ... **yahā̃ tak ki adhikārī♂ bhī haṛtāl♀ par haĩ** "... so sehr, dass sogar die Vorgesetzten im Streik sind."

⑧ कब की **kab kī** wird oft mit Verben benutzt, die eine abgeschlossene Handlung beschreiben: यह तस्वीर पहले की बनाई हुई है । **yeh tasvīr pahale kī banāī huī hai .** Wörtlich "Dieses Bild vorher von gemacht geworden ist" = "Dieses Gemälde wurde vorher gemalt".

⑨ जैसे **jaise** "wie" wird in der Regel mit den Possessivpronomen verwendet: मेरे जैसे **mere jaise** "wie ich", तुम्हारे जैसे **tumhāre jaise** "wie du" usw. Die 2. Pers. Pl. sowie Nomen können dagegen in der gebeugten Form und ohne die Postposition के **ke** stehen: आप(के) जैसे **āp(ke) jaise** "wie ihr"; हम लोगों जैसे **ham logõ jaise** "wie wir".

11 – Mein Herr, wenn die BBC seit vielen Jahren Hindi-Programme eingerichtet hat,
(Bruder Sahab, wenn BBC in Hindi Service zu so-viele Jahre aus gehen-gemacht gegangen ist,)

12 warum hat man in Paris nicht auch etwas eingerichtet?
(doch dort-eben alles etwas Paris in warum nicht gemacht gehen könnend?)

13 Und ... was Hindi-Filme angeht, so wurde doch schon vor langem ein "Evening in Paris" gedreht!
(und ... wo bis Hindi Filme von Frage ist, eins "Evening in Paris" doch wann von gemacht gehen beendet ist!)

14 Wie ich sollten sich auch andere vorbereiten, dann wird man weiter sehen!
(meine wie etwas und Leute fertig sein würden-gehen doch Rest alles etwas auch gesehen werden-gehen!)

15 – So ist es! Dann wird man für Sie Plätze in der Quota der V.I.P. finden!
(diese/r Wort! jetzt doch Ihre für V.I.P. Quota in aus eben Sitz rausgeholt wird-gehen!)

⑩ तो **to** leitet einen Hauptsatz ein, dem ein Nebensatz mit einer hypothetischen Aussage (daher im Konjunktiv) vorausgeht. Dieser Nebensatz wird seinerseits durch die Konjunktion यदि **yadi** "wenn" eingeleitet, die jedoch häufig – wie hier – weggelassen wird. Die hypothetische Aussage bleibt durch den Konjunktiv erhalten.

⑪ तैयार **taiyār** bedeutet "bereit, fertig", तैयारी **taiyārī**♀ "Vorbereitung"; तैयार होना **taiyār honā** "vorbereitet sein"; तैयार हो जाना **taiyār ho jānā** "sich vorbereiten"; तैयार करना **taiyār karnā** "vorbereiten".

पहला अभ्यास: क्या आप ये वाक्य समझ रहे हैं ?

१ यहाँ रोज़-रोज़ चावल बनाया जाता है, चपाती कभी नहीं बनाई जाती !

२ कनॉट प्लेस और वसन्त कुंज के बीच एक नई बस चलाई जाएगी ।

३ शादी का खाना घर पर ही बनाया गया है लेकिन मिठाई बाज़ार से ख़रीदी गई है ।

४ क्या दिल्ली में एक दिन मेट्रो° बनाया जाएगा ? – इसके बारे में अभी कुछ नहीं कहा जा सकता । देखा जाएगा !

५ बदमाशों के भाग जाने के बाद पुलिस को बुलाया गया और रिपोर्ट° लिखवाई गई ।

६ उस हॉस्टल में बेचारे विदेशी छात्रों को केवल शाकाहारी भोजन दिया जाता था । वह भी ठीक से नहीं बनाया जाता था ।

७ यह काम ठीक से नहीं किया गया है, सारी तैयारियाँ नहीं की गई हैं ।

८ प्रधान मंत्री आ रहे हैं इसलिए सड़कों को साफ़ किया जा रहा है, दीवारों पर सफ़ेदी की जा रही है ।

९ गाय-भैंसों को हटाया जा चुका है, खम्बों पर नए बल्ब लागाए जा रहे हैं ।

१० कर्मचारियों को काफ़ी डाँटा गया है, दो अधिकारियों को सस्पेंड किया जा चुका है ।

पहले अभ्यास के उत्तर : क्या आप समझे ?

❶ Hier wird jeden Tag Reis zubereitet, Chapatis dagegen nie! ❷ Zwischen Connaught Place und Vasant Kunj wird eine neue Buslinie eingerichtet. ❸ Das Hochzeitsessen wurde im Hause selbst gekocht, aber die Süßigkeiten wurden im Basar gekauft. ❹ Wird in Delhi eines Tages eine U-Bahn gebaut werden? – Dazu kann man heute nichts sagen. Man wird sehen! ❺ Nach der Flucht der Gangster wurde die Polizei gerufen und ein Bericht geschrieben. ❻ In jenem Heim wurden den bemitleidenswerten ausländischen Schülern nur vegetarische Speisen gegeben. Und die waren noch nicht einmal gut zubereitet. ❼ Diese Arbeit wurde nicht richtig gemacht, es wurden nicht alle Vorbereitungen getätigt. ❽ Der Premierminister kommt, deshalb werden die Straßen gereinigt und die Mauern geweißt. ❾ Kühe und Büffel wurden schon weggetrieben, und neue Glühbirnen werden in die Straßenlaternen gedreht. ❿ Die Angestellten wurden ziemlich getadelt, zwei Verantwortliche sind schon entlassen (suspendiert) worden.

दूसरा अभ्यास: वाक्य पूरे कीजिए ।

❶ Im ganzen Land wird Hindi gesprochen, ob Sie nach Bombay oder nach Hyderabad gehen.

१ हिन्दी देश भर में — — —, चाहे बंबई जाइए, — हैदराबाद ।

❷ Ja, im ganzen Land werden Hindi-Filme angesehen, und die Lieder dieser Filme werden überall gehört und gesungen!

२ हाँ, हिन्दी फ़िल्में देश भर में — — — और इन — के गीत भी सब जगह — और — — — !

दूसरे अभ्यास के उत्तर: रिक्त स्थान

❶ — बोली जाती है, —, चाहे — । ❷ —, देखी जाती है — फ़िल्मों — सुने — गाए जाते हैं !

दूसरा अभ्यास: वाक्य पूरे कीजिए । (जारी)

❸ Nisha, wird eines Tages auch in deinem Land etwas in Hindi [oder] Urdu gemacht oder nicht?

३ निशा, क्या — देश में भी एक दिन हिन्दी-उर्दू में — — — या नहीं ?

❹ Wann wird man dort die Bedeutung von Sprachen anderer Länder verstehen?

४ वहाँ दूसरे देशों की — के महत्त्व को कब — — ?

❺ Ich weiß nicht ... Einige indische Erzählungen wurden in deutscher Übersetzung gedruckt, ziemlich viele Filme wurden gezeigt ...

५ मालूम नहीं... कुछ भारतीय कहानियाँ जर्मन अनुवाद में — जा — —, काफ़ी फ़िल्में — — — — ...

दूसरे अभ्यास के उत्तर: रिक्त स्थान (जारी)

❸ —, तुम्हारे — कुछ किया जाएगा — ? ❹ — भाषाओं — समझा जाएगा ❺ — छापी — चुकी है, — दिखाई जा चुकी हैं

Bahnfahren in Indien

Mit etwa 64.000 Gleiskilometern verfügen die indischen Eisenbahnen – भारतीय रेल **bhāratīy rel** oder "Indian Railways" – über das zweitgrößte Streckennetz der Welt (nach China). Bahnreisen funktionieren gut, allerdings müssen Fahrkarten an Fahrkartenschaltern, über Reisebüros oder online rechtzeitig reserviert werden. Denn auf großen, viel befahrenen Strecken können in der 1. und 2. Klasse die Plätze auf Wochen im Voraus reserviert sein. Im Unterschied zu den meisten europäischen Zügen werden Fahrkarten in Indien für einen Sitzplatz in einem bestimmten Zug ausgestellt, sodass man nicht flexibel mit einem beliebigen Zug fahren kann. Durch Quota werden in manchen Zügen Platzkontingente für bestimmte Gruppen – Touristen, Familien, Pensionäre, Soldaten usw. – bereit gehalten. Dieses Verfahren ist übrigens im gesamten öffentlichen Bereich verbreitet. In Anbetracht der enormen Distanzen kommen Verspätungen relativ häufig vor, sind aber in den bequemen Zügen tragbar, zumal man sicherlich mit den Mitreisenden ins Gespräch kommen wird. Weniger bequem, da häufig hoffnungslos überfüllt, sind die Nahverkehrszüge in Großstädten wie Mumbai, Delhi oder Chennai. Wer eine Fahrt mit so einem Zug zur Stoßzeit wagen möchte, sollte gute Nerven mitbringen!

Zweite Welle: Aktivieren Sie heute Lektion 9!

पाठ अड़तीस

सब काम करा डाला !

१ — देखा, रायसाहब ? रुकावटों[१] के बावजूद मैंने अपना काम करा ही डाला ! ① ② ③

२ कुछ देशों में, जब यह कहा जाता है कि फ़लानी चीज़ संभव नहीं है, तो वह सचमुच संभव नहीं होती ।

३ मगर भारत में जब किसी चीज़ को असंभव कहा जाता है तब भी यही लगता है कि उसे ज़रूर संभव बनाया जा सकता है ! ④ ⑤ ⑥

४ ज़रा सा मज़ाक किया और रेलवे का कर्मचारी हँस पड़ा ।⑦

ANMERKUNGEN

① Die Postposition के बावजूद **ke bāvajūd** "trotz" verweist auf ein Gegenargument. Sie bezieht sich so wie के बजाय **ke bajāy** "anstatt, anstelle" im Satzzusammenhang nur auf ein Wort, während sich हालाँकि **hālā̃ki** "obwohl" auf einen ganzen Satz oder Nebensatz bezieht (s. a. L. 30). शहरों के बजाय गाँवों में जाइए । **śaharõ ke bajāy gā̃võ mẽ jāie .** "Anstatt in die Städte sollte man in die Dörfer gehen." पढ़ने की बजाय वह दिन भर खेलता है । **paṛhne ke bajāy voh din bhar kheltā hai .** "Anstatt zu studieren, spielt er den ganzen Tag."

② करा डाला **karā ḍālā** "hat machen lassen": Das Hilfsverb डालना **ḍālnā** verleiht dem Ausdruck etwas Plötzliches. Die Partikel ही **hī** verleiht der Aussage mehr Nachdruck und kann in diesem Fall mit "schließlich" übersetzt werden.

③ काम **kām** bezeichnet hier weniger eine bestimmte Arbeit als vielmehr zu erledigende Aufgaben und Angelegenheiten im Allgemeinen. मेरे लिए एक काम करो । **mere lie ek kām karo .** "Tu etwas für mich."

④ असंभव **asambhav** "unmöglich" aus अ **a-** + Adjektiv संभव **sambhav** "möglich". Ebenso स्थिर **sthir** "fest", अस्थिर **asthir** "unbeständig". Anders als संभव है **sambhav hai** beschreibt संभव होती है **sambhav hotī**

38. Lektion

Ich habe schließlich alles machen lassen!
(alles Arbeit machen-machen geworfen!)

1 – Haben Sie gesehen, Raisahab? Trotz der Hindernisse habe ich (schließlich) doch alles machen lassen!
(gesehen, Raisahab? Hindernisse von trotz ich-durch eigene Arbeit machen-machen eben geworfen!)

2 Wenn in einigen Ländern gesagt wird, irgendetwas sei nicht möglich, dann ist es wirklich nicht möglich.
(etwas Länder in, als diese/r gesagt gehend ist dass gewisser Sache möglich nicht ist, doch jene/r wirklich möglich nicht seiend.)

3 Aber wenn in Indien etwas für unmöglich gehalten wird, dann scheint es, dass es dann sicher möglich gemacht werden kann!
(aber Indien in als irgendein Sache zu unmöglich gesagt gehend ist dann auch hier-eben scheinend ist dass ihm sicher möglich gemacht gehen könnend ist!)

4 Ich spaßte ein bisschen, und der Eisenbahnangestellte fing an zu lachen.
(wenig lich Spaß gemacht und Eisenbahn von Angestellter lachen gefallen.)

hai "es ist möglich" einen anhaltenden, allgemeinen Zustand. बोरिस की ज़िंदगी कब तक अस्थिर रहेगी, ये कहना असंभव है । **boris kī zindagī**♀ **kab tak asthir rahegī, ye kahnā asambhav hai .** "Man kann unmöglich sagen, bis wann Boris Leben unbeständig bleiben wird."

⑤ Der passivische Ausdruck किसी चीज़ को असंभव कहा जाता है । **kisī cīz ko asambhav kahā jātā hai.** "Irgendeine Sache wird unmöglich gesagt." enthält चीज़ **cīz**♀ als Objekt. Die Konjugation richtet sich aber durch das को **ko** nicht danach. Daher: कहा जाता है **kahā jātā hai .**

⑥ बनाना **banānā** hat hier die Bedeutung "machen" im Sinne von "verändern".

⑦ Bei dem zusammengesetzten Verb हँस पड़ा **hãs paṛā** drückt पड़ना **paṛnā** Plötzlichkeit und Impulsivität aus.

५ अचानक उसके दिल♂ में परोपकार♂ की भावना♀ जाग उठी ! ⑧

६ – मेरी बेटी राधिका की उलटी ही रणनीति♀ है ।

७ तपाक से रो पड़ती है और अपना काम करा लेती है ।

८ उसका रोना देखकर कट्टर से कट्टर दफ़्तरशाह♂ का दिल♂ भी काँप उठता है, कि ।

९ "हाय, मार डाला ! अब क्या होगा ?" ⑨

१० उसके पैरों♂ पर गिर पड़ते हैं और मिनटों♂ में जो भी वह चाहती है वह कर डालते हैं ।

११ मेरे बेटे♂ में यह क़ाबलियत♀ नहीं है । बीच में उलटा-सीधा कुछ बोल पड़ता है, या झल्ला उठता है ।

१२ लेकिन निशा-जी, लगता है कि सामाजिक और राजनैतिक निपुणता♀ में आप राधिका तो क्या, ⑩

१३ कौटिल्य ♂ का भी रिकार्ड♂ तोड़ डालेंगी !

ANMERKUNGEN

⑧ जाग उठी **jāg uṭhī** "plötzlich aufstehen". उठना **uṭhnā** verleiht dem zusammengesetzten Verb eine ähnliche Bedeutung wie पड़ना **paṛnā**, allerdings weniger nachdrücklich.

⑨ मार डाला **mār ḍālā**: डालना **ḍālnā** hebt als Hilfsverb den Charakter der Abgeschlossenheit von मारना **mārnā** "schlagen, töten, umbringen" hervor. मारो **māro** "schlag, töte"; मार डालो **mār ḍālo** "töte". Natürlich ist dieser Ausdruck nicht wörtlich zu verstehen, so wie man auf Deutsch auch sagt: "Das bringt mich noch mal um".

⑩ क्या **kyā** bedeutet hier "nicht nur". Diese Bedeutung hat es häufig in Aufzählungen von Substantiven oder – wie hier – Namen: "nicht nur ..., sondern auch".

5 Plötzlich zeigte er ein Gefühl des Wohlwollens!
(plötzlich sein Herz in Wohlwollen von Gefühl erwachen aufgestanden!)

6 – Meine Tochter Radhika hat genau das umgekehrte Verhalten.
(meine Tochter Radhika von umgekehrt eben Verhalten ist.)

7 Plötzlich fängt sie an zu weinen und erreicht alles, was sie möchte.
(Promptheit aus weinen fallend ist und eigene Arbeit machen-machen nehmend ist.)

8 Sie weinen zu sehen, bringt sogar das unbarmherzigste Bürokratenherz zum Wanken.
(ihr Weinen sehen-machen unbarmherzig aus unbarmherzig Bürokrat von Herz auch zittern aufstehend ist, dass.)

9 "Au, das hat mich umgebracht! Was nun?"
(aua, töten geworfen! jetzt was wird-sein?)

10 Sie fallen ihr zu Füßen, und in wenigen Minuten machen sie alles, was sie wünscht.
(ihre Füße auf fallen fallend sind und Minuten in was auch jene/r möchtend ist jene/r machen werfend sind.)

11 Mein Sohn hat dieses Talent nicht. Mittendrin spricht er plötzlich Unsinn oder wird wütend.
(mein Sohn in diese/r Talent nicht ist. Mitte in umgekehrt-gerade etwas sprechen fallend ist, oder Unsinn aufstehend ist.)

12 Aber Nisha, es scheint, dass Sie in sozialer und politischer Geschicklichkeit nicht nur gegenüber Radhika,
(aber Nisha-ji, scheinend ist dass soziale und politische Geschicklichkeit in Sie Radhika doch was,)

13 sondern auch gegenüber Kautilya den Rekord brechen!
(Kautilya von auch Rekord brechen werden-werfen!)

पहला अभ्यास: क्या आप ये वाक्य समझ रहे हैं ?

१ काम असंभव था फिर भी मीठी-मीठी बातें करके उसने करा ही डाला !

२ अरे, दो लोगों के लिए तुमने इतना सारा चावल बना डाला !

३ कुछ देशों में, जो काम असंभव होता है उसे सचमुच नहीं किया जा सकता ।

४ भारत में किसी काम के असंभव होने पर भी उसे किया जा सकता है ।

५ पापा का यह मज़ाक देखकर सब लोग हँस पड़े लेकिन मुन्नी रो पड़ी ।

६ आज फिर से हमारे नौकर ने क्रिस्टल का एक गिलास तोड़ डाला ।

७ पूना में एक महीने के अंदर मैंने सत्यजित राय और ऋत्विक घटक की सारी फ़िल्में देख डालीं ।

८ संस्कृत♀ की परीक्षा से पहले दोमिनीक ने एक बार पूरी महाभारत♀ पढ़ डाली !

९ बस झटके से चल पड़ी और छत पर से काफ़ी सारा सामान नीचे गिर पड़ा ।

१० जिस दिन हरदेव जी को मॉस्को जाना था उसी दिन यह मनहूस काम आ पड़ा ।

दूसरा अभ्यास: वाक्य पूरे कीजिए ।

❶ Beunruhigen Sie sich nicht! Trotz der unbarmherzigen Bürokraten wird Radhika ihre [ganze] Arbeit erledigen!

१ घबराइए मत ! – से कट्टर दफ़्तरशाहों – – राधिका अपना सारा काम – – / – !

पहले अभ्यास के उत्तर : क्या आप समझे ?

❶ Die Aufgabe (Arbeit) war unmöglich, aber mit ein paar süßen Worten schaffte sie es doch, sie machen zu lassen! ❷ Oh, für zwei Personen hast du so viel Reis gekocht! ❸ (Wenn) in einigen Ländern Aufgaben unmöglich sind, dann kann man sie wirklich nicht erledigen. ❹ (Wenn) in Indien dagegen eine Aufgabe unmöglich ist, dann kann man sie doch erledigen. ❺ Nachdem sie Papas Witz gehört hatten, fingen alle an zu lachen, aber Munni fing an zu weinen. ❻ Heute hat unser Diener wieder ein Kristallglas zerbrochen. ❼ In einem Monat habe ich in Pune (vormals: Poona) alle Filme von Satyajit Ray und Ritwik Ghatak sehen können. ❽ Vor der Sanskrit-Prüfung hat Dominique einmal die ganze Mahabharata gelesen! ❾ Mit einem Ruck fuhr der Bus an, und fast alle Sachen fielen vom Dach herunter. ❿ An dem Tag, als Hardev nach Moskau fahren sollte, fiel ihm die verflixte Arbeit zu.

अचानक उसके दिल में परोपकार की भावना जाग उठी।

दूसरा अभ्यास: वाक्य पूरे कीजिए। (जारी)

❷ Wenn die Leute Mutter Theresas Worte hören, werden sie oft von einem Gefühl des Wohlwollens ergriffen.

२ मदर टेरेसा की बातें — लोगों के दिल में अकसर — की — — — — ।

दूसरे अभ्यास के उत्तर: रिक्त स्थान

❶ — कट्टर — के बावजूद — करा डालेगी/लेगी । ❷ — सुनकर — परोपकार — भावना जाग उठती है ।

दूसरा अभ्यास: वाक्य पूरे कीजिए । (जारी)

❸ Trotz aller Kritik kann man sagen, dass der Herr Direktor doch ein Talent hat.

३ आलोचनाओं — — यह — — — — कि डायरेक्टर साहब — एक — तो है ।

❹ In diesem Spiel schlägt er gegenüber allen den Rekord.

४ इस खेल में तो सभी के रिकार्ड — — — ।

❺ Als die draußen sitzenden Angestellten das Schauspiel sahen, fingen sie an zu lachen und erzählten nur Unsinn.

५ बाहर — कर्मचारी तमाशा देखकर — — और — बातें — — ।

पाठ उनतालीस

उनके पास शतरंज♀ है, उनमें कई गुण♂ हैं, उनके पोते♂ हैं, उनको सरदर्द है ...

१ — नास्तासिया, तुमने कहा था के शकील साहब बड़े मज़ेदार आदमी हैं ... ①

ANMERKUNGEN

① Das umgangssprachliche, aber in der Schriftsprache selten verwendete के **ke** ist hier identisch mit कि **ki** "dass". In der Aussprache lassen sich beide kaum unterscheiden.

दूसरे अभ्यास के उत्तर: रिक्त स्थान (जारी)

❸ — के बावजूद — कहा जा सकता है — में — क़ाबलियत — । ❹ — तोड़ सकते हैं । ❺ — बैठे — हँस पड़े — उलटी-सीधी — करने लगे ।

Die größte Demokratie der Welt

Der in unserem Text angesprochene कौटिल्य **kauṭilya** war ein Berater des Königs Chadragupta I. (gest. ca. 297 v. Chr.) und ein berühmter indischer Politologe. Er schrieb die aufsehenerregende politische Abhandlung अर्थशास्त्र **arthaśāstra**, wörtlich "Wissenschaft der Macht", und gilt als der Machiavelli Indiens. Das **Arthaśāstra** ist eine Art Staatsrechtslehrbuch, das aber auch von den Pflichten des Machthabers spricht, nämlich das Reich vor externen Aggressionen zu schützen, Gesetz und Ordnung aufrecht zu halten und für das Wohlergehen der Bevölkerung zu sorgen. Auch im modernen Indien ist das **Arthaśāstra** immer noch bekannt und wird seit Generationen gelesen und zitiert. Mag es daran liegen, dass Indien seit seiner Unabhängigkeit im Jahre 1947 die größte Demokratie der Welt darstellt?

Zweite Welle: Aktivieren Sie heute Lektion 10!

39. Lektion

Er hat ein Schachspiel, er hat einige Qualitäten, er hat Enkel, er hat Kopfschmerzen ...

(ihr bei Schachspiel ist, jene⌢-in einige Qualitäten sind, ihre Enkel sind, jene⌢-zu Kopfschmerz ist ...)

1 – Nastassia, du hattest mir gesagt, dass Shakil Sahab ein sehr sympathischer Mann sei ...
(Nastassia, du-durch gesagt war dass Shakil Sahab große angenehm Mann sind ...)

२ — हाँ... उनके पास एक शतरंज♀ का खेल है जो अवध के किसी नवाब♂ का था । ② ③ ④

३ जब वे शतरंज खेलने लगते हैं तो बाक़ी दुनिया♀ के लिए बिलकुल अंधे और बहरे हो जाते हैं । ⑤

४ उनको एक यही बीमारी♀ है, और अमीना जी को एक यही तकलीफ़♀ है ! ⑥ ⑦

५ शतरंज खेलते हुए न तो उन्हें भूख♀ लगती है और न प्यास♀, न ठंड♀ लगती है, न गर्मी♀ । ⑧ ⑨

६ कोई मेहमान♂ बीच में आ जाए तो अमीना जी को अपने मियाँ♂ पर बड़ी शर्म♀ आती है, ग़ुस्सा♂ भी आता है !

७ मगर जब शतरंज की धुन♀ में नहीं होते, तब काफ़ी हंगामा♂ करते हैं । ⑩

② उनके पास एक खेल है । **unke pās ek khel hai .** Da Hindi das Verb "haben" nicht kennt, verwendet man, um ein Besitzverhältnis auszudrücken, die abhängige Form mit der Postposition के पास **ke pās** "bei" + होना **honā** "sein".

③ In diesem Satz drückt die Postposition का **kā** den Besitz einer Sache aus: यह रेशमी चुन्नी निशा की है । **yeh reśmī cunnī niśā kī hai .** "Dieser Seidenschal gehört Nisha."

④ Als अवध **avadh** bezeichnet man die Gegend um die Stadt लखनऊ **lakhnaū**, die unter den Mogulen von einem नवाब **navāb**, einer Art "Statthalter" oder "Gouverneur", regiert wurde.

⑤ Achten Sie auf den Zusammenhang zwischen जब **jab** "wenn, als" und तो **to** "dann". तो **to** kann zeitlich gemeint sein, aber auch eine Konsequenz bzw. Folge einleiten: "dann, darauf".

⑥ उनको एक बीमारी है । **unko ek bīmārī hai .** "Er hat eine Krankheit." अमीना जी को एक तकलीफ़ है । **amīnā-jī ko ek taklīf hai .** "Amina hat ein Problem." Mit dieser indirekten Konstruktion wird ausgedrückt, dass man Gefühle, Kenntnisse usw. hat. Ebenso: मुझे बुख़ार है, दवा दीजिए । **mujhe bu<u>kh</u>ār♂ hai, davā♀ dījie .** "Ich habe Fieber, geben Sie (mir) ein Medikament". अमीना को शतरंज के मोहरे छिपाने की बीमारी है । **amīnā ko śatarãj ke mohre♂ chipāne kī bīmārī hai .** "Amina hat die Krankheit, die Schachfiguren zu verstecken."

2 – Ja ... er hat ein Schachspiel, das irgendeinem Nawab von Awadh gehörte.
(ja ... ihr bei eins Schachspiel von Spiel ist was Awadh von irgendein Nawab von war.)

3 Wenn er anfängt, Schach zu spielen, dann wird er für die übrige Welt völlig blind und taub.
(als sie Schach spielen beginnend sind doch restlich Welt von für überhaupt blind und taub sein gehend sind.)

4 Das ist seine einzige Krankheit, und das ist Aminas einziges Problem!
(jene⌒-zu eins diese-eben Krankheit ist, und Amina ji zu eins diese-eben Problem ist!)

5 Während er Schach spielt, fühlt er keinen Hunger und keinen Durst, fühlt er keine Kälte und keine Wärme.
(Schach spielend gewesen nicht doch jenen-zu⌒ Hunger fühlend ist und nicht Durst, nicht Kälte fühlend ist, nicht Wärme.)

6 Wenn irgendein Gast dazu kommt, schämt sich Amina sehr für ihren Mann und wird auch böse!
(jemand Gast Mitte in kommen würde-gehen doch Amina ji zu eigen Ehemann auf groß Scham kommend ist, Wut auch kommend ist!)

7 – Aber wenn er sich nicht seiner Neigung zum Schachspielen hingibt, dann macht er viel Ärger.
(aber als Schachspiel von Neigung in nicht seiend, dann ziemlich Ärger machend ist.)

⑦ Die Kombination aus यह **yeh** + ही **hī** = यही **yahī** bedeutet "dasselbe", "gerade diese". (Beachten Sie den Unterschied zwischen यही **yahī** und यहीं **yahī̃** "gerade hier").

⑧ Das Partizip खेलते हुए **khelte hue** "spielend" deutet hier die Gleichzeitigkeit an, die im Deutschen durch einen Nebensatz mit "während" ausgedrückt werden kann.

⑨ न तो... और न **na to... aur na** "weder ... noch". Hier wird न **na** anstelle von नहीं **nahī̃** "nicht" verwendet. हकीम साहब न तो गाजर खाते हैं ओर न टमाटर ! **haqīm♂ sāhab na to gājar♀ khāte haĩ aur na ṭamāṭar♂** ! "Der Arzt isst weder Karotten noch Tomaten!".

⑩ Im Gegensatz zu dem Ihnen bereits bekannten तो **to** entspricht तब **tab** dem rein zeitlichen "dann, schließlich".

८ वे सत्तर बरस♂ के हैं । उनके कई पोते♂-पोतियाँ♀ हैं । ⑪ ⑫

९ फिर भी उनकी बड़ी अच्छी आवाज़♀ है, ख़ूब गाते हैं । ⑬

१० जब थक जाते हैं तो कह देते हैं, मुझे सरदर्द है और डटकर सोते हैं ।

११ तुम ख़ुद ही देखोगी, उनमें एक नुक़्स♂ है, शतरंज वाला, मगर गुण♂ बहुत-से हैं ! ⑭ ⑮

ANMERKUNGEN

⑪ वे सत्तर बरस के हैं । **ve sattar baras ke haĩ**: बरस **baras** ist gleichbedeutend mit साल **sāl** "Jahr". Alternativ kann man sagen: उनकी उम्र सत्तर साल है । **unkī umr♀ sattar sāl hai .** "Sein Alter ist 70 Jahre."

⑫ उनके पोते हैं । **unke pote♂ haĩ .** "Er hat Enkel". Die Familienzugehörigkeit wird indirekt – mithilfe des Possessivpronomens bzw. का **kā** – und mit होना **honā** "sein" ausgedrückt. सरला के चार बच्चे हैं । **sarlā ke cār bacce haĩ .** "Sarla hat vier Kinder." oder सरला की एक बहन है । **sarlā kī ek bahan hai .** "Sarla hat eine Schwester." (hier angepasst an die zugehörige Person).

पहला अभ्यास: क्या आप ये वाक्य समझ रहे हैं ?

१ अमीना, तुम्हें मेरी शतरंज अलमारी में रखने की यह क्या बीमारी है ?

२ शतरंज के मोहरे भगवान जाने कहाँ हैं ! घबराइए मत, हम गाजर, आलू और टमाटर से शतरंज खेलेंगे ।

३ वे सत्तर साल के हैं और हक़ीम हैं मगर अकसर बच्चों वाली बातें करने लगते हैं ।

४ आपको मलेरिया♂ है । इसीलिए आपको गर्मी में ठंड लग रही है ।

५ हक़ीम साहब, मुझे बुख़ार भी है । मुझे डर लग रहा है ! हाय !

8 Er ist 70 Jahre alt. Er hat mehrere Enkel.
(sie siebzig Jahre von sind. ihr einige Enkel-Enkelinnen sind.)

9 Trotzdem hat er noch eine gute Stimme und singt viel.
(wieder auch ihre groß gut Stimme ist, viel singend ist.)

10 Wenn er müde wird, dann sagt er: "Ich habe Kopfschmerzen", und er schläft tief.
(als ermüden gehend sind doch sagen gebend sind, mir Kopfschmerzen ist und einrollen-machen schlafend sind.)

11 Du wirst selbst sehen: Er hat ein Laster, das Schachspiel, aber er hat auch viele Fähigkeiten!
(du selbst eben wirst-sehen, jene⁓-in eins Defekt ist, Schach Besitzer, aber Qualitäten sehr-lich sind!)

⑬ Für die Zuweisung physischer Eigenschaften wird die indirekte Form gewählt: उनकी अच्छी आवाज़ है । **unkī acchī āvāz**♀ **hai .** "Er hat eine schöne Stimme." (wörtl. "Ihm ist eine schöne Stimme").

⑭ तुम ख़ुद **tum khud** ist ein Synonym zu तुम अपने आप **tum apne āp "du selbst".** Beide sind unveränderlich und betonen das Subjekt: मैं ख़ुद जाऊँगी । **maĩ khud jāū̃gī .** "Ich werde selbst gehen." क्या तुम अपने आप यह काम कर सकोगे ? **kyā tum apne āp yeh kām kar sakoge ?** "Kannst du diese Arbeit selbst verrichten?"

⑮ उनमें एक नुक़्स है । **unmẽ ek nuqs hai .** "Er hat ein Laster." उनमें गुण हैं । **unmẽ guṇ haĩ.** "Er hat Qualitäten." Der Besitz geistiger Qualitäten wird durch die abhängige Form mit में **mẽ** "in" und dem Hilfsverb होना **honā** ausgedrückt.

पहले अभ्यास के उत्तर : क्या आप समझे ?

❶ Amina, welche Krankheit bringt dich dazu, mein Schachspiel in den Schrank zu räumen? ❷ Gott weiß, wo die Schachfiguren hingekommen sind! Keine Sorge, wir werden mit Karotten, Kartoffeln und Tomaten Schach spielen. ❸ Er ist 70 Jahre alt und ein [moslemischer] Arzt (Hakim), aber oft spricht er wie ein Kind. ❹ Sie haben Malaria. Deshalb frieren Sie in der Wärme. ❺ Herr Doktor, ich habe auch Fieber. Ich bekomme Angst! Au!

पहला अभ्यास: क्या आप ये वाक्य समझ रहे हैं ? (जारी)

६ आपके पास कोई बढ़िया-सा इंजेक्शन° नहीं है, क्या ?

७ ऐसी बातें सुनकर मुझे ग़ुस्सा आने लगता है !

८ आप पाँच साल की नहीं हैं । आपके दो बड़े-बड़े बच्चे हैं ...

९ इस तरह रोते हुए आपको शर्म आनी चाहिए ।

१० यह दवा पी जाइए और डटकर सो जाइए । आपके पास आजकल काफ़ी वक़्त है ।

दूसरा अभ्यास: वाक्य पूरे कीजिए ।

❶ Shakil Sahab hat ein Schachspiel, das sehr alt ist.

१ शकील साहब — — एक — का खेल है — बहुत पुराना है ।

❷ Im Sommer bist du immer durstig, und im Winter hast du immer Hunger!

२ गर्मियों में — / — हर वक़्त — — — और सर्दियों में हमेशा — — — !

❸ Fahren Sie im November hin. Es wird Ihnen weder [zu] warm noch [zu] kalt sein.

३ नवंबर में जाइए । — — गर्मी — और — — ।

❹ Du hast eine sehr schöne Stimme. Darüber hinaus hast du sehr schöne Augen.

४ — बड़ी सुन्दर — — । ऊपर से, — आँखें बहुत सुन्दर — ।

❺ Du hast viele Qualitäten, aber du hast ein Laster (Defekt)!

५ — बहुत से — हैं, मगर एक — है !

पहले अभ्यास के उत्तर: क्या आप समझे ? (जारी)

⑥ Haben Sie nicht vielleicht eine wirksame Impfung? ⑦ Wenn ich solche Sachen höre, packt mich die Wut (beginnt die Wut, mich zu packen)! ⑧ Sie sind nicht fünf Jahre alt. Sie haben zwei große Kinder... ⑨ Sie sollten sich schämen, so zu weinen. ⑩ Trinken Sie diese Medizin, und schlafen Sie tief. Sie haben jetzt genug Zeit.

दूसरे अभ्यास के उत्तर: रिक्त स्थान

❶ — के पास — शतरंज — जो — ❷ — तुम्हें / तुमको — प्यास लगती है — भूख लगती है ! ❸ — । आपको न — लगेगी — न ठंड । ❹ तुम्हारी — आवाज़ है । —, तुम्हारी — हैं । ❺ तुम्हारे — गुण — नुक़्स —

Schach

Schach ist in Indien äußerst beliebt. Schon am Hof der Mogulkönige wurde gerne und viel gespielt. शतरंज के खिलाड़ी **śatarãj ke khilāṛī** "Schachspieler" heißt auch ein Film des neorealistischen Regisseurs Satyajit Ray, bei dem die Geschichte zweier Schachspieler zur Zeit der britischen Machtübernahme in Zentralindien dargestellt wird.

Zweite Welle: Aktivieren Sie heute Lektion 11!

पाठ चालीस

मैं ऐसी ही जगह के सपने♂ देखा करती थी !

१ — यह रहा तुम्हारा कमरा, बेटी । जब भी तुम्हारा जी♂ चाहे, अपना बोरिया-बिस्तर♂ उठाकर पहुँच जाना ! ① ② ③

२ — वाह शकील साहब ! यह कमरा है कि हवेली♀ ! कितना हवादार, और कितना शांत ! ④ ⑤

३ जब मैं अठारह साल♂ की थी तब पैरिस में ऐसी ही जगह♀ के सपने♂ देखा करती थी ! ⑥

४ अकसर जल्दी उठ जाया करती थी और दौड़कर अख़बार ख़रीद लिया करती थी । ⑦ ⑧

ANMERKUNGEN

① यह रहा **yeh rahā**. Anstelle eines Demonstrativpronomens verwendet man je nach Substantiv यह रहा **yeh rahā** / रही **rahī** / रहे **rahe.**

② जब भी **jab bhī** "jedesmal/immer, wenn". Durch die Partikel भी **bhī** nach der Konjunktion wird die Aussage verallgemeinert. Ebenso जहाँ भी **jahā̃ bhī** "wo auch immer". In der Regel steht das Verb im Konjunktiv.

③ Bei पहुँच जाना **pahũc jānā** "ankommen gehen" drückt der Infinitiv einen in die Zukunft gerichteten Befehl (Imperativ) aus. रामलाल, ठीक पाँच बजे चाय लेकर बगीचे में पहुँच जाना । **rāmlāl, ṭhīk pā̃c baje cāy lekar bagīce♂ mẽ pahũc jānā .** "Ramlal, komm genau um fünf Uhr mit Tee in den Garten."

④ Der Ausruf वाह **vāh** drückt freudige Überraschung aus.

⑤ Ein Haveli ist ein großzügiger Wohnsitz, meist mit aufwändigen Wandmalereien, insbesondere im Bundesstaat Rajasthan zu bewundern.

⑥ सपने देखना **sapne dekhnā** "Träume sehen = träumen". Hier wird aus einem Substantiv und einem Verb ein verbaler Ausdruck gebildet (इज़्ज़त करना **izzat♀ karnā** "respektieren", इंतज़ार करना **intazār karnā** "warten", काम करना **kām karnā** "arbeiten").

40. Lektion

Ich sah einen solchen Ort der Träume!
(ich so-eine eben Ort von Träume gesehen machend war!)

1 – Dies ist dein Zimmer, meine Tochter. Immer wenn dein Sinn danach ist, nimmst du deine "sieben Sachen" und kommst!
(diese/r geblieben dein Zimmer, Tochter. als auch dein Sinn würde-möchten, eigen Sack-Bett hochheben-machen ankommen gehen!)

2 – Oh, Shakil Sahab! Dieses Zimmer ist fast ein Haveli! Wie luftig und wie ruhig!
(oh Shakil Herr! diese/r Zimmer ist dass Haveli! wie-viel luftig, und wie-viel ruhig!)

3 Als ich 18 Jahre alt war, träumte ich immer von einem solchen traumhaften Ort in Paris!
(als ich 18 Jahre von war dann Paris in so-eine eben Ort von Träume gesehen machend war!)

4 Oft stand ich früh auf und lief gewöhnlich, um die Zeitung zu kaufen.
(oft früh aufstehen gegangen machend war und laufen-machen Zeitung kaufen genommen machend war.)

⑦ उठ जाया करती थी **uṭh jāyā kartī thī** "gewöhnlich stand ich auf". Das Hauptverb ist उठ जाना **uṭh jānā.** Das Partizip Perfekt von जाना **jānā** ist in dieser Konstruktion regelmäßig: जाया **jāyā**. Dies gilt auch, wenn ein Passiv gebildet werden soll, z. B. ले जाना **le jānā** "mitnehmen": वे अमृतसर ले जाए गए । **ve amritsar le jāe gae .** "Sie wurden nach Amritsar mitgenommen."

⑧ ख़रीद लिया करती थी **<u>kh</u>arīd liyā kartī thī** ist ein sog. "Frequentativ", hier von ख़रीद लेना **<u>kh</u>arīd lenā** "kaufen". Diese Form beschreibt gewohnheitsmäßige Handlungen (im Dt. meist mit "gewöhnlich, häufig, oft" ausgedrückt). राष्ट्रीय पुस्तकालय में काम करके निशा कुछ पैसे कमा लिया करती थी । **rāṣṭrīy pustakālay**♂ **mẽ kām karke niśā kuch paise kamā liyā kartī thī .** "Nisha verdiente sich gewöhnlich etwas Geld, indem sie in der Nationalbibliothek arbeitete."

५ ख़ाली कमरों के सभी इश्तहार♂ ध्यान♂ से पढ़ा करती थी और दिनभर मकान-मालिकों♂ को फ़ोन♂ किया करती थी । ⑨

६ मकान-मालिक टेलीफ़ोन♂ पर ही लम्बा-चौड़ा इंटरव्यू♂ ले लिया करते थे ! ⑩

७ नौकरी♀ के बारे में पूछा करते थे, माँ-बाप की तनख़्वाह♀ के काग़ज़ात♂, और लिखित गारंटी♀ माँगा करते थे !

८ और इतने तमाशे♂ के बाद कमरे सभी कबूतरख़ाने♂ जैसे निकला करते थे !

९ और किराया♂ आसमान♂ को छुआ करता था !

१० मेरा एक दोस्त♂ हुआ करता था, मैक्स । ऐसे मकान-मालिकों पर ख़ूब बोलियाँ♀ कसा करता था । ⑪

११ पूछा करता था: "इसमें से आपके कबूतर♂ उड़ गए, क्या ?"

१२ साथ ही बड़े-बड़े मकान♂ ख़ाली रहा करते थे । समाजवादियों♂ के राज में भी सट्टेबाज़ी♀ का बाज़ार♂ गर्म रहा करता था ! ⑫

ANMERKUNGEN

⑨ मकान-मालिक **makān-mālik** "Hauseigentümer" setzt sich zusammen aus मकान **makān** "Haus" und मालिक **mālik** "Chef" (मालकिन **mālkin**♀ "Chefin").

⑩ लम्बा-चौड़ा **lambā-cauṛā** "lang und breit" ist – wie im Deutschen – eine Kombination aus Adjektiven, wie sie häufig zur Verstärkung der Aussage gebildet werden.

⑪ हुआ करता थे **huā kartā thā** "war" ist wieder ein Frequentativ, der hier einen andauernden Zustand bezeichnet: डायरेक्टर साहब, फ्रांसीसी कवि रैंबो भी मेरी तरह आवारा हुआ करता था... और वो भी हिन्दुस्तानी सीखा करता था ! **ḍāyrekṭar sāhab, frānsīsī kavi raïbo bhī merī tarah āvārā huā kartā thā... aur voh bhī hindustānī sīkhā kartā thā** ! "Herr Direktor, der französische Dichter Rimbaud war ein Landstreicher wie ich ... auch er lernte Hindustani!"

⑫ समाजवादी **samājvādī** "sozialistisch" aus समाज **samāj** "Gesellschaft" + Endung वाद **-vād** = "-ismus" + Endung ई **-ī**, die daraus ein Adjektiv bildet. प्रगति **pragati**♀ "Fortschritt" -> प्रगतिवाद **pragativād**

5 Ich las immer aufmerksam alle Anzeigen über zu vermietende Zimmer, und den ganzen Tag telefonierte ich mit den Hauseigentümern.
(leer Zimmer von alles-eben Anzeigen Aufmerksamkeit aus gelesen machend war und Tag-ganz Haus-Eigentümer zu Telefon gemacht machend war.)

6 Die Hauseigentümer forderten schon am Telefon ein langatmiges Interview!
(Haus-Eigentümer Telefon auf eben lang-breit Interview nehmen genommen machend waren!)

7 Sie fragten nach der Beschäftigung, nach Gehaltsbescheinigungen der Eltern und verlangten eine schriftliche Bürgschaft!
(Beschäftigung von betreffend in gefragt machend waren, Mutter-Vater von Gehalt von Bescheinigung, und schriftlich Garantie gefordert machend waren!)

8 Und nach so viel Theater erwiesen sich alle Zimmer als Taubenschläge!
(und so-viele Spektakel von nach Zimmer alles-eben Taubenschlag wie rausgegangen machend waren!)

9 Und der Mietpreis stieg gewöhnlich himmelhoch!
(und Mietpreis Himmel zu erreicht machend war!)

10 Ich hatte einen Freund, Max. Solchen Hauseigentümern setzte er mit entsprechenden Sprüchen zu.
(mein eins Freund gewesen machend war, Max. so-welche Haus-Eigentümer auf gut Sprüche zugesetzt machend war.)

11 Er fragte: "Sind Ihnen Ihre Tauben entflogen, [oder] was?"
(gefragt machend war: diese/r⌒-in aus Ihr Tauben fliegen gegangen, was?)

12 Damit blieben große Gebäude leer. Auch unter den Sozialisten blieb der Markt der Spekulation heiß!
(zusammen eben groß-groß Gebäude leer geblieben machend waren. Sozialisten von Regierung in auch Spekulation von Markt warm geblieben machend war!)

"Fortschrittsdenken"; प्रगतिवादी **pragativādī** "progessiv". सट्टेबाज़ी **saṭṭebāzī** "Spekulation" setzt sich zusammen aus सट्टा **saṭṭā**♂ (खेलना **khelnā**) "spekulieren (spielen)" und der Endung बाज़ी **-bāzī** (arabisch-persisch für "-ion").

पहला अभ्यास: क्या आप ये वाक्य समझ रहे हैं ?

१ निशा अपने छोटे-से कमरे में बैठकर भारत जाने के सपने देखा करती थी ।

२ वह और उसके दोस्त अकसर भारतीय दोस्तों से मिला करते थे और भारतीय खाना बनाया करते थे ।

३ बोरिस मॉस्को में राज कपूर की फ़िल्में देखा करता था और हरदम "आवारा हूँ" गाया करता था ।

४ छुट्टियों में कुछ पैसा कमाने के लिए निशा राष्ट्रीय* पुस्तकालय में काम किया करती थी ।

५ वह नई भारतीय पुस्तकों के कैटलॉग♂ बनाया करती थी ।

६ कभी-कभी शनिवार को शहर से चालीस मील♂ दूर अपने माता-पिता से मिलने जाया करती थी ।

७ वहाँ बगीचे के फल खाकर उसे मज़ा आया करता था ।

८ हेरमान म्यूनिख में सारा दिन साइकिल पर घूमा करता था ।

९ निशा फल और सब्ज़ी सुपरमार्केट♂ से नहीं, बाज़ार से ख़रीदा करती थी ।

१० हफ़्ते में तीन बार बाहर से किसान अपना सामान शहर में बेचने पहुँचा करते थे ।

* Die Silbe र **ra** wird als Häkchen geschrieben, wenn sie direkt auf eine Ligatur zweier Konsonanten folgt: राष्ट्र **rāṣṭra** "Nation", "Staat".

पहले अभ्यास के उत्तर : क्या आप समझे ?

❶ Wenn Nisha in ihrem kleinen Zimmer saß, träumte sie dauernd davon, nach Indien zu fahren. ❷ Sie und ihre Freunde trafen häufig indische Freunde, und sie kochten indisches Essen. ❸ Boris sah in Moskau gewöhnlich die Filme von Raj Kapoor und sang immer "Ich bin ein Landstreicher". ❹ In den Ferien arbeitete Nisha gewöhnlich in der Nationalbibliothek, um etwas Geld zu verdienen. ❺ Sie erstellte die Kataloge für die neuen indischen Bücher. ❻ Manchmal besuchte sie samstags ihre Eltern in der 40 Meilen entfernten Stadt. ❼ Dort war es ihr eine Freude, die Früchte aus dem Garten zu essen. ❽ Hermann fuhr gewöhnlich den ganzen Tag mit dem Fahrrad in München spazieren. ❾ Nisha kaufte gewöhnlich die Früchte und das Gemüse nicht im Supermarkt, sondern im Basar. ❿ Dreimal in der Woche kamen die Bauern von außerhalb und brachten ihre Produkte in die Stadt.

दूसरा अभ्यास: वाक्य पूरे कीजिए ।

❶ Das schöne Schauspiel draußen und die frische Luft verlockten Navabrai dazu, aus den dunklen Zimmern nach draußen zu gehen.

१ बाहर के — / — नज़ारे और ठंडी-ठंडी हवा नवाबराय — अँधेरे कमरों — बाहर — — — ।

दूसरे अभ्यास के उत्तर: रिक्त स्थान

❶ — ख़ूबसूरत/सुन्दर — को — से — बुलाया करते थे ।

दूसरा अभ्यास: वाक्य पूरे कीजिए । (जारी)

❷ Er verließ die Taubenschlägen ähnelnden Zimmer, um unter freiem Himmel spazieren zu gehen und zu träumen.

२ कबूतरख़ाने — कमरों से निकलकर वे खुले — के नीचे — — — और तरह-तरह के — — — — ।

❸ Boris, anstatt zu arbeiten, schaust du häufig aus dem Fenster und träumst andauernd!

३ बोरिस, तुम अकसर काम करने के बजाय खिड़की से बाहर — — — और — — — — !

❹ Nisha, von heute an werde ich immer in die Bibliothek gehen und meine Lektionen aufmerksam studieren!

४ निशा, आज से मैं हर रोज़ पुस्तकालय — — और — — अपने पाठ — — !

❺ Aber ab jetzt wird Boris nur die Heiratsanzeigen in Hindi ansehen.

५ — से बोरिस — हिन्दी में मैट्रीमोनियल वाले इश्तहार — — ।

पाठ इकतालीस

यहाँ सब इंतज़ाम♂ है !

१ – शकील साहब, अगर ऐसी जगह दो-चार महीने के लिये मिल सके तो कितना अच्छा हो ! ①

ANMERKUNGEN

① Mit अगर... तो... **agar... to...** "wenn ... dann ..." wird die Bedingung genannt, unter der eine Handlung (nicht) stattfindet. Im Bedingungssatz mit अगर **agar** wird der Konjunktiv oder der Indikativ Präsens verwendet, für die bedingte Handlung dagegen kann jede beliebige

दूसरे अभ्यास के उत्तर: रिक्त स्थान (जारी)

❷ — जैसे — आसमान — घूमा करते थे — सपने देखा करते थे । ❸ — झाँका करते हो — सपने देखा करते हो ! ❹ — जाया करूँगा — ध्यान से — पढ़ा करूँगा ! ❺ अब — केवल — देखा करेगा ।

Wohnungsnot

Wegen der Immobilienspekulation und der Wohnungsknappheit in Großstädten wie Mumbai, Delhi, Bangalore, Hyderabad oder Kolkata ist es nicht einfach, angemessene Räumlichkeiten zu einem vernünftigen Preis zu bekommen. Wer ein Zimmer übrig hat, vermietet dies häufig an sogenannte PGs (paying guests). Klar, dass da viele Haus- oder Wohnungseigentümer gerne möglichst viele Informationen über ihre zukünftigen Mitbewohner bekommen möchten. Sobald man länger an einem Ort ist, findet man in den regionalen Stadtzeitschriften meist gute Angebote zu verfügbaren Unterkünften.

Zweite Welle: Aktivieren Sie heute Lektion 12!

41. Lektion

Hier ist alles vorbereitet!
(hier alles Organisation ist!)

1 – Shakil Sahab, wenn ich einen solchen Platz für zwei-drei Monate finden könnte, wäre das so schön!
(Shakil Sahab, wenn so-eine Platz zwei-vier Monate von für treffen würde-können doch wie-viel gut würde-sein!)

Zeitform stehen. अगर अपनी हिन्दी सुधारनी है तो भारत जाइए । **agar apnī hindī sudhārnī hai to bhārat jāie .** "Wenn Ihnen danach ist, Ihr Hindi zu verbessern, dann fahren Sie nach Indien."

२ — अरे, अगर तुम्हें इतनी पसंद है तो दो-चार महीने क्या, दो-चार साल♂ रह लो ! ②

३ किराया♂ वही रखेंगे जो नास्तासिया का था और भोजन♂-पानी♂ सब हमारे साथ । ③ ④

४ वैसे अगर चाय-वाय बनानी हो तो इधर भी रसोई♀ है । ⑤ ⑥

५ हाँ, अगर यहाँ कुछ दूध वग़ैरह रखो तो ढककर रखना ।

६ अगर गिरधारीलाल जी की बिल्ली♀ घुस गई और देख लिया तो कुछ नहीं बचेगा ! ⑦

७ गर्मी लगे तो पंखे♂ चला लो । और रात को अगर मच्छर♂ काटें तो मच्छरदानी♀ लगा लो ।

ANMERKUNGEN

② राह लो **rah lo** "bleib". Hier stellt लेना **lenā** "nehmen" den Bezug zum Subjekt des Satzes (तुम **tum**) her. Der Imperativ im Hauptsatz kann auch durch das Futur ersetzt werden.

③ वही... जो **vahī... jo** "der Gleiche wie". गिरधारीलाल वही खादी पहनते हैं जो गाँधीजी पहनते थे । **girdhārīlāl vahī khādī pahante haĩ jo gā̃dhījī pahante the .** "Girdharilal trägt den gleichen Khadi wie Gandhi ihn trug." (Ein Khadi ist ein handgewebtes Leinentuch).

④ भोजन पानी **bhojan pānī** "Vollpension" heißt in der Hochsprache auch जलपान **jalpān**♂.

⑤ चाय-वाय **cāy-vāy** ist wieder eine Verdopplung, bei der das zweite Element keine Eigenbedeutung hat; der übliche Anfangsbuchstabe wird bei diesen Konstruktionen durch व **v-** oder श **ś-** ersetzt. Im Deutschen würden wir "oder dergleichen", "oder Ähnliches", "oder so was" sagen. Einige Beispiele: शादी-वादी **śādī-vādī** (शादी **śādī** "Hochzeit"), बच्चे-वच्चे **bacce-vacce** (बच्चे **bacce** "Kinder"), नौकरी-शौकरी **naukrī-śaukrī** (नौकरी **naukrī** "Arbeit").

⑥ Wird eine Verpflichtung oder ein Wunsch ausgedrückt, richtet sich das Verb im Infinitiv nach dem Objekt: चाय बनानी है । **cāy**♀ **banānī**

2 – Oh, wenn es dir so sehr gefällt, bleib [doch] nicht nur zwei-drei Monate, sondern sogar zwei-drei Jahre!
(ach, wenn dir so-viel angenehm ist doch zwei-vier Monate was, zwei-vier Jahre bleiben nimm!)

3 Der Mietpreis wird der Gleiche bleiben wie für Nastassia und sogar mit Vollpension, alles bei uns.
(Mietpreis jener-eben werden-stellen welcher Nastassia von war und Mahlzeit-Wasser alles unsere zusammen.)

4 Also, wenn du Tee oder dergleichen machen möchtest, dann ist die Küche gleich hier.
(so wenn "Tee-Vee" machen eben doch hierher auch Küche ist.)

5 Ja, wenn du hier etwas Milch und Ähnliches aufbewahrst, dann musst du es zudecken.
(ja, wenn hier etwas Milch und-so-weiter würdest-stellen doch zudecken-machen stellen.)

6 Wenn Herrn Girdharilals Katze hereinkommt und das sieht, dann ist nichts zu retten!
(wenn Girdharilal ji von Katze hineinkommen gegangen und sehen genommen doch etwas nicht wird-gerettet-werden!)

7 Wenn es dir warm ist, schalte den Ventilator ein. Und nachts, wenn die Mücken stechen, dann hänge das Mückennetz auf.
(Wärme würde-fühlen doch Ventilatoren laufen-lassen nimm. und Nacht zu wenn Mücken würden-stechen doch Mückennetz anwenden nimm.)

hai . "Man muss Tee machen." नौकरी-वौकरी करनी है । **naukrī-vaukrī karnī hai** . "Man muss eine Arbeit verrichten."

⑦ अगर... घुस गई **agar... ghus gaī** "wenn sie hereinkommt". Das historische Perfekt steht hier nicht für eine vergangene Handlung, sondern für eine mögliche Handlung in der Zukunft. Dementsprechend steht im ergänzenden Satzteil das Verb im Futur und beschreibt ein Ereignis, dessen Eintritt für möglich gehalten wird: आज अगर आप निकलीं तो ज़रूर भीग जाएंगी । **āj agar āp niklī̃ to zarūr bhīg jāẽgi** . "Wenn Sie heute hinausgehen, werden Sie sicher nass werden." (भीगना **bhīgnā** "nass werden").

८ यहाँ सब इंतज़ाम♂ है ! अगर पहले नहाना-धोना चाहो तो गुसलख़ाना उधर है । ⑧

९ हाँ, यदि आज गिरधारीलाल जी मिल जाँए तो शाम को उनके साथ बैठेंगे ।

१० पक्के गाँधीवादी हैं ... ⑨

११ अगर उनसे भी जान-पहचान♀ हो जाए तो ऊबने का मौक़ा♂ नहीं मिलेगा ।

१२ घंटों बहस♀ करती रहना । ⑩

ANMERKUNGEN

⑧ सब इंतज़ाम है **sab intazām hai.** इंतज़ाम होना **intazām honā** "etwas vorbereiten". शकील साहब ने उनके रहने का इंतज़ाम किया है । **śakīl sāhab ne unke rahne kā intazām kiyā hai .** "Herr Shakil hat ihren Aufenthalt organisiert" (wörtl. Shakil Herr durch ihre Bleiben von Organisation gemacht ist). इंतज़ाम **intazām** ist ein persisch-arabisches Lehnwort, die Synonyme aus dem Sanskrit sind व्यवस्था होना / करना **vyavasthā♀ honā / karnā.**

पहला अभ्यास: क्या आप ये वाक्य समझ रहे हैं ?

१ अगर हम पाँच बजे पहुँचे तो शायद गिरधारीलाल जी घर पर मिल जाएँ ।

२ अगर आप चाहें तो घंटों उनके साथ बहस कर सकती हैं ।

३ अगर तुम उनसे पूछो तो भारत के इतिहास के बारे में बहुत कुछ बता देंगे ।

४ यदि मैं अपना खादी वाला कुरता पहन लूँ तो वे बहुत प्रसन्न होंगे ।

५ अगर आप गाँधीवादी हैं तो अवश्य शाकाहारी भी होंगे !

8 Hier ist alles vorbereitet! Wenn du vorher baden möchtest, dann ist das Badezimmer dort.
(hier alles Organisation ist! wenn früher baden-waschen würdest-möchten doch Badezimmer dorthin ist.)

9 Ja, wenn wir heute Herrn Girdharilal treffen könnten, dann würden wir uns am Abend zu ihm setzen.
(ja, wenn heute Girdharilal ji treffen würden-gehen doch Abend zu ihr zusammen werden-sitzen.)

10 Er ist ein überzeugter Gandhi-Anhänger ...
(gekocht Gandhi-Anhänger sind ...)

11 Wenn auch du seine Bekanntschaft machen würdest, dann würdest du keine Gelegenheit zur Langeweile finden.
(wenn jene↷-aus auch Kennen-Bekanntschaft sein würde-gehen doch Langeweile von Gelegenheit nicht wird-treffen.)

12 Stundenlang könntest du diskutieren.
(Stunden Diskussion machend bleiben.)

⑨ पक्के गाँधीवादी **pakke gā̃dhīvādī**: पक्का **pakkā** ist "gekocht", कच्चा **kaccā** "roh". पक्का heißt im übertragenen Sinn auch "sicher, echt": तुम आओगे ? – पक्का ! **tum āoge** ? – **pakkā** ! "Wirst du kommen? – Ja, sicher!". बात पक्की हो गई । **bāt pakkī ho gaī .** "Die Sache wurde bestätigt." वह पक्का बदमाश है । **voh pakkā badmāś hai .** "Er ist ein echter Bösewicht."

⑩ बहस♀ करती रहना **bahas kartī rahnā** ist hier wieder ein Imperativ, der auf eine länger andauernde Handlung in die Zukunft anspielt. Bei diesem sog. durativen Aspekt wird das Partizip – im Gegensatz zum Frequentativ – angeglichen (hier an das weibliche Subjekt).

पहले अभ्यास के उत्तर : क्या आप समझे ?

❶ Wenn wir um fünf Uhr ankämen, dann könnten wir vielleicht Herrn Girdharilal zu Hause antreffen. ❷ Wenn Sie es wünschen, können Sie stundenlang mit ihm diskutieren. ❸ Wenn du ihn fragst, wird er dir viel über die indische Geschichte erzählen. ❹ Wenn ich mein Khadi-Hemd anziehen würde, wäre er sehr froh. ❺ Wenn Sie Gandhi-Anhänger sind, dann werden Sie sicher Vegetarier sein!

पहला अभ्यास: क्या आप ये वाक्य समझ रहे हैं ? (जारी)

६ अगर आपको सचमुच अपनी हिन्दी सुधारनी है तो रोज़ मेरे यहाँ आया कीजिये ।

७ अगर मैं ख़ास तौर पर हिन्दी के लिए आई हूँ तो किसी से अंग्रेज़ी क्यों बोलूँ ?

८ यदि खिड़कियाँ खुली रह गई और बरसात हो गई तो सब कुछ भीग जाएगा ।

९ अगर अमीनाजी आ गई और इतनी रात को इन्हें शतरंज खेलते देख लिया तो बहुत नाराज होंगी ।

१० यदि उन लोगों ने देर कर दी तो हमारी गाड़ी छूट जाएगी ।

दूसरा अभ्यास: वाक्य पूरे कीजिए ।

❶ Wenn du die "Nav Bharat Times" von gestern irgendwo findest, dann bringe sie mir bitte.

१ अगर तुम्हें कहीं कल का "नवभारत टाइम्स" मिल — तो मेरे लिए ले आना ।

❷ Wenn Sie es wünschten, könnten Sie dieses Buch zu lesen mitnehmen.

२ — / — आप — तो यह किताब पढ़ने के लिए ले जा सकते हैं ।

❸ Wenn Sie ein Fahrrad haben, warum benutzen Sie es nicht?

३ यदि आपके — साइकिल — तो कभी उसका इस्तेमाल क्यों नहीं करते ?

❹ Wenn Sie irgendwann nach Agra fahren müssten, sollten Sie den Taj Express nehmen.

४ अगर आपको कभी आगरा जाना — तो ताज एक्सप्रेस लीजिए ।

पहले अभ्यास के उत्तर: क्या आप समझे ? (जारी)

⑥ Wenn Sie Ihr Hindi wirklich verbessern möchten, sollten Sie jeden Tag zu mir kommen. ⑦ Wenn ich speziell wegen Hindi gekommen bin, warum sollte ich mit irgendjemandem Englisch sprechen? ⑧ Wenn die Fenster offen bleiben und es zu regnen beginnt, dann wird alles nass. ⑨ Wenn Amina käme und sie zu später Nacht Schach spielen sähe, würde sie sehr böse werden. ⑩ Auch wenn diese Leute spät kämen, würde unser Zug abfahren.

दूसरा अभ्यास: वाक्य पूरे कीजिए । (जारी)

❺ Wenn dich jemand fragen sollte, dann sage, dass ich [dich] geschickt habe.

५ अगर कोई तुमसे — तो कह देना कि मैंने — है ।

दूसरे अभ्यास के उत्तर: रिक्त स्थान

❶ — जाए — ❷ यदि/अगर — चाहें — ❸ — पास — है — ❹ — हो — ❺ — पूछे — भेजा —

Zweite Welle: Aktivieren Sie heute Lektion 13!

पाठ बयालीस

दोहराव और व्याख्या

Gratulation! Schon haben Sie wieder einen Abschnitt Ihres Hindi-Kurses erfolgreich gemeistert! Lassen Sie sich auch weiterhin nicht entmutigen, denn Sie haben schon die wichtigsten Aspekte der Hindi-Grammatik kennen gelernt, verfügen über einen ausgedehnten Wortschatz und können sich in den verschiedensten Situationen ausdrücken. Diese Wiederholungslektion zeigt Ihnen noch einmal, wie vielfältig und differenziert die Verbformen im Hindi sind. Aber keine Sorge: Die meisten kennen Sie schon, es fehlen nur noch ganz wenige.

1. Sätze

1.1 Hypothetischer Satz

Hypothetische Aussagen (im Deutschen oft durch "wenn ..." oder "falls ..." eingeleitet), bei denen es um die Möglichkeit oder Unmöglichkeit des Eintreffens bestimmter Handlungen oder Ereignisse geht, werden im Hindi durch einen Bedingungssatz eingeleitet, der mit यदि **yadi** oder अगर **agar** "wenn" beginnt und im Konjunktiv steht. Es folgt ein mit तो **to** beginnender Hauptsatz, in dem das Verb im Indikativ oder Imperativ steht. यदि **yadi** und अगर **agar** sind übrigens nicht zwingend und können folglich weggelassen werden. Bei verallgemeinernden Aussagen kann der Bedingungssatz auch im historischen Perfekt und der Hauptsatz im Futur stehen:

यदि निशा अपनी चुन्नी वापस लेने आई, तो अच्छी तरह ढूंढ लेना, ज़रूर मिल जाएगी । **yadi niśā apnī cunnī vāpas lene āī, to acchī tarah ḍhũḍh lenā, zarūr mil jāegī .** "Wenn Nisha ihren Schal wiederbekommen soll, dann sollte man gut suchen, man würde ihn sicher finden."

Die Verneinung im Bedingungssatz steht im Konjunktiv oder Imperativ und wird mit न **na** ausgedrückt:

तुमने पत्र न लिखे तो तुम्हारा दोस्त ज़रूर घबराएगा । **tumne patr na likhe to tumhārā dost zarūr ghabrāegā** . "Wenn du keinen Brief schreibst, wird sich dein Freund sehr beunruhigen."

2. Verben

2.1 Frequentativ

Eine gewohnheitsmäßige und sich regelmäßig wiederholende Handlung wird mit dem unveränderlichen Partizip Perfekt (auf -आ **-ā**) und dem Hilfsverb करना **karnā** gebildet, das sich nach dem Subjekt richtet:

पिछले साल मेरी सहेली मेरे यहाँ आया करती थी । **pichle sāl merī sahelī mere yahā̃ āyā kartī thī** . "Letztes Jahr kam meine Freundin regelmäßig zu mir."

Der Frequentativ kann auch mit Zustandsverben verwendet werden. Er bezeichnet dann nicht eine sich wiederholende Handlung, sondern die Regelmäßigkeit bzw. das dauerhafte Fortbestehen eines bestimmten Zustands:

लेकिन हमारा दरवाज़ा बंद हुआ करता था, और वह ज़ोर-ज़ोर से घंटी बजाया करती थी । **lekin hamārā darvāzā band huā kartā thā, aur voh zor-zor se ghaṇṭī♀ bajāyā kartī thī** . "[Aber] unsere Tür war immer geschlossen, und sie läutete (deshalb) immer sehr laut."

Wenn dem Partizip von जाना **jānā** ein Hilfsverb im Frequentativ folgt, nimmt es seine regelmäßige Form an: जाया **jāyā** (im Unterschied zum Partizip Perfekt: गया **gayā**):

उन दिनों मैं दस बजे सो जाया करती थी । **un dinõ maĩ das baje so jāyā kartī thī** . "Zu jener Zeit ging ich gewöhnlich um zehn Uhr schlafen."

उनके पास बार-बार जाया करो ! **unke pās bār-bār jāyā karo** ! "Geh ihn häufig besuchen!"

2.2 Ausdrücken einer Verpflichtung

Eine Verpflichtung lässt sich mit drei verschiedenen Hilfsverben ausdrücken, je nachdem, ob es sich um eine generelle Verpflichtung (चाहिए **cāhie**, unveränderlich, im Plural aber auch चाहिएँ **cāhiẽ**), um eine auf einen Zeitpunkt oder auf die Zukunft gerichtete Verpflichtung

(होना **honā**) oder um einen starken äußeren Zwang (पड़ना **paṛnā**) handelt. Für alle drei Formen gilt, dass das verpflichtete Subjekt die abhängige Form mit der Postposition को **ko** annimmt:

बच्चों को अच्छी तरह सोना चाहिए । **baccõ ko acchī tarah sonā cāhie** . "(Die) Kinder müssen gut schlafen."

क्लास में चुप रहना चाहिए । **klās mẽ cup rahnā cāhie** . "Im Unterricht muss man ruhig bleiben."

मुझे जल्दी जाना है । **mujhe jaldī jānā hai** . "Ich muss bald gehen."

उनको वहाँ जाना पड़ेगा । **unko vahā̃ jānā paṛegā** . "Sie müssen dorthin gehen."

Ist das Hauptverb transitiv, richtet es sich nach dem Objekt, ebenso wie das Hilfsverb (außer चाहिए **cāhie**):

मुझे दो और किताबें ख़रीदनी पड़ेंगी । **mujhe do aur kitābẽ kharīdnī paṛegī** . "Ich werde gezwungen sein, zwei weitere Bücher zu kaufen."

2.3 Passiv

Das Passiv wird mit dem Partizip Perfekt gebildet, dem das Hilfsverb जाना **jānā** folgt. Es wird in allen Zeitformen nach dem Subjekt konjugiert. Das Subjekt des Passivsatzes entspricht dabei dem Objekt des Aktivsatzes. Wird kein Subjekt – z. B. in Form eines Personalpronomens – ausdrücklich genannt, entspricht das Objekt unserem "man". Der Handelnde wird ggf. mit der Postposition के द्वारा **ke dvārā** "durch, von" eingeführt:

चोर पुलिस के द्वारा पकड़ा गया । **cor**♂ (Sg.) **pulis**♀ (Sg.) **ke dvārā pakṛā gayā** . "Der Dieb wurde von der Polizei gefangen." und ebenso: चोर पकड़ा गया । **cor**♂ (Sg.) **pakṛā gayā** . "Man hat den Dieb gefangen."

अनुवाद भी किसी कवि के द्वारा किया गया है । **anuvād**♂ (Sg.) **bhī kisī kavi ke dvārā kiyā gayā hai** . "Die Übersetzung wurde auch von einem Dichter gemacht."

यह कहानी कब छपी ? **yeh kahānī kab chapī ?** "Wann wurde diese Nachricht gedruckt?"

वह किसके द्वारा छापी गई ? **voh kiske dvārā chāpī gaī ?** "Von wem wurde dies gedruckt?"

Bei Personen und näher zu bestimmenden Gegenständen erhalten diese die Postposition को **ko**. Dann endet das Verb unverändert auf आ **-ā**:

तीनों पागलों को पकड़ा गया । **tīnõ pāglõ ko pakṛā gayā .** "Man hat die drei Irren gefangen." (पागल **pāgal**♂ ist Substantiv und Adjektiv zugleich: "der Irre" bzw. "der Verrückte" bzw. "irre, verrückt", पागलपन **pāgalpan**♂ "Verrücktheit, Dummheit").

Um eine völlige Handlungsunfähigkeit auszudrücken, kann man auch intransitive Verben in einer passivischen Form verwenden. Dabei erhält das handelnde Subjekt die Postposition से **se**:

मुझसे जाया नहीं गया । **mujhse jāyā nahī̃ gayā .** "Ich konnte wirklich nicht weggehen."

In dieser passivischen Form nimmt das Verb जाना **jānā** im Partizip Perfekt seine regelmäßige Form जाया **jāyā** an.

2.4 Plötzlichkeit einer Handlung

उठना **uṭhnā** und पड़ना **paṛnā** drücken in Verbindung mit intransitiven Verben aus, dass eine Handlung besonders plötzlich und unkontrolliert erfolgt oder sofort erfolgen soll.

मेरा पत्र पढ़ दो ! **merā patr**♂ **paṛh do !** "Lies (mir) meinen Brief sofort vor!"

Aber:

अपना पत्र पढ़ लो ! **apnā patr paṛh lo !** "Lies deinen Brief selbst!"

Im ersten Satz ist die Handlung auf eine andere Person gerichtet, im zweiten Satz bezieht sie sich dagegen auf die handelnde Person selbst (पत्र **patr**♂ ist ein Synonym für das häufiger gebrauchte चिट्ठी **ciṭṭhī**♀).

लीवया क्लास के बीचों-बीच रो पड़ी । **līvyā klās ke bīcõ-bīc ro paṛī .** "Livia fing plötzlich mitten in der Klasse an zu weinen."

डालना **ḍālnā** in Verbindung mit einem transitiven Verb verleiht der Plötzlichkeit zudem eine negative Konnotation:

निशा ने फिर से एक गिलास तोड़ डाला । **niśā ne phir se ek gilās toṛ ḍālā .** "Nisha hat schon wieder ein Glas zerbrochen."

बोरिस ने एक ही रात में तीन फिल्में देख डालीं । **boris ne ek hī rāt mẽ tīn filmẽ dekh ḍālī̃** . "Boris hat es sich angetan, in der Nacht ganze drei Filme zu sehen".

2.5 Weitere Bedeutungen von समझना samajhnā

Wenn die Verben समझना **samajhnā** "verstehen" und कहना **kahnā** "sagen" mit einem Objekt und einer Ergänzung der Satzaussage verbunden sind, ändern sie ihre Bedeutung in "halten für" bzw. "betrachten als" oder "bezeichnen als":

मैं तुमको पागल समझती थी । **maĩ tumko pāgal samajhtī thī** . "Ich hielt dich für verrückt."

Anstelle von समझना **samajhnā** findet man auch häufig मानना **mānnā**: उस आदमी पर कैसे विश्वास करूँ ? उसे अपना दुश्मन मानता हूँ । **us ādmī par kaise viśvās**♂ **karū̃ ? use apnā duśman**♂ **māntā hū̃** . "Wie könnte ich diesem Mann vertrauen? Ich betrachte ihn als meinen Feind."

3. Postpositionen

Hier ist eine kurze Liste der Postpositionen, die bis jetzt häufiger vorkamen:

के पास	**ke pās**	"bei, nahe bei"
से दूर	**se dūr**	"weit weg von"
के सामने	**ke sāmne**	"vor"
के पीछे	**ke pīche**	"hinter"
के ऊपर	**ke ūpar**	"oben, auf, über"
के नीचे	**ke nīce**	"unter"
के बाद	**ke bād**	"nach" (zeitlich)
से पहले	**se pahle**	"vor (zeitlich)"
के साथ	**ke sāth**	"zusammen mit"
के बिना	**ke binā** *oder*	"ohne"
बिना... के	**binā... ke**	
के बाहर	**ke bāhar**	"außerhalb von"

के अन्दर	**ke andar** *oder*	
के भीतर	**ke bhītar**	"in, innerhalb von".

Ohne के **ke** und से **se** sind dies Adverbien: सामने **sāmne** "vorn"; पास **pās** "nah"; दूर **dūr** "weit".

Manche dieser Postpositionen sind von Substantiven abgeleitet: की जगह **kī jagah** oder के स्थान (पर) **ke sthān (par)** "anstelle von" (जगह **jagah** und स्थान **sthān** heißen beide "Ort"), की ओर **kī or** oder की तरफ़ **kī taraf** "in Richtung auf" (ओर **or** und तरफ़ **taraf** bedeuten "Seite"), के कारण **ke kāraṇ** oder की वजह से **kī vajah se** "wegen" (कारण **kāraṇ** und वजह **vajah** heißen "Grund"). Manche wiederum sind von Partizipien abgeleitet: के मारे **ke māre** "wegen, durch" (wörtlich "von geschlagen").

Die Postpositionen के बिना **ke binā** bzw. बिना के **binā ke** oder बिना **binā** sowie das aus dem Arabischen stammende के बग़ैर **ke bag̲air** "ohne" können auch ein Verb bestimmen, das dann allerdings nicht – wie im Deutschen – im Infinitiv, sondern in der indirekten Form im Partizip Perfekt steht (ohne das Hilfsverb हुए **hue**):

वह कुछ बोले बिना चला गया । **voh kuch bole binā calā gayā** . oder वह बग़ैर कुछ बोले चला गया । **voh bag̲air kuch bole calā gayā** . "Er ging weg, ohne etwas gesagt zu haben."

3.1 Ausdrücken von Besitz und Zugehörigkeit

Wie drückt man in einer Sprache Besitz und Zugehörigkeit aus, wenn diese keine Entsprechung für das Verb "haben" kennt? Hindi benutzt drei verschiedene Formen, je nachdem, ob das Besitztum ein konkreter Gegenstand oder eine moralische Fähigkeit ist, ob man von einem Familienmitglied oder einer Person berichtet, zu der eine persönliche Beziehung besteht.

Eine persönliche Beziehung wird mit Hilfe der Postposition का **kā** bzw. der Possessivpronomen kenntlich gemacht:

शकील का सिर्फ़ एक भाई है । **śakīl kā sirf ek bhāī hai** . "Shakeel hat nur einen Bruder."

तुम्हारे कितने भाई हैं ? **tumhāre kitne bhāī haĩ ?** "Wie viele Brüder hast du?"

मेरी एक बड़ी बहन है । **merī ek baṛī bahan hai** . "Ich habe eine große Schwester."

Diese Konstruktion kann auch für Körperteile verwendet werden:

आदमी के दो टाँगे होती हैं, चूहे के चार पैर होते हैं । **ādmī ke do ṭā̃gẽ hotī haĩ, cūhe ke cār pair hote haĩ** . "Der Mensch hat zwei Füße, die Maus hat vier Pfoten."

Im Gegensatz zu abstrakten Begriffen wird bei konkreten Gegenständen der Besitz dadurch ausgedrückt, dass dem Besitzer in der indirekten Form die Postposition के पास **ke pās** hinzugefügt wird:

उसके पास कितनी साड़ियाँ हैं ? **uske pās kitnī sāṛiyā̃ haĩ ?** "Wie viele Saris hat sie?"

हमारे मित्रों के पास एक गाड़ी है । **hamāre mitrõ ke pās ek gāṛī hai** . "Unsere Freunde haben ein Auto."

माली के पास तरह-तरह के बीज हैं, सो वह अच्छे पौधे लगा सकेगा । **mālī ke pās tarah-tarah ke bīj♂ haĩ, so voh acche paudhe♂ lagā sakegā**. "Der Gärtner hat alle möglichen Samen, und so kann er schöne Pflanzen setzen."

Steht diese Konstruktion statt mit einem Gegenstand mit einer Person, bedeutet dies im Gegensatz zur obigen Konstruktion, dass sich die Person physisch bei jemandem befindet. Hier ein Beispiel aus einem bekannten Film namens Deewar (1975): मेरे पास माँ है । **mere pās mā̃ hai** . "Ich habe eine Mutter (die bei mir ist)."

Bei Fähigkeiten und Eigenschaften steht der Besitzer in der indirekten Form, und es folgt die Postposition में **mẽ**:

उसमें साहस है । **usmẽ sāhas♂ hai** . "Er hat Mut."

उन बदमाशों में बहुत ख़राबियाँ हैं, मगर कुछ ख़ूबियाँ भी हैं । **un badmāśõ mẽ bahut <u>kh</u>arābiyã♀ haĩ, magar kuch <u>kh</u>ūbiyã♀ bhī haĩ** .

"Diese Bösewichte haben viele Fehler, aber sie haben auch einige gute Seiten."

Das Alter wird im Hindi folgendermaßen ausgedrückt:
वह तीस साल का है । **voh tīs sāl kā hai** . Wörtlich: "Er / sie ist von 30 Jahren"->"Er ist 30 Jahre alt".

Man kann allerdings auch sagen:
उसकी उम्र तीस साल है । **uskī umr tīs sāl hai** . "Sein Alter beträgt (ist) 30 Jahre."

Hinweis: Bei den folgenden Sätzen steht das Subjekt in der indirekten Form mit der Postposition को **ko** (vgl. Lektion 20 und Lektion 21).

मुझे डर लग रहा है । **mujhe ḍar lag rahā hai** . "Ich habe Angst."

मुझे भूख लग रही है । **mujhe bhūkh lag rahī hai** . "Ich habe Hunger."

मुझे चाय पीने की इच्छा है **mujhe cāy pīne kī icchā♀ hai** . "Ich habe Lust, Tee zu trinken."

Zweite Welle: Aktivieren Sie heute Lektion 14!

पाठ तेंतालीस

अगर वे गाँधी को समझते तो ऐसा न करते

१ – आइए ! आइए ! यदि आप पाँच मिनट बाद आते, तो मैं घर पर न होता ! ① ②

२ – गिरधारीलाल जी, निशा जी से मिलिए । अपनी हिन्दी सुधारने हमारे पास आई हैं ! ③

३ – अगर हमें पता होता कि आप बाहर जाने वाले हैं तो हम किसी और वक़्त आते । ④

४ – अरे, नहीं जी ! अगर ऐसा कोई ज़रूरी काम होता तो मैं आपको साथ ही ले चलता ! ⑤ ⑥

५ अरे, निशा जी, आपने तो खादी का कुरता पहना हुआ है !

ANMERKUNGEN

① यदि... तो **yadi... to** "wenn ... dann" (aus dem Sanskrit) ist gleichbedeutend mit अगर... तो **agar... to** (aus dem Persischen).

② Ein irrealer Sachverhalt kann sehr einfach mit dem Partizip Präsens und der jeweiligen Form von होता **hotā** ausgedrückt werden. Diese Verbform entspricht dem Konditional (Möglichkeitsform), das sowohl in der Gegenwart (Sätze 4 u. 8) als auch in der Vergangenheit (Satz 3) Ausdruck für etwas Mögliches oder Unwirkliches ist.

③ निशा से मिलिए । **niśā se milie** . ist der gängige Ausdruck, wenn man eine Person vorstellt. मेरे पति से मिलो । **mere pati se milo** . "Ich stelle dir meinen Mann vor."

④ अगर हमें पता होता **agar hamẽ patā hotā** kommt von पता होना **patā honā**. Das Partizip Präsens von होना **honā** ist bekanntlich होता **hotā**. Hier drückt es aber das Irreale aus.

43. Lektion

Wenn sie Gandhi verstehen würden, dann würden sie nicht so handeln
(wenn sie Gandhi zu verstehend doch so nicht machend)

1 – Kommen Sie! Kommen Sie! Wenn Sie fünf Minuten später gekommen wären, wäre ich nicht mehr zu Hause gewesen!
(kommen-Sie! kommen-Sie! wenn Sie fünf Minuten nach kommend, doch ich Haus auf nicht seiend!)

2 – Girdharilal, ich stelle Ihnen Nisha vor. Sie ist zu uns gekommen, um ihr Hindi zu verbessern!
(Girdharilal ji, Nisha ji aus treffen-Sie. eigen Hindi verbessern unsere bei gekommen sind!)

3 – Wenn wir gewusst hätten, dass Sie ausgehen wollten, wären wir zu einem anderen Zeitpunkt gekommen.
(wenn uns Kenntnis seiend dass Sie draußen gehen Besitzer sind doch wir irgendeinen und Moment kommend.)

4 – Aber nein, mein Herr! Wenn dies eine so wichtige Sache wäre, dann würde ich Sie mitnehmen!
(ach, nein ji! wenn so ein-gewisser wichtig Arbeit seiend doch ich Ihnen zusammen eben nehmen gehend!)

5 Oh, Nisha, Sie tragen ja eine handgesponnene Kurta!
(ach, Nisha ji, Sie-durch doch Handwebtuch von Kurta anziehen gewesen ist!)

⑤ आपको ले चलता । **āpko le caltā**. ले चलना **le calnā** bedeutet das Gleiche wie das häufiger gebrauchte ले जाना **le jānā** "mitnehmen".

⑥ Beachten Sie hier, dass अगर **agar** / यदि **yadi** am Beginn des Nebensatzes zwar entfallen kann, nicht aber तो **to** am Anfang des Hauptsatzes.

६ – जी हाँ, एक तो मुझे सचमुच खादी पसंद है और फिर सैद्धांतिक दृष्टि♀ से भी मैं इसकी समर्थक हूँ । ⑦ ⑧ ⑨

७ गाँधी जी के सत्याग्रह♂ आंदोलन♂ और स्वराज♂ की चेतना♀ के बारे में मैंने जो पढ़ा उससे मैं बहुत प्रभावित हुई ।

८ – जीती रहो ! यदि आज के हमारे मूर्ख नेता♂ भी स्वराज का अर्थ♂ समझते तो ⑩ ⑪

९ देश को विश्व बैंक के पास गिरवी न रखते !

ANMERKUNGEN

⑦ एक तो... और फिर **ek to... aur phir** (oder पहले... दूसरे **pahle... dūsre** / फिर **phir**) "einerseits ... andererseits".

⑧ सैद्धांतिक **saiddhāntik** von सिद्धांत **siddhānt**♂ "Theorie, Prinzip" mit der Endung इक **-ik** und der Verlängerung des ersten Vokals. Ebenso: दिन **din** "Tag" – दैनिक **dainik** "täglich"; विज्ञान **vigyān** "Wissenschaft" – वैज्ञानिक **vaigyānik** "wissenschaftlich"; (राज **rāj**) – नीति **nīti** "Politik" – राजनैतिक **rājnaitik** "politisch"; अर्थ **arth** "Ökonomie; Bedeutung, Sinn" – आर्थिक **ārthik** "ökonomisch".

⑨ समर्थक **samarthak** "Unterstützer, Verteidiger" ist abgeleitet von समर्थन **samarthan**♂ "Unterstützung, Hilfe". Ebenso: दर्शन **darśan** "Anblick, Sicht" – दर्शक **darśak** "Zuschauer"; गा **gā** "singen" (Verbstamm) गायक – **gāyak** "Sänger".

पहला अभ्यास: क्या आप ये वाक्य समझ रहे हैं ?

१. अगर आप दिल्ली में ही रहतीं तो अकसर अंग्रेज़ी ही बोलतीं ।

२ अगर तुम उनकी बातें ध्यान से सुनते तो शायद ऐसी फ़िल्मों को समझते ।

३ यदि हमें मालूम होता कि यह खादी नहीं है तो इसे कभी न ख़रीदते !

४ अगर मेरे पास ख़ूब पैसा होता तो भी मैं साइकिल ही चलाती ।

6 – Ja, mein Herr, weil mir einerseits handgesponnenes Tuch wirklich gefällt und ich andererseits aus prinzipiellen Gründen dafür bin.
(ji ja, eins doch mir überhaupt Handwebtuch angenehm ist und wieder prinzipiell Sicht aus auch ich sein Anhänger bin.)

7 Ich war sehr beeindruckt von dem, was ich über Gandhis "Satyagraha"-Bewegung und das Autonomie-Bewusstsein gelesen habe.
(Gandhi ji von Satyagraha Bewegung und Autonomie von Bewusstsein von betreffend in ich-durch was gelesen jene/r~-aus ich sehr Eindruck gewesen.)

8 – Gott bewahre! Wenn unsere heutigen dummen politischen Führer auch den Sinn der Autonomie-Bewegung verstehen würden,
(lebend bleibe! wenn heute von unsere dumm Führer auch Autonomie von Sinn verstehend doch)

9 dann würden sie das Land nicht der Weltbank verpflichten!
(Land von Welt Bank von bei Verpflichtung nicht haltend!)

⑩ जीती रहो ! **jītī raho** ! ist neben dem Ausruf "Gott bewahre!" auch eine Begrüßungsformel, die den Wunsch für ein langes Leben beinhaltet (ausgedrückt durch den Imperativ des Verbs "leben").

⑪ हमारे नेता **hamāre netā**: Achtung: Dieses männliche Substantiv auf आ **-ā** endet im Plural nicht auf ए **-e** (wie पिता **pitā** "Vater"; राजा **rājā** "König"; चाचा **cācā** "Onkel" und andere Verwandtschaftsbezeichnungen). In der abhängigen Form werden diese Wörter allerdings regelmäßig dekliniert: नेताओं **netāõ**, राजाओं **rājāõ**, पिताओं **pitāõ** usw.

पहले अभ्यास के उत्तर : क्या आप समझे ?

❶ Wenn Sie nur in Delhi wohnen würden, würden Sie häufig Englisch sprechen. ❷ Wenn du seinen Worten aufmerksam zuhören würdest, würdest du solche Filme bestimmt verstehen. ❸ Wenn wir gewusst hätten, dass dies kein Handwebtuch ist, dann hätten wir es nie gekauft! ❹ Auch wenn ich viel Geld hätte, würde ich doch mit dem Fahrrad fahren.

पहला अभ्यास: क्या आप ये वाक्य समझ रहे हैं ? (जारी)

५ यदि यहाँ साहब लोग साइकिल चलाते तो सड़क के बीचों-बीच साइकिल-ट्रैक बनते !

६ इसे इधर भी मैकडॉनल्ड वाला खाना मिलता तो बड़ा ख़ुश रहता !

७ यदि रायसाहब यह पत्र पढ़ते तो मुस्कुराते ।

८ तुम्हारे भाईसाहब तुम्हें यहाँ देखते तो बहुत नाराज़ होते ।

९ यदि मुझे मालूम होता कि ये कमीज़ें भारत से ही बनकर जाती हैं तो लंदन से न लाता !

१० यदि सरकार को तकनॉलॉजी पर ही नहीं,जनता पर भी विश्वास होता, तो यह हाल न होता ।

दूसरा अभ्यास: वाक्य पूरे कीजिए ।

❶ Shivani, ich möchte Ihnen Boris Kasanovitch vorstellen.

१ शिवानी जी, बोरिस कज़ानोविच — — ।

❷ Ah! Wenn ich das gewusst hätte, dann hätte ich ein Biriyani gekocht.

२ ओहो ! अगर मुझे मालूम — तो मैं बिरियानी — ।

❸ Ah ... kein Problem! Wenn wir uns Biriyani gewünscht hätten, dann hätte ich Sie zu Karim mitgenommen!

३ अरे... नो प्रॉबलम ! बिरियानी की ज़रूरत — तो मैं ही आपको करीम के यहाँ — — !

पहले अभ्यास के उत्तर: क्या आप समझे ? (जारी)

⑤ Wenn die hohen Herren [Sahibs] mit dem Fahrrad führen, würden sie mitten auf der Straße Radwege bauen! ⑥ Wenn er hier Essen wie bei McDonald's fände, wäre er sehr froh! ⑦ Wenn Raisahab (diesen) Brief lesen würde, würde er lächeln. ⑧ Wenn dich dein älterer Bruder [Herr-Bruder] hier sähe, wäre er sehr böse. ⑨ Wenn ich gewusst hätte, dass diese Hemden in Indien hergestellt und exportiert [gemacht gehend sind] werden, dann hätte ich keines aus London mitgebracht! ⑩ Wenn die Regierung nicht der Technologie, sondern mehr dem Volk vertrauen würde, dann wären die Zustände nicht so, wie sie sind.

दूसरे अभ्यास के उत्तर: रिक्त स्थान

❶ — से मिलिए । ❷ — होता — बनाती ! ❸ — होती — ले चलता !

> **Lerntipp:** *Wenn Sie zu einem bestimmten Grammatikthema eine systematische Übersicht benötigen, können Sie jederzeit die Grammatikübersicht im Anhang des Buches aufschlagen. Diese gibt Ihnen einen Hinweis darauf, in welcher Wiederholungslektion Sie Informationen zu dem entsprechenden Thema samt zahlreicher Anwendungsbeispiele finden.*

दूसरा अभ्यास: वाक्य पूरे कीजिए । (जारी)

❹ Ich mag sehr gern vegetarische Kost!

४ मुझे — भोजन बहुत — है !

❺ Und ich bin aus prinzipieller Sicht ihr Anhänger!

५ और — — से तो मैं इसी का — हूँ !

दूसरे अभ्यास के उत्तर: रिक्त स्थान (जारी)

❹ — शाकाहारी — पसंद — ! ❺ — सैद्धांतिक दृष्टि — समर्थक — !

पाठ चौवालीस

वहाँ न गई होती तो उनसे न मिली होती

१ — रायसाहब, लखनऊ से निशा की चिट्ठी आई है ।

२ वहाँ काफ़ी ख़ुश मालूम होती है !

३ अगर वहाँ न गई होती तो गिरधारीलाल जैसे विचारक♂ से न मिली होती ! ①

ANMERKUNGEN

① Auch अगर न गई होती **agar na gaī hotī** ist ein Irrealis (irrealer Sachverhalt). गई **gaī** ist ein Partizip Perfekt; hier wird auf einen vergangenen, nicht verwirklichten Sachverhalt Bezug genommen, während sich die in der vorhergehenden Lektion beschriebenen Formen sowohl auf die Gegenwart als auch auf die Vergangenheit beziehen können.

Symbol der Unabhängigkeit

Der खादी **khādī**, "handgesponnenes Tuch", gilt als typisch indisches Produkt und ist der symbolische Stoff der Gandhi-Bewegung. Politiker der Kongresspartei tragen nach wie vor die कुरता **kurtā** aus handgesponnener Baumwolle sogar in der Nationalversammlung. In vielen indischen Städten gibt es genossenschaftliche Läden, in denen man – zu ausgesprochen günstigen Preisen – die diversen Baumwollprodukte erwerben kann. Ebenfalls eng verbunden mit dem Kampf um die Unabhängigkeit ist der Begriff सत्याग्रह **satyāgrah** "Wahrheit erfassen", der die gewaltfreien Aktionen Gandhis kennzeichnete, die sowohl politisch (nationalistisch) als auch religiös motiviert waren. Die berühmtesten unter diesen Aktionen waren z.B. die von Champaran in Bihar, wo den Bauern (किसान **kisān**♂ (Sg.)) die ausländische Beherrschung der Indigo-Produktion bewusst gemacht werden sollte, sowie der Streik der Fabrikarbeiter 1918 in Ahmedabad (Gujarat). Ziel dieser gewaltfreien Aktionen, meist verbunden mit zivilem Ungehorsam, war die Autonomie (स्वराज्य **svarājya** oder स्वराज **svarāj**, von स्व **sva** "selbst" + राज **rāj** "Regierung, Königreich"). Ebenso: स्वदेशी **svadeśī** "national eigenständig", abgeleitet von देश **deś** "Land".

Zweite Welle: Aktivieren Sie heute Lektion 15!

44. Lektion

Wäre sie nicht dorthin gegangen, hätte sie ihn nicht getroffen
(dort nicht gegangen seiend doch jene⌒-aus nicht getroffen seiend)

1 – Raisahab, ich habe einen Brief von Nisha aus Lucknow erhalten.
(Raisahab, Lucknow aus Nisha von Brief gekommen ist.)

2 Sie scheint dort sehr glücklich zu sein!
(dort ziemlich glücklich bekannt seiend ist!)

3 Wenn sie nicht dorthin gegangen wäre, dann hätte sie einen solchen Denker wie Girdharilal nicht getroffen!
(wenn dort nicht gegangen seiend doch Girdharilal wie Denker aus nicht getroffen seiend!)

४ लिखा है: "उनकी बाते न सुनी होती तो स्वाधीन भारत में अंधाधुंध विकास♂ के परिणामों♂ को न समझी होती ।" ②

५ – हाल में "भारत छोड़ो" नामक स्वाधीनता♀ संग्राम♂ की याद में कितना हंगामा हुआ ! ③

६ समझ नहीं आया हँसूँ कि रोऊँ ! ④

७ हेरमान, १९४२ का वह ज़माना♂ मुझे याद है, हालाँकि मैं छः सात बरस का ही था ... ⑤

८ कैसे अंग्रेज़ी माल♂ के ढेर♂ बना-बनाकर लोगों ने जलाए थे !

९ अगर बर्तानिया की सरकार ने अपने कारख़ानों का सस्ता माल भारत पर न पटका होता ... ⑥

१० तो लाखों-लाख भारतीय कारीगरों और बुनकरों की प्रतिभा♀ और जीवन♂ का नाश♂ न हुआ होता । ⑦

ANMERKUNGEN

② न सुनी होतीं **na sunī hotī̃**: ein Irrealis in der Vergangenheit, bei dem sich होतीं **hotī̃** auf ein nicht genanntes Subjekt in der ergativen Form bezieht und dementsprechend in der Beugung nasaliert wird. Steht dagegen der Irrealis alleine, hat er keine zeitliche Funktion, weshalb er meist auf zweifache Weise ins Deutsche übersetzt werden kann: अगर मैं उनकी बातें न सुनती ... **agar maĩ unkī bātẽ na suntī ...** "Wenn ich seinen Vortrag nicht hören würde / nicht gehört hätte ...".

③ स्वाधीन **svādhīn** "unabhängig" – स्वाधीनता **svādhīntā** "Unabhängigkeit". Die Endung ता **-tā** verwandelt Adjektive aus dem Sanskrit in abstrakte Substantive (immer Fem.). Wichtig in diesem Zusammenhang ist auch die Vorsilbe स्व **sva-** "selbst-/auto-" (vgl. स्वदेश **svadeś** "Heimat"). Ebenso: चाल **cal** "laufen" – स्वचालित **svacālit** "selbst laufen" = "automatisch".

④ हँसूँ कि रोऊँ **hãsū̃ ki roū̃** "ob ich lachte, ob ich weinte". Hier deutet der Konjunktiv den Zweifel an.

⑤ हालांकि **hālā̃ki** "obwohl" steht meist im Hauptsatz und kann im Nebensatz durch फिर भी **phir bhī** "jedoch" oder लेकिन **lekin** "aber" aufgegriffen bzw. näher bestimmt werden.

4 Sie hat geschrieben: "Wenn ich seinen Vortrag nicht gehört hätte, dann hätte ich die Folgen des blinden Fortschritts im unabhängigen Indien nicht verstanden."
(geschrieben ist: ihre Worte nicht gehört seiend doch unabhängig Indien in blind Fortschritt von Folgen zu nicht verstanden seiend.)

5 – Was hat man da neulich für einen Rummel gemacht um die Unabhängigkeitsbewegung "Raus aus Indien!"
(Zustand in "Indien verlasst" im-Namen-von Unabhängigkeit Bewegung von Erinnerung in wie-viel Rummel gewesen!)

6 Ich wusste nicht, ob ich lachen oder weinen sollte!
(verstehen nicht gekommen würde-lachen oder würde-weinen!)

7 Hermann, ich erinnere mich an die Zeit um 1942, obwohl ich nur 6-7 Jahre alt war ...
(Hermann, 1942 von jene/r Epoche mir Erinnerung ist, obwohl ich sechs sieben Jahre von eben war ...)

8 Wie die Leute englische Waren aufgehäuft und verbrannt haben!
(wie englisch Ware von häufen machen-machen-machen Leute durch angezündet waren!)

9 Wenn die britische Regierung nicht die billigen Produkte ihrer Fabriken über Indien ausgeschüttet hätte ...
(wenn Britannien von Regierung durch eigen Fabriken von billig Ware Indien auf nicht ausgeschüttet seiend ...)

10 Dann wäre nicht das Können und das Leben von Millionen von indischen Handwerkern und Webern zerstört worden.
(doch Hunderttausend-Hunderttausend indisch Handwerker und Weber von Können und Leben von Zerstörung nicht gewesen seiend.)

⑥ Das Adjektiv zu बर्तानिया **bartāniyā** "Großbritannien" lautet बर्तानवी **bartānvī** "britisch".

⑦ कारीगर **kārīgar**♂ "Handwerker"; बुनकर **bunkar**♂ "Weber". Auf der Grundlage des Verbstamms kann man mit den Endungen गर **-gar** und कर **-kar** handelnde Personen bezeichnen (hier aus कर **kar** "machen"; बुन **bun** "weben"); so auch सौदागर **saudāgar**♂ "Händler"; जादूगर **jādūgar**♂ "Zauberer".

११ पहले वह हिंसा♀ बर्तानवी राज के हित♂ के नाम पर हुआ करती थी, अब विज्ञान और विकास♂ के लिए होती है ! ⑧

१२ – रायसाहब, हमारे देशों मे भी बहुत से लोगों ने ऐसी बातें कही हैं ।

१३ इवान इलिच जैसे लेखक♂ कुल मिलाकर महात्मा गाँधी का ही संदेश♂ दोहरा रहे हैं ... ⑨

ANMERKUNGEN

⑧ Das Gegenteil von हिंसा **hinsā** "Gewalt" lautet अहिंसा **ahinsā**♀ "Gewaltlosigkeit". Dies ist der Grundbegriff der Lehre Gandhis und darüber hinaus der indischen Philosophie allgemein, insbesondere auch in der berühmten Arthasastra.

⑨ लेखक **lekhak** "Schriftsteller": Die Endsilbe अक **-ak** wird für Sanskrit-Begriffe verwendet, um eine handelnde Person zu bezeichnen. Meist werden sie mit Substantiven gebildet, die einen verbalen Stamm haben (लेख **lekh** "Artikel"; लिखना **likhnā** "schreiben"). Sie kennen schon विचारक **vicārak** "Denker" (von विचार **vicār**♂ "Gedanke" und विचार करना **vicār karnā** "denken").

पहला अभ्यास: क्या आप ये वाक्य समझ रहे हैं ?

१ हालाँकि अध्यापक ने अपनी बात को फिर से दोहराया है, मालूम होता है कि मार्को ने नहीं सुना ।

२ अगर तुमने अपना सामान दरवाज़े के सामने न पटका होता तो और लोग भी इधर से आ-जा सकते ।

३ अगर तुमने अपना काम ख़ुद करने की बजाय दूसरों से करवाया होता तो आप थके न होते ।

४ मेरी माँ ने रोज़ बना-बनाकर मुझे हलवा न खिलाया होता तो मैं इतना मोटा न हुआ होता ।

५ अगर आप बग़ैर घंटी बजाए घर में न घुसे होते तो शायद हमारे कुत्ते ने आपको न काटा होता ।

11 Früher wurde diese Gewalt im Interesse des britischen Empire ausgeübt, heute dagegen für Wissenschaft und Fortschritt!
(früher jene/r Gewalt britisch Königreich von Interesse von Name auf gewesen machend war, jetzt Wissenschaft und Fortschritt von für seiend ist!)

12 – Raisahab, auch in unseren Ländern haben viele Menschen davon gesprochen.
(Raisahab, unsere Länder in auch sehr -lich Leute durch so-eine Worte gesagt sind.)

13 Schriftsteller wie Ivan Illich haben eigentlich nur die Botschaft Mahatma Gandhis übernommen ...
(Ivan Illich wie Schriftsteller überhaupt treffen-machen Mahatma Gandhi von eben Botschaft doppelt geblieben sind ...)

WHISKY
WHISKY
कैसे अंग्रेज़ी माल के ढेर बना-
बनाकर लोगों ने जलाए थे !

पहले अभ्यास के उत्तर : क्या आप समझे ?

❶ Obwohl der Lehrer seine Rede wiederholte, scheint es, dass Marco es nicht hörte. ❷ Wenn du deine Sachen nicht vor die Tür geworfen hättest, dann könnten andere draußen vorbei gehen (gehen-kommen). ❸ Wenn Sie Ihre Arbeit durch andere hätten machen lassen, anstatt sie selbst zu machen, dann wären Sie nicht müde. ❹ Wenn meine Mutter mir nicht jeden Tag selbstgemachte Halva gegeben hätte, wäre ich nicht so dick. ❺ Wenn Sie nicht ohne zu klingeln ins Haus gegangen wären, dann hätte unser Hund Sie vielleicht nicht gebissen.

पहला अभ्यास: क्या आप ये वाक्य समझ रहे हैं ? (जारी)

६ अगर कोलम्बस की याद में इतना हंगामा न हुआ होता तो मैंने कभी उसका नाम न सुना होता !

७ तुमने उनसे ऐसी बातें न कही होतीं तो वे नाराज़ न हुए होते ।

८ यदि वे किरोड़ीमल कॉलेज में न पढ़े होते तो अपनी होनेवाली पत्नी से न मिले होते ।

९ समझ नहीं आता कि यहीं पर कुछ लूँ या लखनऊ जाकर ख़रीदूँ ।

१० मैंने बोगनिविलया का पौधा ख़रीदा है । अंदर रखूँ कि बाहर लगाऊँ ?

दूसरा अभ्यास: वाक्य पूरे कीजिए ।

❶ Die Hindi-Schüler scheinen sich in Indien sehr wohl zu fühlen. Insbesondere Nisha scheint in Lucknow sehr zufrieden zu sein.

१ हिन्दी के छात्र भारत में काफ़ी ख़ुश — होते — । ख़ास — से निशा लखनऊ में बहुत प्रसन्न जान — — ।

❷ Wenn diese großen Fabriken nicht im Namen von Wissenschaft und Fortschritt erbaut worden wären, dann wären diese Weber wahrscheinlich nicht auf den Bürgersteigen von Bombay gelandet.

२ अगर — और — के — पर ये बड़े-बड़े — न — — तो शायद — ये बंबई के फ़ुटपाथों पर न — — ।

पहले अभ्यास के उत्तर: क्या आप समझे ? (जारी)

⑥ Wenn nicht so viel Rummel zum Gedenken (Erinnerung) an Kolumbus gemacht worden wäre, dann hätte ich seinen Namen nie gehört! ⑦ Wenn du ihm nicht solche Worte gesagt hättest, dann wäre er nicht erbost. ⑧ Wenn er nicht am Kirori Mal College studiert hätte, hätte er seine zukünftige Frau nicht getroffen. ⑨ Ich weiß nicht, ob ich hier etwas nehme, oder ob ich nach Lucknow fahre, um etwas zu kaufen. ⑩ Ich habe eine Bougainvillea-Pflanze gekauft. Sollte ich sie drinnen lassen oder nach draußen stellen?

दूसरा अभ्यास: वाक्य पूरे कीजिए । (जारी)

❸ Wenn sich solche Bewegungen wie "Chipko" nicht dem "Fortschritt" widersetzt hätten, wie viele Wälder wären noch zerstört worden!

३ अगर "चिपको" जैसे — ने "विकास" का विरोध न — — तो कितने और जंगलों का नाश हो — — !

❹ Obwohl Buddha, Mahavira und Mahatma Gandhi die Lehre von der Gewaltfreiheit immer wiederholt haben, hat es in Indien insgesamt gesehen doch viel Gewalt gegeben!

४ — बुद्ध, महावीर और महात्मा गाँधी ने — का संदेश बार-बार — है, फिर भी — मिलाकर भारत में काफ़ी — — है !

दूसरे अभ्यास के उत्तर: रिक्त स्थान

❶ — मालूम — हैं । — तौर — पड़ती है । ❷ — विज्ञान — विकास — नाम — कारख़ाने — बने होते — बुनकर — पहुँचे होते । ❸ — आंदोलनों — किया होता — चुका होता ! ❹ हालाँकि — अहिंसा — दोहराया — कुल — हिंसा हुई —

दूसरा अभ्यास: वाक्य पूरे कीजिए । (जारी)

⑤ Gut, dann haben Sie doch bis jetzt nicht verstanden, dass solche Denker wie Buddha, Mahavira und Mahatma Gandhi gerade dort besonders wichtig sind, wo die blinde Gewalt regiert!

५ अच्छा, तो आप — — यह नहीं समझे हैं कि जहाँ — हिंसा होती है — बुद्ध, महावीर और गाँधी जैसे — की — पड़ती है !

दूसरे अभ्यास के उत्तर: रिक्त स्थान (जारी)

⑤ — अभी तक — अंधाधुंध — वहीं — विचारकों — ज़रूरत —

पाठ पैंतालीस

सोने की बजाय क़ुदरत♀ को लूट सकते हो !

१ — बोरिस, लो एक आधुनिक कथा♀ सुनो ! ①

२ १९५५ का क़िस्सा♂ है...

ANMERKUNGEN

① Dem Sanskrit-Wort कथा **kathā** "Geschichte, Geschehen" entspricht in Urdu क़िस्सा **qissā**.

Eine Frage der Textilien

In der Zeit der Autonomie-Bewegung स्वदेशी **svadeśī** (wörtlich "eigenländisch" = national eigenständig) wurden in den Städten und auch auf dem Land importierte Waren boykottiert und sogar häufig verbrannt. Die indische Wirtschaft basierte stark auf der Textilindustrie. Die Briten wollten die indischen Produktionen mehrheitlich für den Export nutzen und importierten daher für den einheimischen Markt ausländische Produkte. Auf diese Weise sollte die indische Bevölkerung von der britischen Marktpolitik abhängig gemacht werden. Doch die Inder boykottierten nicht-indische Textilien und dieser Boykott (बहिष्कार **bahiṣkār**) wurde zum Symbol für die wirtschaftliche und im weiteren Sinne auch politische Unabhängigkeit von London. Sie können sich diese Zeit durch den Film "Das Haus und die Welt" von Satyajit Ray vergegenwärtigen, der nach einer Erzählung von Rabindranath Tagore gedreht wurde. Dieser berühmte bengalische Schriftsteller aus der Zeit der Unabhängigkeitsbewegung gilt als der namhafteste Autor des modernen Indiens. Er schrieb auf Bengalisch und erhielt 1913 den Nobelpreis für Literatur.

Zweite Welle: Aktivieren Sie heute Lektion 16!

45. Lektion

Anstatt zu schlafen, kannst du aus der Natur schöpfen!
(Schlafen von anstatt Natur zu wegnehmen könnend bist!)

1 – Boris, sieh mal, hör dir dieses moderne Märchen an!
(Boris, nimm eins modern Märchen höre!)

2 Die Geschichte spielte sich 1955 ab ...
(1955 von Geschichte ist ...)

३ एक गाँव का युवक नारियल♂ के पेड़♂ के नीचे आराम से सोने ही वाला था, ②

४ कि अचानक साहब लोगों की एक टोली♀ आ धमकी । ③

५ उसमें कुछ सरकारी अफ़सर थे, कुछ शोधकर्ता♂ और रॉकफ़ेलर फ़ाउंडेशन♂ का एक अर्थशास्त्री♂ । ④

६ एक साहब ने गँवार♂ से पूछा: ⑤

७ कि हट्टे-कट्टे होने के बावजूद दिन-दहाड़े सुस्ता क्यों रहे हो? ⑥

८ जवाब मिला कि साहब, मैं पेड़ की छाया♀ का मज़ा ले रहा हूँ और भगवान की कृपा रहे तो नारियल भी पककर गिरने वाले हैं । ⑦ ⑧

ANMERKUNGEN

② सोने ही वाला था **sone hī vālā thā**. Wird einem Verb im gebeugten Fall वाला **-vālā** nachgestellt und होना **honā** im Präsens oder Imperfekt (है **hai** / था **thā**) hinzugefügt, drückt dies eine bevorstehende Handlung aus: मैं जानेवाला हूँ । **maĩ jānevālā hū̃**. "Ich bin gerade dabei, wegzugehen." Die Partikel ही **hī** betont, dass es sich beim geschilderten Ereignis um eine "Momentaufnahme" handelt: वह बोलने ही वाला था । **voh bolne hī vālā thā**. "Er (wollte) gerade beginnen zu sprechen."

③ Bei आ धमकी **ā dhamkī** ergibt sich aus der Kombination der beiden Verben eine idiomatische Wendung, bei der – verstärkt durch अचानक **acānak** "plötzlich" – der Überraschungscharakter des Ereignisses betont wird.

④ शोध-कर्ता **śodh-kartā** (कर्ता **kartā** von कर **kar** "machen") bezeichnet den Handelnden und behält sein finales आ **-ā** im Plural. अर्थशास्त्री **arthaśāstrī** "Wirtschaftswissenschaftler" setzt sich aus den Sanskritwörtern अर्थ **artha**♂ "Ökonomie", शास्त्र **śāstra**♂ "Wissenschaft, klassisches Wissen (aus den alten Lehren)" und der Endung ई **-ī** zusammen. Durch die Endung ईय **-īy** wird daraus ein Adjektiv: शास्त्र **śāstra**♂ + ईय **-īy** = शास्त्रीय **śāstrīy** "wissenschaftlich", aber auch "klassisch"; भारतीय **bhāratīy** "indisch"; शास्त्रीय संगीत **śāstrīy saṅgīt** "klassische Musik"; शास्त्रीय नृत्य **śāstrīy nritya**♂ "klassischer Tanz".

3 Ein Dorfjunge war gerade dabei, ruhig unter einer Kokospalme einzuschlafen,
(eins Dorf von Jugendlicher Kokos von Baum von unter Ruhe aus schlafen eben Besitzer war,)

4 da kam plötzlich eine Bande von "Herren" auf ihn zugestürzt.
(dass plötzlich Herr Leute von eins Bande kommen hereingestürzt.)

5 Unter ihnen waren einige Regierungsbeamte, einige Forscher und ein Wirtschaftswissenschaftler der Rockefeller Foundation.
(jene/r⌢-in etwas Regierungs Beamte waren, etwas Forscher und Rockefeller Foundation von eins Wirtschaftswissenschaftler.)

6 Einer der Männer fragte den Dorftrottel:
(eins Herr durch Dorftrottel aus gefragt:)

7 "Warum ruhst du trotz deines kräftigen Körperbaus den ganzen helllichten Tag aus?"
(dass robust-kräftig sein von trotzdem Tag-Gebrüll ausruhen warum geblieben bist?

8 Er antwortete: "Mein Herr, ich nutze die Wohltat des Schattens des Baumes und, so Gott will, fallen auch noch die gereiften Kokosnüsse herunter."
(Antwort traf dass Herr, ich Baum von Schatten von Freude nehmen geblieben bin und Gott von Gnade geblieben doch Kokosnüsse auch reifen-machen fallen Besitzer sind.)

⑤ गँवार **gãvār** "Dorftrottel" von गाँव **gā̃v** "Dorf" ist natürlich ein eher abfälliger, beleidigender Ausdruck. Neutral wäre गाँववाला **gā̃vvālā** "Dorfbewohner".

⑥ Mittlerweile wissen Sie, dass das Hindi über eine Vielzahl von idiomatischen Ausdrücken verfügt; hier हट्टा-कट्टा **haṭṭā-kaṭṭā** und दिन-दहाड़े **din dahāṛe**.

⑦ जवाब मिला कि मैं **javāb milā ki maĩ** "er erhielt die Antwort, dass ich ...". Hier folgt die Antwort in direkter Rede, also so, wie der Sprecher sich ausdrücken würde. कि **ki** "dass" leitet hier also keine indirekte Rede ein, wie dies im Deutschen der Fall wäre.

⑧ पककर **pakkar** "reifend" enthält den Stamm पक **pak-** des intransitiven Verbs पकना **paknā** "reifen, kochen", das entsprechende transitive Verb ist पकाना **pakānā** "reifen lassen, zum Kochen bringen".

९ विशेषज्ञों♂ ने कहा कि जीवन के प्रति तुम्हारा रवैया♂ निहायत ग़लत और रूढ़िवादी है । ⑨

१० उसे समझाया गया कि सोने की बजाय अगर तुम कड़ी मेहनत♀ करो तो अपना उत्पादन♂ और मुनाफ़ा♂ बढ़ा सकते हो । ⑩ ⑪

११ संपन्न किसान बनकर नौकरों को नारियल तोड़ने के लिए लगा सकते हो । ⑫

१२ तब जाकर क़ुदरत♀ तुम पर अपने ख़ज़ाने♂ बरसाएगी !

१३ ख़ाली समय बचाकर, स्वयं तुम नारियल के पेड़ के नीचे आराम से सो सकते हो !

१४ अर्थशास्त्री कुछ और कहने को था कि क़ुदरत ने उसके सिर♂ पर अपने ख़ज़ाने का एक नारियल बरसा दिया । ⑬

ANMERKUNGEN

⑨ विशेषज्ञ **viśeṣagya** "Spezialist" aus विशेष **viśeṣ** "spezial" und der Endsilbe ज्ञ **-gya** "Kenner" (ज्ञान **gyān** "Kenntnis"). Ebenso: रूढ़ीवादी **rūṛhīvādī** "Traditionalist" von रूढ़ी **rūṛhī**♀ "Tradition"; उग्रवादी **ugravādī** "Extremist" oder व्यक्तिवादी **vyaktivādī** "Individualist".

⑩ की बजाय **kī bajāy** (oder के बजाय **ke bajāy**) "anstatt" im Unterschied zum konkreteren und mehr räumlich gemeinten के स्थान (पर) **ke sthān (par)** / की जगह **kī jagah** "anstelle von" (स्थान **sthān** und जगह **jagah** "Platz, Stelle"). इस मूर्ति के स्थान पर (की जगह) आप कुछ फूल नहीं रख सकते ? **is mūrti**♀ **ke sthān par (kī jagah) āp kuch phūl**♂ **nahī̃ rakh sakte** ? "Können Sie nicht Blumen anstelle der Statue aufstellen?"

⑪ उसे समझाया गया कि... **use samjhāyā gayā ki...** wörtlich "ihm wurde erklärt, dass ...". Auch hier sehen Sie wieder, wie im Hindi die direkte Rede verwendet wird.

9 Die Spezialisten sagten, dass seine Einstellung zum Leben völlig falsch und veraltet sei.
(Spezialisten durch gesagt dass Leben von Hinsicht dein Einstellung völlig falsch und rückschrittlich ist.)

10 Ihm wurde erklärt: "Wenn du dich mehr bemühtest, anstatt zu schlafen, dann könntest du deine Produktion und deinen Gewinn vergrößern."
(jene/r-zu⌒ verstehen-machen-geworden gegangen dass schlafen von anstatt wenn du hart Mühe würdest-machen doch eigen Produktion und Gewinn größer-machen könnend bist.)

11 "Du würdest ein wohlhabender Bauer, wenn du Angestellte für das Pflücken der Kokosnüsse beschäftigen würdest.
(wohlhabend Bauer werden-machen Angestellten zu Kokosnüsse pflücken von für einstellen könnend bist.)

12 Dann würde die Natur ihre Schätze über dich regnen lassen!"
(dann gehen-machen Natur du auf eigen Schätze wird-regnen!)

13 "Wenn du dadurch freie Zeit gewinnst, kannst du selbst in Ruhe unter der Kokospalme schlafen!"
(frei Zeit gewinnen-machen, selbst du Kokosnuss von Baum von unter Ruhe aus schlafen könnend bist!)

14 Der Wirtschaftswissenschaftler wollte gerade noch etwas sagen, da ließ die Natur aus ihrem Schatz eine Kokosnuss auf seinen Kopf fallen.
(Wirtschaftswissenschaftler etwas und sagen zu war dass Natur durch seinen Kopf auf eigen Schatz von eins Kokosnuss geregnet gegeben.)

⑫ नौकर को लगाना **naukar ko lagānā** "einen Angestellten beschäftigen". लगाना **lagānā** "anwenden, setzen, stellen, legen" wird in vielen idiomatischen Wendungen gebraucht: खाना लगा दो । **khānā lagā do** . "Deck den Tisch." इल्ज़ाम/आरोप लगाना **ilzām/ārop**♂ **lagānā** "Anklage erheben"; पीछे लगाना **pīche lagānā** wörtlich "niedrig machen" = "Angst einjagen".

⑬ वह कुछ कहने को था ... **voh kuch kahne ko thā** … "er wollte gerade etwas sagen, als ...". Die Konjunktion कि **ki** leitet hier eine nachfolgende Handlung ein.

पहला अभ्यास: क्या आप ये वाक्य समझ रहे हैं ?

१ तुम इतने बड़े होने के बावजूद बच्चों की तरह क्यों रो रहे हो ?

२ मैं शतरंज लेकर बैठने को था कि मेरी बीवी आ धमकी ।

३ रातभर बहस करने के बाद बोरिस सोने ही वाला था कि वह मनहूस अलार्म बज उठा ।

४ डाक्टर साहब, अपना उत्पादन और मुनाफ़ा बढ़ा देने के बावजूद मैं सो नहीं पा रहा हूँ !

५ इतने साल मिसिसिपी में रहने के बावजूद मेरे माता-पिता का रवैया निहायत रूढ़िवादी है ।

६ हलो ! राजीव ? रात को घर लौटने की बजाय तुम दोस्तों के यहाँ बैठे हो !

७ मैं तो पुलिस को बुलाने वाला था !

८ पापा, मैं तो उठकर आने को ही था कि टी.वी. पर मैडोना आ गई !

९ बदमाश मेरे पैसे लेकर भागने ही वाला था कि जौहरी साहब ने अपना बुलडॉग उसके पीछे लगा दिया !

१० देखते रहिए ! भारत में केवल अंग्रेज़ी बोलने वालों के बुरे दिन आने वाले हैं ।

११ मैं मेट्रो में मूंगफली की दुकान लगाने ही वाला था कि दो पुलिसवाले आ धमके !

दूसरा अभ्यास: वाक्य पूरे कीजिए ।

❶ Eine Bande von Kindern war in den Garten des Herrn Direktor eingedrungen und war gerade dabei, Mangos zu stehlen, als plötzlich der Herr selbst erschien.

१ बच्चों की — दिन- — डायरेक्टर के बगीचे में — आम — थी कि — साहब ख़ुद आ — ।

पहले अभ्यास के उत्तर : क्या आप समझे ?

1 Warum weinst du wie ein Kind, obwohl du so groß bist? 2 Ich setzte mich gerade zum Schachspielen hin, da kam meine Frau hereingestürzt. 3 Nachdem er die ganze Nacht diskutiert hatte, wollte Boris gerade einschlafen, da fing der verdammte (unglücklich) Wecker an zu läuten. 4 Herr Doktor, obwohl ich meine Produktion und meinen Gewinn vergrößert habe, kann ich nicht schlafen! 5 Obwohl meine Eltern so viele Jahre in Mississippi gelebt haben, verhalten sie sich noch völlig altmodisch. 6 Hallo! Rajiv? Anstatt am Abend nach Hause zurückzukehren, bliebst (gesessen bist) du noch bei den Freunden! 7 Ich hätte beinahe die Polizei angerufen! 8 Papa, gerade als ich aufstehen und kommen wollte, gab es Madonna im Fernsehen! 9 Der Dieb wollte gerade flüchten, nachdem er mein Geld gestohlen hatte, als Herr Johri seine Bulldogge hinter ihm herjagte! 10 Warten Sie mal ab! In Indien werden für diejenigen schlechte Zeiten kommen, die nur Englisch sprechen. 11 Als ich gerade meinen Erdnussstand in der U-Bahn (Metro) aufstellte, da kamen zwei Polizisten heran!

विशेषज्ञों ने कहा कि जीवन के प्रति तुम्हारा
रवैया निहायत ग़लत और रूढ़िवादी है।

दूसरे अभ्यास के उत्तर: रिक्त स्थान

1 — टोली — दहाड़े — घुसकर — लूटनेवाली — अचानक — धमके

दूसरा अभ्यास: वाक्य पूरे कीजिए । (जारी)

❷ Sie ruhten sich im Schatten aus, Gott sei Dank sahen sie gerade, wie die Diebe auf die Bäume kletterten.

२ वे — में — रहे थे मगर — की — से उन्होंने इन — को — पर — हुए — लिया ।

❸ Mit Gottes Hilfe haben Sie auch nicht viel harte Arbeit mit diesen Mangos gehabt!

३ — की — से आपको भी इन — के लिए — — नहीं — पड़ी है !

❹ Obwohl Sie ein wohlhabender Mann sind, ist Ihre Einstellung zu Ihrem Vermögen etwas individualistisch.

४ इतने — आदमी होने — भी अपने माल के — आपका — कुछ व्यक्तिवादी है ।

❺ Anstatt im Schatten des Mangobaumes zu sitzen, sollten Sie mit den Schülern, den Forschern und den Lehrern arbeiten!

५ आम की छाया में — के बजाय — छात्रों, — और अध्यापकों — — काम करना चाहिए !

पाठ छियालीस

बीरबल के पहुँचने में देर क्यों ?

१ एक दिन बादशाह♂ अकबर ने ऐलान♂ करवाया कि जो आदमी सर्दी♀ में सारी रात तालाब♂ में खड़ा रहेगा, उसे हज़ार अशर्फ़ियाँ♀ इनाम♂ में देंगे । ①

ANMERKUNGEN

① अकबर **akbar**, Sohn und Nachfolger von Humayun aus der Dynastie der Moghul-Kaiser, regierte von 1556 bis 1605 in Nordindien. Er trug zur Integration der Hindu- und muslimischen Kulturen bei. Zu den sieben "Edelsteinen" seines Hofes, den Künstlern und Beratern,

दूसरे अभ्यास के उत्तर: रिक्त स्थान (जारी)

❷ — छाया — सुस्ता — भगवान — कृपा — बदमाशों — पेड़ों — चढ़ते — देख — । ❸ भगवान — कृपा — आमों — कड़ी मेहनत — करनी — ❹ — संपन्न — पर — प्रति — रवैया— ❺ — बैठने — आपको —, शोधकर्ताओं — के साथ—

Zweite Welle: Aktivieren Sie heute Lektion 17!

46. Lektion

Warum kam Birbal zu spät?
(Birbal von ankommen in Verspätung warum?)

1 Eines Tages ließ Kaiser Akbar verkünden, dass er dem Mann, der im Winter eine ganze Nacht im See stehen bliebe, tausend Goldstücke geben würde.
(eins Tag Kaiser Akbar durch Mitteilung machen- gelassen dass was Mann Winter in ganz Nacht See in stehend wird-bleiben, jene/r-zu⌢ tausend Goldstücke Belohnung in werden-geben.)

zählte auch Birbal, ein Meister der Ratespiele, die meist eine ironische, moralische und politische Kritik erlaubten.

२ एक ग़रीब♂, जिसे अपनी बेटी की शादी करवानी थी, रातभर ठंडे पानी में खड़ा रहा और मरते-मरते बचा । ② ③

३ सुबह हैरान बादशाह ने उससे पूछा कि जमते पानी में खड़े रहने में क्या तकलीफ़ नहीं हुई ?

४ ग़रीब ने बतलाया कि रातभर वह बादशाह की खिड़की पर रखे दीपक♂ को देख-देखकर अपना कष्ट♂ भुलाता रहा था । ④

५ बादशाह ने कहा: "हमने सर्दी खाने को कहा था, तुम गर्मी♀ लेते रहे ! ⑤ ⑥

६ देखने में तुम भोले लगते हो मगर यह सरासर बेईमानी♀ के सिवा कुछ नहीं । ⑦

ANMERKUNGEN

② जिसे अपनी बेटी की शादी करवानी थी **jise apnī beṭī kī śādī karvānī thī**. Die Verbindung aus der indirekten Form des Subjekts + Infinitiv + था **thā** gibt eine Verpflichtung in der Vergangenheit wieder. Da das Hauptverb करवाना **karvānā** transitiv ist, wird es nach dem Objekt **śādī** शादी♀ - also als करवानी **karvānī** - konjugiert.

③ मरते-मरते बचा **marte-marte bacā**: Wird das Partizip Präsens verdoppelt und folgt बचना **bacnā** "entkommen, gerettet werden", steht es in seiner indirekten Form (niemals mit हुए **hue**) und impliziert eine vermiedene Handlung, die mit dem Beisatz "beinahe" oder "fast" übersetzt werden kann: मैं गिरते-गिरते बच गई । **maĩ girte-girte bac gaī** . "Ich wäre beinahe gefallen."

④ देख-देखकर **dekh-dekhkar**. Der verdoppelte Absolutiv drückt hier eine kausale Nuance in Bezug auf das Hauptverb भुलाना **bhulānā** "vergessen" aus (आ **-ā** kennzeichnet in diesem speziellen Fall eine beabsichtigte Handlung). Sie haben sicher schon gemerkt, dass die kausativen Hindi-Verben mehrere Bedeutungsschemata des Deutschen abdecken.

⑤ सर्दी खाना **sardī khānā** ist eine idiomatische Wendung wie z.B. धोखा खाना **dhokhā**♀ **khānā**, wörtlich "Betrügerei essen" = "betrogen werden".

2 Ein Armer, der gerade die Hochzeit seiner Tochter vorbereiten musste, stellte sich die ganze Nacht ins kalte Wasser und starb fast daran.
(eins Armer, welchen eigen Tochter von Hochzeit machen-lassen war, Nacht-ganz kalt Wasser in stehend geblieben und sterbend-sterbend entkommen.)

3 Am Morgen fragte ihn der erstaunte Kaiser: "Hattest du keine Schwierigkeiten, als du in dem eisigen Wasser standest?"
(Morgen erstaunt Kaiser durch ihn-aus gefragt dass zufrierend Wasser in stehend bleiben in was Schwierigkeiten nicht gewesen?)

4 Der Arme erzählte, dass er die ganze Nacht eine Lampe an des Kaisers Fenster gesehen habe, was ihn seine Schmerzen habe vergessen lassen.
(Armer durch erzählt dass Nacht-ganz er/sie Kaiser von Fenster auf gestellt Öllampe zu sehen-sehen-machen eigen Schmerzen vergessen-machend geblieben war.)

5 Der Kaiser sagte: "Wir hatten gefordert, dass man die Kälte ertragen müsse. Du aber hast Wärme bekommen!
(Kaiser durch gesagt: "wir-durch Kälte essen zu gesagt war, du Wärme nehmend geblieben!)

6 Wenn man dich so sieht, scheinst du einfältig zu sein; das ist aber nichts als ein einziger Betrug.
(sehen in du einfältig scheinend bist aber diese/r ganz-ganz Unehrlichkeit von Ausnahme etwas nicht.)

⑥ खाने को कहा **khāne ko kahā**: Hier wird ein Befehl durch eine außergewöhnliche Konstruktion ausgedrückt. Das Verb कहना **kahnā** nimmt die indirekte Form mit को **ko** an: मैंने तुमसे जाने को कहा । **maĩne tumse jāne ko kahā** . "Ich habe verlangt, dass du gehst." मेरे पिता ने मुझसे जुर्माने के पैसे वापस देने को कहा । **mere pitā ne mujhse jurmāne**♂ **ke paise vāpas dene ko kahā** . "Mein Vater verlangte, dass ich die Geldstrafe zurückzahlen müsse."

⑦ Konstruktionen mit Infinitiv + Postposition में **mẽ** wie देखने में **dekhne mẽ** "wenn man sieht" stehen gewöhnlich mit dem Verb लगना **lagnā** "scheinen". Ebenso: आने-जाने में दो घंटे लगेंगे । **āne-jāne mẽ do ghaṇṭe lagẽge** . "Man braucht zwei Stunden, um hin und zurück zu gehen."

७ चले जाओ यहाँ से !"

८ बीरबल समझ गया: "यह बादशाह सीधी तरह मानेगा नहीं ।"

९ बाहर रोते आदमी से कहा: "जाओ, इनाम कल मिल जाएगा ।"

१० अगले दिन बीरबल ने दरबार♂ आने में बहुत देर कर दी । ⑧

११ हर बुलाने वाले से कहा: "कह दो खिचड़ी♀ पकाकर आऊँगा ।" ⑨ ⑩

१२ आखिर तंग आकर बादशाह ख़ुद पहुँचे । देखते क्या हैं ⑪ ⑫

१३ कि बीरबल एक ऊँचे बाँस♂ पर हाँडी♀ लटकाकर नीचे सूखी घास♀ जला रहा है । ⑬

१४ पूछने पर जब उसने समझाया कि खिचड़ी पका रहा हूँ तो बादशाह ने कहा कि पागल हो गए हो !

ANMERKUNGEN

⑧ देर **der** "Verspätung, Zeitablauf"; थोड़ी देर के लिए **thoṛī der ke lie** "für kurze Zeit". मुझे देर हो गई है । **mujhe der ho gaī hai** . "Ich bin verspätet." Im Gegensatz zu देर होना **der honā** "verspätet sein" kennzeichnet देर करना **der karnā**, dass man absichtlich später kommt.

⑨ हर बुलाने वाले से **har bulāne vāle se** "jedem, der ihn rief"; बुलाना **bulānā** mit der Endung वाला **-vālā** bezeichnet den Ausführenden der Handlung.

⑩ खिचड़ी **khicṛī** oder auch खिचुड़ी **khicuṛī** (eigentlich "Mischung") ist ein einfaches Gericht aus Reis und Linsen. Die Redewendung "... की खिचड़ी पक गई" ... **kī khicṛī pak gaī** bedeutet "jemandes Vorhaben ist gelungen".

⑪ तंग आना **taṅg ānā** "verärgert sein". Dagegen ist तंग करना **taṅg karnā** "(jmdn.) ärgern" transitiv.

⑫ देखते क्या हैं **dekhte kyā haĩ**: Hier werden die Wörter umgestellt, um Überraschung anzudeuten: "Und was sieht er da?"

7 Geh weg von hier!"
(gegangen geh hier aus!")

8 Birbal verstand sofort: "Dieser Kaiser würde nichts ohne weiteres eingestehen".
(Birbal verstehen gegangen: "diese/r Kaiser gerade Weise wird-akzeptieren nicht.")

9 Draußen sagte er dem weinenden Mann: "Geh nur, morgen wirst du deine Belohnung erhalten."
(draußen weinend Mann aus gesagt: "gehe, Belohnung morgen treffen wird-gehen.")

10 Am nächsten Tag kam Birbal sehr verspätet an den Hof.
(nächster Tag Birbal durch Hof kommen in sehr Verspätung machen gegeben.)

11 Jedesmal, wenn er gerufen wurde, sagte er: "Sagt, ich werde kommen, sobald ich mein Khitschri gekocht habe".
(jeder gerufen-werden Besitzer aus gesagt: "sagen gib Khitschri kochen-machen werde-kommen.")

12 Schließlich, verärgert, kommt der Kaiser selbst. Und was sieht er da?
(endlich böse kommen-machen Kaiser selbst angekommen. sehend was sind)

13 Dass Birbal den Kupferkessel an einer langen Bambusstange über einem Feuer mit trockenem Gras hängen lässt.
(dass Birbal eins lang Bambus auf Kupferkessel angebunden-haben-machen unter trocken Gras brennen-gelassen geblieben ist.)

14 Danach gefragt, ließ er wissen, dass er gerade eine Khitschri kocht, da sagte ihm der Kaiser, dass er wohl verrückt geworden sei!
(fragen auf als jene/r~-durch verstehen-lassen dass Khitschri kochen-lassen geblieben bin doch Kaiser durch gesagt dass verrückt sein gegangen würde-sein!)

⑬ लटकाना **laṭkānā** "aufhängen" ist ein transitives Verb. Das entsprechende intransitive Verb ist लटकना **laṭaknā** "aufgehängt sein".

१५ बीरबल ने फ़रमायाः "हज़ूर, आपके दीपक से तालाब तक गर्मी पहुँच सकती है तो इस आग♀ से मेरी खिचड़ी क्यों नहीं पक सकती !"

१६ बादशाह ने शर्मिन्दा होकर उस ग़रीब को बुलवाया, उससे माफ़ी♀ माँगी और उसका इनाम उसे सौंप दिया ।

पहला अभ्यास: क्या आप ये वाक्य समझ रहे हैं ?

१ आज आने वालों को सीधी तरह टिकट के पैसे लौटा दीजिए ।

२ वह निकाल-निकालकर और पढ़-पढ़कर पुरानी चिट्ठियाँ कूड़ेदान में फेंकता गया ।

३ बोरिस ने अलमारियाँ खोल-खोलकर निशा का सामान उसको सौंप दिया ।

४ गुप्ता जी को कमरे की दीवारों की सफ़ेदी करवानी थी । फिर भी उन्होंने टीवी के सिवा कमरे से कुछ नहीं निकलवाया ।

५ यह कर्मचारी सीधी तरह यह काम नहीं करेगा । ऊपरवालों से बात करनी पड़ेगी ।

६ क्या आप भोपाल से बंबई तक आ सकते हैं ? स्टूडियो में आपसे कुछ नाटक पढ़वाने थे और कविताएँ पढ़वानी थीं ।

७ ऊपर से नीचे तक आने में मुझे आधा घंटा लगा । देखता क्या हूँ कि दुकान ही बंद है ।

८ पागलों जैसे बस चलाने वाले से उसने कहाः "मैं बाहर गिरते-गिरते बची !"

९ बीरबल पागल नहीं हुआ है पर बादशाह अकबर नाराज़ हो गए हैं !

१० बीरबल की बात समझने में बादशाह को काफ़ी देर लगी ।

15 Birbal erwiderte: "Majestät, wenn die Wärme Ihrer Lampe bis zum See reichen kann, warum sollte dann dieses Feuer nicht meine Khitschri kochen können!"
(Birbal durch erwidert: "Majestät, Ihre Lampe aus See bis Wärme ankommen könnend ist doch diese/r⌒ Feuer aus meine Khitschri warum nicht kochen könnend!")

16 Der Kaiser schämte sich, ließ den Armen rufen, entschuldigte sich bei ihm und gab ihm seine Belohnung.
(Kaiser durch Scham sein-machen jene/r⌒ Armer zu rufen-gelassen, ihn-aus Entschuldigung gebeten und sein Belohnung jene/r-zu⌒ anvertrauen gegeben.)

पहले अभ्यास के उत्तर : क्या आप समझे ?

❶ Geben Sie denen, die heute kommen, einfach das Geld für den Fahrschein zurück. ❷ Nachdem er die alten Briefe einen nach dem andern hervorgeholt und gelesen hatte, warf er sie in den Papierkorb. ❸ Nachdem Boris alle Schränke geöffnet hatte, übergab er Nisha ihre Sachen. ❹ Gupta ließ die Wände des Zimmers weißen. Trotzdem ließ er außer dem Fernseher nichts aus dem Zimmer entfernen. ❺ Dieser Angestellte wird die Arbeit nicht ohne Schwierigkeiten tun. Wir werden mit [seinen] Vorgesetzten sprechen müssen. ❻ Können Sie von Bhopal nach Bombay kommen? Wir müssen Sie einige Theaterstücke und Gedichte im Studio sprechen (lesen) lassen. ❼ Ich brauchte eine halbe Stunde, um von oben nach unten zu kommen; und was sehe ich da? "Der Laden ist (tatsächlich) geschlossen." ❽ Sie sagte demjenigen, der den Bus wie ein Verrückter fuhr: "Ich wäre beinahe hinausgefallen!" ❾ Birbal war nicht verrückt, aber Kaiser Akbar wurde böse! ❿ Der Kaiser brauchte einige Zeit, um Birbals Worte zu verstehen.

दूसरा अभ्यास: वाक्य पूरे कीजिए ।

❶ Der Busfahrer erklärte: "Mein Bus bleibt hier stehen. Was können Sie machen, außer mir eine Strafe zu geben?"

१ ड्राइवर ने — — : "मेरी बस यहीं — — । आप जुर्माना लगाने — — क्या कर — हैं ?"

❷ Oh Gott! Der Fahrer fuhr auf so gefährliche Weise, dass wir beinahe gestorben wären!

२ हे — ! ड्राइवर — तरीक़े से — — — । हम — — बचे !

❸ Navabray wärmte sich, indem er einen Tee nach dem anderen trank. Er versuchte seine Schmerzen zu vergessen.

३ नवाबराय चाय — — गर्मी लेता रहा । कोशिश करके — दुख — — ।

❹ Restaurants, die Ihnen "Masala Dosa" verkaufen, werden Sie an allen Ecken (Ecken-Ecken) des Landes finden.

४ मसाला डोसा बेचने — रेस्टोरेंट आपको देश के कोने-कोने में — ।

❺ Krishna sagte verschämt: "Jeden Tag werde ich die Sachen für die Küche mit hinunterbringen."

५ कृष्णा ने शर्मिंदा — कहा कि मैं तो रोज़ रसोई — सामान नीचे — उठा- — लाता हूँ ।

Lerntipp: *Bestimmt haben Sie sich schon gut an die Arbeitsweise der "Zweiten Welle" gewöhnt. Das Wesentliche der Basisgrammatik haben Sie sich ja bereits erarbeitet. Seit Lektion 29 geht es vor allem darum, das Gelernte zu festigen und Ihre Hindi-Kenntnisse weiter in die Praxis umzusetzen. Hören Sie sich ruhig immer wieder die Tonaufnahmen der ersten Lektionen an. Jetzt, wo Sie mehr verstehen, haben Sie ein noch besseres Ohr für den Tonfall des Hindi und seine typischen Laute.*

दूसरे अभ्यास के उत्तर: रिक्त स्थान

❶ — ऐलान किया — खड़ी रहेगी ।— के सिवा — सकते — ❷ — भगवान ! — ख़तरनाक — चला रहा था !— मरते-मरते ❸ — पी पीकर — — अपना — भुलाता रहा ❹ — वाले — मिलेंगे ❺ — होकर — का — से — उठाकर —

Zur Zeit Akbars und Birbals

Hier finden Sie sich um Jahrhunderte zurück versetzt, in das Zeitalter eines großen und gewaltigen Kaiserreichs, das Kunst und Kultur ohne religiöse oder kulturelle Unterschiede förderte. Die Epoche Akbars und Birbals zeugt von der Synthese aus Islam und Hinduismus, in der die grundlegenden Sanskrit-Schriften ins Persische und umgekehrt islamische Schriften in indische Idiome übersetzt wurden. So konnten beide Kulturen lange Zeit koexistieren und sich gegenseitig bereichern. Wenn es in unserer Zeit interreligiöse Spannungen in der "größten Demokratie der Welt" gibt, sollte dennoch nicht außer Acht gelassen werden, dass das vielfältige Wesen des modernen Indien Toleranz und gegenseitige Bereicherung beinhaltet. Die gesprochene Sprache drückt diese Besonderheit sehr deutlich aus. Hindi als Sprache bei alltäglichen Begegnungen anzuwenden, heißt gleichzeitig, den kulturellen Dialog zu üben.

Zweite Welle: Aktivieren Sie heute Lektion 18!

पाठ सैंतालीस

पढ़ा-लिखा गधा♂

१ — निशा, आज मुझसे कहानी सुनो ...

२ मुल्ला♂ नसरुद्दीन ख़्वाजा♂ का क़िस्सा है ।

३ नसरुद्दीन एक दिन तैमूरलंग के दरबार में बैठा था ।

४ लूट♀ में लाई गई चीज़ों में एक बढ़िया गधा♂ दरबार में हाज़िर किया गया । ①

५ गधे को देखते ही मुल्ला ने शहंशाह♂ को ख़ुश करने के लिए कहा : ② ③

६ "जहाँपनाह, इसके चेहरे♂ से ऐसी बुद्धिमता♀ फूट रही है कि शायद सिखाने पर यह पढ़ना-लिखना भी सीख जाए !" ④

७ तैमूर ने फ़ौरन आदेश♂ दिया: "ले जाओ, पढ़ा लिखाकर इसे महीने भर में वापस लाओ !"

ANMERKUNGEN

① लाई गई चीज़ो में **lāī gaī cīzõ mẽ**. लाई गई **lāī gaī** ist das Passiv von लाना **lānā** "bringen". Hier hat das Hilfsverb जाना **jānā** im Passiv die Partizipialform angenommen.

② Bei देखते ही **dekhte hī** "sobald er sah" ergibt sich aus dem Partizip Präsens, gefolgt von der Partikel ही **hī**, die Bedeutung "sobald, als".

③ शहंशाह **śahãśāh** "König der Könige" war der persische Adelstitel (Schah) des Kaisers von Indien.

④ जहाँपनाह **jahā̃panāh** "Beschützer der Welt" setzt sich zusammen aus जहान **jahān**♂ "Welt" und पनाह **panāh**♀ "Schutz".

47. Lektion

Ein gebildeter Esel
(gelesen-geschrieben Esel)

1 – Nisha, heute sollst du eine Geschichte von mir hören ...
(Nisha, heute mir-aus Geschichte höre ...)

2 Es ist eine Geschichte von Mullah Nasruddin Khodja.
(Mullah Nasruddin Khodja von Erzählung ist.)

3 Eines Tages saß Nasruddin in Tamerlans Palast.
(Nasruddin eins Tag Tamerlan von Palast in gesessen war.)

4 Da wurde unter den erbeuteten Sachen auch ein herrlicher Esel im Palast präsentiert.
(Beute in gebracht gegangen Sachen in eins herrlich Esel Palast in Präsentation gemacht gegangen.)

5 Als der Mullah den Esel sah, sagte er dem Kaiser, um ihm zu gefallen:
(Esel zu sehend eben Mullah durch Kaiser zu Freude machen von für gesagt:)

6 "Beschützer der Welt, sein Gesicht zeigt eine solche Intelligenz, dass, wenn man es ihn lehrte, er lesen und schreiben lernen könnte!"
("Welt-Schutz, diese/r⌒-von Gesicht aus so-eine Weisheit ausstrahlen geblieben ist dass vielleicht lehren auf diese/r lesen-schreiben auch lernen würde-gehen!")

7 Tamerlan gab sogleich den Befehl: "Nimm ihn mit, und bringe ihn in einem Monat zurück, nachdem du ihn lesen und schreiben gelehrt hast!"
(Tamerlan durch sogleich Befehl gegeben: "nehmen geh, gelesen schreiben-lassen-machen diese/r-zu⌒Monat ganz in zurück bringe!")

८ गधे को गए हुए तीस दिन पूरे हुए तो ख़्वाजा फिर उसे लेकर हाज़िर हुए और गधे के आगे एक मोटी-सी पोथी♀ रख दी । ⑤⑥

९ जैसे ही पोथी रखी गई, वैसे ही गधा अपनी जीभ♀ से पन्ने♂ पलटने लगा और तीसवें पन्ने पर पहुँचकर ज़ोर-ज़ोर से रेंकने लगा । ⑦⑧

१० वह ऐसे रेंक रहा था जैसे पोथी में लिखे किसी तर्क♂ से बिलकुल असहमत हो । ⑨⑩

११ सभी चकित रह गए ।

१२ तैमूर यह पूछे बिना न रह सका कि उसने यह चमत्कार♂ कैसे किया । ⑪⑫

ANMERKUNGEN

⑤ गधे को गए हुए तीस दिन पूरे हुए । **gadhe ko gae hue tīs din pūre hue**, wörtlich "Der Esel war weggegangen, dreißig Tage waren gefüllt." उसको यहाँ आए हुए दस मिनट हो गए । **usko yahā̃ āe hue das minaṭ ho gae** . "Er ist vor 10 Minuten angekommen."

⑥ पोथी **pothī** "Buch" gehört zur gehobenen Sprache und kann daher auch im historischen Sinne mit "Schrift" wiedergegeben werden. Es ist identisch mit ग्रन्थ **granth**♂. In der Alltagssprache wird für "Buch" पुस्तक **pustak**♀ (aus dem Sanskrit) oder किताब **kitāb**♀ (aus dem Arabischen) benutzt.

⑦ जैसे ही... वैसे ही **jaise hī... vaise hī** "sobald ...". Die Konjunktion wird im Hauptsatz wiederholt. Diese Form wird bevorzugt, wenn beide Verben das gleiche Subjekt haben.

⑧ तीसवें **tīsvẽ** "30." Die Endung वाँ **-vā̃** (indirekte Form वें **-vẽ**) nach einer Zahl wird zur Bildung der entsprechenden Ordnungszahl verwendet. Die Ausnahme bilden die ersten vier Ziffern: पहला **pahlā** "erster", दूसरा **dūsrā** "zweiter", तीसरा **tīsrā** "dritter", चौथा **cauthā** "vierter", छठा **chaṭhā** "sechster".

⑨ जैसे **jaise** "so, als; wie, wenn" zusammen mit ऐसे **aise** im vorausgehenden Satz erfordert in der Regel den Konjunktiv. Mit gleicher Bedeutung und identisch konstruiert gibt es मानो **māno** "wie, wenn".

⑩ असहमत होना **asahamat honā**: Ohne die Vorsilbe अ **a-** ergibt sich der entsprechende positive Ausdruck: सहमत होना **sahamat honā** "einver-

8 Dreißig Tage, nachdem er mit dem Esel weggegangen war, führte Khodja ihn erneut vor und stellte den Esel vor ein dickes Buch.
(Esel zu gegangen gewesen dreißig Tage voll gewesen doch Khodja wieder jene/r-zu⌢bringen-machen Präsentation gewesen und Esel von vor eins dick-lich Buch stellen gegeben.)

9 Sobald das Buch hingelegt wurde, blätterte der Esel die Seiten mit seiner Zunge um, und als er die 30. Seite erreichte, schrie er sehr laut.
(wie-solche eben Buch gestellt gegangen, solche eben Esel eigen Zunge aus Seiten blättern begonnen und 30. Seite auf ankommen-machen stark-stark aus schreien begonnen.)

10 Er schrie so, als wäre er mit einer Stelle im Buch überhaupt nicht einverstanden.
(er/sie so-ein schreien geblieben war wie-solche Buch in gelesen irgendein Argument aus überhaupt nicht-einverstanden würde-sein.)

11 Alle wunderten sich.
(alle-eben erstaunen bleiben gegangen.)

12 Tamerlan konnte sich nicht zurückhalten zu fragen, wie er dieses Wunder schaffen konnte.
(Tamerlan diese/r gefragt ohne nicht bleiben gekonnt dass jene/r⌢-durch diese/r Wunder wie gemacht.)

standen sein". Ebenso: स्थिर **sthir** "fest, sicher" – अस्थिर **asthir** "unsicher, instabil" – अस्थिरता **asthirtā**♀ "Unsicherheit, Instabilität". Manche Vorsilben können nur mit Sanskrit-Wörtern verwendet werden.

⑪ पूछे बिना **pūche binā** "ohne zu fragen". Sie haben eine solche Konstruktion schon als Postposition (के बिना **ke binā** oder बिना... के **binā... ke**) kennen gelernt. Hier handelt es sich jedoch um ein Verb mit dem einfachen बिना **binā**. Das Verb steht im Partizip Perfekt (direkte Form): दरवाज़ा बंद किए बिना **darvāzā band kie binā** "ohne die Tür zu schließen".

⑫ न रह सका **na rah sakā** "konnte nicht bleiben" ist eine idiomatische Wendung im Sinne von "konnte sich nicht zurückhalten". Eine Alternativformulierung wäre: तैमूर ये पूछने से अपने आपको न रोक सका कि ... **taimūr ye pūchne se apne āpko na rok sakā ki** ... "Tamerlan konnte es nicht lassen zu fragen, ...".

१३ नसरुद्दीन ने बतलाया : "जहाँपनाह, पहले दिन मैंने मुट्ठी♀ भर घास जिल्द♀ और पहले पन्ने के बीच रखी ।

१४ गधे ने जिल्द खोलकर घास खा ली ।

१५ अगले दिन मैंने घास दूसरे पन्ने पर रखकर पोथी बंद कर दी ।

१६ गधे ने फिर उसे खोला और घास को खा लिया ।

१७ रोज़ाना इसी ढंग♂ से मैं घास रखता गया । आज तीसवाँ दिन था । ⑬

१८ चूँकि पूरे तीस पन्ने पलटने पर आज घास नहीं मिली है, इसीलिए गधा ग़ुस्से में रेंक रहा है ।" ⑭

१९ तैमूर ने मुल्ला की बुद्धि♀ की प्रशंसा♀ की और बहुत-से इनाम के साथ गधा भी उसे सौंप दिया ।

ANMERKUNGEN

⑬ इसी ढंग से **isī ḍhaṅg se** "so, auf diese Weise" ist gleichbedeutend mit इसी तरह **isī tarah**♀.

⑭ चूँकि **cũki** "da, weil" leitet einen bedingten Nebensatz ein, dem der Hauptsatz folgt. In diesem wird die Bedingung durch इसलिए **islie** oder इसीलिए **isīlie** "deshalb" aufgegriffen.

पहला अभ्यास: क्या आप ये वाक्य समझ रहे हैं ?

१ बनारस से लाई गई चीज़ों में रेशमी साड़ियाँ तो दो ही थी, मगर कुरते बहुत-से थे ।

२ इन छात्रों को हिन्दुस्तान आए हुए अभी एक साल भी नहीं हुआ ?

३ लाल मिर्च खाते ही डायरेक्टर साहब चिल्लाने लगे । सभी कर्मचारी फ़ौरन हाज़िर हो गए ।

13 Nasruddin erklärte: "Oh, Beschützer der Welt, am ersten Tag habe ich eine Handvoll Gras zwischen den Deckel und die erste Seite gelegt.
(Nasruddin durch erklärt: Schützer-der-Erde, ersten Tag ich-durch Faust ganz Gras Deckel und ersten Seite von zwischen gelegt.)

14 Der Esel öffnete den Deckel schnell, um es zu fressen.
(Esel durch Deckel öffnen-machen Gras essen genommen.)

15 Am nächsten Tag habe ich das Gras auf die zweite Seite gelegt und das Buch geschlossen.
(nächsten Tag ich-durch Gras zweiten Seite auf legen-machen Buch geschlossen machen gegeben.)

16 Der Esel öffnet es wieder und fraß das Gras.
(Esel durch wieder jene/r-zu⌒ geöffnet und Gras zu essen genommen.)

17 Jeden Tag legte ich so das Gras. Heute war der 30. Tag.
(täglich diese-eben Weise aus ich Gras stellend gegangen. Heute 30. Tag war.)

18 Da er heute kein Gras fand, nachdem er dreißig Seiten umgeblättert hatte, hat der Esel vor Wut geschrien."
(da ganz dreißig Seiten umblättern auf heute Gras nicht getroffen ist, diese-eben-für Esel Wut in schreien geblieben ist.")

19 Tamerlan lobte des Mullahs Weisheit und gab ihm den Esel zusammen mit einer großen Belohnung.
(Tamerlan durch Mullah zu Weisheit von Lob gemacht und sehr-lich Belohnung von zusammen Esel auch jene/r-zu⌒Vertrauen gegeben.)

पहले अभ्यास के उत्तर : क्या आप समझे ?

❶ Unter den Sachen aus Benares gab es schließlich nur zwei Seidensaris, aber viele Kurtas. ❷ War es nicht gerade (mal) erst vor einem Jahr, dass die Studenten nach Indien kamen? ❸ Kaum hatte der Herr Direktor den roten Pfeffer gegessen, fing er an zu schreien. Alle Angestellten kamen sofort herbei.

पहला अभ्यास: क्या आप ये वाक्य समझ रहे हैं ? (जारी)

४ जैसे ही गधे के आगे पकौड़े रखे गए, वह ग़ुस्से में रेंकने लगा ।

५ निशा अब ऐसी हिन्दी बोलती है जैसे लखनऊ की रहने-वाली हो ।

६ मुन्नी ने छोटू की जलेबियाँ खा लीं । रायसाहब की ठंडी चाय को भी उसने पी लिया ।

७ दिल्ली में हम लोगों का यह दसवाँ महीना है । बारहवें महीने के बाद सरकार से कोई पैसा नहीं मिलेगा ।

८ चूँकि ये छात्र हिन्दी बोलते हैं, ये सचमुच हिन्दुस्तान में रहने का मज़ा ले रहे हैं ।

९ डायरेक्टर साहब की पत्नी रोज़ाना उन्हें खिला-पिलाकर भेजती है फिर भी ग्यारह बजे वे खाए बिना नहीं रह सकते ।

१० हेरमान भी मैट्रिमोनियल के पन्ने ऐसे पलट रहा था जैसे अपने लिए दुल्हन ढूँढ रहा हो !

दूसरा अभ्यास: वाक्य पूरे कीजिए ।

❶ Boris konnte es nicht lassen, den Herrn Direktor zu fragen, wie schwer er war.

१ बोरिस डायरेक्टर साहब से — — न रह सका कि उनका वज़न क्या है ।

❷ Unter den aus Moskau mit gebrachten Sachen ist auch ein dickes Buch, in dem russische Erzählungen stehen.

२ मास्को से — — — में एक — सी — भी है जिसमें — क़िस्से-कहानियाँ हैं ।

पहले अभ्यास के उत्तर: क्या आप समझे ? (जारी)

❹ Sobald die Pakoras vor den Esel gestellt wurden, fing er an vor Wut zu schreien. ❺ Nisha spricht jetzt so gut Hindi, als sei sie eine Bewohnerin von Lucknow. ❻ Munni hat die Jalebis von Chotu gegessen. Sie hat auch den kalten Tee von Raisahab getrunken. ❼ Dies ist unser zehnter Monat in Delhi. Nach dem 12. Monat werden wir kein Geld mehr von der Regierung erhalten. ❽ Da diese Studenten Hindi sprechen, können sie besser von ihrem Aufenthalt in Indien profitieren. ❾ Die Frau des Herrn Direktor gibt ihm täglich zu essen und zu trinken. Trotzdem kann er es nicht lassen, um elf Uhr zu essen. ❿ Hermann blätterte auch die Heiratsanzeigen durch, als ob er eine Braut für sich (selbst) suchte!

वह उससे पूछे बिना नहीं रह सका
कि उसने बस चलाना कहाँ सीखा !

दूसरा अभ्यास: वाक्य पूरे कीजिए । (जारी)

❸ Er konnte es nicht lassen, ihn zu fragen, wo er das Busfahren gelernt habe.

३ वह — — — नहीं — सका कि उसने बस —कहाँ सीखा ।

दूसरे अभ्यास के उत्तर: रिक्त स्थान

❶ — पूछे बिना ❷ — लाई गई चीज़ों — मोटी — पोथी — रूसी — ❸ — उससे पूछे बिना — रह — चलाना —

दूसरा अभ्यास: वाक्य पूरे कीजिए । (जारी)

❹ Der Busfahrer war zuerst erstaunt, dann lachte er.

४ पहले तो ड्राइवर — रह —, फिर — — ।

❺ Da mein Bus größer als die Autos, Roller und Fahrräder der anderen ist, fahre ich so, als gäbe es niemanden außer mir auf der Straße.

५ — मेरी बस — की कारों, — और साइकलों से — है, मैं — चलाता हूँ — मेरे — सड़क पर और — न हो ।

दूसरे अभ्यास के उत्तर: रिक्त स्थान (जारी)

❹ — चकित — गया, — हँसने लगा । ❺ चूँकि — दूसरों — स्कूटरों — बड़ी — ऐसे — जैसे — सिवा — कोई —

पाठ अड़तालीस

पंचतंत्र की एक कथा

१ एक दिन चंडरव नामक एक चालाक गीदड़♂ नए सवाद♂ चखने शहर की ओर निकल पड़ा । ① ② ③

ANMERKUNGEN

① पंचतंत्र **pañcatantra** "Die fünf Lehren", ist eine Sammlung von Tierfabeln in Sanskrit.

② नामक **nāmak** "mit Namen". Gleichbedeutend wäre: एक चालाक गीदड़, जिसका नाम चंडरव था । **ek cālāk gīdaṛ, jiskā nām caṇḍarav thā.** "Ein schlauer Schakal, dessen Name Chandarava war."

Ein Erbe Zentralasiens

Timur bin Taraghay Barlas – auf Hindi meist तैमुरलंग **Taimurlaṅg** genannt – war ein zentralasiatischer Eroberer Ende des 14.Jahrhunderts und Gründer der Timuriden-Dynastie in Persien und Transoxanien (etwa im heutigen Usbekistan gelegen). In der abendländischen Geschichtsschreibung ist er besser bekannt als Tamerlan bzw. Timur Lenk. Er war Angehöriger eines nomadischen Turkvolkes und strebte nach Wiederherstellung des Mongolischen Großreiches. Seine Herrschaft war einerseits durch Brutalität und Tyrannei gezeichnet, gleichzeitig ist er aber auch bis heute als großzügiger Kunst- und Literaturförderer bekannt. Neben weiten Teilen Zentralasiens, gehörten zu seinem Reich große Landstriche im heutigen Irak und im Kaukasus, ganz Persien, das aktuelle Afghanistan und Pakistan sowie Nordwestindien. Bei मुल्ला नसरुद्दीन **Mullā Nasruddīn** handelt es sich um eine legendäre Figur der arabischen Volksliteratur, die oftmals als Weiser, Narr, Meister, Bettler, Richter, Lehrer oder Arzt auftritt. Meistens jedoch genießt er den Ruf des weisen Schalks, dessen Schwänke gleichzeitig witzig und belehrend wirken.

Zweite Welle: Aktivieren Sie heute Lektion 19!

48. Lektion

Eine Fabel aus den Panchatantra

(Panchatantra von eins Erzählung)

1 Eines Tages machte sich ein schlauer Schakal mit Namen Chandarava auf den Weg in die Stadt, um neue Genüsse zu schmecken.
(eins Tag Chandarava genannt eins schlau Schakal neu Genüsse probieren Stadt von Richtung rausgehen gefallen.)

③ स्वाद चखना **svād cakhnā** "schmecken", wörtlich "die Genüsse probieren"; स्वादिष्ट **svādiṣṭ** "wohlschmeckend"; चख लो **cakh lo** "probier mal".

२ वहाँ शहर के कुत्ते तुरंत उसके पीछे लग गए ।

३ चंडरव डर के मारे पास ही एक रंगरेज़♂ के घर में घुस बैठा । ④

४ घबराहट♀ में वह एक बड़े-से पतीले♂ में गिर पड़ा जिसमें नीला रंग घुला हुआ था ।

५ थोड़ी देर बाद एक अनोखे नीले जानवर♂ को निकलते देखकर कुत्ते दुम♀ दबाकर भागे । ⑤

६ भगवान शिव के नीलकंठ-सा नीला गीदड़ जब जंगल♂ में वापस पहुँचा तो वहाँ भी खलबली♀ मच गई । ⑥

७ भागते हुए जानवरों को आश्वस्त करते हुए चंडरव ने घोषणा♀ कर दी कि स्वयं ब्रह्म ने उसे जंगल का राजा बनाकर पृथ्वी♀ पर भेजा है । ⑦

८ उसकी बात सुनके सिंह♂, बाघ♂, चीता♂, भेड़िया♂ इत्यादि सभी उसके दास♂ हो गए और उसके पैरों♂ पर लोटने लगे ।

ANMERKUNGEN

④ घुस बैठा **ghus baiṭhā**. Das Hilfsverb **baiṭhnā** बैठना "sich setzen" verleiht dem Hauptverb eine negative Konnotation im Sinne von "gewaltsam, gewagt, unangemessen". Das Gleiche gilt auch für das Hilfsverb डालना **ḍālnā** nach transitiven und für पड़ना **paṛnā** nach intransitiven Verben. मालूम है कल वह क्या कर बैठी ? **mālūm hai kal voh kyā kar baiṭhī ?** "Wissen Sie, was sie gestern sonst noch gemacht hat?"

⑤ Partizipialkonstruktionen wie एक जानवर को निकलते (हुए) देखकर **ek jānvar ko nikalte (hue) dekhkar** werden mit Verben der Wahrnehmung gebildet: देखना **dekhnā** "sehen", सुनना **sunnā** "hören". Dem dazugehörigen Objekt folgt immer को (एक जानवर को) **ko (ek jānvar ko)**. मैंने गीदड़ को चिल्लाते हुए सुना । **maĩne gīdaṛ ko cillāte hue sunā**. "Ich habe einen Schakal schreien hören." बोरिस शिवानी को खाना पकाते हुए देख रहा था । **boris śivānī ko khānā pakāte hue dekh rahā thā.** "Boris sah Shivani das Essen kochen."

2 Dort liefen die Hunde der Stadt sofort hinter ihm her.
(dort Stadt von Hunde sofort seine hinter fühlen gegangen.)

3 Aus Angst wagte sich Chandarava in das naheliegende Haus eines Färbers gewaltsam einzutreten.
(Chandarava Angst von daher bei eben eins Färber von Haus in eintreten gesetzt.)

4 Vor lauter Panik fiel er in einen großen Kessel, in dem blaue Farbe aufgelöst war.
(Sorge in er eins groß-lich Kessel in fallen gefallen welchen-in blau Farbe aufgelöst gewesen war.)

5 Nach einiger Zeit sahen die Hunde ein eigenartiges blaues Tier herauskommen und flüchteten mit eingeklemmtem Schwanz.
(wenig Verspätung nach eins eigenartig blau Tier zu rausgehend sehen-machen Hunde Schwanz herunter-halten-machen geflüchtet.)

6 Als der Schakal, blau wie die blaue Brust des Gottes Shiva, in den Wald zurückkehrte, da gab es auch dort Unruhe.
(Gott Shiva von blau-Brust-lich blau Schakal als Wald in zurück angekommen doch dort auch Unruhe ausbrechen gegangen.)

7 Chandarava beruhigte die flüchtenden Tiere und erklärte, dass Brahma selbst ihn zum König des Waldes gemacht und auf die Erde geschickt habe.
(flüchtend gewesen Tiere zu Sicherheit machend gewesen Chandarava durch Erklärung machen gegeben dass selbst Brahma ihn Wald von König machen-machen Erde auf geschickt ist.)

8 Als sie seine Worte hörten, wurden der Löwe, der Tiger, der Panther, der Wolf und all die anderen Tiere seine Diener und warfen sich zu seinen Füßen nieder.
(seine Worte hörend Löwe, Tiger, Panther, Wolf usw. alle-eben seine Diener sein gegangen und seine Füße auf kriechen begonnen.)

⑥ भगवान शिव के नीलकंठ **bhagvān śiv ke nīlkaṇṭh** "die blaue Brust des Gottes Shiva". Unter dem Beinamen Nilakantha wird der Gott Shiva – der hinduistischen Mythologie entsprechend – oft mit einer blauen Brust dargestellt. Lesen Sie hierzu auch unsere landeskundliche Anmerkung.

⑦ आश्वस्त करना **āśvast karnā** "beruhigen, überzeugen". Das Substantiv आश्वासन **āśvāsan**♂ "Versicherung" ist in der Redewendung आश्वासन देना **āśvāsan denā** "versichern" enthalten.

९ गीदड़ ने सिंह को मंत्री बनाया, बाघ से पंखा झलवाया, चीते से पान♂ लगवाया और भेड़िये को द्वारपाल♂ बनाया ।

१० मगर अपनी जाति♂ के गीदड़ों को पहचानने से उसने बिलकुल इनकार♂ कर दिया । ⑧ ⑨

११ उन्हें धक्के♂ दिलवाकर भगा दिया ।

१२ एक दिन जब गीदड़ महाराज अपने सिंहासन♂ पर टाँगें♀ फैलाकर बैठे थे, दूर कहीं से गीदड़ों के चिल्लाने का शोर हुआ ।

१३ अपने बंधुओं♂ का राग♂ सुनकर चंडरव का रोम-रोम♂ खिल उठा ।

१४ तुरंत उठकर गीदड़ों की तरह "हुआँ-हुआँ" करने लगा ।

१५ जब दूसरे जानवरों को पता चला कि वे एक गीदड़ के आगे नाक♀ रगड़ रहे थे, वे उस पर टूट पड़े और उसे कच्चा चबा गए । ⑩ ⑪ ⑫

ANMERKUNGEN

⑧ इन्कार करना **inkār karnā** "ablehnen" wird mit der Postposition से **se** nach einem Verb oder Substantiv in der indirekten Form gebildet, anders als sein Antonym स्वीकार करना **svīkār karnā** "annehmen, akzeptieren, einwilligen", das ohne die Postposition in der direkten Form steht: उसने डायरेक्टर से बात करना स्वीकार किया है । **usne ḍāyrekṭar se bāt karnā svīkār kiyā hai**. "Er hat eingewilligt, mit dem Direktor zu sprechen."

⑨ जाति **jāti** "Kaste" bedeutet eigentlich "Art", geht aber auch zurück auf den Stamm des Verbs जनना **jannā** "geboren werden".

⑩ Als रोम **rom** bezeichnet man ein "Körperhaar", den idiomatischen Ausdruck रोम-रोम खिल उठाना **rom-rom khil uṭhānā** kann man dementsprechend mit "die Haare zu Berge stehen lassen" übersetzen, jedoch hat dieser Ausdruck im Hindi keinen negativen Beiklang.

⑪ टूट पड़े **ṭūṭ paṛe** wörtlich "zerbrechen gefallen" = "sich werfen auf" ist eine feste Redewendung, die einen brutalen Übergriff kennzeichnet.

9 Der Schakal machte den Löwen zu seinem Minister, ließ sich durch den Tiger Luft zufächern, ließ sich vom Panther das Betel wickeln und machte den Wolf zur Wache des Tores.
(Schakal durch Löwe zu Minister gemacht, Tiger aus Wedel wedeln-gelassen, Panther aus Betel fühlen-gelassen und Wolf zu Torwache gemacht.)

10 Aber er lehnte es ab, die eigene Kaste der Schakale anzuerkennen.
(aber eigen Kaste von Schakale zu anerkennen aus ihn-durch überhaupt Ablehnung machen gegeben.)

11 Er verstieß sie und vertrieb sie.
(Ihnen Stoß versetzen-machen verjagen gegeben.)

12 Eines Tages, als Kaiser Schakal es sich auf seinem Thron bequem machte, gab es aus der Ferne den Lärm schreiender Schakale.
(eins Tag als Schakal groß-König eigen Thron auf Beine ausstrecken-machen gesessen waren, fern genau-dort aus Schakale von schreien von Lärm gewesen.)

13 Als er die Melodie seiner Brüder hörte, war Chandarava freudig erregt.
(eigen Brüder von Melodie hören-machen Chandarava von Haar-Haar spielen aufgestanden)

14 Sofort stand er auf und begann nach der Art der Schakale "hua-hua" zu singen"?
(sofort aufstehen-machen Schakale von Art hua-hua machen begonnen.)

15 Als die anderen Tiere erkannten, dass sie ihre Nase vor einem Schakal zu Boden richteten, warfen sie sich auf ihn und fraßen ihn bei lebendigem Leib.
(als andere Tiere zu Kenntnis gegangen dass sie eins Schakal von vor Nase reiben geblieben waren, sie jene/r~ auf zerbrechen gefallen und ihn roh kauen gegangen)

⑫ चबा गए **cabā gae** wörtlich "kauen ging" = "verschlingen". Hier wird ausnahmsweise ein transitives Hauptverb mit dem intransitiven जाना **jānā** kombiniert, was eine plötzliche, meist ungewollte Handlung kennzeichnet. वह सारा पानी पी गया । **voh sārā pānī pī gayā**. "Er trank das ganze Wasser (mit einem Schluck) aus." In einer solchen Kombination beherrscht das intransitive Verb die Deklination des Subjekts.

पहला अभ्यास: क्या आप ये वाक्य समझ रहे हैं ?

१ एक दिन बोरिस कामिनी के साथ मुर्ग़ तंदूरी खाने और लस्सी पीने निज़ामुद्दीन की तरफ़ निकल पड़ा ।

२ बोरिस का हिन्दुस्तानी कुत्ता टौमी भी दोनों को निकलते देखकर उनके पीछे लग गया और टैक्सी में घुस बैठा ।

३ कामिनी को आश्वस्त करते हुए बोरिस ने समझाया कि टौमी बहुत सीधा है । टौमी कामिनी के पैरों के आगे लोटने लगा ।

४ मगर नए कुत्ते को आते देखकर निज़ामुद्दीन के कुत्तों में खलबली मच गई । ग़ुस्से में ज़ोर-ज़ोर से भौंकने लगे ।

५ बोरिस ने टैक्सी में ही टौमी को रेशमी कबाब दिलवाए । टौमी का रोम-रोम खिल उठा ।

६ वापस लौटते हुए टैक्सी में से एक लड़की के चिल्लाने का शोर हुआ ।

७ पता चला कि बोरिस का कुत्ता नीचे बैठे-बैठे कामिनी की चुन्नी चबा गया था !

८ बोरिस अपने कुत्ते पर ऐसे टूट पड़ा जैसे उसी को कच्चा चबा जाएगा ।

९ कुत्ते ने चुन्नी छोड़ने से बिलकुल इनकार कर दिया । डर के मारे कामिनी चुन्नी छोड़कर निकल भागी ।

१० बोरिस घबराकर उसके पीछे दोड़ा । कुत्ता दोनों के पीछे लग गया । बाज़ार में खलबली मच गई ।

पहले अभ्यास के उत्तर : क्या आप समझे ?

① Eines Tages brach Boris nach Nizamuddin auf, um mit Kamini Tandoori-Huhn zu essen und Lassi zu trinken. ② Als Boris indischer Hund Tommy die beiden abfahren sah, lief er hinter ihnen her und sprang in das Taxi. ③ Um Kamini zu beruhigen, erklärte Boris ihr, dass Tommy sehr artig (geradeaus) sei. Tommy rollte sich zu Kaminis Füßen zusammen. ④ Aber als die Hunde von Nizamuddin einen anderen Hund ankommen sahen, begannen sie ein großes Tohuwabohu (Unruhe). Wütend begannen sie sehr laut zu bellen. ⑤ Boris ließ Tommy gleich im Taxi Reshmi Kebab geben. Tommy war sofort ganz aufgeregt. ⑥ Aus dem dadurch zurückrollenden Taxi kam der Lärm eines schreienden Mädchens. ⑦ Plötzlich wurde bekannt, dass Boris Hund sich hingehockt (unten gesetzt-gesetzt) und Kaminis Schal gefressen hatte! ⑧ Boris warf sich auf seinen Hund, als ob er ihn lebendig fressen wollte. ⑨ Der Hund weigerte sich absolut, den Schal loszulassen. Die von Angst gepackte Kamini ließ den Schal los und flüchtete nach draußen. ⑩ Boris war beunruhigt und lief ihr nach. Der Hund lief beiden hinterher. Im Basar entfaltete sich ein großes Durcheinander.

*Nun haben Sie den vorletzten Kursabschnitt fast beendet. Wir brauchen jetzt nicht mehr "Nur Mut!" (साहस कीजिए ! **sāhas kījie!**) zu Ihnen zu sagen, denn Sie haben sich tapfer bis zu dieser Etappe durchgeschlagen. Und nun auf zur letzten Wiederholungslektion ...*

दूसरा अभ्यास: वाक्य पूरे कीजिए ।

❶ Letzten Sonntag spazierte Hermann nach Alt-Delhi. Ein Tschat-Verkäufer lief ihm nach.

१ पिछले — /— को हेरमान — दिल्ली में घुमने — — । एक चाटवाला उसके — — — ।

❷ Hermann ist gegenüber (probieren) neuen Genüssen immer beunruhigt. Aber der Tschat-Verkäufer beruhigte ihn schließlich.

२ हेरमान — — चखने से हमेशा — है । मगर चाटवाले ने — उसे — कर दिया ।

❸ Hermann ließ sich eine Tschat geben. Er fand einen sauberen Platz in der Nähe und setzte sich, um seine Tschat zu essen.

३ हेरमान — एक चाट लगवाई । — ही साफ़ जगह ढूँढ ली और — — — गया ।

❹ Diesmal gab es unter den Kindern des ganzen Basars ein großes Durcheinander!

४ इस — तो सारे बाज़ार के बच्चों में — — — !

❺ Da lehnte er es doch ab, Tschat zu kaufen, aber er ließ ein Lied ertönen!

५ अब चाट — से तो उसने — — — मगर एक गाना — डाला !

दूसरे अभ्यास के उत्तर: रिक्त स्थान

❶ — इतवार / रविवार — पुरानी — निकल पड़ा । — पीछे लग गया । ❷ — नए स्वाद — घबराता — आख़िर — आश्वस्त — ❸ — ने — पास — चाट खाने बैठ — । ❹ — बार — खलबली मच गई ! ❺ — ख़रीदने — इनकार कर दिया — सुना — !

Märchen und Legenden

Die altindische Literatur ist mit ihren vielen Märchen und Legenden in der Gegenwart noch hochaktuell. So beeinflussen die Heldenepi Mahabharata und Ramayana bis heute die Drehbücher der Filmindustrie von Bollywood. Zu den bekanntesten und beliebtesten Märchensammlungen Indiens gehört das पंचतंत्र **pãncatantra**, wörtlich "Die fünf Lehren", aus dem 6. Jahrhundert n. Chr. Es handelt sich dabei um eine Sammlung von Tierfabeln, die ursprünglich auf Sanskrit verfasst wurde, heutzutage aber den Kindern des Landes in sämtlichen Regionalsprachen Indiens erzählt und vorgelesen wird. Das Pãncatantra wurde vielfach abgeschrieben, erweitert und in nicht-indische Sprachen übersetzt. Auch Lafontaine und Goethe haben sich von diesen Fabeln inspirieren lassen. Sie erfassen die religiösen und moralischen Ideen des Hinduismus, sind gleichzeitig politische Anleitung für Regierende und dabei durch eine Moral der Stärke gekennzeichnet, immer verbunden mit einem gewissen Zynismus, Witz und einer häufig tief gehenden Weisheit.

Zweite Welle: Aktivieren Sie heute Lektion 20!

पाठ उनचास

दोहराव और व्याख्या

Dies ist Ihre letzte Wiederholungslektion, die noch einmal zusammenfasst und erläutert, was Sie in den letzten Lektionen kennen gelernt haben. Vor allem wiederholen wir die verschiedenen Arten von Nebensätzen, die wir anhand von Beispielen illustrieren. In den nächsten sechs Lektionen werden wir den Schwerpunkt dann weniger auf eine Erweiterung Ihrer Grammatikkenntnisse legen, sondern vielmehr zusätzlichen Wortschatz einführen und uns weiter mit der indischen Poesie und Lebensweise beschäftigen.

1. Verben

1.1 Formen des Irrealis

Der Irrealis ist ein Modus, der zum Ausdruck bringt, dass Tatsachen, die sich gegenseitig bedingen, nicht realisiert werden bzw. nicht realisierbar sind. Die Formen des Irrealis entsprechen weitgehend denen des Partizips Präsens auf ता **-tā** mit der Ausnahme, dass die Verbformen im Femininum Plural nasaliert werden:

वे जातीं **ve jātī̃** "sie♀ würden gehen".

Diese Form des Irrealis bezieht sich sowohl auf die Gegenwart als auch auf die Vergangenheit. Soll die Vergangenheit einer irrealen Handlung betont werden, bedient man sich der zusammengesetzten Formen des Irrealis:

आया होता **āyā hotā** "er wäre gekommen" (Partizip Perfekt + होता **hotā**) oder besonders betont:

आता होता **ātā hotā** "er wäre gekommen" (Irrealis + होता **hotā**).

1.2 Zusammengesetzte Formen des Konjunktivs

Auch der Konjunktiv kann mit dem Hilfsverb होना **honā** zusammengesetzte Formen des Irrealis bilden:

आया हो **āyā ho** "dass er gekommen wäre" (Partizip Perfekt + होना **honā**);

आता हो **ātā ho** "dass er gekommen wäre" (Irrealis + होना **honā**).

Auch hier beziehen sich beide Formen auf vergangene Handlungen. Möchte man verdeutlichen, dass eine Handlung nicht abgeschlossen ist, verwendet man eher das Partizip Präsens und होना **honā**. Bei vollendeten Handlungen bevorzugt man dementsprechend den Irrealis und होना **honā**.

Aufforderungen wie "ich habe dir gesagt / ich habe dich gebeten" (Lektion 46) usw. werden mit dem Verb कहना **kahnā** "sagen" im Infinitiv und mit को **ko** konstruiert:

मैंने उससे जाने को कहा । **maĩne usse jāne ko kahā.** "Ich habe ihn gebeten zu gehen."

निशा ने मुझसे चुन्नी लौटाने को कहा । **niśā ne mujhse cunnī lauṭāne ko kahā.** "Nisha hat mich gebeten, ihr den Schal zurückzugeben."

1.3 Partizipialkonstruktionen

Dort, wo im Deutschen Infinitivkonstruktionen verwendet werden, benutzt man im Hindi, insbesondere bei Verben der Wahrnehmung wie देखना **dekhnā** "sehen" und सुनना **sunnā** "hören", Partizipialkonstruktionen:

बोरिस ने निशा को आते हुए देखा । **boris ne niśā ko āte hue dekhā.** "Boris sah Nisha kommen."

उन्होंने मक्खी को भिनभिनाते हुए सुना । **unhõne makkhī ko bhinbhināte hue sunā.** "Er hörte die Fliege summen."

मैंने कई बार डागर बंधुओं को गाते हुए सुना है । **maĩne kaī bār ḍāgar bandhuõ ko gāte hue sunā hai.** "Ich habe die Brüder Dagar mehrmals singen hören."

2. Nebensätze

2.1 Hypothetische Sätze

Sie haben in der letzten Kurseinheit gesehen, wie eine Vermutung (d. h. eine Möglichkeit oder eine potenziell realisierbare Handlung) im Hindi ausgedrückt wird. Handelt es sich jedoch um eine irreale Bedingung in der Vergangenheit oder Gegenwart, verwendet man entsprechend die irreale Form des Verbs. Beispiele:

अगर राम यहाँ आता तो मुझे आपकी ख़बर देता । **agar rām yahā̃ ātā to mujhe āpkī <u>kh</u>abar detā.** "Wenn Ram hierher gekommen wäre, hätte er mir Nachricht von Ihnen gegeben." (Oder, je nach Kontext, "Wenn Ram hierher käme, würde er mir Nachricht von Ihnen geben".)

आप कल न आतीं तो मेरे पिताजी से न मिलतीं । **āp kal na ātī̃ to mere pitājī se na miltī̃.** "Wenn Sie gestern nicht gekommen wären, hätten Sie meinen Vater nicht getroffen."

Sie können Folgendes feststellen:

1. अगर **agar** / यदि **yadi** kann im Nebensatz weggelassen werden, nicht aber तो **to** im Hauptsatz.
2. Die Negation lautet न **na** und nicht नहीं **nahī̃**.
3. Das Femininum Plural unterscheidet sich von der Form des Partizips Präsens durch die Nasalierung.

Im nächsten Satz wird die Möglichkeit durch eine zusammengesetzte Form ausgedrückt:

अगर वह समय पर आ पहुँचा होता तो उसे पता चला होता कि... **agar voh samay par ā pahũcā hotā to use patā calā hotā ki…** "Wenn er rechtzeitig gekommen wäre, hätte er bemerkt, dass ...".

2.2 Ursächliche Nebensätze

Hierbei können die Konjunktionen क्योंकि **kyõki** "da, weil" oder चूँकि **cũki** "deshalb" verwendet werden:

चूँकि तुम हिन्दी नहीं बोल सकतीं तम्हें भारत में तकलीफ़ होगी । **cũki tum hindī nahī̃ bol saktī̃ tumhẽ bhārat mẽ taklīf hogī.** "Da / Weil du kein Hindi sprechen kannst, wirst du in Indien Schwierigkeiten haben."

Beziehungsweise:

तुम्हें भारत में तकलीफ़ होगी क्योंकि तुम हिन्दी नहीं बोल सकतीं । **tumhẽ bhārat mẽ taklīf hogī kyõki tum hindī nahī̃ bol saktī̃ .** "Du wirst in Indien Schwierigkeiten haben, weil du kein Hindi sprechen kannst."

Wenn beide Sätze das gleiche Subjekt haben, kann der Infinitiv mit der Postposition के कारण **ke kāraṇ** (wörtlich "wegen") in der übertragenen Bedeutung "weil" benutzt werden:

हिन्दी न बोलने के कारण तम्हें भारत में तकलीफ़ होगी । **hindī na bolne ke kāraṇ tumhẽ bhārat mẽ taklīf hogī.** "Weil du kein Hindi sprichst, wirst du in Indien Schwierigkeiten haben."

2.3 Zeitliche Nebensätze

Sie kennen schon जब... तब **jab... tab** "wenn ... dann" und जब से... तब से **jab se... tab se** "seitdem ...". Daran wird deutlich, dass man im Hindi gern im Hauptsatz eine Konjunktion wieder aufgreift:

जैसे ही ... वैसे ही **jaise hī ... vaise hī** / ज्यों ही ... त्यों ही **jyõ hī ... tyõ hī** "sobald ...".

जैसे ही मेहमान आ गए वैसे ही बोरिस खाना खाने लगा । **jaise hī mehmān ā gae vaise hī boris khānā khāne lagā.** "Sobald die Gäste ankamen, fing Boris an zu essen."

ज्यों ही माँ घर से निकली त्यों ही बच्चे शोर मचाने लगे । **jyõ hī mā̃ ghar se niklī tyõ hī bacce śor macāne lage.** „Sobald die Mutter das Haus verlassen hatte, begannen die Kinder großen Lärm zu machen."

Wenn dagegen das Subjekt in beiden Sätzen identisch ist, wird für den ersten Teilsatz eine Form vorgezogen, bei der ein Partizip Präsens mit ही **hī** verbunden wird:

आते ही बोरिस खाने लगा । **āte hī boris khāne lagā.** "Sobald er ankam, fing Boris an zu essen."

2.4 Sätze mit Haupt- und nicht abgeschlossener Nebenhandlung

"ohne dass / ohne zu" (Lektion 42 und 47):

वह कुछ बोले बिना चला गया । **voh kuch bole binā calā gayā.** "Er ging weg, ohne etwas zu sagen."

Bei beiden Handlungen geht es um dasselbe Subjekt. Wenn dagegen zwei verschiedene Subjekte auftreten, dann nimmt das Subjekt des Partizips die indirekte Form mit के **ke** an:

मैंने उसके जाने बिना सब इंतज़ाम कर लिया । **maĩne uske jāne binā sab intazām kar liyā.** "Ich habe alles vorbereitet, ohne dass er es wusste."

"beinahe/fast"

Um auszudrücken, dass eine Handlung beinahe geschehen wäre, wird eine Verdopplung des Partizips Präsens in der adverbialen Form (ते **-te**) gebildet und das Hilfsverb बचना **bacnā** "sich retten, vermeiden" hinzugefügt:

मैं डर के मारे भागा और नाली में गिरते-गिरते बचा । **maĩ ḍar ke māre bhāgā aur nālī mẽ girte-girte bacā.** "Ich flüchtete vor Angst und fiel beinahe in die Kanalisation."

Beachten Sie hier, dass dem Partizip niemals हुए **hue** folgt!

3. Präpositionen

3.1 Vergleichende Aussagen

Die Präpositionen, mit denen ein Vergleich ausgedrückt wird, werden oft – aber nicht zwingend – mit dem Konjunktiv benutzt. Faktische Sachverhalte werden vor allem durch जैसा **jaisā** und की तरह **kī tarah** eingeleitet:

मारको बोरिस की तरह बोलता है । **mārko boris kī tarah boltā hai.** "Marco spricht wie Boris."

बोरिस जैसे मित्र दुनिया में कम मिलते हैं । **boris jaise mitr duniyā mẽ kam milte haĩ.** "Solche Freunde wie Boris gibt es wenige auf der Welt."

जैसे **jaise** und मानो **māno** können auch einen Vergleich mit einem konjugierten Verb einleiten:

अचानक रुक गया जैसे किसी बड़ी समस्या से परेशान हो गया हो । **acānak ruk gayā jaise kisī baṛī samasyā se pareśān ho gayā ho.** "Er hielt plötzlich an, als ob/wenn ihn ein großes Problem beunruhigte."

निशा रो पड़ी मानो उसे कोई मनहूस ख़बर मिली हो । **niśā ro paṛī māno use koī manhūs <u>kh</u>abar milī ho.** "Nisha begann zu weinen, als ob/wenn sie eine schlechte Nachricht erhalten hätte."

4. Vor- und Nachsilben

Im Folgenden stellen wir Ihnen einige Vor- und Nachsilben (Präfixe und Suffixe) vor. Mithilfe dieser Elemente können Sie aus Substantiven Adjektive ableiten. Ebenso lassen sich mit Hilfe dieser Vor- oder Nachsilben neue Substantive auf der Grundlage von Verben oder anderen Substantiven bilden.

4.1 Bevorstehender Eintritt einer Handlung

Um auszudrücken, dass eine Handlung kurz bevorsteht, verwendet man die Endsilbe -वाला **-vālā** (die wir der Einfachheit als "Besitzer" übersetzen), angehängt an einen Infinitiv in seiner indirekten Form zusammen mit dem Hilfsverb होना **honā**.

मैं जाने (ही) वाला था कि फ़ोन की घंटी बजी । **maĩ jāne (hī) vālā thā ki fon kī ghaṇṭī bajī.** "Ich wollte gerade gehen, da läutete das Telefon."

निशा बीस साल की होनेवाली है । **niśā bīs sāl kī honevālī hai.** „Nisha wird in Kürze 20 Jahre alt werden."

Hier ist auch der Infinitiv in seiner indirekten Form und die Postposition को **ko** gebräuchlich, gefolgt von dem Hilfsverb होना **honā**. In diesem Fall wird betont, dass die Handlung plötzlich eintritt:

मैं निकलने को था कि अचानक वह आ धमकी । **maĩ nikalne ko thā ki acānak voh ā dhamkī.** "Ich war kurz davor zu gehen, als sie plötzlich wieder ankam."

4.2 Bildung von Adjektiven

बे **be-** "ohne" (persisch):

चारा **cārā**♂ "Schutz, Hilfe" > **बेचारा** **becārā** "arm, mittellos"; शर्म **śarm**♀ "Scham" > बेशर्म **beśarm** "schamlos"; कार **kār** "Arbeit" > बेकार **bekār** "arbeitslos, nutzlos"; रहम **raham**♂ "Mitleid" > बेरहम **beraham** "ohne Mitleid".

नी **ni-** / निश **niś-** / निर **nir-** "ohne; -los" (Sanskrit):

डर **ḍar**♂ "Furcht, Angst" > निडर **niḍar** "furchtlos"; फल **phal**♂ "Frucht" > निष्फल **niṣphal** "fruchtlos, erfolglos"; **गुण** **guṇ**♂ "Qualität" > निर्गुण **nirguṇ** "von geringer Qualität".

स **sa-** "mit":

सफल **saphal** "erfolgreich, gelungen"; सगुण **saguṇ** "von guter Qualität".

4.2.1 Vorsilben für Adjektive

अ **a-** "un-/nicht":

संभव **sambhav** "möglich" > असंभव **asambhav** "unmöglich"; स्थिर **sthir** "fest, stabil" > अस्थिर **asthir** "wackelig, instabil"; राजनैतिक **rājnaitik** "politisch" > अराजनैतिक **arājnaitik** "unpolitisch"; साधारण **sādhāraṇ** "gewöhnlich" > असाधारण **asādhāraṇ** "ungewöhnlich"; लौकिक **laukik** "weltlich" > अलौकिक **alaukik** "außerweltlich, himmlisch".

स्व **sva-** "selbst":

स्वचालित **svacālit** "automatisch".

4.2.2 Nachsilben für Substantive für die Bildung von Adjektiven:

इक **-ik** (im Stamm wird der erste Vokal verlängert); तंत्र **tantra**♂ "Mechanismus" > तांत्रिक **tāntrik** "mechanisch"; परम्परा **paramparā**♀ "Tradition" > पारम्परिक **pāramparik** "traditionell"; दिन **din**♂ "Tag" > दैनिक **dainik** "täglich"; लोक **lok**♂ "Welt, Universum" > लौकिक **laukik** "weltlich".

ईय **-īy**: भारत **bhārat**♀ "Indien" > भारतीय **bhāratīy** "indisch"; शास्त्र **śāstra**♂ "alte Schrift" > शास्त्रीय **śāstrīy** "klassisch".

ई **-ī:** हिन्दुस्तान **hindustān**♂ "Indien" > हिन्दुस्तानी **hindustānī** "indisch".

4.3 Bildung von Substantiven

स्व **sva-** "selbst":

राज **rāj** "Königreich, Regierung" > स्वराज **svarāj** "Autonomie, Selbstständigkeit, Selbstbestimmung".

अ **a-** drückt einen Gegensatz aus:

हिंसा **hinsā**♀ "Gewalt" > अहिंसा **ahinsā**♀ "Gewaltlosigkeit"; अराजकता **arājaktā** "Anarchie, Herrschaftslosigkeit".

परि **pari-** "um herum, Peri-":

योजना **yojnā**♀ "Plan" > परियोजना **pariyojanā** "Projekt"; परिक्रमा **parikramā** "Umdrehung".

महा **mahā-** "groß":

राजा **rājā**♂ "König" > महाराजा **mahārājā**♂ "Kaiser"; आत्मा **ātmā**♀ "Seele" > महात्मा **mahātmā**♀ "große Seele"; सागर **sāgar**♂ "Meer" > महासागर **mahāsāgar**♀ "Ozean".

ख़ुश **khuś-** "gut" – बद **bad-** (persisch-arabisch) "schlecht":

बू **bū**♀ "Geruch" > ख़ुशबू, **khuśbū** "Wohlgeruch"; बदबू, **badbū** "Gestank".

सु **su-** "gut" – दुह **duh** / दुर **dur-** (Sanskrit) "schlecht":

सुगन्ध **sugandh**♀ "Wohlgeruch"; दुर्गन्ध **durgandh**♀ "Gestank"; उपयोग **upyog**♂ "Gebrauch, Benutzung" > दुरूपयोग **durūpyog**♂ "Missbrauch".

उप **up** "unter, sekundär":

नगर **nagar**♂ "Stadt" > उपनगर **upnagar**♂ "Vorort"; योग **yog**♂ "Yoga, System" > उपयोग **upyog**♂"Gebrauch".

4.3.1 Bildung abgeleiteter Substantive:

कर **-kar**♂, कार **-kār**♂, गर **-gar**♂, दार **-dār**♂:

कला **kalā**♀ "Kunst" > कलाकार **kalākār**♂ "Künstler"; जादू **jādū**♂ "Zauberei" > जादूगर **jādūgar**♂ "Zauberer"; बुनना **bunnā** "weben" > बुनकर **bunkar**♂ "Weber"; दुकान **dukān**♀ "Laden" > दुकानदार **dukāndār**♂ "Händler".

बाज़ **-bāz** "-er/ant":

धोका **dhokā**♂ "Betrug" > धोकेबाज़ **dhokebāz**♂ "Betrüger"; सट्टा **saṭṭā**♂ "Spekulation" > सट्टेबाज़ **saṭṭebāz**♂ "Spekulant".

वाद **-vād**♂ "-ismus/-heit":

Während die Endungen कर **-kar**, कार **-kār** etc. und बाज़ **-bāz** Substantive, Verben und Adjektive in Personenbezeichnungen umwandeln, deutet die Endung वाद **-vād** auf eine Sache, ein Phänomen oder einen abstrakten Begriff hin.

समाज **samāj**♂ "Gesellschaft" > समाजवाद **samājvād** "Sozialismus"; मार्क्स **mārks** "Marx" > मार्क्सवाद **mārksvād** "Marxismus".

4.3.2 Nachsilben für Substantive oder Verben zur Bildung von Substantiven:

अक **-ak**♂ - कर्ता **-kartā**♂:

विचार **vicār**♂ "Gedanke" > विचारक **vicārak** "Denker"; लेख **lekh**♂ "Artikel" > लेखक **lekhak** "Autor"; समर्थन **samarthan**♂ "Unterstützung" > समर्थक **samarthak** "Anhänger"; शोधना **śodhnā** "berichtigen, korrigieren" > शोध-कर्ता **śodh-kartā** "Forscher".

4.3.3 Nachsilben für Adjektive für die Bildung von Substantiven:

ई **-ī**♀: दिलचस्प **dilcasp** "interessant" > दिलचस्पी **dilcaspī**♀ "Interesse"; ग़रीब **garīb** "arm" > ग़रीबी **garībī**♀ "Armut"; बीमार **bīmār** "krank" > बीमारी **bīmārī**♀ "Krankheit".

आई **-āī**♀: सच **sac** "wahr" > सच्चाई **saccāī**♀ "Wahrheit".

ता **-tā**♀: सफल **saphal** "erfolgreich" > सफलता **saphaltā**♀ "Erfolg"; स्वाधीन **svādhīn** "unabhängig" > स्वाधीनता **svādhīntā**♀ "Unabhängigkeit"; स्थिर **sthir** "stabil, fest" > स्थिरता **sthirtā**♀ "Festigkeit, Stabilität".

पन **-pan**♂: पागल **pāgal** "verrückt" > पागलपन **pāgalpan**♂ "Dummheit"; अकेला **akelā** "allein" > अकेलापन **akelāpan**♂ "Einsamkeit".

पाठ पचास

ऑलिंपिक्स को बदलकर रख दें !

१ — गिरधारीलाल जी, पिछले ऑलिंपिक खेलों में हिन्दुस्तान की हालत♀ काफ़ी ख़राब रही ! ①

२ जिस तरह एक ज़माने में हम हॉकी के मैदान♂ पर दूसरी टीमों♀ को पीटा करते थे,

३ उसी तरह सभी प्रतियोगिताओं♀ में दूसरे देशों के खिलाड़ियों♂ ने हमें पीटकर रख दिया है । ② ③

ANMERKUNGEN

① की हालत ख़राब रही **kī hālat kharāb rahī**. Anstelle von होना **honā** wird hier रहना **rahnā** "bleiben" benutzt, wie so oft, wenn der Ablauf eines Zeitraums oder ein spezielles Ereignis beschrieben wird. तुम्हारी यात्रा कैसी रही ? **tumhārī yātrā**♀ **kaisī rahī** ? "Wie verlief deine Reise?". मेरी छुट्टियाँ बहुत अच्छी रहीं । **merī chuṭṭiyā̃ bahut acchī rahī̃** . "Meine Ferien sind sehr gut verlaufen."

② जिस तरह... उसी तरह... **jis tarah... usī tarah** "auf diese Weise ..., auf jene Weise" = "so wie ... so (auch)" beschreibt einen Vergleich: जिस तरह बोरिस राम के पीछे भागता है उसी तरह मारको लड़कियों के

Bildung neuer substantivierbarer Adjektive:

ग्या **-gya** "Kenner":

सर्व **sarv** "ganz" > सर्वज्ञ **sarvagya** "anerkennend"; विशेष **viśeṣ** "besonderer" > विशेषज्ञ **viśeṣagya** "speziell".

Damit wollen wir diese Wiederholungslektion abschließen und Ihnen viel Schwung für die letzten sechs Lektionen wünschen!

Zweite Welle: Aktivieren Sie heute Lektion 21!

50. Lektion

Lasst uns die Olympischen Spiele verändern!
(Olympische zu verändern-machen stellen würden-geben!)

1 – Girdharilal, bei den letzten Olympischen Spielen hat Indien ziemlich schlecht abgeschnitten!
(Girdharilal, letzter olympisch Spiele in Indien von Zustand ziemlich schlecht geblieben!)

2 So, wie wir seinerzeit die anderen Mannschaften auf dem Hockeyplatz schlugen,
(welchen Weise eins Zeit in wir Hockey von Feld auf andere Mannschaften zu geschlagen machend waren,)

3 so haben uns die Sportler der anderen Länder in allen Wettbewerben geschlagen.
(jene-eben Weise alle-eben Wettbewerbe in andere Länder von Spieler durch uns schlagen-machen stellen gegeben ist.)

पीछे भागता है । **jis tarah boris ram ke pīche bhāgtā hai usī tarah mārko laṛkiyõ ke pīche bhāgtā hai .** "So wie Boris dem Rum nachläuft, so läuft Marko den Mädchen nach."

③ प्रतियोगिता **pratiyogitā** basiert auf dem Stamm युज **yuj** "verbinden" bzw. dem daraus gebildeten Substantiv योग **yog**♂ "Verbindung" mit der Vorsilbe प्रति **prati** "gegen".

४ अब तो हमें कभी हॉकी का पदक♂ भी मिलने का नहीं ! ④

५ हमसे तो नकली घास पर भागा नहीं जाता ! ⑤

६ समझ नहीं आ रहा कि इस विफलता♀ के लिये क्या बहाना♂ बनाया जाए ! ⑥ ⑦

७ — बहाने बनाने की ज़रूरत नहीं । कारण♂ ढूँढिये !

८ आपने कभी सोचा है कि ऑलिंपिक्स में, देखा जाए तो एक भी भारतीय खेल नहीं है ?

९ किसी को विदेशी कसौटी♀ के अनुसार परखना और असमर्थ घोषित करना कहाँ तक उचित है ? ⑧

१० बताइए, यदि वहाँ कबड्डी खेली गई होती, गुल्ली♀-डंडा♂ खेला गया होता, ⑨

ANMERKUNGEN

④ हमें... मिलने का नहीं **hamẽ... milne kā nahī̃:** Ein Verb im Infinitiv + का **kā** + Negation drückt etwas Unmögliches aus. Wegen der Negation wird das Hilfsverb häufig weggelassen. मैं अब शादी करने का नहीं (हूँ) । **maĩ ab śādī karne kā nahī̃ (hū̃)** . "Ich werde jetzt sicher nicht heiraten."

⑤ हम से भागा नहीं जाता । **ham se bhāgā nahī̃ jātā** ist der außergewöhnliche Fall eines intransitiven Verbs (भागना **bhāgnā** "weglaufen") im Passiv (erkennbar am Hilfsverb जाना **jānā**, mit dem das Passiv gebildet wird). Dies drückt etwas Unmögliches aus, selbstverständlich immer in der Negation. Das handelnde Subjekt erhält die Postposition से **se**: उससे इतनी जल्दी उठा नहीं जाता । **usse itnī jaldī uṭhā nahī̃ jātā** . "Er kann überhaupt nicht so früh aufstehen." Diese Konstruktion tritt analog auch bei transitiven Verben auf: उसकी हालत मुझसे नहीं देखी गई । **uskī hālat mujhse nahī̃ dekhī gaī**, wörtlich "Sein Zustand kann von mir nicht gesehen werden." = "Ich kann es nicht ertragen, ihn so zu sehen."

⑥ समझ नहीं आ रहा **samajh nahī̃ ā rahā** ist abgeleitet von der feststehenden Wendung समझ आना **samajh ānā**.

4 Jetzt können wir nicht einmal beim Hockey eine Medaille erringen!
(jetzt doch wir manchmal Hockey von Medaille auch treffen von nicht!)

5 Wir können nicht einmal auf künstlichem Rasen laufen!
(uns-aus doch künstlich Rasen auf laufen nicht gehend!)

6 Man versteht nicht, welche Entschuldigung für diesen Zustand gegeben wird!
(verstehen nicht kommen geblieben dass diese/r⁀ Misserfolg von für was Entschuldigung gemacht würde-gehen!)

7 – Es sind keine Entschuldigungen nötig. Suchen Sie nach den Gründen!
(Entschuldigung machen von Notwendigkeit nicht. Gründe suchen-Sie!)

8 Haben Sie nie daran gedacht, dass bei den Olympischen Spielen keine indische Sportart zu finden ist?
(Sie-durch manchmal gedacht ist dass Olympische in, gesehen würde-gehen doch eins auch indisch Spiel nicht ist?)

9 Jemanden nach ausländischen Regeln zu beurteilen und für unfähig zu erklären, in wieweit ist das sinnvoll?
(jemanden zu ausländisch Regel von entsprechend beurteilen und unfähig erklärt machen wo bis passend ist?)

10 Sagen Sie mal, wenn dort Kabaddi gespielt würde, oder auch Gulli-Danda, ...
(sagen-Sie, wenn dort Kabaddi gespielt gegangen seiend, Gulli-Danda gespielt gegangen seiend,

⑦ विफलता **viphaltā** "Misserfolg, Verlust" umfasst die Negativ-Vorsilbe वि **vi-**, फल **phal**♂ "Frucht" und die Endsilbe ता **-tā**, durch die ein Substantiv gebildet wird. Ebenso: सफल **saphal** "erfolgreich" und सफलता **saphaltā** "Erfolg".

⑧ किसी को असमर्थ घोषित करना **kisī ko asamarth ghoṣit karnā.** Das Objekt ist hier किसी को **kisī ko**, dem eine Qualität zugeordnet wird, und zwar durch das Attribut असमर्थ **asamarth** "unfähig" (Gegenteil समर्थ **samarth** "fähig").

⑨ कबड्डी **kabaḍḍī**, गुल्ली डंडा **gullī ḍaṇḍā** und कंचे **kañce** (Murmeln) sind traditionelle und sehr beliebte indische Spiele.

११ तो क्या हमारे गाँव का बच्चा-बच्चा उनको पीटकर न रख देता ?

१२ और सच♂ पूछिए तो ऐसे हंगामे की ज़रूरत ही क्या है जहाँ लोग अपने-अपने झंडे♂ भाँजते हुए एक दूसरे के ख़ून♂ के प्यासे हो जाएँ ? ⑩

१३ – गिरधारीलाल जी, आपका बस♂ चले तो ऑलिंपिक्स की जगह चरख़ा♂ चलाने के मुक़ाबले♂ का ऐलान कर दें ! ⑪ ⑫ ⑬

१४ – हाँ, और शकील साहब, आप अपनी तरफ़ से पान♂ की पीक♀ थूकने की प्रतियोगिता जोड़ना न भूलिएगा ! ⑭

ANMERKUNGEN

⑩ किसी के ख़ून का प्यासा होना **kisī ke <u>kh</u>ūn kā pyāsā honā,** wörtlich "nach jemandes Blut durstig sein", ist eine feste Wendung, mit der eine sehr aggressive Haltung verdeutlicht wird. प्यासे **pyāse** "durstig" ist die indirekte Form des Adjektivs प्यासा **pyāsā**, abgeleitet von प्यास **pyās**♀ "Durst". भूखा **bhūkhā** "hungrig" stammt von भूख **bhūkh**♀ "Hunger".

⑪ आपका बस चले **āpkā bas cale** ist ebenfalls eine feste Wendung, die häufig mit negativer Bedeutung gebraucht wird: मेरा बस नहीं चलता । **merā bas nahī̃ caltā** . "Es geht nicht nach meiner Kontrolle." = "Ich kann daran nichts ändern./Es liegt nicht in meiner Hand."

⑫ Dieser Satz steht im Konjunktiv; er drückt einen Wunsch aus: कर दें **kar dẽ** "Sie würden machen".

पहला अभ्यास: क्या आप ये वाक्य समझ रहे हैं ?

१ इस फ़िल्म में फिर बादमाशों की हालत ख़राब रही । हीरो ने सबको पीटकर रख दिया !

२ कल हमारे गाँव में कबड्डी की प्रतियोगिता हो रही है । हमारी टीम सबको पीटकर रख देगी ।

11 hätte dann nicht jedes Kind unserer Dörfer jeden anderen geschlagen?
(doch was unser Dorf von Kind-Kind sie⌢zu schlagen-machen nicht stellen gebend?)

12 Man muss sich wirklich fragen, wozu ein solcher Rummel nutzt, wenn die Menschen ihre eigenen Fahnen schwingen und blutrünstig werden.
(und Wahrheit fragen-Sie doch so-ein Rummel von Notwendigkeit eben was ist wo Leute eigen-eigen Fahnen schwingend gewesen eins andere von Blut von durstig sein würde-gehen?)

13– Girdharilal, wenn es nach Ihnen ginge, dann würden Sie anstatt der Olympischen Spiele einen Wettbewerb für das Handspinnen ankündigen!
(Girdharilal, Ihre Kontrolle gegangen doch olympische von Ort Spinnrad gehen-lassen von Wettbewerb von Erklärung machen würden-geben!)

14– Ja, Shakil Sahab, und Ihrerseits sollten Sie nicht vergessen, einen Wettbewerb für das Spucken von Betel-Saft hinzuzufügen!
(ja, und Shakil Sahab, Sie eigene Seite aus Betel von rot-Spucke spucken von Wettbewerb hinzufügen nicht vergessen-Sie-mal!)

⑬ चरख़ा **carkhā** "Spinnrad". Gandhi machte das Spinnrad (s. a. indische Nationalflagge) zum Symbol der Svadeshi-Bewegung, um damit zu zeigen, wie importierte Waren, vor allem Textilien aus Großbritannien, durch inländische ersetzt werden können (s. L. 44).

⑭ भूलिएगा **bhūliegā** ist eine besonders höfliche Form des Imperativs in der **āp**-Form (गा **-gā** wird an die Höflichkeitsform इए **-ie** gehängt). In einem familiären Rahmen gebraucht man den Infinitiv: कल उधर न जाना ! **kal udhar na jānā** ! "Geh morgen nicht dort hin!". Beachten Sie, dass hier die Verneinung durch न **na** ausgedrückt wird, wie bei allen Formen außer dem Indikativ.

पहले अभ्यास के उत्तर : क्या आप समझे ?

❶ In diesem Film hatten die Bösewichte wieder schlecht abgeschnitten. Der Held hatte sie alle geschlagen! ❷ Morgen wird es in unserem Dorf einen Kabaddi-Wettbewerb geben. Unsere Mannschaft wird alle schlagen.

पहला अभ्यास: क्या आप ये वाक्य समझ रहे हैं ? (जारी)

३ मगर परीक्षा से दो दिन पहले कबड्डी खेलना कहाँ तक उचित है ?

४ जब उसके पिता को मालूम हुआ कि वह गुल्ली-डंडा खेल रहा है, वे उसके ख़ून के प्यासे हो गए ।

५ चिपकोलाल आपके घर आ गए हैं तो अब एक महीने से पहले जाने के नहीं !

६ आज अंग्रेज़ अपने ही देश में, अपने ही खेल क्रिकेट में पाकिस्तान से पिट गए । देखा जाए तो कोई बहाना नहीं है !

७ जब बोरिस से गुल्ली-डंडा नहीं खेला गया तो वह बहाने बनाने लगा ।

८ आपका बस चले तो आप ऑलिंपिक्स का मतलब ही बदलकर रख दें ।

९ मुझे सितार और शास्त्रीय संगीत में दिलचस्पी नहीं । वहाँ जाना तो दोस्तों से मिलने का बहाना है !

१० ड्राइवर साहब, यह लाइसेंस वहाँ नहीं चलेगा ! वे अपनी कसौटी के अनुसार आपको परखेंगे !

दूसरा अभ्यास: वाक्य पूरे कीजिए ।

❶ Im letzten Kabaddi-Spiel des Instituts haben die ausländischen Studenten ziemlich schlecht abgeschnitten!

१ इंस्टिट्यूट के पिछले कबड्डी मैच में — — की — काफ़ी — — !

❷ So wie sie die Angestellten auf dem Hockeyplatz geschlagen hatten, ...

२ — तरह उन्होंने — को हॉकी के मैदान पर — —,

पहले अभ्यास के उत्तर: क्या आप समझे ? (जारी)

❸ Aber ist es dann nützlich (bis wo), zwei Tage vor der Prüfung Kabaddi zu spielen? ❹ Als sein Vater erfuhr, dass er Gulli Danda spielte, wurde er blutrünstig (Blut von durstig). ❺ Wenn Chipkolal zu Ihnen (nach Hause) kommt, dann wird er nicht vor einem Monat wieder gehen! ❻ Heute wurden die Engländer in ihrem eigenen Land, in ihrem eigenen Sport, dem Kricket, von Pakistan geschlagen. Sie sehen, dafür gibt es keine Entschuldigung! ❼ Als Boris nicht Gulli Danda spielen konnte, da erfand er gleich Ausreden (Entschuldigungen). ❽ Wenn es nach Ihnen ginge, würden Sie sogar den eigentlichen Sinn der Olympischen Spiele verändern! ❾ Ich interessiere mich für die Sitar und die klassische Musik nicht. Wenn ich dort hin gehe, so ist das ein Vorwand, um die Freunde zu treffen! ❿ Herr Fahrer, dieser Führerschein gilt dort nicht! Sie werden Sie nach ihren Bestimmungen beurteilen!

दूसरा अभ्यास: वाक्य पूरे कीजिए । (जारी)

❸ ... so hatten die Angestellten sie auf dem Kabaddi-Feld geschlagen.

३ — — कर्मचारियों ने उन्हें कबड्डी के अखाड़े में — रख — ।

दूसरे अभ्यास के उत्तर: रिक्त स्थान

❶ — विदेशी छात्रों — हालत — ख़राब रही ! ❷ जिस — कर्मचारियों — पीटा था ❸ उसी तरह — पीटकर — दिया ।

दूसरा अभ्यास: वाक्य पूरे कीजिए । (जारी)

❹ He, Bajrang Lal, die armen ausländischen Studenten hatten niemals vorher Kabaddi gespielt.

४ अरे, बजरंग लाल जी, — विदेशी छात्र पहले कबड्डी — नहीं — थे ।

❺ Wenn es nach uns ginge, würden wir den ganzen Tag Tee trinken, Betel kauen, Karten spielen und Verse vortragen!

५ हमारा बस — तो सारा दिन चाय पिएँ, पान —, ताश — और शेर — !

दूसरे अभ्यास के उत्तर: रिक्त स्थान (जारी)

❹ — बेचारे — कभी — खेले — । ❺ — चले — खाएँ — खेलें — सुनाएँ

Ob es um die Olympischen Spiele, Bollywood, die gegenwärtige indische Politik oder die alten Fabeln, die großen Mythen und ihre volkstümliche Interpretation geht, sie haben bereits vieles über Indien erfahren und finden sich immer besser im Labyrinth dieser Vielfalt zurecht. Ihr sprachliches Niveau ist schon recht ansehnlich, Sie haben Verschiedenes über den Ursprung des Hindi aus dem Sanskrit bzw. dem Persischen gelernt, und Sie bewältigen jetzt die grundlegenden grammatikalischen Strukturen. Nun auf zum Endspurt, und schon bald wird man auch zu Ihnen sagen:

आप सचमुच हिन्दुस्तानी बन जाएंगे !

āp sacmuc hindustānī ban jāẽge!
"Sie werden wirklich zu einem richtigen Inder!"

Spiele

कबड्डी **kabaḍḍī** und गुल्ली डंडा **gullī ḍaṇḍā** sind die beliebtesten traditionellen Spiele. Beim Kabaddi spielt man – ähnlich wie beim Volleyball – in einem Rechteck mit zwei Hälften (मैदान **maidān**♂ oder traditionell auch अखाड़ा **akhāṛā**♂). Eine Mannschaft schickt den "Jäger" ins gegnerische Spielfeld, der ständig "**kabaḍḍī**" ausruft und dabei versucht, einen gegnerischen Spieler abzuschlagen und so aus dem Spiel zu werfen. Die abgeschlagenen Spieler ("Tote") warten außerhalb des Spielfelds, bis sie "wiederbelebt" werden, wenn ein gegnerischer Spieler abgeschlagen wird. Das Spiel endet, wenn alle Spieler einer Mannschaft aus dem Spiel geworfen sind.

Beim **gullī ḍaṇḍā** mit zwei oder mehr Spielern hat jeder Spieler einen Stock (डंडा **ḍaṇḍā**) und ein bananenförmiges Wurfholz (गुल्ली **gullī**). Die Gulli liegt auf dem Boden und wird mit dem Stock so geschlagen, dass sie in die Luft fliegt. Ein zweiter Schlag muss dann die Gulli in der Luft treffen und so weit wie möglich schleudern. Gelingt dieser zweite Schlag nicht, ist der nächste Spieler dran. Gewonnen hat, wer so die größte Entfernung zurücklegt.

Der beliebteste Sport Indiens ist zweifelsohne Cricket. Wenn das Nationalteam spielt, sind die Straßen leer; die Menschen versammeln sich, um im Stadion oder vor den TV-Bildschirmen mit den oft als Nationalhelden gefeierten Spielern mitzufiebern.

Zweite Welle: Aktivieren Sie heute Lektion 22!

पाठ इक्यावन

मायाजाल♂ को तोड़ क्यों नहीं देते ?

१ मुंशी प्रेमचंद की लिखी एक कहानी♀ है, "ख़ुदाई फ़ौजदार♂" । ① ②

२ उसका सार♂ इस प्रकार♂ है :

३ किसी गाँव में एक धनी महाजन♂ रहता था ।

४ वैसे तो लोगों का ख़ून चूसता था मगर था बड़ा धर्मनिष्ठ ।③

५ उसके पास किसी गिरोह♂ की ओर से धमकियों♀-भरे पत्र आने लगे जो उससे भारी रक़म♀ की माँग♀ कर रहे थे ।

६ मगर सेठजी को बर्तानवी राज के बंदोबस्त♂ पर पूरा भरोसा♂ था । ④ ⑤

७ ऊपर से पुलिसवालों और अधिकारियों♂ की ख़ातिर करने वाले वे अकेले ही तो थे ।

ANMERKUNGEN

① मुंशी **munśī** (Urdu) ist eine schmeichelnde Bezeichnung für einen besonders klugen Menschen. Premchand (1880-1936) ist der erste große Romanschriftsteller des modernen Hindi, der in seiner Sprache noch zahlreiche arabisch-persische Wörter benutzte. Die meisten seiner Romane spielen im bäuerlichen Milieu und schildern die Probleme mit Großgrundbesitzern (ज़मींदार **zamīndār**♂) und Wucherern (महाजन **mahājan**).

② प्रेमचन्द की लिखी कहानी **premcand kī likhī kahānī:** Durch die Postposition की **kī** wird hier das Partizip Perfekt zu einem Adjektiv, das sich auf das Substantiv bezieht.

③ मगर था बड़ा धर्मनिष्ठ । **magar thā baṛā dharmniṣṭh**. धर्मनिष्ठ **dharmniṣṭh** ist von धर्म **dharma** "Lehre" abgeleitet. Der veränderte Satzbau – das Verb steht nicht in finaler Position – ist hier ein Stilmittel. Dies kommt besonders in literarischen Werken und Liedtexten vor.

51. Lektion

Warum zerreißen Sie nicht das Traumgespinst?
(Traumgespinst zu zerreißen warum nicht gebend?)

1 Meister Premchand hat die Erzählung "Die göttlichen Polizisten" geschrieben.
(Meister Premchand von geschrieben eins Erzählung ist "göttlich Polizisten".)

2 Im Wesentlichen hat sie diesen Inhalt:
(ihr Inhalt diese/r⌒ Weise ist:)

3 In einem Dorf lebte ein reicher Wucherer.
(irgendein Dorf in eins reich Wucherer lebend war.)

4 Dieser saugte zwar den Leuten das Blut aus, aber er war auch sehr fromm.
(wie doch Leute von Blut saugend war aber war groß fromm.)

5 Bei ihm kamen plötzlich Mengen von Drohbriefen von irgendeiner Bande an, die von ihm eine große Geldsumme verlangte.
(sein bei irgendeine Bande von Seite aus Drohungen-volle Briefe kommen angefangen was jene/r⌒-aus schwer Geldsumme von Verlangen machen geblieben waren.)

6 Aber Sethji vertraute der Organisation der britischen Herrschaft voll.
(aber Sethji zu britisch Herrschaft von Organisation auf ganz Vertrauen war.)

7 Außerdem war er der einzige, der die Polizisten und Beamten hofiert hatte.
(über von Polizisten und Beamten von Höflichkeit machen Besitzer sie alleine eben doch waren.)

④ सेठ **seṭh** "der reiche Kaufmann" gilt als Synonym für einen halsabschneiderischen, geizigen Kapitalisten.

⑤ भरोसा **bharosā** "Vertrauen" ist ein Synonym für विश्वास **viśvās**♂ (a. d. Sanskrit). Neben dieser intransitiven Form mit होना **honā** ist auch eine transitive Form mit करना **karnā** gebräuchlich: सेठ उस पर भरोसा करता था । **seṭh us par bharosā kartā thā .** "Der Reiche vertraute ihm."

८ एक दिन चार सिपाही♂ उनके घर पहुँचे और यह राय♀ दी कि क़ीमती सामान♂ कुछ दिन पुलिस चौकी♀ में जमा कर दें । ⑥ ⑦

९ सेठजी ने उन्हीं की सहायता♀ से सब कुछ एक मोटर♀ में लाद दिया और चल पड़े । ⑧

१० रास्ते में एक सिपाही ने पूछा कि सेठजी, क्या यह सच है कि पच्चीस साल♂ पहले आप केवल तीन रुपये लेकर इस गाँव में आए थे ?

११ सेठजी ने गर्व♂ से कहा कि यह सही है मगर मेरी दिलचस्पी इस माया♀ में नहीं, केवल धर्म♂ और परोपकार♂ में है । ⑨

१२ मेरा बस चलता तो सब कुछ त्यागकर किसी तीर्थ♂-स्थान♂ पर जाकर भजन♂ करता । ⑩

ANMERKUNGEN

⑥ सिपाही **sipāhī** "Soldat". Der berühmte Aufstand von Sepoy 1857, der als Auslöser des Unabhängigkeitskampfes gegen die britische Herrschaft gilt, war eine Meuterei der im Dienste der britischen Ostindien-Kompanie stehenden indischen Soldaten. In Folge des Befehls der britischen Vorgesetzten, die Munition ihrer Waffen mit Schweinefett einzufetten, kam es zum Aufstand. Da das Ende der verwendeten Papierpatronen vor dem Laden des Gewehrs mit den Zähnen abgerissen werden musste, galt dies sowohl Muslimen als auch Hindus als religiöse Verunreinigung und schwerer Affront.

⑦ की राय देना **kī rāy denā** "einen Rat geben, etwas empfehlen" ist synonym zu की सलाह देना **kī salāh♀ denā**.

⑧ सहायता **sahāytā** "Hilfe" entspricht dem Urdu-Begriff मदद **madad♀**. "Jdm. helfen" kann mit किसी की सहायता **kisī kī sahāytā** / मदद करना **madad karnā** ausgedrückt werden: उन्होंने राय दी कि पैसे बैंक में जमा कर दें । **unhõne rāy dī ki paise baiṅk♂ mẽ jamā kar dẽ .** "Er empfahl ihm, sein Geld bei der Bank zu deponieren." (जमा करना **jamā karnā** "sammeln" ist mit dem arabischen जमात **jamāt♀** "Versammlung, Gruppe") verwandt.

8 Eines Tages tauchten vier Soldaten in seinem Haus auf und rieten ihm, er solle seine Wertsachen für einige Tage im Polizeirevier einlagern.
(eins Tag vier Soldaten ihre Häuser angekommen und dieser Rat gegeben dass wertvolle Gegenstände etwas Tag Polizei Station in lagern machen würden-geben.)

9 Sethji lud alles mit Hilfe der Polizisten in ein Auto und fuhr ab.
(Sethji durch jene⌢eben von Hilfe mit alles etwas eins Auto in laden gegeben und fahren gefallen.)

10 Auf dem Weg fragte ein Polizist: "Sethji, ist es wahr, dass Sie vor 25 Jahren nur drei Rupien hatten, als Sie in dieses Dorf kamen?"
(Straße in eins Soldat durch gefragt dass Sethji, was diese/r Wahrheit ist dass 25 Jahre früher Sie nur drei Rupien nehmen-machen diese/r⌢ Dorf in gekommen waren?)

11 Sethji sagte mit Stolz: "Das ist richtig, aber mein Interesse galt nicht dieser Illusion, sondern nur dem Glauben und den guten Taten.
(Sethji durch Stolz aus gesagt dass diese/r richtig ist aber meine Interesse diese/r⌢ Illusion in nicht, nur Glaube und gute-Tat in ist.)

12 Wenn es nach mir ginge, würde ich auf alles verzichten und auf einer Wallfahrt lobsingen.
(meine Kontrolle gehend doch alles etwas verzichten-machen irgendein Wallfahrt-Ort auf gehen-machen Lobgesang machend.)

⑨ माया **māyā** "Wunder, Illusion" kennzeichnet alles Weltliche, was in der indischen Vorstellung als Illusion betrachtet werden kann. Dem gegenüber steht die Wahrheit (सत्य **satya**♂), die außerhalb des Weltlichen liegt. Das Netz der Illusion (मायाजाल **māyājāl**) gilt es zu zerreißen (तोड़ना **toṛnā**), um die volle Wahrheit zu erfahren. Die vorliegende Wendung verleiht diesen metaphysischen Zusammenhängen mehr Nachdruck als die eher volkstümliche Formulierung: मुझे इस माया में दिलचस्पी नहीं है । **mujhe is māyā mẽ dilcaspī nahī̃ hai .** "Ich bin an dieser Welt (voller Illusionen) nicht interessiert."

⑩ सब कुछ त्यागकर **sab kuch tyāgkar** "auf alles verzichten". त्याग **tyāg**♂ "Verzicht" bzw. त्याग करना **tyāg karnā** "verzichten" (auch "zurücktreten") ist ein grundlegender Aspekt der altindischen Weisheit.

१३ सिपाही ने पूछा कि आप इस माया को ग़रीबों में बाँटकर सचमुच क्यों नहीं निकल भागते ?

१४ सेठजी ने कहा कि मायाजाल को तोड़ना आदमी का काम नहीं ।

१५ भगवान की इच्छा♀ होती है तभी मन में वैराग्य♂ आता है ।

१६ तब "सिपाही" ने घोषणा की : भगवान को आप पर दया♀ आ गई है ।⑪

१७ वे आपकी भक्ति♀ से पसन्न हो गए हैं ।

१८ उन्होंने हमें आपकी बेड़ियाँ♀ तोड़ने के लिए भेजा है ।

१९ डाकुओं ने सेठजी को चलती मोटर♀ से धकेल दिया, फिर उनका रोना-चिल्लाना सुनकर खिड़की से तीन रुपये ज़मीन♀ पर फेंक दिए ।

ANMERKUNGEN

⑪ Beachten Sie hier die indirekte Konstruktion भगवान को **bhagvān ko** und auch die Satzergänzung mit der Postposition पर **par** "auf" (man hat Erbarmen "auf etw."). पर **par** kann auch mit den gebeugten Personalpronomen stehen: मेरे गधे को मुझपर ग़ुस्सा आ गया है । **mere gadhe ko mujhpar gussā ā gayā hai.** "Mein Esel ist wütend auf mich."

पहला अभ्यास: क्या आप ये वाक्य समझ रहे हैं ?

१ पिछले शनिवार निशा और बोरिस की किसी दुकानदार से बहस हो गई । कहानी का सार इस प्रकार है....

२ एक कश्मीरी क़ालीन में निशा की दिलचस्पी थी । वैसे तो क़ालीन काफ़ी महंगा था पर था बड़ा ख़ूबसूरत ।

३ दुकानवाला पाँच हज़ार रुपये की मांग कर रहा था । अपनी तरफ़ से "पचास प्रतिशत" का डिस्काउंट पहले ही दे चुका था ।

13 Ein Soldat fragte: "Warum verteilen Sie diese 'Illusion' nicht überhaupt an die Armen und gehen ganz weg?"
(Soldat durch gefragt dass Sie diese/r~ Illusion zu Arme in verteilen-machen wirklich warum nicht rausgehen flüchtend?)

14 Sethji sagte: "Es obliegt nicht dem Menschen, das Netz der Illusion zu zerbrechen.
(Sethji durch gesagt dass Illusion-Netz zu zerbrechen Mensch von Arbeit nicht.)

15 Erst wenn es Gottes Wunsch ist, kommt einem der Verzicht in den Sinn."
(Gott von Wunsch seiend ist dann Sinn in Verzicht kommend ist.)

16 Dann erklärte der "Soldat": "Gott hat Erbarmen mit Ihnen gehabt.
(dann "Soldat" durch Erklärung gemacht: Gott zu Sie auf Erbarmen kommen gegangen ist.)

17 Er war mit Ihrer Frömmigkeit zufrieden.
(sie Ihre Frömmigkeit mit zufrieden sein gegangen sind.)

18 Er hat uns gesandt, Ihre Ketten zu sprengen."
(sie-durch uns Ihre Ketten brechen von für gesandt ist.)

19 Die Verbrecher warfen Sethji aus dem fahrenden Auto, und als sie Weinen und Schreien hörten, warfen sie drei Rupien aus dem Fenster auf den Boden.
(Verbrecher durch Sethji zu laufend Auto aus stoßen gegeben, wieder ihr weinen-schreien hören-machen Fenster aus drei Rupien Boden auf werfen gegeben.)

पहले अभ्यास के उत्तर : क्या आप समझे ?

❶ Letzten Samstag hatten Nisha und Boris Streit mit einem Händler. Der Sinn der Geschichte sei hier zusammen gefasst ... ❷ Nisha war an einem Kashmir-Teppich interessiert. Einerseits war der Teppich ziemlich teuer, aber er war doch auch sehr hübsch. ❸ Der Händler verlangte 5000 Rupien. Er hatte schon von vornherein einen Rabatt (Discount) von 50% gewährt.

पहला अभ्यास: क्या आप ये वाक्य समझ रहे हैं ? (जारी)

४ निशा ने बहाना बनाया कि उसके पास ज़्यादा पैसे नहीं हैं, और दुकानदार ने कहा कि पैसे में उसकी भी कोई दिलचस्पी नहीं ।

५ बोरिस को उसकी मीठी-मीठी बातों पर भरोसा नहीं था । क्या परोपकार कर-करके ये लोग पैसा बनाते हैं ?

६ दुकानदार ने राय दी कि निशा कुछ पैसे फ़ौरन जमा कर दे और बाक़ी पैसा क्रेडिट कार्ड से दे दे ।

७ उसने जल्दी-जल्दी एक लड़के की सहायता से क़ालीन ऑटो-रिक्शा में लदवा दिया ।

८ बाद में निशा ने देखा कि क़ालीन में बड़ा-सा छेद है, जैसे कोई चूहा उसे चबा गया हो ।

९ अगले दिन काफ़ी बहस के बाद रायसाहब ने क़ालीन लौटा दिया और निशा के पैसे वापस दिलवा दिए ।

१० दुकानदारों से मिल-मिलकर निशा के मन में वैराग्य आने लगा है ।

दूसरा अभ्यास: वाक्य पूरे कीजिए ।

❶ Meist dreht Boris' Vermieter den ganzen Tag nur Däumchen (schlägt Fliegen tot), aber er ist doch intelligent.

१ --- --- बोरिस का मकान-मालिक दिन --- मक्खियाँ --- है पर --- बड़ा बद्धिमान ।

❷ Jetzt verlangt Dhannamal schon wieder eine höhere Miete.

२ अब धन्नामल जी --- किराया --- की --- कर --- --- ।

पहले अभ्यास के उत्तर: क्या आप समझे? (जारी)

④ Nisha gab als Vorwand an, dass sie nicht genug Geld bei sich habe, und der Händler sagte, dass auch er kein Interesse an Geld habe. ⑤ Boris vertraute diesen süßen Worten nicht. Können diese Leute Geld machen, indem sie großzügig sind (Großzügigkeit machen-machend)? ⑥ Der Händler riet, dass Nisha sogleich etwas Geld hinlegen sollte und das restliche Geld per Kreditkarte geben könne. ⑦ Er ließ den Teppich ganz schnell mit Hilfe eines Jungen in die Auto-Rikscha laden. ⑧ Danach sah Nisha, dass der Teppich ein großes Loch hatte, als ob eine Maus daran genagt hätte. ⑨ Am nächsten Tag gab Raisahab den Teppich nach langwieriger Diskussion zurück und ließ Nisha ihr Geld zurück haben. ⑩ Als Nisha die Händler wiedertraf, begann ein Sinn von Verzicht sich (Geist in) breit zu machen.

दूसरे अभ्यास के उत्तर: रिक्त स्थान

❶ वैसे तो — भर — मारता — है — ❷ — फिर — बढ़ाने — माँग — रहे हैं

> ***Lerntipp:*** *Sie besitzen jetzt schon eine Menge Grundkenntnisse, auch Ihr Wortschatz ist enorm gewachsen. Vokabeln, die Ihnen entfallen sind, können Sie jederzeit im Wörterverzeichnis nachschlagen. Nützen Sie jede Gelegenheit, Hindi zu hören, sei es im Fernsehen, im Rundfunk, im Internet oder im Kino. Selbst wenn Sie nicht jedes Wort verstehen, so schulen Sie dennoch Ihr Gehör für den typischen Klang der Sprache.*

दूसरा अभ्यास: वाक्य पूरे कीजिए । (जारी)

❸ Wir werden einen Brief voller Drohungen vom Rechtsanwalt Motilal schreiben lassen müssen!

३ वकील मोतीलाल — एक — भरा पत्र — —!

❹ Wenn es nach dem Eigentümer gegangen wäre, wäre Boris schon mit einem Stoß hinausgeworfen worden.

४ मकान-मालिक का — — तो पहले ही बोरिस को धक्के — / — — — होता ।

❺ Es ist nicht die Sache eines Hundes, eines Reichen Netz der Illusion zu zerreißen. Es ist Gottes Wunsch, einem den Verzicht in den Sinn kommen zu lassen.

५ एक सेठ का मायाजाल — कुत्ते — — — । भगवान की — होती है — मन में — आता है ।

पाठ बावन

मनुष्य का खोया हुआ ख़ज़ाना

१ एक पौराणिक कथा♀ के अनुसार एक ऐसा समय था जब सभी मनुष्य♂ देवता♂ हुआ करते थे । ① ②

ANMERKUNGEN

① पौराणिक **paurāṇik** ist das Adjektiv zu पुराण **purāṇa**♂ "mythologische Schrift" und bedeutet "mythologisch; legendär". Im modernen Hindi wird पुराना **purānā** im Sinne von "alt" verwendet: पुराना क़िला **purānā qilā** "alte Burg"; पुरानी दिल्ली **purānī dillī** "Alt-Delhi".

दूसरे अभ्यास के उत्तर: रिक्त स्थान (जारी)

❸ — से — धमकियों — लिखवाना पड़ेगा ! ❹ — बस चलता — देकर / दिलवाकर निकाल चुका — । ❺ — तोड़ना — का काम नहीं । — इच्छा — तभी — वैराय —

Askese

Überall in Indien begegnet man साधु **sādhu**, häufig namhaften Persönlichkeiten, die sich nach einem erfolgreichen Leben für den Verzicht entscheiden, um sich ihrem geistigen Dasein zu widmen. Dies wird mit einem "heiligen Ort" (तीर्थ **tīrth**) und den "heiligen Gesängen" (भजन **bhajan**) verbunden. Schon seit den großen klassischen Schriften (शास्त्र **śāstra**♂) ist der Lauf des Lebens in vier rituelle "Stadien" (आश्रम **āśrama**♂) gegliedert: Das letzte Stadium ist das des Verzichts, der Desillusionierung. Die vorausgehenden Stadien sind das Lernen (ब्रह्मचार्य **brahmacārya**), das Leben als Hausherr (गृहस्थ **grihastha**) und das Leben als Einsiedler (वानप्रस्थ **vānaprastha** oder auch सन्यास **sanyās**). Der gesamte Lebenslauf wird somit zum fortschreitenden Ablassen von den weltlichen Dingen, nachdem man diese zunächst beherrscht hat.

Zweite Welle: Aktivieren Sie heute Lektion 23!

52. Lektion

Des Menschen verlorener Schatz
(Mensch von verloren gewesen Schatz)

1 Gemäß einer mythologischen Erzählung gab es einmal eine Zeit, als alle Menschen göttlich waren.
(eins alt Erzählung von zufolge eins so-ein Zeit war als alle-eben Menschen Gottheit gewesen machend waren.)

② देवता हुआ करते थे **devatā huā karte the**. Hier liegt ein Frequentativ vor, gebildet mit dem unveränderlichen Partizip Perfekt.

२ लेकिन उन्होंने अपनी ईश्वरीय प्रकृति♀ का ऐसा दुरुपयोग♂ किया कि ब्रह्मा ने उसे वापस ले लेने का फ़ैसला कर लिया । ③ ④

३ उनका निश्चय♂ यह था कि मनुष्यों के ऐश्वर्य♂ को किसी ऐसे दुर्लभ स्थान पर छिपा दिया जाए...

४ जहाँ से उसे ढूँढ निकालना मनुष्य के लिए बिलकुल असंभव हो । ⑤

५ समस्या यही थी कि ऐसी दुर्लभ जगह कौनसी है ।

६ देवलोक♂ में सभा♀ बुलाई गई ।

७ देवताओं ने सुझाव♂ दिया कि मनुष्य के ऐश्वर्य को ज़मीन♀ में गाड़ दिया जाए । ⑥ ⑦

८ ब्रह्मा ने कहा : "नहीं, यह काफ़ी नहीं है । मनुष्य उसे ज़रूर खोद निकालेगा ।" ⑧

ANMERKUNGEN

③ ईश्वरीय **isvarīy** "göttlich" von ईश्वर **iśvar**♂ "Gott". Mit य **-ya** kann ein Substantiv mit abstrakter Bedeutung gebildet werden: ऐश्वर्य **aiśvarya**♂ "Göttlichkeit, göttliche Natur". Dabei wird der Stammvokal verlängert. Vgl. auch सुन्दर **sundar** "schön" und सौन्दर्य **saundarya**♂ "Schönheit".

④ दुरुपयोग **durupyog** "Missbrauch" setzt sich zusammen aus dem Substantiv उपयोग **upyog**♂ "Gebrauch" und der Vorsilbe दुर **-dur** (mit der Endsilbe ई **-ī** wird daraus उपयोगी **upyogī** "nützlich").

⑤ ढूंढ निकालना **ḍhū̃ḍh nikālnā** "(wieder-)finden" ist erneut eine idiomatische Wendung, wobei sich durch das Zusammentreffen beider Verben ein eigener Sinn ergibt, wohingegen bei normalen zusammengesetzten Verben immer das Hauptverb für die Bedeutung ausschlaggebend ist.

⑥ Die intransitive Form des Verbs सुझाव दिया **sujhāv diyā** lautet सूझना **sūjhnā** "eine Idee zu etwas haben" (verwendet mit einem Objekt in der indirekten Form und को **ko**). मुझे कुछ नहीं सूझा **mujhe kuch nahī̃ sūjhā** "Ich hatte keine Idee".

2 Aber sie missbrauchten ihre göttlichen Fähigkeiten so sehr, dass Brahma entschied, sie ihnen wieder zu entziehen.
(aber ihnen-durch eigene göttlich Fähigkeit von so-ein Missbrauch gemacht dass Brahma durch ihn zurück nehmen nehmen von Entscheidung machen genommen.)

3 Seine Entscheidung war es, dass der Menschen Göttlichkeit an irgendeinem schwer erreichbaren Ort versteckt werden solle, ...
(ihr Entscheidung dieser war dass Menschen von Göttlichkeit zu irgendein so-ein schwer-erreichbar Ort auf versteckt gegeben würde-gehen ...)

4 ... wo sie wieder zu finden dem Menschen gänzlich unmöglich wäre.
(wo aus ihn suchen rausgehen-lassen Mensch von für überhaupt unmöglich würde-sein.)

5 Das Problem war nur, welcher ein solcher schwer zugänglicher Ort sein könnte.
(Problem dieser-eben war dass so-eine schwer-erreichbar Ort welche ist.)

6 Im Götterhimmel wurde eine Versammlung einberufen.
(Götterwelt in Versammlung rufen gegangen.)

7 Die Götter hatten die Idee, die Göttlichkeit des Menschen im Boden zu vergraben.
(Götter durch Vorschlag gegeben dass Mensch von Göttlichkeit zu Boden in vergraben gegeben würde-gehen.)

8 Brahma sagte: "Nein, das ist nicht genug. Der Mensch wird sie bestimmt ausgraben."
(Brahma durch gesagt: nein, dieser ziemlich nicht ist. Mensch ihn sicher graben wird-rausgehen-lassen.)

⑦ गाड़ दिया जाए **gāṛ diyā jāe** ist ein Passiv mit dem Verb जाना **jānā** "gehen" im Konjunktiv.

⑧ Auch hier drücken die beiden Verben खोद निकालेगा **khod nikālegā** zusammen eine einzige Handlung aus. Anders ist es bei खोदकर निकालेगा **khodkar nikālegā**, wo beide Verben zwei aufeinanderfolgende Handlungen beschreiben.

९ फिर देवताओं ने कहा : "क्यों न उसके ऐश्वर्य को समुद्र♂ की गहराइयों में फेंक दिया जाए ?"

१० ब्रह्मा ने कहा : "नहीं, क्योंकि समुद्र की गहराइयों♀ को भी टटोलकर वह उसे कभी न कभी ढूँढ लाएगा । ⑨

११ आख़िर देवताओं ने हार♀ मान ली : "हम नहीं जानते कि इस दिव्य शक्ति♀ को कहाँ छिपाया जाए ।" ⑩

१२ ऐसा नहीं लगता कि संसार♂ में कोई भी ऐसा स्थान है जिसे एक न एक दिन मनुष्य नहीं छू जाएगा ।"

१३ इस पर ब्रह्मा ने कहा : "हाँ, है । हम मनुष्य के ऐश्वर्य को उसकी अंतरात्मा♀ की गहराइयों में छिपा देंगे ।" ⑪ ⑫

१४ "क्योंकि वही एक ऐसा स्थान है जहाँ टटोलकर खोजने का विचार उसे कभी नहीं आएगा" ।

१५ उस समय से आज तक मनुष्य ने पृथ्वी♀ की परिक्रमा♀ कर ली है, वह पर्वतों♂ की ऊँचाइयों♀ पर चढ़ बैठा है... ⑬

ANMERKUNGEN

⑨ गहराइयों **gahrāiyõ** "Tiefen" ist der gebeugte Plural des Substantivs गहराई **gahrāī**, das seinerseits mit der Endung ई **-ī** vom Adjektiv गहरा **gahrā** "tief" abgeleitet ist. Das Gleiche gilt für अच्छा **acchā** "gut" und अच्छाई **acchāī**♀ "Güte".

⑩ हार मान ली **hār mān lī**: Hier ist हार **hār** das Substantiv "Niederlage". Achtung: Der Stamm des Verbs हारना **hārnā** "verlieren" lautet ebenfalls हार **hār**. मानना **mānnā** bedeutet sowohl "zugeben" als auch "gehorchen".

⑪ अंतरात्मा **antarātmā** setzt sich zusammen aus अंतर **antar** und आत्मा **ātmā**♀. अंतर **antar** wird dabei wie eine Vorsilbe verwendet und bedeutet so viel wie "intern" oder "übergreifend" (z.B. in अंतर्राष्ट्रीय **antarrāṣṭrīy** "international"). Im modernen Hindi finden wir es auch als selbstständiges Wort अंदर **andar** "innen" wieder.

⑫ आत्मा **ātmā**♀ "Seele": Vom gleichen Stamm und damit auch inhaltlich verwandt ist आत्मन **ātman** "absolutes Prinzip"; einmal als kosmisch absolutes Prinzip und auch als absolutes Prinzip der individuellen Per-

9 Dann sagten die Götter: "Warum versenken wir ihre Göttlichkeit nicht in der Tiefe des Meeres?"
(wieder Götter durch gesagt: warum nicht seine Göttlichkeit zu Meer von Tiefen in werfen gegeben würde-gehen?)

10 Brahma sagte: "Nein, wenn er auch die Tiefen des Meeres durchsucht, dann wird er sie irgendwann finden."
(Brahma durch gesagt: nein, weil Meer von Tiefen zu auch durchsuchen-machen er ihn manchmal nicht manchmal suchen wird-nehmen.)

11 Schließlich gestanden die Götter ihre Niederlage ein: "Wir wissen nicht, wo wir diese göttliche Kraft verstecken können".
(endlich Götter durch Niederlage zugeben genommen: wir nicht wissend dass diese/r⌢ göttlich Kraft zu wo versteckt würde-gehen.)

12 So scheint es nicht, dass es in der Welt irgendeinen solchen Ort gibt, den der Mensch nicht eines Tages berühren würde."
(so-ein nicht scheinend dass Welt in irgendein auch so-ein Ort ist was eins nicht eins Tag Mensch nicht berühren wird-gehen.)

13 Daraufhin sagte Brahma: "Doch, es gibt ihn. Wir werden des Menschen Göttlichkeit in den Tiefen seiner innersten Seele verstecken."
(diese/r⌢ auf Brahma durch gesagt: ja, ist. wir Mensch von Göttlichkeit zu seine innere-Seele von Tiefen in verstecken würden-geben.)

14 "Denn dort ist ein solcher Ort, wo er nie die Idee hätte zu suchen."
(weil jene/r-eben eins so-ein Ort ist wo durchsuchen-machen suchen von Gedanke ihn manchmal nicht wird-kommen.)

15 Seither und bis heute hat der Mensch die Erde umrundet, er ist auf die Spitzen der Berge geklettert ...
(jene/r⌢ Zeit aus heute bis Mensch durch Erde von Umkreis machen genommen ist, jener Berge von Höhen auf klettern gesetzt ist ...)

sönlichkeit. Durch diese begriffliche Einheit wird philosophisch-religiös die Einheit dieser beiden Prinzipien gekennzeichnet.

⑬ पृथ्वी की परिक्रमा कर ली है **prithvī kī parikramā kar lī hai** ist sehr dichterisch formuliert und verwendet Sanskrit-Wörter. In modernem Hindi wäre "Erde" ज़मीन **zamīn** und "Welt" दुनिया **duniyā**♀, also दुनिया का चक्कर लगाना **duniyā kā cakkar**♂ **lagānā** "die Welt umrunden".

१६ ... वह महासागरों♂ में गोते♂ लगा रहा है, आसमानों♂ की ओर झपट रहा है, धरती♀ को खोद रहा है ...

१७ ... किसी ऐसी चीज़ की खोज♀ में जो उसी के अंदर छिपी बैठी है ।

पहला अभ्यास: क्या आप ये वाक्य समझ रहे हैं ?

१ "नवभारत टाइम्स" के अनुसार यह समस्या देश की सबसे बड़ी समस्या है ।

२ १९७५ में सरकार ने अपनी शक्ति का ऐसा दुरुपयोग किया कि धीरे-धीरे लोगों ने काँग्रेस को हटाने का फ़ैसला कर लिया ।

३ माँ का निश्चय यह था कि जलेबियों को किसी ऐसे स्थान पर छिपा दिया जाए...

४ ... जहाँ से उन्हें ढूँढ निकालना मुन्नी के लिए बिलकुल असंभव हो ।

५ श्रीमती जी, इन्हें अलमारी में छिपाना काफ़ी नहीं है । मुन्नी पाँच मिनट में ढूँढ निकालेगी !

६ रॉकफ़ेलर फ़ाउंडेशन से विशेषज्ञ बुलाए गए जिन्होंने सलाह दी कि परंपरा को ज़मीन में गाड़ दिया जाए !

७ डायरेक्टर साहब की तबीयत ख़राब है । आज उन्होंने बिस्तर की गहराइयों में रहने का फ़ैसला कर लिया है ।

८ डाक्टर साहब ने हार मान ली : "मैं नहीं जानता कि इस बीमारी का क्या किया जाए !"

16 ... es ist ihm gelungen, in die Ozeane zu tauchen, er hat sich in den Himmel aufgeschwungen, er hat sich in die Erde gegraben ...
(jener Ozeane in tauchend erreichen geblieben ist, Himmel von Richtung aufschwingen geblieben ist, Erde zu graben geblieben ist ...)

17 ... auf der Suche nach einer Sache, die in seinem Inneren versteckt ist.
(irgendein so-eine Sache von Suche in was jene/r¬eben von Inneres versteckt gesetzt ist.)

पहले अभ्यास के उत्तर : क्या आप समझे ?

❶ Gemäß der Navbharat Times ist dieses [Problem] das größte Problem des Landes. ❷ 1975 hat die Regierung ihre Macht so sehr missbraucht, dass die Menschen nach und nach entschieden, den Kongress abzuwählen. ❸ Mutters Entscheidung war es, die Jalebis an einem Ort zu verstecken, ... ❹ …an dem es für Munni unmöglich wäre, sie zu finden. ❺ Gnädige Frau, es reicht nicht, sie im Schrank zu verstecken. Munni wird sie in fünf Minuten finden! ❻ Man rief die Spezialisten der Rockefeller Foundation, die den Rat gaben, die Tradition in der Erde zu begraben! ❼ Der Herr Direktor hat eine schlechte Gesundheit. Heute entschied er sich, in den Tiefen seines Bettes zu bleiben. ❽ Der Herr Doktor gab sich geschlagen: "Ich weiß nicht, was man mit dieser Krankheit machen könnte!"

पहला अभ्यास: क्या आप ये वाक्य समझ रहे हैं ? (जारी)

९ यह तो इनके दिल की गहराइयों में छिपी बैठी है । इसे वहाँ से खोद निकालना मेरे बस में नहीं !

१० ऐसा नहीं लगता कि संसार में कोई ऐसा इंजेक्शन है जो इनकी बीमारी को छू पाएगा ।

दूसरा अभ्यास: वाक्य पूरे कीजिए ।

1. Es gab eine Zeit, als der Herr Direktor seinen Dokumentenkoffer selbst trug und keine italienischen Schuhe anzog.

१ एक ऐसा समय था जब डायरेक्टर साहब ___ अटैची ख़ुद ___ ___ ___ और इटैलियन जूते नहीं ___ ___ ।

2. Als er der große Chef (Herr) wurde, entschloss er sich, traditionsgemäß seine Rechte zu missbrauchen.

२ जब वे बड़े साहब बने तो परंपरा ___ ___ उन्होंने अपने अधिकारों ___ ___ करने का ___ कर लिया ।

3. Sie waren dazu entschlossen, die vergangene Epoche in der Erde zu vergraben oder sie in die Tiefen des Meeres zu werfen.

३ उनका निश्चय यही था कि गुज़रे हुए ज़माने को ज़मीन में ___ ___ ___ या समुद्र की ___ में ___ ___ ___ ।

4. Sie entschlossen sich, ihr altes Leben an einem Ort zu verstecken, an dem es keinem Angestellten möglich wäre, es zu finden.

४ वे अपनी पुरानी ज़िन्दगी को किसी ऐसी जगह ___ देना ___ ___ जहाँ से ___ भी कर्मचारी के लिए उसे ढूँढ ___ असंभव हो ।

पहले अभ्यास के उत्तर: क्या आप समझे ? (जारी)

⑨ Sie ist in den Tiefen seines Herzens geblieben. Es steht nicht in meiner Macht, sie dort auszugraben! ⑩ Es scheint nicht, dass es in der Welt eine Impfung gäbe, die seine Krankheit erreichen könnte.

दूसरा अभ्यास: वाक्य पूरे कीजिए । (जारी)

❺ Aber es gibt in der Welt keinen Ort, den Tommy nicht eines Tages erreichen könnte.

५ मगर दुनिया में — भी — स्थान नहीं है — एक न एक दिन टौमी — छू जाएगा ।

दूसरे अभ्यास के उत्तर: रिक्त स्थान

❶ — अपनी — उठाया करते थे — पहनते थे । ❷ — के अनुसार — का दुरुपयोग — निश्चय — । ❸ — गाड़ दिया जाय — गहराइयों — फेंक दिया जाए । ❹ — छिपा — चाहते थे — किसी — निकालना — ❺ — कोई — ऐसा — जिसे — नहीं —

Zweite Welle: Aktivieren Sie heute Lektion 24!

पाठ तिरपन

अब हमसे हिन्दुस्तान छोड़ा नहीं जाएगा

१ — बोरिस, जब मैं लखनऊ से दिल्ली लौट रही थी, शकील साहब के घर के सभी बच्चे ज़ोर-ज़ोर से रो रहे थे ।

२ मुनिया तो इतना रो रही थी कि उससे बोला नहीं जा रहा था । ①

३ मुझसे भी काफ़ी देर तक उठा नहीं गया । ②

४ ठीक से चला नहीं जा रहा था !

५ — यानी तुम्हारी भी हालत काफ़ी ख़राब रही !

६ वैसे तो तुम ख़ासी पत्थरदिल हो ! ③

७ — जितनी पत्थरदिल लगती हूँ, उतनी हूँ नहीं । ④

ANMERKUNGEN

① In इतना... कि **itnā... ki** wird इतना **itnā** als Adverb gebraucht. Es kommt auch als Adjektiv vor: बोरिस इतनी रम पी गया कि उठ नहीं पाया । **boris itnī ram pī gayā ki uṭh nahī̃ pāyā** . "Boris trank so viel Rum, dass er nicht aufstehen konnte." तुम इतनी बड़ी बोतल क्यों लाए ? **tum itnī baṛī botal kyõ lāe** ? "Warum hast du eine so große Flasche mitgenommen?"

② मुझसे उठा नहीं गया **mujhse uṭhā nahī̃ gayā**: Diese Form des Passivs mit Verneinung und dem Subjekt mit der Postposition से **se** haben Sie schon kennengelernt. Mit ihr wird ausgedrückt, dass etwas unmöglich ist.

③ Anders als im Deutschen deutet das "steinerne Herz" (पत्थरदिल **patthardil**) im Hindi nicht auf Emotionslosigkeit hin, sondern auf eine gute Widerstandsfähigkeit.

53. Lektion

Jetzt werden wir Indien nicht verlassen
(jetzt uns-aus Indien verlassen nicht wird-gehen)

1 – Boris, als ich von Lucknow nach Delhi zurückkam, da weinten alle Kinder aus Shakil Sahabs Haus ganz fürchterlich
(Boris als ich Lucknow aus Delhi zurückkehren geblieben war, Shakil Sahab von Haus von alle-eben Kinder stark-stark aus weinen geblieben waren.)

2 Muniya weinte so sehr, dass sie nichts sagte.
(Muniya doch so-viel weinen geblieben war dass jene/r~-aus gesprochen nicht gehen geblieben war.)

3 Auch ich konnte einige Zeit nicht aufstehen.
(mich-aus auch ziemlich Verspätung bis aufgestanden nicht gegangen.)

4 Es ist richtig, dass es mir unmöglich war, zu gehen!
(richtig aus gegangen nicht gehen geblieben war!)

5 – Das heißt, auch dir ging es ziemlich schlecht!
(das-heißt deine auch Zustand ziemlich schlecht geblieben!)

6 Obwohl du doch ziemlich stark bist!
(so-wie doch du besonders Stein-Herz bist!)

7 – So stark wie ein Stein bin ich nicht.
(so-viel Stein-Herz scheinend bin, so-viel bin nicht.)

④ जितनी... उतनी **jitnī... utnī**: Im Hindi werden die beiden Teilaussagen eines solchen Satzes jeweils durch die Wörter für "so viel" aufgegriffen: निशा जितनी बदमाश लगती है उतनी है नहीं । **niśā jitnī badmāś lagtī hai utnī hai nahī̃** . "Nisha ist nicht so boshaft wie sie aussieht". उसके पास जितने पैसे हैं उतने मेरे पास भी हैं । **uske pās jitne paise haĩ utne mere pās bhī haĩ** . "Er hat so viel Geld bei sich wie ich auch bei mir habe."

८ बच्चों का रोना मुझसे देखा नहीं जाता ।⑤ ⑥

९ अब तो जल्दी ही मुझे पैरिस वापस जाना है ।

१० तुम भी मॉस्को ही जा रहे होगे.... ? ⑦

११ अब तो रायसाहब और शिवानी जी को भी छोड़कर जाना पड़ेगा ।

१२ – ओफ़ ओह ! उनके बच्चों का रोना-चिल्लाना तो मुझसे नहीं सुना जाएगा !

१३ जितनी ताक़त♀ उस छोटे-से बिट्टू के गले में है उतनी तो किसी कारख़ाने के भोंपू में भी न होगी ! ⑧

१४ मुझसे तो वैसे भी हिन्दुस्तान नहीं छोड़ा जाएगा ।

१५ कामिनी और मैं... अब सोच रहे हैं कि शत-प्रतिशत पति-पत्नी हो जाएँ... !

ANMERKUNGEN

⑤ बच्चों का रोना **baccõ kā ronā** oder बच्चों का रोना-चिल्लाना **baccõ kā ronā-cillānā**: Eine Verbindung aus Subjekt und Infinitiv (hier रोना ronā oder रोना-चिल्लाना **ronā-cillānā**) erfordert die gebeugte Form des Subjekts + का **kā**: hier बच्चों का **baccõ kā**.

⑥ Oftmals kann das Hindi-Passiv im Deutschen nur durch eine aktive Konstruktion wiedergegeben werden: (उनका) रोना मुझसे नहीं देखा जाता । **(unkā) ronā mujhse nahĩ dekhā jātā** . "Ich kann das Weinen nicht sehen" (im Sinne von "nicht ertragen"). Das Verb wird hier nach dem Subjekt (hier रोना **ronā**♂) konjugiert. Im entsprechenden aktiven Satz wäre dies das Objekt: मैं उनका रोना नहीं देख सकती । **maĩ unkā ronā nahĩ dekh saktī** .

⑦ तुम जा रहे होगे **tum jā rahe hoge:** Durch das Hilfsverb होना **honā** im Futur statt im Präsens wird eine geringe Wahrscheinlichkeit bzw.

8 Das Weinen von Kindern kann ich nicht mit ansehen.
(Kinder von weinen mich-aus gesehen nicht gehend.)

9 Jetzt muss ich schnell nach Paris zurückfahren.
(jetzt doch schnell eben mich Paris zurück gehen ist.)

10 Du wirst wohl auch nach Moskau fahren ... ?
(du auch Moskau eben gehen geblieben wirst-sein ... ?)

11 Jetzt müssen wir wohl auch von Raisahab und Shivani Abschied nehmen.
(jetzt doch Raisahab und Shivani ji zu auch verlassen-machen gehen werde-fallen.)

12 – Oh, ja! Das Weinen und Schreien ihrer Kinder werde ich nicht ertragen können!
(och oh! ihre Kinder von weinen-schreien doch mich-aus nicht gehört wird-gehen!)

13 Eine Fabriksirene hat wohl nicht so viel Stärke, wie sie der kleine Bittu in seiner Kehle hat!
(so-viel Stärke jene/r~ klein-lich Bittu von Kehle in ist so-viel doch irgendeine Fabrik von Sirene in auch nicht wird-sein!)

14 Ich werde wohl Indien nicht verlassen.
(mich-aus doch solche auch Indien nicht verlassen wird-gehen.)

15 Kamini und ich ... Wir denken jetzt, dass wir wohl 100% Mann und Frau werden ... !
(Kamini und ich ... jetzt denken geblieben sind dass 100-Prozent Ehemann-Ehefrau sein würden-gehen ...!)

ein Zweifel ausgedrückt. Dies kann sich auch auf eine vergangene Handlung beziehen. Dann wird होगा **hogā** einfach an das Partizip Perfekt angehängt: वह चला गया होगा । **voh calā gayā hogā** . "Er ist wohl abgefahren."

⑧ जितनी **jitnī** ist hier ein Adjektiv und wird nach ताक़त **tāqat** dekliniert.

१६ – अरे वाह ! मुबारक हो ! मैं भी जल्दी ही भारत वापस लौट रही हूँ । ⑨

१७ मुझे यहाँ एक हिन्दी फ़िल्म में रोल♂ मिल रहा है । फ़िल्म का नाम है "सुहानी रात" !

१८ – अच्छा... ! अरे, दस-बारह गाने तो होंगे ही उसमें...

१९ कम से कम एक गाने की धुन तो मैं बनाऊँगा !

ANMERKUNGEN

⑨ मुबारक हो ! **mubārak ho**! "Glückwunsch!". Im stärker an das Sanskrit angelehnten Hindi heißt es बधाई हो ! **badhāī ho** ! Für den Geburtstagsglückwunsch gibt es zwei Varianten: सालगिरह मुबारक ! **sālgirah**♀ **mubārak** !, wörtlich "Geburtstag sei gesegnet!", und जन्मदिन की बधाई ! **janamdin**♂ **kī badhāī** !, wörtlich "Geburtstagsglückwunsch!". आपने पचास से ज़्यादा पाठ पढ़ लिए हैं... बधाई हो ! **āpne pacās se zyādā pāṭh paṛh lie haĩ** ... **badhāī ho** ! "Sie haben mehr als 50 Lektionen gelernt ... Glückwunsch!".

पहला अभ्यास: क्या आप ये वाक्य समझ रहे हैं ?

१ मुझसे जल्दी उठा नहीं जाता और मेरी अलार्म क्लॉक भी ख़राब है ।

२ डायरेक्टर साहब से ज़्यादा चला नहीं जाता । ज़रा-सा चलने के बाद बोला नहीं जाता ।

३ जितनी ज़ोर से बिट्टू रो सकता है, उतनी ज़ोर से मुनिया से भी रोया नहीं जाता ।

४ नास्तासिया उर्दू लिख तो सकती है, मगर अपनी ही लिखावट उससे पढ़ी नहीं जाती !

५ हमारे गाँव के खिलाड़ियों से जूता पहनकर दौड़ा नहीं गया ।

16 – Oho! Glückwunsch! Ich werde auch bald nach Indien zurückkehren.
(ach bravo! Glückwunsch würde-sein! ich auch schnell eben Indien zurück zurückkehren geblieben bin.)

17 Ich habe hier eine Rolle in einem Hindi-Film bekommen. Der Film heißt "Verzauberte Nacht"!
(mich hier eins Hindi Film in Rolle treffen geblieben ist. Film von Name ist "verzaubert Nacht"!)

18 – Gut ... ! Oh, es wird wohl 10–12 Lieder darin geben ...
(gut ...! ach, 10-12 Lieder doch werden-sein eben jene/r⌒-in ...)

19 Ich werde die Melodie mindestens eines Liedes komponieren!
(wenig aus wenig eins Lied von Melodie doch ich werde-machen!)

पहले अभ्यास के उत्तर : क्या आप समझे ?

❶ Ich kann nicht früh aufstehen, und mein Wecker ist auch kaputt. ❷ Der Herr Direktor kann nicht noch mehr laufen. Wenn er viel läuft, kann er danach nicht mehr sprechen. ❸ So stark wie Bittu weinen kann, kann Munni nicht weinen! ❹ Nastassia kann sicher Urdu schreiben, aber sie kann ihre eigene Schrift überhaupt nicht mehr lesen! ❺ Die Spieler unseres Dorfes können überhaupt nicht in Schuhen (Schuhe anziehen-machen) laufen.

पहला अभ्यास: क्या आप ये वाक्य समझ रहे हैं ? (जारी)

६ इसमें आपने काफ़ी मिर्च डाली होगी । मुझसे खाया नहीं जा रहा ।

७ तीन से ज़्यादा समोसे निशा से नहीं खाए गए ।

८ एक घंटे में जितने समोसे छोटू बना सकता है उतने तो उसकी माँ से भी नहीं बनाए जाते !

९ यहाँ तो टौमी कपड़े और जूते भी खा जाता है । मगर वहाँ सुपरमार्केट का "डॉग-फ़ूड" उससे खाया नहीं जाएगा !

१० लगता है बोरिस और निशा से अब हिन्दुस्तान छोड़ा नहीं जाएगा ।

दूसरा अभ्यास: वाक्य पूरे कीजिए ।

❶ Muniya, wenn du (intim) dich jetzt vor den Fernseher setzt, wirst du wohl überhaupt nicht mehr aufstehen!

१ मुनिया, अगर तू — वक़्त टीवी के समाने — गई तो — — नहीं — !

❷ Der Bösewicht sagte zum Helden: "Die Nachricht, die ich dir überbringen (hören machen) werde, wirst du überhaupt nicht ertragen können!"

२ खलनायक — हीरो — कहा: "— ख़बर मैं तुम्हें — — हूँ — तुमसे — — — !"

❸ Bruder, ich kann diese Filme aus Bombay nicht mehr sehen! Und die heutige Musik kann ich auch nicht mehr hören.

३ भई, — तो ये बंबई वाली फ़िल्में नहीं — — ! आजकल के गाने भी — नहीं — — ।

पहले अभ्यास के उत्तर: क्या आप समझे ? (जारी)

⑥ Sie müssen wohl genügend Pfeffer hineingegeben haben. Ich werde es nicht essen können. ⑦ Nisha kann nicht mehr als drei Samosas essen. ⑧ Selbst die Mutter von Chotu kann in einer Stunde nicht so viele Samosas machen wie Chotu! ⑨ Tommy isst hier sogar Kleidung und Schuhe. Aber dort kann er das Hundefutter vom Supermarkt überhaupt nicht essen! ⑩ Es scheint, dass Boris und Nisha jetzt wohl Indien nicht verlassen werden.

दूसरा अभ्यास: वाक्य पूरे कीजिए । (जारी)

❹ Der Herr Direktor konnte in den Sitzen des Regal-Kinos nicht richtig sitzen. Am Ende des Films konnte er überhaupt nicht mehr aufstehen!

४ रीगल सिनेमा की सीट पर डायरेक्टर साहब — ठीक तरह — — — । फ़िल्म — — सीट पर से — — — !

❺ Hermann singt jetzt immer das Lied von Talat Mahmood: "Ich (wir) konnte nicht kommen, du konntest mich nicht rufen".

५ हेरमान अब तलत महमूद का यह गीत — — है: "हमसे — न गया, — — न — ।"

दूसरे अभ्यास के उत्तर: रिक्त स्थान

❶ — इस — बैठ — तुझसे उठा — जाएगा ! ❷ — ने — से — : "जो — सुनाने वाला — वह — सुनी नहीं जाएगी !" ❸ —, मुझसे — देखी जातीं ! — मुझसे — सुने जाते । ❹ — से — — बैठा नहीं गया । — के बाद — उठा नहीं गया ! ❺ — गाया करता — : "— आया — तुमसे बुलाया — गया

Zweite Welle: Aktivieren Sie heute Lektion 25!

पाठ चौवन

आज की ताज़ा ख़बर !

१ आज की ताज़ा ख़बर ! आज की ताज़ा ख़बर ! ①

२ आओ काकाजी इधर, आओ मौलाजी इधर, सुनो दुनिया♀ की ख़बर ! ②

३ मैं तुम्हारे लिये दुख और ख़ुशी भी लाया, मैं तुम्हारे लिये आँसू♂ भी हँसी♀ भी लाया । ③

४ देख लो आज के इनसान♂ की हालत क्या है ।

५ आज की दुनिया में ईमान♂ की क़ीमत♀ क्या है । ④

६ लोग जीते हैं यहाँ दुनिया को धोखा देकर ! आज की ताज़ा ख़बर !

७ आज एक भक्त♂ ने भगवान का मंदिर लूटा ।

ANMERKUNGEN

① In ताज़ा ख़बर **tāzā khabar** endet ताज़ा **tāzā** auf आ **-ā**, obwohl ख़बर **khabar** weiblich ist. Hier weicht die gesprochene Sprache von den grammatikalischen Regeln ab, denn diese Passage ist ein Liedtext aus dem Film *Son of India* "Ein Sohn Indiens" von Mehboob Khan (1962).

② काका **kākā** und मौला **maulā** sind häufige Anredeformen für ältere Herren. मौला **maulā** wird eher von Muslimen benutzt, Hindus sprechen von einem पण्डित **paṇḍit**. Speziell in der Musik bezeichnet man die großen Meister als उस्ताद **ustād.**

③ और ... भी **aur ... bhī** oder भी ... भी **bhī ... bhī** können beide die Zusammengehörigkeit mehrerer Begriffe ausdrücken. Solche verdoppelten Konjunktionen können auch für negative Aussagen verwendet werden: न ... न **na ... na**: वह न लिख सकता है और न पढ़ सकता है । **voh na likh saktā hai aur na paṛh saktā hai** . "Er kann weder schreiben noch lesen." Diese Form kann noch verstärkt werden: न तो... और न **na to ... aur na:** इस नदी को पार करने के लिए न तो कोई पुल है और

54. Lektion

Die neusten Nachrichten des Tages!
(heute von frisch Nachricht!)

1 Die neusten Nachrichten des Tages! Die neusten Nachrichten des Tages!
(heute von frisch Nachricht! Heute von frisch Nachricht!)

2 Kommen Sie hierher, Kaka, kommen Sie hierher, Maula, hören Sie die Nachrichten der Welt!
(komm Onkel-ji hierher, komm Meister-ji hierher, höre Welt von Nachrichten!)

3 Ich bringe dir sowohl Schmerz als auch Freude und sowohl Tränen als auch Lachen.
(ich deine für Schmerz und Freude auch gebracht, ich deine für Tränen auch Lachen auch gebracht.)

4 Sieh mal, in welchem Zustand sich heute die Menschen befinden.
(sehen nimm heute von Mensch von Zustand was ist.)

5 Was ist der Preis für Ehrlichkeit in der heutigen Welt[?]
(heute von Welt in Ehrlichkeit von Preis was ist.)

6 In dieser Welt leben die Leute vom Betrug! Die neusten Nachrichten des Tages!
(Leute lebend sind hier Welt zu Betrug geben-machen! heute von frisch Nachricht!)

7 Heute hat ein Gläubiger Gottes Tempel geplündert.
(heute eins Gläubiger durch Gott von Tempel geplündert.)

न कोई नाँव मिलती है । **is nadī ko pār karne ke lie na to koī pul**♂ **hai aur na koī nā̃v**♀ **miltī hai .** "Um diesen Fluss zu überqueren, gibt es weder irgendeine Brücke noch irgendein Boot."

④ ईमान **īmān** "ehrlich" oder ईमानदारी **īmāndārī**♀ "Ehrlichkeit": Die Endung दार **-dār** macht aus dem Adjektiv ein Substantiv. Sie darf allerdings nur für Urdu-Wörter verwendet werden: दुकान **dukān**♀ "Laden", दुकानदार **dukāndār**♂ "Händler".

८ एक बेईमान ने मस्जिद♀ में चुराया जूता । ⑤

९ काले बाज़ार की एक टोली♀ पुलिस♀ ने धर ली ।

१० एक बूढ़े ने जवाँ लड़की से शादी कर ली ।

११ एक लड़का उड़ा एक मेम♀ का बटुआ♂ लेकर ! आज की ताज़ा ख़बर ! ⑥

१२ एक धनवान ने आज अपना धरम♂ छोड़ दिया । ⑦

१३ और एक भूखे ने फ़ुटपाथ पे दम तोड़♂ दिया ।

१४ आज तनख़ाह बढ़ी है तो हैं मज़दूर मगन ।

१५ कल से हो जाएगा बाज़ार में महँगा राशन♂ । ⑧

१६ बाबूजी जाएँगे दफ़्तर♂ को पकौड़े खाकर ! आज की ताज़ा ख़बर ! ⑨

ANMERKUNGEN

⑤ बेईमान **beīmān** "unehrlich" ist ebenfalls von ईमान **īmān** "ehrlich" abgeleitet (Vorsilbe बे **be-** für Wörter persischen Ursprungs). So entsteht auch बेईमानी **beīmānī** "Unehrlichkeit". Ebenso: चैन **cain** "wohltuend", बेचैनी **becainī** "Unbequemlichkeit, Beunruhigung"; शर्म **śarm** "Scham", बेशर्म **beśarm** "Schamlosigkeit" und चारा **cārā** "Schutz", बेचारा **becārā** "hilflos, schutzlos = arm, bemitleidenswert".

⑥ उड़ा ... लेकर **uṛā ... lekar**: Normalerweise müsste das gebeugte Verb am Satzende stehen. Dieser veränderte Satzaufbau taucht in Liedern, Gedichten, aber auch im gesprochenen Hindi häufig auf.

⑦ धनवान **dhanvān** "reich" ist mit der Nachsilbe वान **-vān** von धन **dhan**♂ "Reichtum" (aus dem Sanskrit) abgeleitet. Der entsprechende Urdu-Begriff ist अमीर **amīr**. Gleichbedeutend ist auch पैसेवाला **paisevālā** "der mit Geld".

⑧ राशन **rāśan** "Ration". Die wichtigsten Konsumgüter, wie z. B. Reis und Getreide, werden von der Regierung in besonderen Läden zu garantierten Preisen verkauft. Dafür benötigt man eine Karte (राशन काड **rāśan kārḍ**♂), die wie ein Personalausweis verwendet wird.

8 Ein Unehrlicher hat in der Moschee Schuhe gestohlen.
(eins Unehrlicher durch Moschee in gestohlen Schuh.)

9 Die Polizei hat eine Bande von Schwarzmarkthändlern ergriffen.
(schwarz Markt von eins Bande Polizei durch ergreifen genommen.)

10 Ein alter Mann wurde mit einem jungen Mädchen verheiratet.
(eins alt-Mann durch jung Mädchen aus Hochzeit machen genommen.)

11 Ein Junge stahl einer Dame die Tasche und floh! Die neusten Nachrichten des Tages!
(eins Junge geflohen eins Dame von Tasche nehmen-machen! heute von frisch Nachricht!)

12 Heute hat ein Reicher seinem Glauben zuwider gehandelt.
(eins Reicher durch heute eigen Glauben verlassen gegeben.)

13 Und ein Hungernder hat auf dem Bürgersteig sein Leben ausgehaucht.
(und eins hungrig durch Bürgersteig auf Atem zerbrechen gegeben.)

14 Heute wurden die Löhne erhöht, zur Freude der Arbeiter.
(heute Lohn gewachsen ist doch sind Arbeiter Freude.)

15 Ab morgen wird dann auch im Basar alles teurer.
(morgen aus sein wird-gehen Basar in teuer Ration.)

16 Die Babus werden dann mit Pakauras ins Büro gehen! Die neusten Nachrichten des Tages!
(Babuji werden-gehen Büro zu Pakauras essen-machen! heute von frisch Nachricht!)

⑨ दफ़्तर को जाएँगे **daftar ko jāẽge.** Die Regel ist, dass mit Verben der Bewegung keine Postposition verwendet werden muss. को **ko** hat hier eine rein poetische Funktion.

१७ यूँ तो गणपत भी हैं, जोसफ़ भी हैं, रहमान भी हैं । ⑩

१८ ये तो बतलाओ के इनमें कहीं इनसान भी हैं ?

१९ कोई रोटी कोई पैसे को ख़ुदा कहता है । ⑪

२० हर कोई पाप♂ के धंधे♂ में लगा रहता है ।

२१ आज भगवान से बढ़कर है हवलदार♂ का डर ! आज की ताज़ा ख़बर ! ⑫

२२ आज अमरीका ने ऐटम♂ का उड़ाया घोड़ा♂ । ⑬

२३ रूस ने आज नया चाँद♂ पे रॉकिट♂ छोड़ा ।

२४ कहीं से आज का इनसान कहीं पहुँचा है ।

२५ फिर भी सच्चाई♀ के रस्ते पे नहीं पहुँचा है ।

२६ किसे मालूम कि ये आदमी जाएगा किधर !

२७ आज की ताज़ा ख़बर ! आज की ताज़ा ख़बर ! आज की ताज़ा ख़बर !

ANMERKUNGEN

⑩ Indische Namen deuten über den kulturellen Hintergrund und die Religionszugehörigkeit hinaus auch auf die Kaste oder sogar Unterkaste (genauer जाति **jāti**) hin. Die hier erwähnten Namen stehen repräsentativ für die Religionsgruppen der Hindus, Christen und Muslime. Man könnte noch die Sikhs ergänzen, deren Namen immer den Zusatz सिंह **singh** (für Männer) und कौर **kaur** (für Frauen) enthalten.

⑪ In der Konstruktion कोई पैसे को ख़ुदा कहता है **koī paise ko <u>kh</u>udā kahtā hai** wird ein neuer Begriff für "Gott" verwendet, das muslimische ख़ुदा **<u>kh</u>udā,** im Gegensatz zum Hindu-Wort भगवान **bhagvān.**

⑫ बढ़कर **baṛhkar** ist ein fester Begriff für "mehr". Ebenso छोड़कर **choṛkar**, wörtlich "verlassend" = "darüber hinaus, außer". Dieser Satz ist ein weiteres Beispiel für den freien Satzaufbau in Gedichten.

⑬ घोड़ा **ghoṛā** "Bombe" hat auch noch eine zweite Bedeutung: "Pferd".

17 Ja, da gibt es die Ganpats und die Josephs und die Rahmans.
(so doch Ganpat auch sind, Joseph auch sind, Rahman auch sind.)

18 Aber sag mal, wo gibt es dabei auch Menschen?
(diese doch Wort-nimm dass diesen⌢-in wo Mensch auch sind?)

19 Der eine nennt das Brot Gott, der andere das Geld.
(ein-gewisser Brot ein-gewisser Geld zu Gott sagend ist.)

20 Ein jeder wird durch Sündenakte berührt.
(jeder ein-gewisser Sünde von Gegenstand in berührt bleibend ist.)

21 Heute fürchtet man den Polizisten mehr als Gott! Die neusten Nachrichten des Tages!
(heute Gott aus größer-machen ist Polizist von Furcht! heute von frisch Nachricht!)

22 Heute hat Amerika eine Atombombe gezündet.
(heute Amerika durch Atom von gezündet Bombe.)

23 Die Russen haben heute wieder eine Rakete zum Mond geschickt.
(Russe durch heute neue Mond auf Rakete gelassen.)

24 [Erstaunlich,] woher der Mensch von heute stammt, und wohin er [bereits] gekommen ist.
(irgendwo aus heute von Mensch irgendwo angekommen ist.)

25 Und doch ist er nicht zum Weg der Wahrheit gelangt.
(wieder auch Wahrheit von Straße auf nicht angekommen ist.)

26 Wer weiß, wohin dieser Mensch geht!
(irgendein-aus bekannt dass diese Mensch wird-gehen wohin!)

27 Die neusten Nachrichten des Tages! Die neusten Nachrichten des Tages! Die neusten Nachrichten des Tages!
(heute von frisch Nachricht! heute von frisch Nachricht! heute von frisch Nachricht!)

पहला अभ्यास: क्या आप ये वाक्य समझ रहे हैं ?

१ इन छात्रों के लिए हमारा देश भारत दुख भी, ख़ुशी भी लाया, आँसू भी हँसी भी लाया !

२ एक अफ़सर ने आज अपना कलम छोड़ दिया । एक मक्खी ने गरम चाय में दम तोड़ दिया ।

३ उस दिन इस लड़के ने एक ढाबे पे ऑमलेट लूटा । उसके कुत्ते ने डायरेक्टर का चुराया जूता ।

४ तुम यह समझी हो, निशा, हिन्दी की क़ीमत क्या है ।
आज की दुनिया में इस हिन्दी की हालत
क्या है... ?

५ तुम तो खाने के ही धंधे में लगे रहते हो । कभी तन्दूरी, कभी हल्वे को ख़ुदा कहते हो !

६ यूँ तो चावल भी है, सब्ज़ी भी है और दाल भी है ।
यह तो बतलाओ इसमें कुछ मुग़लाई माल
भी है ?

७ दिवाली की रात छोटू और मुन्नी ने भी चाँद पे राकेट छोड़े । रात भर आतिशबाज़ी के उड़ाए घोड़े !

८ एक कुत्ते ने किसी लड़की की चुन्नी धर ली । उसके मालिक ने उसी लड़की से शादी कर ली ।

९ कहीं से आज यह डायरेक्टर कहीं पहुँचा है । किसे मालूम के यह आदमी जाएगा किधर !

१० आओ छोटू जी इधर, आओ मुन्नी जी इधर, सुनो दुनिया की ख़बर !

पहले अभ्यास के उत्तर : क्या आप समझे ?

❶ Diesen Studenten hat unser Land Indien Schmerzen und Freude gebracht, Tränen und Lachen! ❷ Ein Beamter hat heute seinen Bleistift abgegeben (= den Job gekündigt). Eine Fliege hat ihr Leben im heißen Tee ausgehaucht. ❸ An jenem Tag hat dieser Junge am Kiosk ein Omelett gestohlen. Sein Hund hat den Schuh des Direktors zerrissen. ❹ Du hast es begriffen, Nisha, welchen Wert Hindi doch hat. Wie ist die Situation von Hindi heute in dieser Welt ...? ❺ Du kümmerst dich doch nur um Angelegenheiten des Essens. Manchmal sprichst du von Tandoori und manchmal von Halva wie von Göttern! ❻ Es gibt doch hier auch noch Reis, Gemüse und Dal. So sag doch, gibt es darin noch irgendwelche "Mogul"-Zutaten*? ❼ In der Diwali-Nacht haben auch Chotu und Munni Raketen zum Mond geschossen. Die ganze Nacht haben sie Feuerwerkskörper gezündet! ❽ Ein Hund hat irgendeinem Mädchen den Schal zerrissen. Sein Herrchen hat dieses Mädchen geheiratet. ❾ Wohin ist der Direktor heute gelangt, und woher ist er gekommen(?) Wer weiß, wohin dieser Mann gehen wird! ❿ Komm her, Chotu, komm her Munni, hört die Nachrichten der Welt!

* Das Mogulreich bestand von 1526 bis 1858 und beherrschte fast den gesamten indischen Subkontinent sowie weite Teile Zentralasiens. Die muslimischen Moguln prägten außerdem erheblich die nordindische Küche.

दूसरा अभ्यास: वाक्य पूरे कीजिए ।

1. Hermann ist wohl nach und nach Anhänger von Rupali geworden. Bei der ersten Begegnung hat dieses hübsche junge Mädchen das Herz des Armen gestohlen!

१ हेरमान तो क़रीब-क़रीब रूपाली का — हो चुका था । — मुलाक़ात में इस — — लड़की ने — का — लूट लिया था !

2. Ja, in Indien ist es bis jetzt doch keinem Mädchen gelungen, den Wert dieses Menschen zu erkennen.

२ यूँ तो हिन्दुस्तान में — तक — भी लड़की इस इनसान की — नहीं समझ — है ।

3. Manchmal im Tempel, manchmal in der Moschee, manchmal in Ruinen, manchmal in der Burg, überall lässt er sein Lied ertönen.

३ कभी — में, कभी — में, कभी — के बीच तो कभी — में वह यूँ ही — उठता है ।

4. Insbesondere nach den Geschehnissen mit Rupali interessiert er sich wirklich nicht mehr sehr für diese Welt und die weltlichen Schmerzen und Freuden.

४ ख़ास — से रूपाली — क़िस्से के बाद — / — इस संसार और सांसारिक सुख-दुख में — / — ज़्यादा — नहीं रही है ।

5. Nun wird Rupali einen Bösewicht vom Schwarzmarkt heiraten, der von irgendwo hergelaufen ist. Bravo! Glückwunsch!

५ — रूपाली एक काले-बाज़ारी बदमाश — शादी — — है — कहीं — कहीं — चुका है । वाह ! — / — हो !

दूसरे अभ्यास के उत्तर: रिक्त स्थान

❶ — भक्त — । पहली — ख़ूबसूरत जवाँ — बेचारे — दिल — ! ❷ — अभी — कोई — क़ीमत — पाई — । ❸ — मंदिर — मस्जिद — खंडहरों — क़िलों — गा — ❹ — तौर — वाले — उसे / उसको — सचमुच / वाक़ई — दिलचस्पी — ❺ अब — से — करने वाली — जो — से — पहुँच — ! बधाई / मुबारक — !

Hindi-Musik

In dieser Lektion wird ein Lied aus dem Film *Son of India* (1962) von Mehboob Khan zitiert. Der Liedtext (बोल **bol**) stammt von Shakeel Badayuni, dessen stark urduisierte Sprache von der Standardaussprache abweicht (इक **ik** / एक **ek**, धरम **dharam** / धर्म **dharm**, पे **pe** / पर **par**, के **ke** / कि **ki**, रास्ता **rāstā** / रस्ता **rastā**). Filmmusik, aber auch die beliebten Ghazals – also poetische Lieder über die Liebe und das Leben – kennt am Ganges bereits jedes Kind, und viele Einheimische haben zu praktisch jeder Lebenslage ein passendes Lied oder ein Filmzitat im Ohr. Nehmen Sie sich Zeit, um in Musikgeschäften oder auf Straßenmärkten die neusten Hits zu erstehen, bei klassischen Live-Konzerten der Melodie (तर्ज़ **tarz**♀, धुन **dhun**♀) der traditionellen Instrumente zu lauschen oder die aufwendigen Videoclips der Movie-Songs auf TV-Musiksendern zu sehen. Wenn auch die Lieder der Bollywood-Produktionen den größten Teil der Musikszene ausmachen, so gehören auch poetische Texte aus dem "Goldenen Zeitalter des Hindi-Films" wie in unserer Lektion zu den beliebtesten Stilrichtungen. Diese Musik wird Ihnen sicher gefallen, und schon bald werden Sie sagen können: हिन्दी सिनेमा में कुछ भी हो सकता है ! **hindī sinemā mẽ kuch bhī ho saktā hai** ! "Im Hindi-Kino ist alles möglich!".

Zweite Welle: Aktivieren Sie heute Lektion 26!

पाठ पचपन

इनसाफ़ की डगर पे

१ इनसाफ़ की डगर♀ पे, बच्चो दिखाओ चलके ① ② ③

२ यह देश है तुम्हारा, नेता तुम्हीं हो कल के

३ दुनिया के रंज♂ सहना और कुछ न मुँह♂ से कहना

४ सच्चाइयों♀ के बल♂ पे आगे को बढ़ते रहना रख दोगे एक दिन तुम संसार♂ को बदलके ④ ⑤

५ इनसाफ़ की डगर पे, बच्चो दिखाओ चलके

६ यह देश है तुम्हारा, नेता तुम्हीं हो कल के

७ अपने हों या पराए, सब के लिए हो न्याय ♂ ⑥ ⑦

ANMERKUNGEN

① Der Refrain dieses patriotischen Liedes zeigt erneut einige dichterische Freiheiten hinsichtlich Wortfolge und Aussprache (पे **pe** anstelle von पर **par**, सर **sar** anstelle von सिर **sir**, के **-ke** anstelle von कर **-kar**, रस्ते **raste** anstelle von रास्ते **rāste**). Auch die Wortherkunft ist gemischt: Das arabisch-persische इन्साफ़ **insāf** und das Sanskrit-Wort न्याय **nyāya** bedeuten beide "Gerechtigkeit".

② दिखाओ चलके **dikhāo calke** enthält das Verb दिखाना **dikhānā** "sehen lassen, zeigen", hier im Sinne von: "lass sehen, wie du vorankommst". अपना नाम लिखकर दिखाओ । **apnā nām likhkar dikhāo**. "Zeig mal, dass du deinen Namen schreiben kannst."

③ बच्चो **bacco** ist eine umgangssprachliche Form, um eine Person zu rufen, ebenso wie साथियों ! **sāthiyo** ! "Freunde!" oder भाइयों ! **bhāiyo** ! "Brüder!". Es ist hier ein Plural, in der Übersetzung aber ein Singular, da es als Höflichkeitsform zu verstehen ist. Die korrekte Singularform würde बच्चे ! **bacce** ! "Kind!" lauten.

④ रख दोगे ... बदलके **rakh doge** … **badalke:** Die Wiederholung verleiht der Aussage mehr Nachdruck. Ähnliches kennen Sie bereits von बदलकर रख दें । **badalkar rakh dẽ** . "Lasst uns (die Olympischen Spiele) verändern." und पीटकर रख देना **pīṭkar rakh denā** "ganz und gar schlagen".

55. Lektion

Auf der Straße der Gerechtigkeit
(Gerechtigkeit von Straße auf)

1 Auf der Straße der Gerechtigkeit, zeig Kind, wie weit du kamst
(Gerechtigkeit von Straße auf, Kind mach-sehen gehen-machen)

2 Dies ist dein Land, du selbst bist der Anführer seiner Zukunft
(dieser Land ist dein, Anführer du-eben sein morgen von)

3 Die Leiden der Welt ertragen und nichts mit dem Mund sagen
(Erde von Leiden ertragen und etwas nicht Mund aus sagen)

4 In der Kraft der Wahrheit verharrend schreite voran, so wirst du eines Tages die Welt verändern
(Wahrheiten von Kraft auf vorn zu wachsend bleiben stellen wirst-geben eins Tag du Welt zu verändern-machen)

5 Auf der Straße der Gerechtigkeit, zeig Kind, wie weit du kamst
(Gerechtigkeit von Straße auf, Kind mach-sehen gehen-machen)

6 Dies ist dein Land, du selbst bist der Anführer seiner Zukunft
(dieser Land ist dein, Anführer du-eben sein morgen von)

7 Ob für die Deinen oder für die anderen, für alle stehe die Gerechtigkeit
(eigene würden-sein oder andere, alle von für sein Gerechtigkeit)

⑤ Hier können Sie wieder sehen, wie mit Infinitivformen Befehle ausgedrückt werden können.

⑥ अपने **apne** "die deinen" (eigenen), पराए **parāe** "die anderen". Diese aus Adjektiven abgeleiteten Substantive stehen sich gegenüber wie "gleich" und "anders". पराया **parāyā** ist eine Person, die nicht zur eigenen Familie, zum eigenen Stamm, zum eigenen Land gehört. Frauen werden von Geburt an als zur Schwiegerfamilie gehörig betrachtet und sind daher für ihre Familie पराई **parāī** und somit पराया धन **parāyā dhan** "das Vermögen der anderen".

⑦ Wegen des Reims bei डगमगाए **ḍagmagāe** und न्याय **nyāya** wird hier die Endung अ **-a** von न्याय **nyāya** weggelassen. Der Reim ergibt sich, weil die Aussprache von **i** / **y** und **e** sich sehr ähnelt.

८ देखो क़दम♂ तुम्हारा हरगिज़ न डगमगाए ⑧

९ रस्ते बड़े कठिन हैं, चलना सँभल सँभलके ⑨

१० इनसाफ़ की डगर पे, बच्चो दिखाओ चलके

११ यह देश है तुम्हारा, नेता तुम्हीं हो कल के

१२ इनसानियत♀ के सर पे इज़्ज़त♀ का ताज♂ रखना तन♂ मन♂ की भेंट♀ देकर भारत की लाज♀ रखना ⑩ ⑪

१३ जीवन♂ नया मिलेगा अंतिम चिता♀ में जलके

१४ इनसाफ़ की डगर पे, बच्चो दिखाओ चलके

१५ यह देश है तुम्हारा, नेता तुम्हीं हो कल के

ANMERKUNGEN

⑧ डगमगाना **ḍagmagānā** "schwanken, stolpern", im übertragenen Sinne auch "zögern, nachlassen".

⑨ Auch bei सँभल-सँभलके **sãbhal-sãbhalke** verleiht die Wiederholung des Verbs सँभलना **sãbhalnā** "sich beherrschen, sich zügeln" der Handlung den gewünschten Nachdruck.

⑩ ताज रखना **tāj rakhnā** und लाज रखना **lāj rakhnā** bilden ein schönes gereimtes Wortspiel mit der "Krone" (ताज **tāj**) und der "Ehre" (लाज **lāj**).

पहला अभ्यास: क्या आप ये वाक्य समझ रहे हैं ?

१ उनके जन्मदिन पे, वहीं जाके उनसे मिलना और उन्हें मेरी यह भेंट देना ।

२ उस पुल पर चलना बहुत कठिन है । सँभल-सँभलके जाना, कहीं क़दम न डगमगा जाए ।

३ गिरधारी जी, रख देंगे एक दिन आप ऑलिंपिक्स को बदलके !

8 Siehe, daß dein Schritt überhaupt nicht zögert
(sieh Schritt dein überhaupt nicht würde-stolpern)

9 Der Weg ist sicher hart, marschiere beherrscht
(Straßen groß schwierig sind, laufen sich-beherrschen sich-beherrschen-machen)

10 Auf der Straße der Gerechtigkeit, zeig Kind, wie weit du kamst
(Gerechtigkeit von Straße auf, Kind mach-sehen gehen-machen)

11 Dies ist dein Land, du selbst bist der Anführer seiner Zukunft
(dieser Land ist dein, Anführer du-eben sein morgen von)

12 Setze der Menschheit die Krone aufs Haupt, schenke Indien Ehre mit Körper und Geist
(Menschheit von Kopf auf Ehre von Krone stellen Körper Geist von Geschenk geben-machen Indien von Ehre stellen)

13 ein neues Leben wird dich erwarten, wenn du durch das letzte Feuer gehst
(Leben neu wird-treffen letzter Scheiterhaufen in brennen-machen)

14 Auf der Straße der Gerechtigkeit, zeig Kind, wie weit du kamst
(Gerechtigkeit von Straße auf, Kind mach-sehen gehen-machen)

15 Dies ist dein Land, du selbst bist der Anführer seiner Zukunft
(dieser Land ist dein, Anführer du-eben sein morgen von)

⑪ तन **tan** "Körper" oder auch बदन **badan** / मन **man** "Geist" sind wie im Deutschen ein Begriffspaar: "Körper (Leib) und Seele". उसने तन मन लगाकर काम करना शुरू किया । **usne tan man lagākar kām karnā śurū kiyā** . "Er machte sich mit Leib und Seele an die Arbeit."

पहले अभ्यास के उत्तर : क्या आप समझे ?

❶ Besuche ihn zu seinem Geburtstag, und gib ihm dieses Geschenk von mir. ❷ Es ist schwierig, auf dieser Brücke zu gehen. Gehe sehr vorsichtig, lass deine Schritte nicht schwanken. ❸ Girdhari, halten Sie durch, eines Tages werden Sie die Olympischen Spiele wirklich verändern!

पहला अभ्यास: क्या आप ये वाक्य समझ रहे हैं ? (जारी)

४ उसने तनमन लगाकर मेहनत की और परीक्षा में अपने स्कूल की लाज रख ली ।

५ बेचारे ग़रीब ने रात भर ठंडे तालाब में कितना रंज सहा होगा, पर उसने मुँह से कुछ नहीं कहा ।

६ शकील साहब को सभी बच्चों से प्यार है, अपने हों या पराए !

७ पाँच साल बाद फिर उस लड़की से मिलके मार्को को ऐसा लगा जैसे नया जीवन मिल गया हो ।

८ जीवन के कठिन रस्ते पर मनुष्य का क़दम डगमगाया और वह अपनी दिव्य शक्ति खो बैठा ।

९ सच्चाई और इनसाफ़ के बल पे ही राजा हरीशचन्द्र ने अपना राज चलाया ।

१० देखो, नेताओं के बल पे ही संसार में न्याय हरगिज़ नहीं हो सकता ।

दूसरा अभ्यास: वाक्य पूरे कीजिए ।

❶ Parvati, es ist eine schwierige Sache, die Rolle der Frau in der indischen Gesellschaft und Familie zu verstehen!

१ पारवती जी, भारतीय — और — में औरत के स्थान को — पाना — काम है !

❷ Manchmal scheint es, dass sie die Krone der Ehre im Hause trägt, und manchmal eher, dass ihr die ganzen Leiden der Welt zufallen!

२ कभी — है कि वही घर की — का — है तो कभी यह कि दुनिया के सभी — उसी को — पड़ते हैं !

पहले अभ्यास के उत्तर: क्या आप समझे ? (जारी)

❹ Er machte sich mit Leib und Seele an die Arbeit und rettete die Ehre seiner Schule im Examen. ❺ Welches Leid musste der Arme die ganze Nacht im kalten Teich erleiden, aber nichts kam über seine Lippen. ❻ Shakil Sahab mag alle Kinder, die eigenen wie die anderen! ❼ Als Marko dieses Mädchen nach fünf Jahren wiedersah, da kam es ihm vor, als träte er in ein neues Leben ein. ❽ Auf den harten Wegen des Lebens hat der Mensch geschwankt und dabei seine göttliche Kraft verloren. ❾ König Harishchandra gründete seine Herrschaft nur auf die Kraft der Wahrheit und Gerechtigkeit. ❿ Sieh mal, man kann in der Welt keine Gerechtigkeit erlangen, wenn man sich nur auf seine Anführer verlässt.

दूसरा अभ्यास: वाक्य पूरे कीजिए । (जारी)

❸ Sie können ins Haus schauen oder auch auf die Felder, oder auch sonst wohin – die Frau gibt sich mit Leib und Seele hin und übernimmt die ganze Arbeit.

३ चाहे घर पर — लीजिए, — खेतों में, या कहीं और, औरत तन — की — देकर सारा काम सँभालती है ।

दूसरे अभ्यास के उत्तर: रिक्त स्थान

❶ — समाज — परिवार — समझ — कठिन — ❷ — लगता — इज़्ज़त — ताज — रंज — — सहने — ❸ — देख —, चाहे — मन — भेंट —

दूसरा अभ्यास: वाक्य पूरे कीजिए । (जारी)

❹ Nisha, anstatt bis zum letzten Scheiterhaufen auf die Befreiung zu warten und zu ermüden, könnten die Frauen die Welt verändern!

४ निशा, ___ ___ की मुक्ति ___ ___ / ___ ___ करने की बजाय ___ ___ है कि ___ आ के औरतें दुनिया को ___ ___ ___ दें !

और अब, आपसे क्या कहें ? **aur ab, āpse kyā kahẽ** ? *"Und nun, was sollen wir Ihnen sagen?"* *बस, कि फिर मिलेंगे !* **bas, ki phir milẽge** ! *"Einfach Auf Wiedersehen!" Entdecken Sie Indien mit seinen vielfältigen Gesichtern. Wie und wohin Sie auch reisen, ob Sie in internationalen Luxushotels wohnen, in romantischen Hotels, die aus Palästen entstanden sind, in einfachen Herbergen, in Motels, in den schlichten, aber sauberen Regierungshäusern: Indien steht Ihnen offen! Damit bleibt uns nur noch, Ihnen eine "Gute Reise" zu wünschen:* *आपकी यात्रा शुभ रहे, आपका सफ़र मुबारक रहे !* **āpkī yātrā śubh rahe, āpkā safar mubārak rahe** ! *"[Möge] Ihre Reise glückverheißend sein, [möge] Ihre Reise gesegnet sein!"*

Lerntipp: *Dies war – was die* ***passive*** *Phase Ihres Lernens betrifft – die letzte Lektion des Kurses. Was die "Zweite Welle", die "****aktive*** *Phase", angeht, so sind Sie jetzt erst bei Lektion 27. Lassen Sie jetzt nicht nach, sondern setzen Sie die "Zweite Welle" bis zur Abschiedslektion fort. Die Wiederholung ist besonders wichtig, denn wenn das Gelernte nicht gefestigt wird, ist bald alles vergessen, und die Arbeit war umsonst. Sie können den Lernerfolg noch steigern, wenn Sie mit der Sprache und den Texten spielen. Lesen Sie laut, als würden Sie die Texte auf der Bühne vortragen, bilden Sie eigene Sätze, und hören Sie immer wieder die Tonaufnahmen an. Wenn Ihnen etwas unklar ist, versuchen Sie, es anhand der Grammatikerklärungen in den Wiederholungslektionen oder anhand des Wörterverzeichnisses zu klären.*

दूसरे अभ्यास के उत्तर: रिक्त स्थान (जारी)

❹ —, अंतिम चिता — की प्रतीक्षा / का इंतज़ार — हो सकता — तंग — बदल के रख —

Einäscherung

Nach der Hindu-Tradition werden Leichen auf dem Scheiterhaufen (चिता **citā**) verbrannt, zumindest die "zweimal Geborenen", d. h. die Hindus, die ihre Initiation erhalten haben. Am begehrtesten ist es, in Benares an den Ufern (घाट **ghāṭ**♂) des Ganges eingeäschert zu werden, denn dies gilt als besonders segensreich. Die Asche wird dann dem Ganges oder einem anderen heiligen Fluss übergeben. Die Asche Indira Gandhis wurde vom Flugzeug aus über den Quellen des Ganges im Himalaya verstreut. Ihre Gedenkstätte wurde in Delhi am Ufer des Jamuna, einem Nebenfluss des Ganges, errichtet; sie verkörpert damit bildlich die letzte Ruhestätte (शमशान **śamśān**). Übrigens: Flüsse sind auf Hindi weiblich.

Sie haben eine ganze Menge über eine Ihnen anfangs sehr fremde Sprache und Kultur gelernt. Bedenken Sie auch, dass die Beherrschung einer Fremdsprache eine gewisse Regelmäßigkeit und Zielstrebigkeit erfordert. Versuchen Sie also, auch nach Abschluss dieses Kurses weiterhin Ihr erlerntes Wissen regelmäßig anzuwenden. Die Tatsache, dass Sie uns bis hierher begleitet haben, hat bereits Ihre Stärke und Willenskraft bewiesen. Gratulation! Bleiben Sie am Ball!

Zweite Welle: Aktivieren Sie heute Lektion 27!

GRAMMATIKALISCHER INDEX

Dieser grammatikalische Index enthält alle in den Wiederholungslektionen von "Hindi ohne Mühe" behandelten Grammatikthemen. Mit seiner Hilfe können Sie sich gezielt und auf die Schnelle Informationen zu einem bestimmten Grammatikthema heraussuchen.

A
Adjektive 7, 14, 28
Adjektive: Komparativ 28
Adjektive: Superlativ 28
Adverbien: Lokale Adverbien 35
Adverbien: Modale Adverbien 35
Adverbien: Temporale Adverbien 35
Aussagesätze 7
Aussprache der Hindi-Laute:
Allgemeines 7
Aussprache: Konsonanten (Mitlaute) 7
Aussprache: Vokale (Selbstlaute) 7

E
Ergativer Satzaufbau 28

F
Farben 28
Fragepronomen 7

I
Indirekte Satzkonstruktion 21

K
Konjunktionen (Bindewörter)
und Partikeln 7
Konjunktionen und Partikeln 35

N
Nebensätze: Zeitliche Nebensätze 49
Nebensätze: Hypothetische Sätze 49

Nebensätze: Sätze mit Haupt-/nicht abgeschlossener Nebenhandlung 49
Nebensätze: Ursächliche Nebensätze 49

P

Partikeln 35
Postposition und Adverb 21
Postposition का **kā** 14
Postpositionen 14, 42
Postpositionen: Ausdrücken von Besitz und Zugehörigkeit 42
Präpositionen: Vergleichende Aussagen 49
Pronomen 7, 14, 35
Pronomen: Abhängige Form 14
Pronomen: Demonstrativpronomen (hinweisende Fürwörter) 14
Pronomen: Personalpronomen 7
Pronomen: Possessivpronomen (besitzanzeigende Fürwörter) 14
Pronomen: Possessivpronomen und -adjektive 7
Pronomen: Reflexivpronomen 28
Pronomen: Relativpronomen 35

S

Satzbau bei Relativsätzen 35
Satzbau: Nebensätze, die ein Ziel umschreiben 35
Satzbau: Nebensätze, die Gegensätzliches umschreiben 35
Sätze: Hypothetischer Satz 42
Substantive 7, 14, 28
Substantive: Gebeugte Form 14
Substantive: Objekte mit der Postposition को **ko** 28

T

Tage und Stunden 21

V

Verben 7, 14, 21. 28, 35, 42, 49
Verben: Abschluss einer Handlung 35
Verben: Andauern einer Handlung 35
Verben: Andauernde Steigerung einer Handlung 35
Verben: Ausdrücken einer Verpflichtung 42
Verben: Beginn einer Handlung 35
Verben: Beispiele für den Gebrauch der vier Zeitformen 21
Verben: Formen des Irrealis 49
Verben: Frequentativ 42
Verben: Futur 14
Verben: Generelles Imperfekt 21
Verben: Generelles Präsens 7
Verben: Historisches Perfekt 21
Verben: Imperativ (Befehlsform) 7, 14
Verben: Kausativ II 35
Verben: Kausative Verben 14
Verben: Konjunktiv 28
Verben: Partizipialkonstruktionen 49
Verben: Partizipien 28
Verben: Passiv 42
Verben: Perfekt 21
Verben: Plötzlichkeit einer Handlung 42
Verben: Plusquamperfekt 21
Verben: Verben des Veranlassens und Bewirkens 21
Verben: Verlaufsform der Gegenwart 14
Verben: Verlaufsform der Vergangenheit 28
Verben: Weitere Bedeutungen von समझना **samajhnā** 42
Verben: Zusammengesetzte Formen des Konjunktivs 49
Verben: Zusammengesetzte Verben 28
Verneinter Imperativ 14
Verneinung 14
Vor- und Nachsilben: Bevorstehender Eintritt einer Handlung 49

Vor- und Nachsilben: Bildung abgeleiteter Substantive 49
Vor- und Nachsilben: Bildung von Adjektiven 49
Vor- und Nachsilben: Bildung von Substantiven 49
Vor- und Nachsilben: Nachsilben für Adjektive für die Bildung von Substantiven 49
Vor- und Nachsilben: Nachsilben für Substantive für die Bildung von Adjektiven 49
Vor- und Nachsilben: Nachsilben für Substantive/Verben für die Bildung von Substantiven 49
Vor- und Nachsilben: Vorsilben für Adjektive 49

Z

Zahlen von 1 bis 20 14
Zahlen: Allgemeines 35
Zahlen: Ordnungszahlen 35
Zwillingsbegriffe 35

WÖRTERVERZEICHNIS HINDI-DEUTSCH

Im folgenden Wörterverzeichnis sind gemäß der klassischen Anordnung des Devanagari-Alphabets alle Wörter aufgelistet, die Sie in den Lektionstexten, Anmerkungen und landeskundlichen Informationen von "Hindi ohne Mühe" kennengelernt haben. Darüber hinaus umfasst dieses Wörterverzeichnis für eine Vielzahl von Begriffen Synonyme jeweils aus dem Arabisch-Persischen und dem Sanskrit.

Die angegebenen Zahlen stehen für die Lektion/en, in der/denen das entsprechende Wort in der genannten Bedeutung zum ersten Mal auftaucht. Bei den zusätzlich aufgenommenen Wörtern fehlt diese Lektionsnummer, da das Wort im Kurs zwar nicht vorkommt, aber dennoch zum Grundwortschatz des Hindi gehört.

Beachten Sie bitte, dass die angegebene deutsche Übersetzung den Sinn des Wortes im jeweiligen Lektionskontext wiedergibt und dass zahlreiche Wörter neben diesem Sinn noch weitere Bedeutungen haben können.

Bitte beachten Sie die folgenden Kennzeichnungen und Abkürzungen in diesem Wörterverzeichnis:

- Bei den Nomen sind nur die weiblichen durch ein hochgestelltes ♀ gekennzeichnet. Somit sind alle anderen, nicht gekennzeichneten Nomen, männlich.
- Bei den Adjektiven sind nur die unveränderlichen durch (uv) gekennzeichnet. Somit sind alle anderen, nicht gekennzeichneten Adjektive, veränderlich.
- Bei den Verben sind nur die intransitiven durch (it) gekennzeichnet. Somit sind alle anderen, nicht gezeichneten Verben, transitiv.
- Die Angabe "LK" hinter der Lektionsnummer weist darauf hin, dass sich das jeweilige Wort in der landeskundlichen Anmerkung der Lektion findet.
- Sg. = Singular / Pl. = Plural

अ a

अँधेरा **ãdherā** dunkel, finster 18

अँधेरा (auch अँधेरी♀) **ãdherā (auch ãdherī)** Dunkelheit, Finsternis

अंक **aṅk** Nummer

अंकलजी **aṅkaljī** Onkel (auch als Anrede f. ältere Herren) 11 LK

अंग्रेज़ **aṅgrez** Engländer (Pl.)

अंग्रेज़ी♀ **aṅgrezī** (uv) englisch, Engländer/-in 20, 31

अंत **ant** Ende 17

अंतरात्मा♀ **antarātmā** "innere" Seele 52

अंतिम **antim** (uv) letzter, -e, -es 55

अंदर (के ~) **andar (ke ~)** in, drinnen 11, 13

अंधा **andhā** blind 39

अंधाधुंध **andhādhundh** (uv) blind 44

अक़्ल♀ **aqal** Intellekt 30

अक़्लमंद **aqalmand** (uv) klug, intelligent

अकसर **aksar** oft 10

अकेला **akelā** allein 11

अकेलापन **akelāpan** Einsamkeit 49

अक्तूबर **akṭūbar** Oktober

अख़बार **akhbār** Zeitung 17

अखाड़ा **akhāṛā** Arena, Ring, Spielfeld, Sportplatz 50 LK

अगर **agar** wenn 41

अगला **aglā** nächster 29

अगस्त **agast** August 36

अग्नि♀ **agni** Heiliges Feuer, Gottheit des Feuers 29 LK, 30

अचानक **acānak** plötzlich 15

अच्छा **acchā** gut 2

अच्छी तरह **acchī tarah** gut (adverbial) 42

अजीब **ajīb** (uv) eigenartig, merkwürdig, seltsam

अटहरु **aṭaharu** Ohrring, Ohr-Schmuck 31

अटैची♀ **aṭaicī** Aktenkoffer 33

अड़चन♀ **aṛcan** Hindernis, Hemmnis

अणु **aṇu** (uv) winzig, klein; Atom, Molekül

अत: **atah** denn, also, folglich

अदरक♀ **adrak** Ingwer 26

अदाकार **adākār** Interpret, Schauspieler

अधिक **adhik** mehr 28

अधिकारी♂ **adhikārī** Vorgesetzter, Verantwortlicher, Beamter 37, 51

अध्यापक **adhyāpak** Lehrer 1

अनुवाद **anuvād** Übersetzung 37

अनोखा **anokhā** erstaunlich 10

अपना **apnā** eigener, -e, -es 26

अपने आप **apne āp** selbst 33

अप्रैल **aprail** April

अफ़सर **afsar** Beamter 30

अब **ab** jetzt 2

अभी **abhī** jetzt gleich, genau jetzt, sofort 10

अभी तक **abhī tak** bis jetzt 26

अभी नहीं **abhī nahī** noch nicht 10

अभी भी **abhī bhī** auch jetzt (noch) 10

अभ्यास **abhyās** Übung, Praxis 1

अमन **aman** Frieden

अमीर **amīr** (uv) reich 27

अमुक **amuk** (uv) irgendein, -e, -es

अम्माँ♀ **ammā̃** Mama, Mami

अराजक **arājak** (uv) anarchisch, gesetzlos 49

अराजकता♀ **arājaktā** Anarchie, Herrschaftslosigkeit 49

अराजनैतिक **arājnaitik** (uv) unpolitisch 49

अरे ! **are !** ach!, he!, oh Mann! 4, 11

अर्थ **arth** Bedeutung, Sinn; Wirtschaft 43, 45

अर्थशास्त्र **arthaśāstra** Staatsrechtslehrbuch, bedeutende, pol. Abhandlung 38 LK

अर्थशास्त्री **arthaśāstrī** Wirtschaftswissenschaftler 45

अलग **alag** (uv) verschieden, anders 32

अलग करना **alag karnā** entfernen, teilen, trennen

अलमारी♀ **almārī** Schrank 18

अलार्म **alārm** Alarm 15

अलौकिक **alaukik** (uv) außerweltlich, himmlisch 47

अवर्ण **avarṇa** (uv) kastenlos 48

अवश्य **avaśya** sicher 41

अवसर **avsar** (günstige) Gelegenheit

अवाम **avām** Volk, Bevölkerung

अशर्फ़ी♀ **aśarfī** Goldstück 46

असंभव **asambhav** (uv) unmöglich 38

असर **asar** Eindruck

असल में **asal mẽ** in Wirklichkeit, wirklich

असहमत **asahamat** (uv) nicht einverstanden 47

असाधरण **asādhāraṇ** (uv) ungewöhnlich 49

अस्थिर **asthir** (uv) unbeständig 38

अस्थिरता♀ **asthirtā** Unsicherheit, Instabilität 47

अस्पताल **aspatāl** Krankenhaus 15

अस्वस्थ **asvasth** (uv) krank

अहम **aham** (uv) wichtig

अहमीयत♀ **ahmīyat** Wichtigkeit

अहा ! **ahā !** Oh! 13

अहिंसा♀ **ahinsā** Gewaltlosigkeit 44

आ ā

आ धमकना **ā dhamaknā** (it) hereingestürzt kommen 45

आँख♀ **ā̃kh** Auge 15

आँगन **ā̃gan** Hof 30

आँसू **ā̃sū** Träne 54

आँसू बहाना **ā̃sū bahānā** weinen 54

आंटीजी **ānṭījī** Tante (auch als Anrede f. ältere Damen) 11 LK

आंदोलन **āndolan** Bewegung 43

आकाश **ākāś** Himmel

आख़री **āk͟hrī** (uv) letzter, -e, -es

आख़िर **āk͟hir** endlich, schließlich 15

आग♀ **āg** Feuer 46

आगे **āge** vor, vorn 23

आज **āj** heute 3

आजकल **ājkal** gegenwärtig 1

आज़ाद **āzād** (uv) unabhängig, frei

आज़ादी♀ **āzādī** Freiheit 31

आतिशबाज़ी♀ **ātiśbāzī** Feuerwerk 34

आत्मा♀ **ātmā** Seele 52

आदमी **ādmī** Mann, Mensch 5

आदर **ādar** Ehre, Respekt

आदाब अर्ज़ **ādāb arẓ** Guten Tag, Auf Wiedersehen (unter Muslimen)

आदि **ādi** usw. 19

आदेश **ādeś** Befehl 47

आधा **ādhā** Hälfte, ein Halb 35, 46

आधुनिक **ādhunik** (uv) modern 45

आना **ānā** (it) kommen 16, 20

आप **āp** Sie (Sg. und Pl.) 1, 2 LK

आप लोग **āp log** Sie (mehrere Personen) 7

आपस में **āpas mẽ** gegenseitig 32

आम **ām** Mango 7

आयु♀ **āyu** (Lebens)alter

आयुर्वेद **āyurved** Ayurveda 20

आरंभ **ārambh** Anfang, Beginn 33

आरंभ करना **ārambh karnā** beginnen, anfangen

आरती♀ **ārtī** Feuerzeremonie (bei Hochzeiten) 29

आराम **ārām** Erholung, Ruhe 36, 45

आराम करना **ārām karnā** sich ausruhen 36, 45

आरोप **ārop** Anklage 45

आरोप लगाना **ārop lagānā** Anklage erheben, beschuldigen 45

आर्थिक **ārthik** (uv) wirtschaftlich 43

आलमारी♀ **ālmārī** Schrank

आलू **ālū** Kartoffel 26

आलू-गोभी **ālū-gobhī** Curry aus Kartoffeln und Blumenkohl 16 LK

आलोचना♀ **ālocnā** Kritik 17

आवश्यकता♀ **āvaśyaktā** Notwendigkeit 36

आवाज़♀ **āvāz** Stimme 39

आवारा **āvārā** Landstreicher 40

आशा♀ **āśā** Hoffnung

आश्रम **āśram** Ashram, rituelles Stadium 51 LK

आश्वस्त **āśvast** (uv) beruhigt 48

आश्वस्त करना **āśvast karnā** beruhigen 48

आश्वासन **āśvāsan** Versicherung 48

आसमान **āsmān** Himmel 12

आहिस्ता **āhistā** langsam

आहिस्ता-आहिस्ता **āhistā-āhistā** sehr langsam (adverbial)

इ i

इंटरव्यू **iṇṭarvyū** Interview 40

इंतकाल **intkāl** Tod

इंतज़ाम **intazām** Vorbereitung, Organisation 41

इंतजार **intazār** Erwartung 31

इच्छा♀ **icchā** Lust, Wunsch 42, 51

इज़्ज़त♀ **izzat** Ehre, Respekt 55

इज़्ज़त रखना **izzat rakhnā** die Ehre retten 55

इज़्ज़तदार **izzatdār** (uv) ehrenhaft, anständig

इतना **itnā** so viel, so sehr 37, 38

इतवार **itvār** Sonntag

इतिहास **itihās** Geschichte, Historie 20

इत्यादि **ityādi** usw. 48

इत्र **itr** Parfüm

इधर **idhar** hierher 13

इन **in** jene hier, ihnen, sie (gebeugte Form)

इनक़लाब **inqalāb** Revolution 31 LK

इनका **inkā** ihr, ihre 7

इनकार **inkār** Ablehnung 48

इनकार करना (से ~) **inkār karnā (se ~)** sich weigern

इनको **inko** ihnen hier (gebeugte Form)

इनसान **insān** Mensch 54

इनसानियत♀ **insāniyat** Menschheit 55

इनसाफ़ **insāf** Gerechtigkeit 55

इनाम **inām** Belohnung 46

इनायत♀ **ināyat** Gefälligkeit, Gunst

इन्हीं **inhī̃** ihnen, sie (hier)

इन्हें **inhẽ** ihnen hier (gebeugte Form) 9

इम्तहान **imtahān** Prüfung, Examen

इम्तहान लेना **imtahān lenā** eine Prüfung ablegen

इलज़ाम **ilzām** Anklage 45

इलज़ाम लगाना **ilzām lagānā** Anklage erheben 45

इलायची♀ **ilāycī** Kardamom 13

इश्तहार **iśtahār** Anzeige, Werbung 40

इस **is** dieser, -e, -es (gebeugte Form) 6

इसका **iskā** sein, ihr 6

इसलिए / इसीलिए **islie / isīlie** deswegen, deshalb / genau deswegen 29, 37

इसी **isī** gerade, genau dieser, -e 19

इसी ढंग से **isī ḍhaṅg se** auf diese Weise 47

इसे / इसको **ise / isko** ihm, ihn, ihr, sie, diesen, diesem 9

इस्तेमाल **istemāl** Gebrauch

इस्तेमाल करना **istemāl karnā** gebrauchen, verwenden

ई ī

ईमान **īmān** Ehrlichkeit, Aufrichtigkeit 54

ईमानदारी♀ **īmāndārī** Ehrlichkeit

ईश्वर **īśvar** Gott 52

ईश्वरीय **īśvarīy** (uv) göttlich

उ u

उचित **ucit** (uv) passend 50

उछलना **uchalnā** (it) hüpfen 23

उठना **uṭhnā** (it) aufstehen 16, 38

उठाना **uṭhānā** aufheben, hochheben 48

उड़ना **uṛnā** (it) fliegen

उड़ाना **uṛānā** fliegen lassen 25

उतरना **utarnā** (it) aussteigen 16

उत्तर **uttar** Antwort

उत्पादन **utpādan** Produktion 45

उधर **udhar** dorthin 13

उन **un** jene dort, ihnen, sie (gebeugte Form) 8

उनका **unkā** ihr, ihre (Pl.) 7

उनको **unko** ihnen dort (gebeugte Form)

उन्हीं **unhī** ihnen, sie (dort)

उन्हें **unhẽ** ihnen dort (gebeugte Form) 9

उपनगर **upnagar** Vorort 49

उपन्यास **upanyās** Roman 17

उपयोग **upyog** Gebrauch 49

उपस्थित **upasthit** (uv) anwesend

उपस्थित होना **upasthit honā** (it) anwesend sein 47

उपस्थिति **upasthiti** Anwesenheit, Präsenz

उम्मीद करना **ummīd karnā** hoffen

उम्र / उमर **umr / umar** (Lebens)alter 39

उर्दू **urdū** Urdu 32, 36

उलटा **ulṭā** verkehrt herum, umgekehrt 16

उलटा-सीधा **ulṭā-sīdhā** verdreht, verworren 38

उल्लू **ullū** Eule 32

उषा **uṣā** Morgendämmerung

उस **us** jener, -e, -es; er, sie, ihm, ihn, ihr, sie (gebeugte Form) 6

उसका **uskā** sein, ihr 6

उसके बाद **uske bād** dann, danach 28

उसी **usī** gerade, genau jener, -e, -es 22

उसे / उसको **use / usko** ihm, ihn, ihr, sie, jenen, jenem 9

उस्ताद **ustād** Meister 32

ऊ ū

ऊँघना **ū̃ghnā** (it) dösen, einnicken, schlummern 22

ऊँचा **ū̃cā** hoch 8

ऊँचाई **ū̃cāī** Höhe 52

ऊँट **ū̃ṭ** Kamel 19

ऊपर (के ~) / ऊपर **ūpar (ke ~) / ūpar** oben 14, 15

ऊपर से **ūpar se** von oben; außerdem 15, 24, 51

ऊबना **ūbnā** sich langweilen 29

ऋ ri

ऋतु **ritu** Jahreszeit

ए e

एक **ek** eins 1

एक दूसरे **ek dūsre** einander, gegenseitig 29

एकदम **ekdam** ganz, komplett, plötzlich, völlig, wirklich 35

एलीट **elīṭ** Elite 31

ऐ ai

ऐंटीक **aiṇṭīk** Antiquitäten 10

ऐटम **aiṭam** Atom 54

ऐतिहासिक **aitihāsik** (uv) geschichtlich, historisch 43

ऐलान **ailān** Mitteilung, Erklärung 46

ऐश्वर्य **aiśvarya** Göttlichkeit 52

ऐसा **aisā** so 36

ऐसे **aise** so (welche), solche 15

ऑ ŏ

ऑटोमैटिक **ŏṭomaiṭik** (uv) automatisch

ऑटो-रिक्शा **ŏṭo-rikśā** Auto-Rikscha 10

ऑमलेट **ŏmleṭ** Omelett 16

ऑलिंपिक **ŏlimpik** (uv) olympisch 50

ओ o

ओ ! **o !** oh!, ah!

ओर से **or se** von 50

ओह ! **oh !** oh! 4

औ au

और **aur** und 1, 3

औरत♀ **aurat** Frau 19, 30 LK

क ka / क़ qa

कंठ **kaṇṭh** Hals, Kehle 48

कंडक्टर **kaṇḍakṭar** Schaffner 22

कंप्यूटर **kampūṭar** Computer 37

कई **kaī** mehrere 17, 18

कक्षा♀ **kakṣā** Klasse

कचरा **kacrā** Abfall

कच्चा **kaccā** roh 41

कटना **kaṭnā** (it) geschnitten werden

कट्टर **kaṭṭar** (uv) unbarmherzig 38

कठपुतली **kaṭhputlī** Marionette 19, 21 LK

कठिन **kaṭhin** (uv) schwierig 55

कठिनाई♀ **kaṭhināī** Schwierigkeit

कड़ा **kaṛā** fest, hart, steif 45

क़त्ल **qatl** Mord

कथा♀ **kathā** Märchen 45

क़दम **qadam** Schritt 55

कन्या♀ **kanyā** Jungfrau, Mädchen 25

कन्या दनम **kanyā danam** Hochzeitsritual 29 LK

कपट **kapaṭ** Unehrlichkeit, Heuchelei

कपटी **kapṭī** (uv) unehrlich, boshaft, gehässig

कपड़े **kapṛe** Kleidung, Wäsche 10

कब **kab** wann 21, 37

कब का **kab kā** seit 37

कबड्डी **kabaḍḍī** indisches Spiel 50 LK

कबूतर **kabūtar** Taube 40

कबूतरख़ाना **kabūtarkhānā** Taubenschlag 40

कभी **kabhī** manchmal, selten, eines Tages 10

कभी नहीं **kabhī nahī̃** niemals 11

कभी-कभी **kabhī-kabhī** manchmal 10

कम **kam** wenig 26, 53

कमरा **kamrā** Zimmer 40

कमाना **kamānā** verdienen (finanziell) 40

कमीज़♀ **kamīz** Hemd 4

कम्युनिस्ट **kamyunisṭ** (uv) kommunistisch 19, 31

कर **kar** Steuer, Zoll; Hand

करना **karnā** machen

करवाना **karvānā** machen lassen 33

कराना **karānā** machen lassen, veranlassen zu 19

क़रीब **qarīb** (uv) nahe 15

कर्मचारी♀ **karmacārī** Angestellter, Beschäftigter 5, 31

कल **kal** gestern, morgen 15, 17

कला **kalā** Kunst 9

कलाकार **kalākār** Künstler, Artist 9

कलाबाज़ी♀ **kalābāzī** Kunststücke 9

कवि **kavi** Dichter 40

कविता♀ **kavitā** Kavita (Eigenname), Gedicht, Poesie 29, 37

कष्ट **kaṣṭ** Schmerz 46

कसरत♀ **kasarat** Gymnastik, Leibesübungen, Turnen 33

कसौटी♀ **kasauṭī** Regel, Bestimmung, Kriterium, Maßstab 50

कहना **kahnā** sagen 11

कहाँ **kahā̃** wo 4

कहानी♀ **kahānī** Geschichte, Märchen 14, 42, 47

कहीं **kahī̃** irgendwo 48

कहीं नहीं **kahī̃ nahī̃** nirgendwo

का **kā** von

का आदर करना **kā ādar karnā** respektieren

का आरंभ करना **kā ārambh karnā** anfangen, beginnen 33

का इंतज़ाम करना **kā intazām karnā** organisieren

का इंतज़ार करना **kā intazār karnā** warten

का इस्तेमाल करना **kā istemāl karnā** gebrauchen, verwenden 49

का उपयोग करना **kā upyog karnā** gebrauchen, verwenden

का ऐलान करना **kā ailān karnā** verkünden, mitteilen 46

का मज़ाक़ उड़ाना **kā mazāq uṛānā** sich (über jndn.) lustig machen 25

का शिकार करना **kā śikār karnā** jagen 19

का स्वागत करना **kā svāgat karnā** empfangen, willkommen heißen 19

काँपना **kā̃pnā** (it) zittern 38

कांग्रेस♀ **kāṅgres** Congress (-Partei) 17, 31

काग़ज़ **kāgaz** Papier, Dokument 40

काग़ज़ात **kāgazāt** Papiere, Dokumente 40

काटना **kāṭnā** schneiden, Fahrscheine knipsen, stechen (Mücken) 22, 41

काटना **kāṭnā** verbringen (Zeit) 36

काठ **kāṭh** Holz

कान **kān** Ohr 31

काफ़ी **kāfī** (uv) genug, genügend 14

क़ाबलियत♀ **qābaliyat** Talent, Fähigkeit, Kompetenz 38

क़ाबिल **qābil** (uv) brauchbar, geeignet, wert, fähig 38

काम **kām** Arbeit 5

कामयाबी♀ **kāmyābī** Erfolg, Gelingen

क़ायम **qāyam** (uv) fest, stabil

कार♀ **kār** Auto 20

कारख़ाना **kār<u>kh</u>ānā** Fabrik 15

कारण **kāraṇ** Grund; wegen 21, 50

कारीगर **kārīgar** Handwerker 36

कारोबार **kārobār** Geschäft, Beruf, Job

कार्य **kāry** Arbeit, Aufgabe, Tätigkeit

कार्यालय **kāryālay** Büro

काल **kāl** Epoche, Saison, Zeit

काला **kālā** schwarz 13

क़ालीन **qālīn** Teppich 19

काशी **kāśī** Kashi (alter Name f. Benares)

कितना **kitnā** wie viel 10

किताब♀ **kitāb** Buch 24, 47

किधर **kidhar** wo 13

किराया **kirāyā** Mietpreis 40

क़िला **qilā** Burg, Schloss 18

किलोमीटर **kilomīṭar** Kilometer 15

किश्ती♀ **kiśtī** Boot, Schiff

किस **kis** **(gebeugt)** wen 4

किसका **kiskā** wessen 4

किसान **kisān** Bauer 40, 43 LK

किसी दिन **kisī din** an (irgend) einem Tag

क़िस्मत♀ **qismat** Schicksal

क़िस्सा **qissā** Geschichte, Erzählung 45

की **kī** von

की इज़्ज़त करना **kī izzat karnā** respektieren 40

की ओर **kī or** in Richtung auf (auch zu) 16

की ख़ातिर करना **kī <u>kh</u>ātir karnā** hofieren, empfangen 19

की घोषणा♀ करना **kī ghoṣaṇā karnā** verkünden, mitteilen 46

की जगह **kī jagah** anstelle von 42

की तरफ़ **kī taraf** in Richtung auf 26

की तरह **kī tarah** wie (bei Vergleichen) 48

की तलाश / की खोज करना **kī talāś / kī khoj karnā** suchen 51

की तलाश करना **kī talāś karnā** suchen

की प्रतीक्षा♀ करना **kī pratīkṣā karnā** warten 55

की वजह से **kī vajah se** wegen 18

की व्यावस्था करना **kī vyāvasthā karnā** organisieren 41

क़ीमत♀ **qīmat** Preis 35, 54

क़ीमती **qīmatī** (uv) kostbar, wertvoll 35, 51

कुछ **kuch** etwas, irgendetwas 8, 9

कुछ नहीं **kuch nahī̃** nichts 14

कुछ भी **kuch bhī** irgend etwas 8

कुत्ता **kuttā** Hund 19

क़ुदरत♀ **qudrat** Natur 45

कुनबा **kunbā** Familie

कुमारी♀ **kumārī** Kumari (Inkarnation d. Göttin Durga), Fräulein 8

कुरता **kurtā** Kurta (kragenloses weites Hemd) 4, 23, 43 LK

कुर्सी♀ (auch कुरसी♀) **kursī** Stuhl 8

कूड़ा **kūṛā** Abfall 25

कूदना **kūdnā** (it) springen 16

कृतज्ञ **kritagya** (uv) dankbar 49

कृपया **kripayā** bitte (förmlich) 15 LK

कृपा♀ **kripā** Gnade 15, 45

कृपा करके **kripā karke** bitte (förmlich) 15 LK

के **ke** von 2

के अंदर **ke andar** in 11

के अनुसार **ke anusār** entsprechend, gemäß 50

के आगे **ke āge** vor (örtlich), vorn 47

के ऊपर **ke ūpar** über 21

के क़रीब **ke qarīb** nahe bei 15

के कारण **ke kāraṇ** wegen 21

के ख़िलाफ़ **ke khilāf** gegen

के घर **ke ghar** bei 16

के दौरान **ke daurān** während, innerhalb (zeitlich) 39

के द्वारा **ke dvārā** durch, von 37

के नीचे **ke nīce** unter 14

के पास **ke pās** nahe bei, in der Nähe 15

के पीछे **ke piche** hinter 15

के प्रति **ke prati** gegen 50

के / की बजाय **ke / kī bajāy** anstatt 38

के बग़ैर **ke bagair** ohne 42

के बल पे **ke bal pe** dank

के बाद **ke bād** nach 11

के बारे में **ke bāre mẽ** über, in Bezug auf 20

के बावजूद **ke bāvajūd** trotz 38

के बाहर **ke bāhar** außerhalb von 11

के बिना **ke binā** ohne 12

के बीच में **ke bīc mẽ** mitten in 23, 30

के भीतर **ke bhītar** in, innerhalb von 42

के मारे **ke māre** wegen, durch, aus 48

के मुताबिक **ke mutābik** entsprechend, gemäß

के यहाँ **ke yahā̃** bei 18

के लिए **ke lie** für 11

के विरुद्ध **ke viruddh** gegen 43

के विषय में **ke viśay mẽ** in Bezug auf

के संग **ke saṅg** zusammen mit, in Begleitung von

के साथ **ke sāth** zusammen, gemeinsam 23

के सामने **ke sāmne** vor (örtlich), vorn 15

के सिवा **ke sivā** außer, mit Ausnahme von 46

के स्थान पर **ke sthān par** anstelle von

के हवाले करना **ke havāle karnā** anvertrauen

केवल **keval** nur 11

केसर **kesar** Safran 13

कैसा **kaisā** wie, welch 14

कैसे **kaise** wie 1

कैसे हो ? **kaise ho ?** Wie geht's? 1 LK

कॉनवेंट **kŏnveṇṭ** Kloster 25

कॉलम **kŏlam** Rubrik, Spalte 17

कॉलेज **kŏlej** College 21

को **ko** in, nach, bis, zu 10

को छोड़कर **ko choṛkar** darüber hinaus, außer 54

को लगाना **ko lagānā** jmdn. beschäftigen 45

को सौंपना **ko saumpnā** anvertrauen 46

कोई **koī** ein gewisser, eine gewisse, jemand, irgendeiner 14, 18, 33

कोई नहीं **koī nahī̃** niemand 14

कोई भी **koī bhī** irgendeiner 52

कोच **koc** Reisebus (Überland) 19

कोट **koṭ** Mantel 23

कोटा **koṭā** Quota, Kontingent 36

कोना **konā** Ecke 28

कोशिश♀ **kośiś** Versuch 23

कौन **kaun** wer 2, 4

कौनसा **kaunsā** welche 24

क़ौम♀ **qaum** Nation, Volk

क़ौमी **qaumī** (uv) national

क्या **kyā** was 1

क्यों **kyõ** warum 11

क्योंकि **kyõki** weil 15

क्रांति♀ / क्रांती♀ **krānti / krāntī** Revolution 31 LK

क्रांतिकारी / क्रांतीकारी **krāntikārī / krāntīkārī** Revolutionär 31 LK

क्रिकेट♀ **kriket** Kricket 16

क्रिया♀ **kriyā** Zeremonie 30

क्रोध **krodh** Wut

क्रोधित **krodhit** (uv) wütend, zornig

क्लास♀ **klās** Klasse 21

क्षत्रिय **kṣatriy** Kshatriya (Stand d. Krieger) 48

ख kha / ख़ kha

खंडहर **khaṇḍahar** Ruine 18

खंबा **khambā** Straßenlaterne 37

ख़ज़ाना **khazānā** Schatz 52

खड़ा **khaṛā** stehend 23

ख़तरनाक **khatarnāk** (uv) gefährlich 22

ख़त्म करना **khatm karnā** beenden, aufhören 35

ख़फ़ा **khafā** gereizt, verärgert

ख़बर♀ **khabar** Nachricht 17

ख़याल **khayāl** Gedanke, Idee 27

ख़राब **kharāb** (uv) schlecht 11, 26

ख़राबी♀ **kharābī** Fehler 42

ख़रीदना **kharīdnā** kaufen 19

खलनायक **khalnāyak** Bösewicht 24

खलबली♀ **khalbalī** Unruhe, Tumult 48

ख़ल्क♀ **khalq** Menschen, Menschheit

ख़ाक♀ **khāk** Staub 33

खाट♀ **khāṭ** Bett 15

ख़ातिर♀ **khātir** Respekt, Höflichkeit 19

खादी **khādī** Khadi, handgesponnenes Tuch 41, 43 LK

ख़ानदान **khāndān** Familie

खाना **khānā** Essen, essen 5

ख़ामोश **khāmoś** (uv) ruhig, still

ख़ाली **khālī** (uv) frei, leer, unbesetzt 40

ख़ाविंद **khāvind** Ehemann, Gatte

ख़ास **khās** (uv) besonders, speziell 20

ख़ास तौर (से / पर) **khās taur (se / par)** ganz besonders 20

ख़ासा **khāsā** ausgezeichnet, vortrefflich 53

खिचड़ी♀ **khicṛī** Khitschri (Gericht aus Reis u. Linsen) 46

खिड़की♀ **khiṛkī** Fenster 8

खिलना **khilnā** (it) aufblühen, aufgehen, sich entfalten 48

खिलाड़ी **khilāṛī** Spieler 39

खिलाना **khilānā** füttern, zu Essen geben; vergnügen, aufblühen lassen 35, 48

खीर♀ **khīr** Milchreis, Khir (Reispudding) 16 LK

ख़ुद **khud** selbst 33

ख़ुदग़र्ज़ **khudgarz** (uv) egoistisch, selbstsüchtig

ख़ुदा **khudā** Gott (d. Muslime) 51

ख़ुदाई **khudāī** (uv) göttlich 51

खुलना **khulnā** (it) sich öffnen 15

खुले-आम **khule-ām** (uv) öffentlich 29

खुल्लम-खुल्ला **khullam-khullā** öffentlich

ख़ुश **khuś** (uv) glücklich, froh (übertragen auch: gut) 13, 20

ख़ुशबू♀ **khuśbū** Duft 13

ख़ुशहाल **khuśhāl** (uv) blühend, glücklich, wohlhabend 13

ख़ुशी♀ **khuśī** Glück, Freude 20

ख़ून **khūn** Blut 50, 51

ख़ूब **khūb** viel 9

ख़ूबसूरत **khūbsūrat** (uv) hübsch 30

ख़ूबसूरती♀ **khūbsūratī** Schönheit

ख़ूबी♀ **khūbī** Qualität, gute Seiten 42

खेल **khel** Spiel 19

खेलना **khelnā** (it) spielen 5

ख़ैर **khair** endlich, also 27

खो जाना **kho jānā** (it) verloren gehen

खोज♀ **khoj** Suche 52

खोज करना **khoj karnā** suchen, untersuchen 51

खोजना **khojnā** suchen, untersuchen 52

खोदना **khodnā** graben 52

खोना **khonā** verlieren 52

खोलना **kholnā** öffnen 24

ख़याल **khayāl** Gedanke, Idee 27

ख़्वाजा **khvājā** islamischer Gelehrter, frommer Muslim 47

ख़्वाहिश♀ **khvāhiś** Wunsch, Verlangen

ग ga / ग़ ga

गँवार **gãvār** Dorftrottel, Bauer 45

गंध♀ **gandh** Geruch, Duft 49

गधा **gadhā** Esel 47

ग़म **gam** Kummer, Leid, Trauer

गरम **garam** (uv) warm, heiß 3

गरम करना **garam karnā** erwärmen, erhitzen

ग़रीब **garīb** (uv) arm 32

ग़रीबी♀ **garībī** Armut 49

गर्दन♀ **gardan** Genick, Hals, Nacken

गर्मी♀ **garmī** Hitze, Wärme 12, 20

गर्व **garv** Stolz 51

ग़लत **galat** (uv) falsch 17

ग़लती♀ **galtī** Fehler, Irrtum, Fehlverhalten 2

गला **galā** Hals, Kehle 34

गली♀ **galī** Straße, Gasse 18

ग़लीचा **galīcā** Teppich

गवर्नर **gavarnar** Gouverneur

गवाह **gavāh** Zeuge

गहने **gahne** Schmuck

गहरा **gahrā** dunkel; tief 7, 52

गहराई♀ **gahrāī** Tiefe 52

गाँधीवादी **gāndhīvādī** Gandhi-Anhänger 41

गाँव **gā̃v** Dorf 32

गाँववाला **gā̃vvālā** Dorfbewohner 45

गाजर♀ **gājar** Karotte 39

गाड़ना **gāṛnā** begraben, vergraben 52

गाड़ी♀ **gāṛī** Auto, Wagen, Zug 24

गाना **gānā** Lied; singen 8, 22

गाना सुनाना **gānā sunānā** singen 8

गाय♀ **gāy** Kuh 37

गायक **gāyak** Sänger 43

गाय-भैंसें♀ **gāy-bhaĩsẽ** Vieh 37

गारंटी♀ **gāraṇṭī** Garantie 40

गिरना **girnā** (it) fallen 15

गिरवी **girvī** Verpflichtung 43

गिरोह **giroh** Bande, Gang 51

गिलास **gilās** Glas 25

गीत **gīt** Lied 20

गीदड़ **gīdaṛ** Schakal 48

ग़ुंडा **g̲uṇḍā** Bösewicht, Rowdy 24

गुज़रना **guzarnā** (it) vorbeigehen, vorbeiziehen 23

गुट **guṭ** Fraktion 32

गुड़िया♀ **guṛiyā** Marionette, Puppe

गुण **guṇ** Qualität 39

गुरू **gurū** Meister 1

गुरुवार **guruvār** Donnerstag 21

गुल **gul** Blume, Rose

गुलाब **gulāb** Rose 31

ग़ुलाम **g̲ulām** Sklave

गुल्ली **gullī** Wurfholz 50 LK

गुल्ली डंडा **gullī ḍaṇḍā** Gulli Danda, indisches Wurfspiel 50 LK

गुसलख़ाना **gusalk̲h̲ānā** Badezimmer 15, 41

ग़ुस्सा **g̲ussā** Wut 39

गृहस्थ **grihastha** rituelles Stadium 51 LK

ग़ैरमुल्की **g̲airmulkī** (uv) ausländisch

गो♂ / गो♀ **go** Bulle, Ochse, Stier; Kuh

ग़ोता **g̲otā** Tauchen

ग़ोता लगाना **g̲otā lagānā** (ein)tauchen 52

गोदान **godān** Schenkung einer Kuh

गोभी♀ **gobhī** Blumenkohl 16

गोश्त **gośt** Fleisch 26

ग्रन्थ / ग्रंथ **granth** Buch, Schrift, Werk 47

ग्राम **grām** Dorf

ग्रामीण **grāmīṇ** Dorfbewohner

घ gha

घंटा **ghaṇṭā** Stunde 9

घंटी♀ **ghaṇṭī** Klingel 42

घटिया **ghaṭiyā** (uv) erbärmlich, hässlich, miserabel

घड़ी♀ **gharī** Uhr 4

घबराना **ghabrānā** (it) sich sorgen 11

घबराहट♀ **ghabrāhat** Sorge 48

घर **ghar** Haus 15

घाट **ghāṭ** Ufer, Böschung 55

घास♀ **ghās** Gras 46

घी **ghī** Ghee (Butterschmalz) 26

घूँघट **ghū̃ghaṭ** Schleier 29

घुमाना **ghumānā** begleiten, ausführen 19

घुलना **ghulnā** (it) sich mischen 35

घुलाना **ghulānā** verschmelzen 32, 35

घुसना **ghusnā** (it) eintreten, eindringen 48

घुसाना **ghusānā** eintreten lassen, eindringen lassen

घूमना **ghūmnā** (it) spazieren (gehen) 10, 21

घृणा♀ **ghriṇā** Abscheu, Widerwillen, Hass

घोड़ा **ghoṛā** Bombe; Pferd 5, 54

घोड़ी♀ **ghoṛī** Stute 5

घोलना **gholnā** auflösen, vermischen 12

घोषणा♀ **ghoṣṇā** Erklärung, Verkündung 48

घोषित **ghoṣit** (uv) erklärt 50

च ca

चंद्रमा **candramā** Mond

चकित **cakit** (uv) überrascht 29

चखना **cakhnā** schmecken, probieren 28

चचा **cacā** Onkel (väterl.)

चढ़ना **caṛhnā** (it) hinaufsteigen 8

चपरासी **caprāsī** Gehilfe 33

चपाती♀ **capātī** Chapati 37

चबाना **cabānā** kauen 48

चमक♀ **camak** Glanz 18

चमकना **camaknā** (it) glänzen 18

चमत्कार **camatkār** Wunder 47

चरख़ा **car<u>kh</u>ā** Spinnrad 50

चलना **calnā** (it) (weg)gehen, (weg)fahren 7, 11, 21

चलाना **calānā** fahren, lenken 11, 14

चाँद **cā̃d** Mond 54

चाँदनी चौक **cā̃dnī cauk** Chandni Chowk (Platz im Stadtzentrum Delhis) 13

चाँदनी♀ **cā̃dnī** Mondschein 13

चाँदी♀ **cā̃dī** Silber 13 LK

चाचा **cācā** Onkel (väterl.) 43

चाची♀ **cācī** Tante (väterl.)

चाबी♀ **cābī** Schlüssel 26

चाय♀ **cāy** Tee 3 LK

चारा **cārā** Schutz, Hilfe 49

चालक **cālak** Fahrer

चालाक **cālāk** (uv) schlau 48

चावल **cāval** Reis (geschält) 16 LK, 23, 35

चाह♀ **cāh** Wunsch, Wille 10, 19

चाहना **cāhnā** möchten, wollen 10

चाहिए **cāhie** möchtend, wünschend

चिंता♀ **cintā** Sorge, Befürchtung, Angst 21

चिट्ठी♀ **ciṭṭhī** Brief 33

चिता♀ **citā** Scheiterhaufen 55

चित्र **citr** Bild, Film

चिराग़ **cirāg** Lampe, Licht

चिल्लाना **cillānā** (it) schreien 16

चीज़♀ **cīz** Sache 9

चीता **cītā** Panther 48

चीनी **cīnī** (uv) chinesisch, Chinese / Chinesin 7

चीनी♀ **cīnī** Zucker

चुकना **cuknā** (nach Verbstamm; it) aufhören, beendet werden, schon (+ Verb) 29

चुटकुला **cuṭkulā** Scherz, Witz 14

चुड़ीदार **cuṛīdār** Hose f. junge Mädchen (an d. Knöcheln eng) 4 LK

चुन्नी♀ **cunnī** Schal 4

चुप **cup** (uv) ruhig 42

चूँकि **cũki** da, weil 47

चूसना **cūsnā** saugen, lutschen 51

चूहा **cūhā** Maus 51

चेतना♀ **cetnā** Bewusstsein 43

चेहरा **cehrā** Gesicht 29

चैन **cain** Ruhe, Gelassenheit 54

चोर **cor** Dieb 37

चोरी♀ **corī** Diebstahl

चौकी♀ **caukī** Polizeirevier 51

चौकीदार **caukīdār** Wächter, Torwache

चौड़ा **cauṛā** breit 30

छ cha

छक्के छुड़ाना **chakke chuṛānā** jmdn. KO schlagen, jmdn. fertig machen 24

छठा **chaṭhā** sechster 35

छत♀ **chat** Dach 24

छपना **chapnā** (it) gedruckt sein, gedruckt werden 17

छपवाना **chapvānā** drucken lassen 33

छलांग♀ **chalāṅg** Sprung 24

छाछ♀ **chāch** Buttermilch

छात्र / छात्रा♀ **chātr / chātrā** Schüler/-in, Student/-in 2

छानना **chānnā** filtern, sieben 33

छापना **chāpnā** drucken 33

छाया♀ **chāyā** Schatten 45

छायाकार **chāyākār** Fotograf

छिपाना **chipānā** verstecken 39

छुट्टियाँ♀ **chuṭṭiyā̃** (Pl.) Ferien 12

छुड़ाना **chuṛānā** lassen 24

छुपाना **chupānā** verstecken

छूटना **chūṭnā** (it) frei werden, sich lösen 21

छूना **chūnā** (it) anfassen, berühren 40

छेड़ना **cheṛnā** ärgern, necken, spotten 25

छोटा **choṭā** klein 8

छोटू **choṭū** kleiner Junge 3

छोड़ना **choṛnā** (etw.) frei lassen 11

ज ja / ज़ za

जंगल **jaṅgal** Wald, Dschungel 48

ज़ंजीर♀ **zā̃jīr** Kette

जंतर मंतर **jantar mantar** Observatorium 21 LK

जगना **jagnā** (it) aufwachen, wach werden 15

जगह♀ **jagah** Ort, Platz 26, 37, 40

जज़्बा **jazbā** Gefühl

जन **jan** Volk, Bevölkerung 31 LK

जनता♀ **jantā** Volk 32

जनवरी **janvarī** Januar 21

जनाब **janāb** Meister 11, 27

जनेऊ **janeū** Brahmanenschnur 54

जपना **japnā** predigen, Gebete sprechen 32

जब **jab** als, wenn 30

जब से **jab se** seit(dem) 37

ज़बरदस्ती♀ **zabardastī** Gewalt, Zwang 34

ज़बरदस्ती♀ करना **zabardastī karnā** Gewalt anwenden, antreiben, zwingen 34

ज़बान♀ **zabān** Zunge, Sprache 32

जमना **jamnā** (it) gefrieren, fest werden 46

जमा करना **jamā karnā** lagern, sammeln 51

जमात♀ **jamāt** Versammlung, Gruppe 51

ज़माना **zamānā** Epoche 44

ज़मीन♀ **zamīn** Boden, Erde 51

ज़मींदार **zamīndār** Grundbesitzer 51

ज़रा **zarā** etwas, wenig 12

ज़रूर **zarūr** sicher, natürlich 8

ज़रूरत♀ **zarūrat** Notwendigkeit 34

जर्मन **jarman** (uv) deutsch, Deutscher/-e 2

जल **jal** Wasser

जलना **jalnā** (it) brennen 21

जल-पान **jal-pān** Imbiss, Nahrung, Essen 41

जलाना **jalānā** etw. verbrennen 21

जलेबी♀ **jalebī** Jalebi (in Öl frittierte, süße Nachspeise) 3

जल्दी **jaldī** (uv) bald, schnell, früh 21

जवाब **javāb** Antwort 36

जवाहर **javāhar** Juwel 31

जवाहरात **javāharāt** Schmuck

जहाँ **jahā̃** (dort) wo (Konjunktion) 29

जहाँपनाह **jahā̃panāh** Beschützer der Welt 47

जहान **jahān** Welt 47

जाँचना **jā̃cnā** kontrollieren, prüfen, testen

जागना **jāgnā** (it) aufwachen, wach werden 15

जाति♀ **jāti** Kaste, Kategorie, Klasse 48

जादू **jādū** Magie, Zauber 44

जादूगर **jādūgar** Magier, Zauberer 44

जान पड़ना **jān paṛnā** (it) scheinen, so aussehen als ob 44

जानकारी♀ **jānkārī** Kenntnis

जानना **jānnā** kennen, wissen 18

जान-पहचान♀ **jān-pahacān** Bekanntschaft 41

जानवर **jānvar** Tier 48

जाना **jānā** (it) (weg)gehen, (weg)fahren 9, 10, 36

जाना-माना **jānā-mānā** bekannt, berühmt 18

ज़ायक़ा **zāyqā** Geschmack

जितना **jitnā** so wie, soviel wie 53

जिधर **jidhar** dorthin wo, dort wo 19, 37

ज़िन्दगी♀ **zindagī** Leben 38

जिल्द♀ **jild** Buchdeckel, Einband 47

जिस **jis** (gebeugt) welchen 31

जिससे (कि) **jisse (ki)** damit, mit was, mit dem, mit der

जी **jī** mein Herr / meine Dame (respektvolle Anrede) 40

जीतना **jītnā** (it) gewinnen (Spiel, Sport usw.)

जीन्स♀ **jīns** Jeans 33

जीभ♀ **jībh** Zunge 47

ज़ीरा **zīrā** Kümmel 13

जीवन **jīvan** Leben 44

जुनून **junūn** Verrücktheit, Wahnsinn

जुमला **jumlā** Satz

जुमा **jumā** Freitag

जुरमाना **jurmānā** Geldstrafe 45

जुलाई **julāī** Juli 36

जुलाहा **julāhā** Weber

जूता **jūtā** Schuh 15

जूती♀ **jūtī** Schuh

जून **jūn** Juni 21

जेब♀ **jeb** Tasche, Täschchen (im Kleidungsstück) 4

ज़ेवर **zevar** Schmuck 19

जैसलमेर **jaisalmer** Jaisalmer (Stadt im Bundesstaat Rajasthan) 21 LK

जैसा **jaisā** wie (bei Vergleichen) 20

जैसे **jaise** wie; solch ein, -e (bei Vergleichen) 26, 48

जैसे ही **jaise hī** sobald 47

जो **jo** welcher, -e, -es (Rel. pron.) 30

जोड़ना **joṛnā** hinzufügen 50

ज़ोर से **zor se** laut (adverbial) 23

ज्ञान **gyān** Kenntnis 45

ज़्यादा **zyādā** mehr, zu viel 21, 27

ज्वर **jvar** Fieber, Temperatur

झ jha

झंडा **jhaṇḍā** Fahne 50

झटका **jhaṭkā** Stoß 22

झपटना **jhapaṭnā** (it) sich aufschwingen, sich stürzen 52

झल्लाना **jhallānā** (it) wütend werden 38

झाँकना **jhā̃knā** blicken, schauen, starren 9

झाड़ू **jhāṛū** Besen 35

झूमना **jhūmnā** (it) schwingen, schunkeln 20

झूलना **jhūlnā** (it) schwanken 32

झोला **jholā** Tasche, Handtasche, Beutel, Geldbörse 4

ट ṭa

टटोलना **ṭaṭolnā** durchsuchen 52

टपकना **ṭapaknā** (it) tropfen 34

टमाटर **ṭamāṭar** Tomate 24

टाँग♀ **ṭā̃g** Bein 24

टिकट♂ (oder ♀) **ṭikaṭ** Fahrschein, Fahrkarte 22

टीम♀ **ṭīm** Mannschaft, Team 50

टीवी **ṭīvī** Fernseher 15

टूट पड़ना (पर ~) **ṭūṭ paṛnā (par ~)** (it) sich werfen auf 48

टूटना **ṭūṭnā** (it) zerbrechen, unterbrechen 15

टूरिस्ट **ṭūrisṭ** Tourist 36

टैक्सी♀ **ṭaiksī** Taxi 15

टोकरा **ṭokrā** größerer Korb 34

टोकरी♀ **ṭokrī** kleiner Korb

टोना **ṭonā** Zauberei

टोपी♀ **ṭopī** Hut 31

टोली♀ **ṭolī** Bande 45

ट्रेन♀ **ṭren** Zug 29

ठ ṭha

ठंड♀ **ṭhaṇḍ** Kälte 20

ठंडा **ṭhaṇḍā** kalt 3

ठप्प **ṭhapp** (uv) schlecht, kaputt

ठीक **ṭhīk** (uv) richtig, gut, in Ordnung 7, 8

ठीक से **ṭhīk se** richtig, genau (adverbial) 27

ठीक है **ṭhīk hai** es ist in Ordnung 8

ठुमरी♀ **ṭhumrī** neoklassische Musik 35

ड ḍa

डंडा **ḍaṇḍā** Spielstock 50 LK

डगमगाना **ḍagmagānā** (it) schwanken, stolpern 55

डगर♀ **ḍagar** Straße, Pfad, Fährte 55

डटना **ḍaṭnā** (it) sich einrollen, sich widersetzen 39

डर **ḍar** Angst 21, 39

डर लगना **ḍar lagnā** (it) Angst haben (vor), Angst bekommen 21, 39

डाँटना **ḍā̃ṭnā** schimpfen 30

डालना **ḍālnā** legen, setzen, stellen, hineingeben 26

डूबना **ḍūbnā** (it) untertauchen, untergehen 32

डेंटिस्ट **ḍenṭisṭ** Zahnarzt 33

डेढ़ **ḍeṛh** anderthalb 21

डॉक्टर (auch डाक्टर) **ḍŏkṭar** (auch ḍākṭar) Doktor 33

डोली **ḍolī** Hochzeitsritual 29 LK

ड्राइवर **ḍrāivar** Fahrer 22

ड्रामा **ḍrāmā** Theaterstück

ढ ḍha

ढंग **ḍhaṅg** (Art und) Weise 47

ढकना **ḍhaknā** (it) zudekken 41

ढाई **ḍhāī** zweieinhalb 21

ढाबा **ḍhābā** volkstümliches Lokal, Essensstand 16 LK

ढीला **ḍhilā** gelockert 34

ढीला पड़ना **ḍhīlā paṛnā** (it) lockern 34

ढूँढ लेना **ḍhū̃ḍ lenā** finden

ढूँढना **ḍhū̃ḍhnā** suchen 42

ढेंचू-ढेंचू करना **ḍhẽcū-ḍhẽcū karnā** schreien (Esel)

ढेर **ḍher** Haufen, Masse, Menge 44

त ta

तंग आना **taṅg ānā** (it) verärgert sein 46

तंग करना **taṅg karnā** (jmdn.) ärgern 46

तंत्र **tantr** Mechanismus, Ordnung, Struktur, System; Tantra 49

तंदूर **tandūr** indischer Steinofen 25 LK

तंदूरी **tandūrī** im Tandur (Steinofen) gegart 25

तंदूरी रोटी♀ **tandūrī roṭī** Fladenbrot aus dem Steinofen 25 LK

तंबाकू **tambākū** Tabak 33

तक **tak** bis 19, 22

तकनीक♀ **taknīk** Technik 18

तकनॉलॉजी♀ **taknŏlŏjī** Technologie 32

तकलीफ़♀ **taklīf** Problem 26

तख़्त **ta<u>kh</u>t** Thron

तन **tan** Körper 55

तनख़ाह♀ **tan<u>kh</u>āh** Lohn, Gehalt 36, 54

तपाक से **tapāk se** plötzlich 36

तब **tab** dann 17

तब से **tab se** dann 37

तबाही♀ **tabāhī** Zerstörung

तबीयत♀ **tabīyat** Gesundheit, gesundheitliche Verfassung 26

तमस♀ **tamas** Dunkelheit

तमाशा **tamāśā** Spaß, Spektakel, Show 9

तरक्क़ी♀ **taraqqī** Fortschritt, Entwicklung

तरक्क़ीपसंद **taraqqīpasand** (uv) fortschrittlich, progressiv 51n

तरफ़ (की ~) **taraf (kī ~)** in Richtung (auf)

तरह♀ **tarah** jede Menge, alle möglichen; Art und Weise 10

तरीक़ा **tarīqā** Art und Weise 22

तर्क **tark** Argument 47

तर्ज़♀ **tarz** Melodie 19, 54 LK

तर्जुमा **tarjumā** Übersetzung

तलाश♀ **talāś** Suche 51

तलाशना **talāśnā** forschen, suchen 51

तवज्जो♀ **tavajjo** Achtung, Aufmerksamkeit

तशद्दुद **taśaddud** Gewalt, Grausamkeit

तशरीफ़♀ **taśrīf** Ehre, Würde 8

तशरीफ़ रखना **taśrīf rakhnā** Platz nehmen 11

तशरीफ़♀ लाना **taśrīf lānā** willkommen sein 8

तस्वीर♀ **tasvīr** Bild, Foto 17

तहरीर♀ **tahrīr** Schreiben, Schreibstil

तांत्रिक **tantrik** (uv) tantrisch (dem Tantra zugehörig) 49

ताईद♀ **tāīd** Unterstützung, Hilfe

ताक़त♀ **tāqat** Stärke 32

ताकना **tāknā** starren 32

ताकि **tāki** damit 31

ताज **tāj** Krone 55

ताज़ा **tāzā** frisch 3

तारा **tārā** Stern 12

तारीख़♀ **tārī<u>kh</u>** Datum 21

तारीफ़♀ **tārīf** Lob, Kompliment

ताल **tāl** Rhythmus 18, 36 LK

तालाब **tālāb** See, Teich 46, 55

तालियाँ♀ बजाना **tāliyā̃ bajānā** klatschen, applaudieren 24

तालीम♀ **tālīm** Ausbildung

ताश **tāś** Spielkarte 5

तिथि♀ **tithi** Datum

तिलिस्म **tilisma** Zauberformel, Talisman

तीखा **tīkhā** scharf

तीर्थ **tīrth** Wallfahrt (d. Hindus); heiliger Ort 51 LK

तीसरा **tīsrā** dritter 35

तुम **tum** du (neutral), ihr 2 LK

तुम लोग **tum log** ihr (mehrere Personen)

तुम्हारा **tumhārā** dein, euer 17

तुरन्त **turant** sofort, jetzt gleich 34

तू **tū** du (vertraut) 2 LK, 7

तेंदुआ **tenduā** Leopard, Panther

तेज़ **tez** (uv) scharf (Messer), intelligent, pfiffig 28

तेजपत्ता **tejpattā** (Lorbeer) blatt 26

तेरा **terā** dein (vertraut) 7

तैयार **taiyār** (uv) bereit 30

तैयार करना **taiyār karnā** vorbereiten 37

तैयार हो जाना **taiyār ho jānā** (it) sich vorbereiten 37

तैयार होना **taiyār honā** (it) fertig sein, vorbereitet sein 37

तैयारी♀ **taiyārī** Vorbereitung 37

तैरना **tairnā** (it) schwimmen 35

तो **to** doch, dann 9, 10

तोड़ना **toṛnā** etw. zerbrechen 21

तोल♀ (auch तौल♀) **tol (auch taul)** Gewicht

तोहफ़ा **tohfā** Geschenk

त्याग **tyāg** Verzicht 51

त्याग करना **tyāg karnā** verzichten 51

त्यागना **tyāgnā** verzichten 51

त्यौहार **tyauhār** Festlichkeit, Feier 34 LK

त्रिमूर्ति **trimūrti** indische Trinitiät 18 LK

थ tha

थकना **thaknā** (it) ermüden 36

थकाना **thakānā** ermüden

थाना **thānā** Polizeirevier

थार मरुस्थल **thār marusthal** Wüste Thar 21 LK

थूकदान **thūkdān** Spucknapf 50

थूकना **thūknā** (it) spucken 50

थैला **thailā** Tasche, Handtasche, Beutel, Geldbörse 4

थोड़ा **thoṛā** ein wenig 10

द da

दफ़ा♀ **dafā** Mal

दफ़्तर♀ **daftar** Büro 22

दफ़्तरशाह **daftarśāh** Bürokrat 38

दबाना **dabānā** drücken 34

दम **dam** Atem 54

दया **dayā** Erbarmen 51

दरबार **darbār** Königshof, Palast 46

दरवाज़ा **darvāzā** Tür 22, 42

दर्ज़ी **darzī** Schneider 14

दर्द **dard** Schmerz

दर्शक **darśak** Zuschauer 43

दर्शन **darśan** Anblick, Sicht; Audienz 43

दलदल **daldal** Sumpf 32

दलित **dalit (uv)** unberührbar (kastenlos); Kastenloser; ausgebeutet 48

दवा♀ **davā** Medizin 39

दवाई♀ **davāī** Medikament

दस्त **dast** Hand; Durchfall

दही **dahī** Joghurt 26

दहेज **dahej** Mitgift 23

दाँत **dā̃t** Zahn 33

दाई♀ **dāī** Amme, Hebamme 48

दादा **dādā** Großvater (väterl.) 5

दादी♀ **dādī** Großmutter (väterl.)

दान **dān** Gabe, Spende

दाम **dām** Preis, Wert

दामाद **dāmād** Schwiegersohn

दाल♀ **dāl** Gericht aus gewürzten Linsen, Bohnen od. Kichererbsen 16 LK

दालचीनी♀ **dālcīnī** Zimt 13

दावत♀ **dāvat** Festessen, Festmahl; Essenseinladung 15, 18

दास **dās** Diener 48

दिकपाल **dikpāl** Beschützer des Universums 48

दिखना **dikhnā** (it) erscheinen, sichtbar sein 21

दिखाना **dikhānā** zeigen 9

दिन **din** Tag 5

दिन भर **din bhar** den ganzen Tag 12

दिन-दहाड़े **din-dahāṛe** den ganzen Tag 45

दिन-ब-दिन **din-ba-din** von Tag zu Tag 33

दिमाग़ **dimāg** Gehirn

दिल **dil** Herz 38

दिलचस्प **dilcasp** (uv) interressant 20

दिलचस्पी♀ **dilcaspī** Interesse 20

दिल्ली♀ **dillī** Delhi 10

दिवाली♀ **divālī** Divali-Fest (hinduistisches Lichterfest) 34

दिव्य **divya (uv)** göttlich 52

दिसंबर **disambar** Dezember 18

दीदी♀ **dīdī** (ältere) Schwester (auch Anrede f. etwas ältere Frauen) 11 LK

दीपक **dīpak** (Öl)lampe 46

दीवार♀ **dīvār** Wand 31

दुकान♀(auch दूकान♀) **dukān (auch dūkān)** Laden, Geschäft 12

दुकानदार **dukāndār** Händler, Ladeninhaber 16

दुख **dukh** Kummer, Leid, Unglück, Schmerz 20

दुनिया♀ **duniyā** Welt 18, 27

दुनियाई **duniyāī (uv)** weltlich

दुपट्टा **dupattā** indischer Schal 4 LK

दुबला **dublā** dünn

दुबारा **dubārā** erneut, nochmals

दुम♀ **dum** Schwanz (e. Tieres), Schweif 48

दुरुपयोग **durūpyog** Missbrauch 49

दुर्ग **durga** Burg, Schloss

दुर्गन्ध♀ **durgandh** Gestank 49

दुर्लभ **durlabh (uv)** unerreichbar 52

दुलहन♀ **dulhan** Braut 23

दुशमन **duśman** Feind 42

दूध **dūdh** Milch 2

दूधवाला **dūdhvālā** Milchmann 34

दूधिया **dūdhiya** wie Milch 25

दूर (से ~) **dūr (se ~)** (uv) entfernt, fern, weit (von) 15

दूरभाष **dūrbhāṣ** Telefon

दूल्हा **dūlhā** Bräutigam 23, 29

दूसरा **dūsrā** andere, anderer 11

दृष्टि♀ **driṣṭi** Sicht 43

दृष्य **driṣy** Szene 24

देखना **dekhnā** sehen, anschauen 8

देखने वाले **dekhne vāle** Zuschauer 24

देना **denā** geben 9

देर से **der se** (zu) spät, verspätet (adverbial) 21, 46, 53

देर♀ **der** Verspätung 10

देवता **devatā** Gottheit, Götter 30

देवलोक **devlok** Götterwelt 52

देश **deś** Land 18

देसी **desī (uv)** eingeboren, einheimisch 15

देह♀ **deh** Körper, Leib 17

देहांत **dehānt** Tod 17

दैनिक **dainik (uv)** täglich 43

दोनों **donõ** beide 6

दोपहर♀ **dopahar** Nachmittag 10

दोष **doṣ** Fehler, Schuld

दोस्त **dost** Freund 15

दोहराना **dohrānā** übernehmen, wiederholen 44

दौड़ना **dauṛnā (it)** weglaufen 23

दौलत♀ **daulat** Reichtum, Vermögen

द्वार **dvār** Tor 48

द्वारपाल **dvārpāl** Torwache 48

द्वारपूजा♀ **dvārpūjā** Zeremonie, bei der der Bräutigam empfangen wird 29

द्विज **dvij** zweimal Geborener (Bezeichnung f. d. oberen Kasten) 48

ध dha

धकेलना **dhakelnā** stoßen, drücken 51

धक्कड़ **dhakkaṛ** Hitze, heißer Sommerwind 36

धक्का **dhakkā** Stoß 48

धक्का देना **dhakkā denā** einen Stoß geben

धन **dhan** Reichtum, Geld 54

धनवान **dhanvān** reich, vermögend 54

धनिया **dhaniyā** Koriander 13

धनी **dhanī (uv)** reich 51

धमकी♀ **dhamkī** Bedrohung 36

धरती♀ **dhartī** Erde 52

धर्म **dharma** Glaube, Religion 51

धान **dhān** Reis (ungeschält)

धारा♀ **dhārā** Strömung 32

धीरे **dhīre** langsam, nach und nach 22, 52

धीरे-धीरे **dhīre-dhīre** sehr langsam (adverbial) 22

धुन♀ **dhun** Melodie, Neigung, Leidenschaft 39, 53, 54 LK

धूप♀ **dhūp** Sonne, Sonnenstrahlen 12

धूप सेकना **dhūp sekna** sich sonnen 12

धूम्रपान करना **dhūmrapān karnā** rauchen 34

धूल♀ **dhūl** Staub 36

धोखा **dhokhā** Betrug 46

धोना **dhonā** waschen 33

धोबन♀ **dhoban** Wäscherin 5

धोबी **dhobī** Wäscher 33

ध्यान **dhyān** Achtung, Aufmerksamkeit 26

ध्यान देना **dhyān denā** achten auf 25

ध्यान लगाना **dhyān lagānā** achten auf

ध्रुपद **dhrupad** Dhrupad-Musik Einleitung

न na

न **na** nicht wahr; nicht 2, 3

न जाने **na jāne** weiß Gott, wer weiß das schon 31

नंबर **nambar** Nummer 33

नक़ली **naqlī** (uv) künstlich 50

नग़मा **nagmā** Lied 32

नगर **nagar** Stadt 49

नज़र♀ **nazar** Blick, Anblick, Szene 10, 36

नज़रिया **nazariyā** Sicht, Sichtweise

नज़ारा **nazārā** Szene 8

नटराज **naṭrāj** König des Tanzes (Beiname d. Gottes Shiva) 18

नतीजा **natīja** Ergebnis, Folge, Konsequenz

नदी♀ **nadī** Fluss 54

ननद♀ **nanad** Schwägerin, Schwester des Ehemannes

नफ़रत♀ **nafrat** Hass, Abscheu 29

नफ़ीस **nafīs** (uv) fein, köstlich 25

नफ़ीस मुर्ग़ मखनी **nafīs murg makhnī** feines Hähnchen in Butter 25 LK

नमस्कार **namaskār** Guten Tag, Auf Wiedersehen (unter Hindus) 1, 1 LK

नमस्ते **namaste** Guten Tag, Auf Wiedersehen (unter Hindus) 1, 1 LK

नमूना **namūnā** Entwurf, Modell, Muster

नया **nayā** neu 54

नव **nav** (uv) neu

नवंबर **navambar** November

नवाब **navāb** Nawab (muslim. Herrschertitel) 39

नहाना **nahānā** (it) baden, sich waschen 41

नहीं **nahī̃** nein 1, 3

नाई **nāī** Barbier, Friseur 48

नाउम्मीद **nāummīd** hoffnungslos

नाक **nāk** Nase 48

नागरी **nāgarī** Devanagari-Schrift 20

नाच **nāc** Tanz

नाचना **nācnā** tanzen 23

नाज़ **nāz** Hochmut, Stolz

नाटक **nāṭak** Theaterstück 22

नातिन♀ **nātin** Enkelin (Tochter d. Tochter)

नाती **nātī** Enkel (Sohn d. Tochter)

नाथ **nāth** Herr, Gemahl 18

नान♀ **nān** (Fladen)brot aus dem Steinofen 25 LK

नाना **nānā** Großvater (mütterl.) 5

नानी♀ **nānī** Großmutter (mütterl.)

नाम **nām** Name 1

नामक **nāmak** (uv) namens, genannt 44

नामुमकिन **nāmumkin** (uv) unmöglich

नायक **nāyak** Held 24

नायिका♀ **nāyikā** Heldin 24

नाराज़ **nārāz** unzufrieden, wütend 34

नारियल **nāriyal** Kokos(nuss) 45

नारी♀ **nārī** Frau, Weib 55

नाली♀ **nālī** Gosse 42

नाव♀ **nāv** Boot, Schiff 54

नाश **nāś** Zerstörung 44

नि: - **ni:** (Vorsilbe z. Bildung d. Verneinung) 49

निकलना **nikalnā** (it) herauskommen, (he)rausgehen, (etw.) herausbringen 21, 42, 55

निकाह **nikāh** Hochzeit

निडर **niḍar** (uv) furchtlos 49

निधन **nidhan** Tod, Dahinscheiden 17

निपुणता♀ **nipuṇatā** Geschicklichkeit 38

नियम **niyam** Regel 34

नियुक्त करना **niyukt karnā** jmdn. beschäftigen

निर्गुण **nirguṇ** (uv) von geringer Qualität 49

निर्धन **nirdhan** (uv) arm

निर्धनता♀ **nirdhantā** Armut

निर्लज्ज **nirlajj** (uv) schamlos

निर्वाण **nirvāṇ** Nirvana

निशा♀ **niśā** Nacht 18

निश्चय **niścay** Entscheidung 50, 52

निश्चय करना **niścay karnā** entscheiden 32, 34, 52

निष्फल **niṣphal** (uv) fruchtlos, erfolglos 49

निहायत **nihāyat** völlig 45

नींद♀ **nīnd** Schlaf 15

नीचे **nīce** unten, hinunter 14

नीति♀ **nīti** Politik 43

नीरस **nīras** (uv) langweilig 27

नील **nīl** (uv) blau 48

नीलकंठ **nīlkaṇṭh** blaue Brust d. Gottes Shiva 48

नीला **nīlā** blau 21

नुक्स **nuqs** Laster 39

नृत्य **nritya** Tanz 45

नृत्य करना **nritya karnā** tanzen 45

नेक **nek** (uv) gut, tugendhaft 34

नेकी♀ **nekī** gute Tat 34

नेता **netā** Vorsitzender, Anführer 31

नेत्र **netr** Auge (poetisch)

नेत्रविहीन **netravihīn** (uv) blind

नैतिक **naitik** (uv) moralisch, sittlich 43

नैशिक **naiśik** (uv) nächt lich 18

नौ **nau** neun 9

नौकर **naukar** Diener 14

नौकर रखना **naukar rakhnā** einen Diener beschäftigen

नौकरी♀ **naukrī** Arbeit, Beschäftigung 40

न्याय **nyāya** Gerechtigkeit 55

प pa

पंखा **paṅkhā** Wedel, Ventilator 48

पंखा झलना **paṅkhā jhalnā** fächeln, wedeln 48

पंचतंत्र **pãcatantra** altindische Märchensammlung 48 LK

पंजाबी **panjābī** (uv) Panjabi (Sprache d. Bundesstaates Punjab), aus dem Punjab 16

पंडित **paṇḍit** Gelehrter, Brahmanen-Priester 17, 31

पकड़ना **pakaṛnā** fangen 19

पकना **paknā** (it) reifen, kochen 45

पकाना **pakānā** etw. kochen 5

पकौड़ा **pakauṛā** Pakoras (frittiertes Gemüse in Teig) 25

पक्का **pakkā** gekocht 41

पगड़ी♀ **pagṛī** Turban

पचाना **pacānā** verdauen

पटकना **paṭaknā** ausschütten 44

पड़ना **paṛnā** (it) fallen, geschehen, s. befinden, s. ergeben, (übertragen: müssen) 26

पड़ोस **paṛos** Nachbarschaft 15

पड़ोसी **paṛosī** Nachbar

पढ़ना **paṛhnā** lesen, lernen, studieren 7

पढ़ाई♀ **paṛhāī** Studium, Studien 27

पढ़ाना **paṛhānā** lesen lassen, lehren 19

पढ़ा-लिखा **paṛhā-likhā** gebildet 47

पतला **patlā** schlank 35

पतलून♀ **patlūn** Hose

पता♀ **patā** Information 16

पति **pati** Ehemann 30

पतीला **patīlā** Topf 30

पत्थरदिल **patthardil** (uv) stark, robust (gesundheitlich) 53

पत्नी♀ **patnī** Ehefrau 29

पत्र **patr** Brief 43, 51

पत्रिका♀ **patrikā** Zeitschrift 17

पदक **padak** Medaille 50

पधार ना **padhārnā** (it) erscheinen 16

पनवाड़ी **panvāṛī** Betelnussverkäufer

पनाह♀ **panāh** Schutz 47

पनीर **panīr** Käse 16

पन्ना **pannā** Seite, Blatt 47

पन्ने पलटना **panne palaṭnā** Seiten umblättern 47

पर **par** auf, aber 8, 9

परंपरा♀ **paramparā** Tradition 52

परखना **parakhnā** beurteilen, prüfen 50

परदा **pardā** Schleier

परसों **parsõ** übermorgen, vorgestern 35

परस्पर **paraspar** (uv) gegenseitig, beiderseitig

पराजय♀ **parājay** Niederlage

पराया **parāyā** nicht zur Familie/zum Stamm/zum Land gehörend 55

परिक्रमा♀ **parikramā** Drehung, Umkreis, Umrundung 52

परिचय **paricay** Vertraulichkeit, Bekanntschaft 32

परिणाम **pariṇām** Ergebnis, Folge, Konsequenz 44

परियोजना♀ **pariyojanā** Projekt 49

परिवार **parivār** Familie 28

परीक्षा♀ **parīkṣa** Prüfung, Examen 20

परीक्षा♀ लेना **parīkṣa lenā** eine Prüfung ablegen

परेशान **pareśān** (uv) beunruhigt, aufgeregt 49

परेशानी♀ **pareśānī** Angst, Beunruhigung 21

परोपकार **paropkār** Wohlwollen 38

पर्यटक **paryaṭak** Reisender, Tourist 19

पर्वत **parvat** Berg, Gebirge 52

पवन **pavan** Brise, Wind

पशु **paśu** Tier

पसंद♀ **pasand** (uv) angenehm 20

पसंद आना **pasand ānā** (it) angenehm sein, gefallen (zufällig) 25

पसंद होना **pasand honā** (it) angenehm sein, gefallen (aus Gewohnheit) 20

पहनना **pahannā** anziehen (Kleidung) 16

पहला **(auch** पहिला**) pahlā** (auch pahilā) erster 35

पहले **pahale** zuerst 3, 21

पहाड़ **pahāṛ** Berg, Gebirge

पहुँचना **pahũcnā** (it) ankommen 14

पागल **pāgal** (uv) verrückt 42

पागलपन **pāgalpan** Verrücktheit, Dummheit 42

पाचन **pācan** Verdauung

पाठ **pāṭh** Lektion 1

पान **pān** Betelnussmischung 16 LK

पान-खाना **pān khānā** Betel essen 16 LK

पानवाला **pānvālā** Betelnussverkäufer 16

पाना **pānā** können, etw. schaffen, fähig sein 29

पानी **pānī** Wasser 25

पार करना **pār karnā** überqueren 54

पारंपरिक **pāramparik** (uv) traditionell 43

पार्क **pārk** Park 15

पार्टी♀ **pārṭī** Party 15, 32

पास (में) **pās** (mẽ) bei, neben 21

पिछला **pichlā** letzter, -e, -es, vorangegangener, -e, -es 21

पिता **pitā** Vater 6

पीक♀ **pīk** rote Spucke 50

पीकदान **pīkdān** Spucknapf

पीछे **pīche** hinten 15

पीटना **pīṭnā** prügeln 24

पीना **pīnā** trinken 5

पीला **pīlā** gelb 13

पुराण **purāṇ** mythologische Schrift 52

पुराना **purānā** alt (f. Gegenstände) 10

पुरोहित **purohit** Priester (d. Hindus) 29 LK

पुल **pul** Brücke 54

पुलिस♀ **pulis** Polizei 37

पुस्तक♀ **pustak** Buch 47

पुस्तकालय **pustakālay** Bibliothek 40

पूँछ♀ **pū̃ch** Schwanz (e. Tieres), Schweif

पूछना **pūchnā** fragen 27

पूरा **pūrā** ganz, vollständig 1

पृथ्वी♀ **prithvī** Erde 48

पृष्ठ **priṣṭh** (Buch)seite

पे **pe** auf (umgangsspr.) 19

पेट **peṭ** Bauch 26

पेट्रोल **peṭrol** Benzin 35

पेड़ **peṛ** Baum 45

पैंट♀ **paiṇṭ** Hose

पैदल चलना **paidal calnā** (it) zu Fuß gehen 15

पैदावार♀ **paidāvār** Produktion

पैसा **paisā** Geld 11

पोता **potā** Enkel (Sohn d. Sohnes) 39

पोती♀ **potī** Enkelin (Tochter d. Sohnes)

पोथी♀ **pothī** Buch 47

पौधा **paudhā** Pflanze 44

पौन **paun** drei Viertel 35

पौने **paune** Viertel 15

पौराणिक **paurāṇik** (uv) mythologisch, legendär 52

प्याज़ **pyāz** Zwiebel 24

प्यार **pyār** Liebe

प्यारा **pyārā** hübsch, freundlich 30

प्यास♀ **pyās** Durst 20

प्यासा **pyāsā** durstig 50

प्रकार **prakār** (Art und) Weise 51

प्रकृति♀ **prakriti** Fähigkeit, Natur 52

प्रगति♀ **pragati** Fortschritt 40

प्रगतिवादी **pragativādī** (uv) fortschrittlich, progressiv

प्रतिभा♀ **pratibhā** Talent, Begabung 44

प्रतियोगिता♀ **pratiyogitā** Wettbewerb 50

प्रतीक्षा♀ **pratīkṣā** Erwartung 55

प्रधान मंत्री **pradhān mantrī** Premierminister 37

प्रबंधक **prabandhak** Manager

प्रभाव **prabhāv** Eindruck 43

प्रभावित **prabhāvit** (uv) beeindruckt 43

प्रयत्न **prayatna** Anstrengung, Bemühung

प्रयोग **prayog** Gebrauch 41

प्रयोग करना **prayog karnā** gebrauchen, verwenden 41

प्रशंसा♀ **praśãsā** Lob, Anerkennung 47

प्रश्न **praśn** Frage

प्रसन्न **prasann** (uv) froh, erfreut, zufrieden, glücklich 29, 41, 51

प्रसन्नता♀ **prasanntā** Freude, Zufriedenheit

प्रसिद्ध **prasiddh** (uv) bekannt, berühmt 18

प्राय: **prāy** oft, häufig

प्रेम **prem** Liebe 20

प्रॉबलम **prŏblam** Problem 26

प्रोजेक्ट **projekṭ** Projekt

प्रोत्साहन **protsāhan** Mut

प्रोत्साहन देना **protsāhan denā** ermutigen 9

प्लीज़ **plīz** bitte (neutal) 15 LK

फ fa / फ़ pha

फ़ख़र **fa<u>kh</u>ar** Stolz

फटकारना **phaṭkārnā** schimpfen, zurechtweisen

फ़न♀ **fan** Kunst

फ़नकार **fankār** Künstler

फ़रमाना **farmānā** erwidern, erklären 46

फ़रवरी **farvarī** Februar 21

फ़रेब **fareb** Betrug, Falschheit

फल **phal** Obst, Frucht 13 LK

फलवाला **phalvālā** Gemüsehändler, Gemüseverkäufer

फ़लसफ़ा **falsafā** Philosophie

फ़लाना **falānā** irgendein 38

फ़ाउंडेशन **faunḍeśan** Stiftung 45

फ़ारसी♀ **fārsī** (uv) Persisch 32

फिर **phir** wieder; trotzdem 10; 19

फिर (से) **phir** (se) noch, wieder 10

फिर भी **phir bhī** doch, trotzdem 17, 19

फिरना **phirnā** (it) spazieren gehen, herumreisen 18

फ़िलहाल **filhāl** im Moment 27

फ़िल्म♀ **film** Film 24

फ़िल्मी **filmī** (uv) filmisch, Film- 20

फिसलना **phislanā** ausrutschen 15

फ़ुटपाथ **fuṭpāth** Gehweg 23

फूटना **phūṭnā** (it) kaputtgehen, zerbrechen

फूल **phūl** Blume 45

फेंकना **phẽknā** werfen 24

फेरा **pherā** Drehung, Runde 30

फैलाना **phailānā** ausstrekken 48

फ़ैसला **faislā** Entscheidung 32, 34, 52

फ़ोटोग्राफ़र **foṭogrāfar** Fotograf 18

फोड़ना **phoṛnā** etw. zerbrechen, etw. zerschlagen

फ़ोन **fon** Telefon 40

फ़ोन करना **fon karnā** anrufen, telefonieren 40

फौज♀ **fauj** Armee 51

फ़ौजदार **faujdār** Polizist

फ़ौरन **fauran** sofort, jetzt gleich 33

फ्रांसीसी **frānsīsī** (uv) französisch, Franzose/-ösin 1

ब ba

बंडी♀ **baṇḍī** Weste

बंद **band** (uv) geschlossen 33, 46

बंद करना **band karnā** aufhören, anhalten, schließen 33, 47

बंदोबस्त **bandobast** Organisation

बंधु **bandhu** Bruder, Kamerad 48

बंबई **bambaī** Bombay (heute Mumbai) 17 LK, 24

बकरा **bakrā** Ziegenbock 5

बग़ल में **bagal mẽ** unter der Achsel; gemeinsam, dabei

बग़ीचा **bagīcā** Garten 40

बचना **bacnā** (it) entkommen, gerettet werden, sich retten, vermeiden 46, 49

बचपन **bacpan** Jugend 21

बच्चा **baccā** Kind 9

बच्चे **bacce** Kinder

बजना **bajnā** (it) läuten 15

बजाना **bajānā** läuten, ertönen; abspielen 15, 23

बजे **baje** ... Uhr 10

बटुआ **baṭuā** Brieftasche, Handtasche 54

बड़ा **baṛā** groß 3, 16

बढ़ना **baṛhnā** (it) größer werden, steigen, wachsen

बढ़ाना **baṛhānā** steigen 35

बढ़ावा **baṛhāvā** Mut 9

बढ़ावा देना **baṛhāvā denā** ermutigen 9

बढ़िया **baṛhiyā** (uv) hervorragend 27

बतलाना **batlānā** erzählen 46

बताना **batānā** sagen 16

बदन **badan** Geist 55

बदबू♀ **badbū** Gestank 13

बदमाश **badmāś** (uv) böse, hinterhältig; Bösewicht 6

बदलना **badalnā** (it) (ver)ändern 34

बदलाव **badlāv** Veränderung, Wechsel

बदसूरत **badsūrat** (uv) hässlich 30

बदहाल **badhāl** (uv) unglücklich 13

बधाई♀ **badhāī** Glückwunsch 6

बधिर **badhir** (uv) taub

बनना **bannā** (it) werden, gemacht werden 17

बनवाना **banvānā** machen lassen 33

बनाना **banānā** zubereiten, machen, verändern 5

बनारस **banāras** Benares 4 LK, 36

बरफ़♀ / बर्फ़♀ **baraf / barf** Schnee 26

बरस **baras** Lebensjahr, Alter 39

बरसना **barasnā** (it) regnen

बरसाना **barsānā** regnen lassen 45

बर्तानवी **bartānvī** (uv) britisch 44

बर्तानिया♀ **bartāniyā** Großbritannien 44

बल **bal** Kraft 55

बल्ब **balb** Glühbirne 37

बस ! **bas !** Schluss, es reicht! 31

बस चलना **bas calnā** (it) unter Kontrolle haben, nach jmdm. gehen 50

बस♀ **bas** Bus 9

बहन जी **bahan** (jī) Schwester 6, 11 LK

बहना **bahnā** fließen

बहरा **bahrā** taub, schwerhörig 39

बहस♀ **bahas** Streit; Diskussion 12

बहाना **bahānā** fließen lassen

बहाना **bahānā** Ausrede, Entschuldigung, Vorwand 50

बहिष्कार **bahiṣkār** Boykott 44 LK

बहुत **bahut** sehr 3, 16

बहुत कुछ **bahut kuch** sehr viel, einiges 20

बहुत ज़्यादा **bahut zyādā** zuviel

बहुमत **bahumat** Mehrheit 34

बहू♀ **bahū** Schwiegertochter 23

बाँटना **bā̃ṭnā** verteilen 51

बाँधना **bā̃dhnā** anbinden, binden, anschließen 33

बाँस **bā̃s** Bambus 46

बाक़ी **bāqī** Rest 37

बाग़ **bāg** Garten, Park

बाग़बान **bāgbān** Gärtner

बाघ **bāgh** Tiger 48

बाजरा **bājrā** Hirse 40

बाज़ार **bāzār** Basar, Markt 10

बात♀ **bāt** Sache, Angelegenheit; Wort 1, 32

बातचीत♀ **bātcīt** Gespräch, Unterhaltung 32

बातचीत♀ करना **bātcīt karnā** sprechen 32

बाद में **bād mẽ** danach 15

बादशाह **bādśāh** Kaiser 46

बादाम **bādām** Mandeln 26

बाधा♀ **bādhā** Hindernis, Panne

बायकाट **bāykāṭ** Boykott

बार♀ **bār** Mal 18

बार-बार **bār-bār** häufig 19

बारात♀ **bārāt** (Hochzeits)umzug 23

बारिश♀ **bāriś** Regen 21

बाल **bāl** Haar

बावर्ची **bāvarcī** Koch 5

बावर्चीख़ाना **bāvarcīkhānā** Küche

बावला **bāvlā** verrückt

बाहर **bāhar** draußen 5

बिकना **biknā** (it) verkauft werden

बिताना **bitānā** (etw.) vergehen lassen 21

बियर♀ **biyar** Bier 2

बियाबान **biyābān** dichter Wald

बिलकुल **bilkul** absolut, ganz und gar 6

बिल्ली♀ **billī** Katze 16

बिस्तर **bistar** Bett 15, 40

बी. बी. सी. **bī.bī.sī.** Rundfunksender BBC 37

बीच में **bīc mẽ** mitten in 19

बीचों-बीच **bīcõ-bīc** mitten auf 42, 43

बीज **bīj** Samen 42

बीड़ी♀ **bīṛī** Bidi-Zigarette 25

बीड़ी-सिगरेट पीना **bīṛī-sigreṭ pīnā** Bidi-Zigarette rauchen 25

बीतना **bītnā** (it) vergehen, vorübergehen 21

बीबी / बीवी♀ **bībī / bīvī** Frau 4

बीमार **bīmār** (uv) krank 17

बीमारी♀ **bīmārī** Krankheit 39

बीवी♀ **bīvī** Ehefrau

बुंदा **bũdā** Ohrring

बुख़ार **bukhār** Fieber 39

बुज़ुर्ग **buzurg** (uv) alt (f. Personen), ehrwürdig

बुद्धि♀ **buddhi** Weisheit 47

बुद्धिमत्ता♀ **buddhimattā** Weisheit 47

बुधवार **budhvār** Mittwoch 21

बुनकर **bunkar** Weber 36

बुरा **burā** schlecht, schlimm 28

बुलाना **bulānā** rufen 10

बू♀ **bū** Geruch 13

बूढ़ा **būṛhā** alt (f. Personen), senil

बृहस्पतिवार **brihaspativār** Donnerstag

बे - **be-** ohne 40

बेईमान **beīmān** (uv) unehrlich 54

बेईमानी♀ **beīmānī** Unehrlichkeit 46

बेकार **bekār** (uv) arbeitslos, nutzlos 49

बेगम♀ **begam** Frau, Dame

बेचना **becnā** verkaufen

बेचारा **becārā** arm, bemitleidenswert 20

बेचैन **becain** (uv) beunruhigt, besorgt 54

बेचैनी♀ **becainī** Unbequemlichkeit, Beunruhigung 54

बेटा **beṭā** Sohn 5

बेटी♀ **beṭī** Tochter

बेड़ी♀ **berī** Kette 51

बेरहम **beraham** (uv) ohne Mitleid 49

बेवक़ूफ़ **bevakūf** (uv) dumm

बेशर्म **beśarm** (uv) schamlos 49

बैंड **baĩḍ** Musik-Band 23

बैंडवाला **baĩḍvālā** Musiker 23

बैग **baig** Reisetasche 4

बैठक♀ **baiṭhak** Salon 28

बैठना **baiṭhnā** (it) sich setzen, unbewegt an einer Stelle bleiben 8

बोर करना **bor karnā** langweilen 27

बोर होना **bor honā** (it) sich langweilen 27

बोरिंग **boriṅg** (uv) langweilig 27

बोरिया-बिस्तर **bōriyā-bistar** "Die sieben Sachen" 40

बोल **bol** Text 21

बोलना **bolnā** (it) sprechen 14

बोली♀ **bolī** Sprache, Art zu sprechen, Dialekt 6

बोली♀ कसना **bolī kasnā** mit Sprüchen zusetzen 40

ब्याह **byāh** Hochzeit 30 LK

ब्रह्मचार्य **brahmacārya** rituelles Stadium 51 LK

ब्रह्मा **brahmā** Gott Brahma (Schöpfer d. Welt) 18 LK, 48

ब्राह्मण **brāhmaṇ** Brahmane (Stand d. Priester) 25

ब्रेक **brek** Bremse 22

भ bh

भक्त **bhakt** Gläubiger (religiös) 54

भक्त / भगत **bhakt / bhagat** fromm, gläubig, religiös 54

भक्ति♀ **bhaktī** Verehrung, Frömmigkeit, Hingabe (religiös) 32, 51

भगवान **bhagvān** Gott 16

भगवान जाने **bhagvān jāne** weiß Gott, nur Gott weiß es

भजन **bhajan** Lobgesang, heiliger Gesang 51 LK

भतीजा **bhatījā** Neffe (Sohn d. Bruders) 35

भतीजी♀ **bhatījī** Nichte (Tochter d. Bruders) 29

भद्दा **bhaddā** hässlich, plump 31

भद्रजन **bhadrajan** Elite

भरना **bharnā** (it) (sich etw.) füllen 32

भरोसा **bharosā** Vertrauen 51

भरोसा दिलाना **bharosā dilānā** Zuversicht schenken, Vertrauen geben, vertrauen 51

भला **bhalā** gut, vornehm, edel, nett 6

भविष्य **bhaviṣy** Zukunft

भाँजना **bhā̃jnā** schwingen (Fahne) 50

भाँजा **bhā̃jā** Neffe (Sohn d. Schwester)

भाँजी♀ **bhā̃jī** Nichte (Tochter d. Schwester)

भाई **bhāī** Bruder 6, 11 LK

भागना **bhāgnā** (it) weglaufen 15

भाग्य **bhāgya** Schicksal 54

भात **bhāt** Reis (gekocht)

भाभी♀ / भाभीजी **bhābhī (jī)** Schwägerin, Ehefrau des Bruders 11 LK

भार **bhār** Gewicht

भारत **bhārat** Indien 14, 36 LK

भारतीय **bhāratīy** (uv) indisch, Inder/-in 17

भारतीय रेल **bhāratīy rel** indische Eisenbahn 37 LK

भारी **bhārī** (uv) schwer 24

भाव **bhāv(a)** Gefühl, Empfindung, Emotion 18, 36 LK

भावना♀ **bhāvnā** Gefühl 38

भाषा♀ **bhāṣā** Sprache 31

भिनभिन♀ **bhinbhin** Brummen, Summen 28

भिनभिनाना **bhinbhinānā** (it) brummen, summen 49

भिनभिनाहट♀ **bhinbhināhaṭ** Brummen, Summen 38

भिन्न **bhinn** (uv) unterschiedlich, verschieden

भी **bhī** auch 1

भीगना **bhīgnā** (it) nass werden 41

भीतर **bhītar** in, drinnen 42

भीतर (के ~) **bhītar (ke ~)** in, innerhalb von 42

भुनना **bhunnā** (it) gebraten werden, gegrillt werden 25

भुलक्कड़ **bhulakkaṛ** (uv) zerstreut 4

भुलाना **bhulānā** vergessen 46

भूख♀ **bhūkh** Hunger 20

भूत **bhūt** Geist, Gespenst 18

भूतनाथ **bhūtnāth** Bhootnath (der Zerstörer; ein Name f. d. Gott Shiva) 18

भूदान **bhūdān** Landschenkung 51

भूनना **bhūnnā** braten, grillen

भूमिका♀ **bhūmikā** Rolle

भूलना **bhūlnā** (it) vergessen werden, vergessen sein 16

भेंट♀ **bheṇṭ** Geschenk; Begegnung, Treffen 55

भेजना **bhejnā** schicken 31

भेड़िया **bheṛiyā** Wolf 48

भैंस♀ **bhaĩs** Büffel 37

भैया **bhaiyā** Bruder, Freund (typisch f. d. Hindi Ostindiens) 11

भोंपू **bhõpū** Sirene, Hupe 15, 53

भोजन **bhojan** Mahl 34

भोजन करना **bhojan karnā** Mahl/Speisen zubereiten

भोला **bholā** einfach, unbefangen 46

म ma

मंगलवार **maṅgalvār** Dienstag 21

मंज़िल♀ **manzil** Stockwerk, Ziel 31

मंडप **maṇḍap** Pavillon 30

मंत्री **mantrī** Minister 19, 37

मंदिर **mandir** Tempel 54

मई **maī** Mai

मकान **makān** Haus 40

मकान-मालिक **makān-mālik** Hauseigentümer 40

मक्खन **makkhan** Butter 25 LK

मक्खी♀ **makkhī** Fliege 28, 54

मखनी **makhnī** (uv) gebuttert 25

मगन (auch मग्न) **magan** (auch **magna**) (uv) froh, fröhlich, vertieft 54

मगर **magar** aber 22, 30

मचलना **macalnā** (it) ungeduldig werden 34

मच्छर **macchar** Mücke 41

मच्छरदानी♀ **macchardānī** Mückennetz 41

मज़हब **mazhab** Glaube, Religion

मज़ा **mazā** Freude 29

मज़ाक़ **mazāq** Spaß, Witz, Scherz 25

मज़ाक़ करना **mazāq karnā** sich lustig machen über 25

मज़ेदार **mazedār** (uv) angenehm, hübsch, lecker 10

मटर **maṭar** Erbse 16

मटर-पनीर **maṭar-panīr** Curry aus Erbsen und Käse 16 LK

मट्ठा **maṭṭhā** Buttermilch

मण्डप **maṇḍap** Hochzeitspavillon 29 LK

मत **mat** nicht 11

मतलब **matlab** Bedeutung, Sinn

मदद♀ **madad** Hilfe 51

मन **man** Geist, Seele 55

मनसूबा **mansūbā** Plan, Vorhaben

मनहूस **manhūs** (uv) unglücklich 16

मनाना **manānā** feiern 34

मनुष्य **manuṣya** Mensch 52

मरतबा♀ **martabā** Mal

मवेशी **maveśī** Vieh

मशहूर **maśhūr** (uv) bekannt, berühmt

मशीन♀ **maśīn** Maschine 43

मसहरी♀ **masharī** Mückennetz

मसाला **masālā** Gewürz 10

मस्जिद♀ **masjid** Moschee 32

महंगा **mahãgā** teuer 27

महक♀ **mahak** Geruch

महत्व **mahatva** Wichtigkeit 30

महत्वपूर्ण **mahatvapūrṇa** (uv) wichtig 30

महल **mahal** Schloss 19

महाजन **mahājan** Wucherer, Geldverleiher 51

महात्मा **mahātmā** Mahatma, "große Seele" 31

महान **mahān** (uv) groß, großartig, bedeutend 17

महारत♀ **mahārat** Praxis, Übung

महासागर **mahāsāgar** Meer, Ozean 49

महिला♀ **mahilā** Frau 30 LK, 31

महीना **mahīnā** Monat 21, 47

माँ **mã** Mama, Mutter 6

माँग करना **mãg karnā** bitten um, fragen nach

माँग♀ **mãg** Bitte, Forderung, Verlangen 36

माँगना **mãgnā** bitten um, fragen nach 36

मांस **māns** Fleisch

मांसाहारी **mānsāhārī** Fleischesser 34

माता♀ **mātā** Mutter 6

मात्रा♀ **mātrā** Matra (Vokalkurzzeichen) 17

मानना **mānnā** akzeptieren 12

मानवता♀ **mānvatā** Menschheit

मानो **māno** wie, wenn 47

मापदंड **māpdanḍ** Maßstab, Norm, Standard

माफ़ करना **māf karnā** etw. entschuldigen 15

माफ़ कीजिए **māf kījie** entschuldigen Sie 15 LK

माफ़ी♀ माँगना **māfī mãgna** sich entschuldigen, um Entschuldigung bitten 46

मामा **māmā** Onkel (mütterl.)

मामी♀ **māmī** Tante (mütterl.)

मामूली **māmūlī** (uv) alltäglich, gewöhnlich

माया♀ **māyā** Illusion, magische Täuschung 51

मार डालना **mār ḍālnā** töten, umbringen 38

मारना **mārnā** schlagen, töten, umbringen 38

मार-पीट **mār-pīṭ** Kampf, Handgemenge 24

मार-पीट करना **mār-pīṭ karnā** schlagen, prügeln 24

मारुति **māruti** Maruti (indische Automarke) 33 LK

मार्क्सवाद **mārksvād** Marxismus 49

मार्च **mārc** März

माल **māl** Ware 44

मालदार **māldār** (uv) reich

माली **mālī** Gärtner 5

मालूम होना **mālūm honā** (it) scheinen, den Anschein haben, bekannt sein, wissen 15, 44

माहौल **māhaul** Stimmung 12

मिट्टी♀ **miṭṭī** Boden, Erde; Öllämpchen 34, 34 LK

मिठाई♀ **miṭhāī** Süßigkeit, Süßspeise 26

मित्र **mitr** Freund 28

मिनट **minaṭ** Minute 2

मिनिस्टर **minisṭar** Minister 17, 32

मियाँ **miyā̃** Ehemann, Herr 39

मिर्च♀ **mirc** Pfeffer 13

मिलना **milnā** (it) (sich) treffen 8, 29

मिलवाना **milvānā** jmdn. vorstellen 34

मिला-जुला **milā-julā** gemischt 32

मिलाना **milānā** treffen lassen, vermischen 32, 35

मीटर **mīṭar** Zähler 11

मीठा **mīṭhā** süß 6

मुँह **mũh** Gesicht; Mund 32

मुँह ताकना **mũh tāknā** starren 32

मुंशी **munśī** Meister 51

मुक़ाबला **muqābalā** Wettbewerb 50

मुख **mukh** Gesicht, Mund

मुख़ालिफ़त♀ **mukhālifat** Gegnerschaft, Opposition 43

मुझको **mujhko** mich, mir 20

मुझे **mujhe** mich, mir 15

मुट्ठी♀ **muṭṭhī** Faust, eine Handvoll 47

मुड़ना **muṛnā** (it) sich umdrehen, abbiegen 12

मुनाफ़ा **munāfā** Gewinn 45

मुफ़लिस **muflis** (uv) arm

मुफ़लिसी♀ **muflisī** Armut

मुबारक **mubārak** Glückwunsch 53

मुमकिन **mumkin** (uv) möglich

मुम्बई **mumbai** Mumbai (ehemals Bombay) 17 LK

मुर्ग़ **murg** Hahn, Hähnchen

मुर्ग़ा **murgā** Hahn, Hähnchen 25

मुर्ग़ी **murgī** Henne, Hähnchen

मुलाक़ात♀ **mulāqāt** Treffen 36

मुलाक़ात♀ कराना **mulāqāt kārnā** treffen 36

मुलाज़िम **mulāzim** Angestellter, Beschäftigter

मुल्ला **mullā** Mullah 47

मुश्किल **muśkil** (uv) schwierig 37

मुश्किल♀ **muśkil** Problem, Schwierigkeit 26

मुसलमान **musalmān** Moslem 32

मुसलिम **muslim** Moslem

मुसाफ़िर **musāfir** Reisender, Passagier 22

मुस्कुराना **muskurānā** (it) lächeln 23

मुस्तक़िल **mustaqil** (uv) beständig, dauerhaft

मूँछ♀ **mū̃ch** Bart 31

मूंगफली♀ **mūṅgphalī** Erdnuss 25

मूरत♀ **mūrat** Statue

मूर्ख **mūrkh** (uv) dumm 20

मूर्ति♀ **mūrti** Statue 45

मूल्य **mūlay** Preis, Wert

मृत्यु♀ **mrityu** Tod 17

में **mẽ** in 4

मेंहदी♀ **mehandī** Mehndi, rotbraunes Henna 30

मेज़♀ **mez** Tisch 8

मेन्यू **menyū** Speisekarte 25

मेम♀ **mem** Dame 54

मेमसाहब♀ **memsāhab** Dame 25

मेरा **merā** mein 1

मेहनत♀ **mehnat** Eifer, Fleiß, Mühe; Arbeit 45

मेहमान **mehmān** Gast 39

मेहरबानी♀ **meharbānī** Freundlichkeit 26

मेहरबानी करके **meharbānī karke** bitte (neutral) 15 LK

मैं **maĩ** ich 1

मैगज़ीन♀ **maigazīn** Zeitschrift

मैट्रिमोनियल **maiṭrimoniyal** Heiratsannonce 23 LK

मैडम♀ **maiḍam** Frau, Dame 37

मैडल **maidal** Medaille

मैदान **maidān** Feld, Fläche, Spielfeld, Sportplatz 50 LK

मैनेजर **mainejar** Manager 33

मॉडल **mŏḍal** Modell 37

मोक्ष **mokṣa** Befreiung im philosoph./geistigen Sinne 55

मोटर♀ **moṭar** Auto, Motor 51

मोटा **moṭā** dick 13

मोड़ना **moṛnā** abbiegen, umdrehen, wenden 12

मोढ़ा **moṛhā** Hocker 8

मोती **motī** Perle 31

मोहरा **mohrā** Schachfigur 39

मौक़ा **mauqā** Gelegenheit 26, 41

मौत♀ **maut** Tod

मौला **maulā** Meister 54

मौसम **mausam** Jahreszeit 23

य ya

यंत्र **yantr** Apparat, Gerät, Maschine

यदि **yadi** wenn 41

यद्यपि **yadyapi** obgleich, obwohl

यह **yah / yeh** dieser, -e, -es; er, sie 2

यहाँ **yahā̃** hier 4

यही **yahī** dasselbe; genau, gerade diese

यहीं **yahī̃** genau hier 33

यात्रा♀ **yātrā** Reise 50

यात्री **yātrī** Reisender, Passagier

याद♀ **yād** Erinnerung 30

युग **yug** Ära, Zeitalter

युवक **yuvak** Jugendlicher, junger Mann 23

युवा **yuvā** (uv) jung, jugendlich

यूनियन♀ **yūniyan** Gewerkschaft 36

ये **ye** sie, diese hier

योग **yog** Yoga, System, Vereinigung 49

योगी **yogī** Yogi, Asket 50 LK

योजना♀ **yojnā** Plan, Entwurf 49

र ra

रंग **raṅg** Farbe 14

रंगबिरंगा **raṅgbiraṅgā** bunt 27

रंगरेज़ **rangrez** Färber 48

रंज **rãj** Leid 55

रईस **raīs** (uv) reich, vornehm 31

रक़म♀ **raqam** Geldsumme 51

रखना **rakhnā** legen, setzen, stellen 11, 41, 55

रगड़ना **ragaṛnā** (it) reiben 48

रणनीति♀ **raṇnīti** Strategie 38

रम♀ **ram** Rum 15

रविवार **ravivār** Sonntag 21

रवैया **ravaiyā** Einstellung 45

रसोइया **rasoiyā** Koch

रसोई♀ **rasoī** Küche 41

रस्म♀ **rasm** Ritual, Zeremoniell 30

रस्म♀ **rasm** Brauch, Ritual, Sitte, Tradition, Zeremoniell 30

रहना **rahnā** (it) bleiben, wohnen 9, 30, 33

रहम **raham** Mitleid 49

राग **rāg** Melodie 36, 36 LK

राज **rāj** Regierung, Königreich, Empire 31, 32, 43 LK

राज करना **rāj karnā** regieren, die Regierung stellen 32

राजनीति **rājnītī** (uv) politisch 38

राजनैतिक **rājnaitik** (uv) politisch 38

राजस्थान **rājasthān** Rajasthan (Bundesstaat im Westen Indiens) 19, 21 LK

राजा **rājā** Majestät, Maharadscha, König 18, 21 LK

राज्य **rājya** Regierung, Empire, Herrschaft 31

राज्यपाल **rājaypāl** Gouverneur 32

रात भर **rāt bhar** die ganze Nacht 30

रात♀ **rāt** Nacht 10, 15

राधा♀ **rādhā** Radha (Lieblingsgespielin v. Krishna) 38

राधिका♀ **rādhikā** Radhika (Lieblingsgespielin v. Krishna) 38

रानी♀ **rānī** Königin 8

राम **rām** mythischer Held 31 LK

रामराज्य **rāmrājya** Königreich (d. epischen Helden Ram), myth. Regierungsform 31 LK

राम-राम **rām-rām** Grüß Gott 1 LK

रामायण **rāmāyaṇ** indisches Heldenepos 1 LK, 17

राय♀ **rāy** Rat, Meinung 51

राशन **rāśan** Ration 54

राशन कार्ड **rāśan kārḍ** Rationskarte 54

राष्ट्र **rāṣṭr** Nation 31

राष्ट्रीय **rāṣṭrīy** (uv) national 40

रास्ता **rāstā** Route, Straße, Weg 28

राह♀ **rāh** Weg, Pfad 19

रिकार्ड करना **rikārḍ karnā** aufnehmen (auf Video) 32

रिकार्ड तोड़ना **rikārḍ toṛnā** den Rekord brechen 38

रिक्त **rikt** (uv) leer, frei

रिक्शा **rikśā** Rikscha 10

रिक्शा-वाला **rikśāvālā** Rikscha-Betreiber 10 LK

रिपोर्ट **riporṭ** Bericht 37

रिवाज **rivāj** Brauch, Sitte, Tradition

रिवायत♀ **rivāyat** Erzählung, Sprichwort

रिसर्च♀ **risarc** Forschung 36

रिसर्चर **risarcar** Forscher

रिसाला **risālā** Zeitschrift

रुकना **ruknā** (it) stehen bleiben 12

रुचि♀ **ruci** Interesse 46

रुपया **rupayā** Rupie

रूकावट♀ **rūkāvat** Hindernis 38

रूढ़ि **rūṛhi** Tradition 45

रूढ़िवादी **rūṛhivādī** (uv) veraltet, rückschrittlich 45

रुपया **rup(a)yā** Rupie 11

रूपया-पैसा **rūpyā-paisā** Reichtum 11

रूसी **rūsī** (uv) russisch, Russe/-in 2

रेंकना **rẽknā** (it) schreien (Esel) 47

रेडियो **reḍiyo** Radio 22

रेल♀ **rel** Eisenbahn 37

रेलवे♀ **relve** Eisenbahn 38

रेशम **reśam** Seide 4

रेशमी **reśmī** (uv) aus Seide, seiden 4

रोकना **roknā** jmdn. anhalten 12

रोग **rog** Krankheit

रोज़ **roz** (uv) jeden Tag 28, 30

रोज़गार **rozgār** Arbeit, Beschäftigung

रोज़ाना **rozānā** jeden Tag, täglich 47

रोटी♀ **roṭī** (Fladen)brot 32, 54

रोना **ronā** (it) weinen 38, 51

रोल **rol** Rolle (in einem Film usw.) 53

रौग़न-जोश **raugan-joś́** Rogan Josh (Lamm-Curry-Gericht) 26

ल la

लंबा **lambā** weit, lang 24

लकड़ी♀ **lakṛī** Holz 13

लखनऊ **lakhnaū** Lucknow 24, 36

लगना **lagnā** (it) kosten; beginnen; scheinen, berühren, feststehen, fühlen 11, 34

लगभग **lagbhag** annähernd, fast, ungefähr

लगाना **lagānā** anwenden, setzen, stellen, legen 22

लघु **laghu** (uv) klein, kurz

लज्जित **lajjit** (uv) beschämt, verlegen

लटकना **laṭaknā** (it) hängen, aufgehängt sein 22, 46

लटकाना **laṭkānā** aufhängen 46

लड़का **laṛkā** Junge, Sohn 5

लड़की♀ **laṛkī** Mädchen 5

लड़ना **laṛnā** (it) kämpfen 31

लपकना **lapaknā** (it) losrennen, eilen 16

लफ़्ज़ **lafz** Wort

लस्सी **lassī** Joghurt-Getränk, Lassi 16 LK

लहँगा **lahãgā** rajasthanische Lahanga (langer, weiter Rock) 31

लहसुन♀ **lahsun** Knoblauch 26

लाइब्रेरी♀ **lāibrerī** Bibliothek 36

लाख **lākh** Hunderttausend 44

लाज रखना **lāj rakhnā** die Ehre retten 55

लाज♀ **lāj** Ehre 55

लाटसाहब **lāṭsāhab** Herr 15

लाठी♀ **lāṭhī** Stock, Polizeischlagstock

लादना **lādnā** (be)laden 51

लाना **lānā** bringen 3, 4

लाभ **lābh** Gewinn, Nutzen

लार♀ **lār** Speichel 34

लाल **lāl** (uv) rot 13, 28

लालच **lālac** Begierde, Gier

लालटेन♀ **lālṭen** Laterne 23

लिखना **likhnā** schreiben 19

लिखावट♀ **likhāvaṭ** Schrift 53

लिखित **likhit** (uv) schriftlich 40

लिपि♀ **lipi** Schrift 20

लीडर **līḍar** Leiter, Anführer 33

लू♀ **lū** heißer trockener Wind

लूट♀ **lūṭ** Beute 47

लूटना **lūṭnā** wegnehmen, plündern 45

लेकिन **lekin** aber 1

लेख **lekh** Artikel 33

लेखक♀ **lekhak** Autor 32

लेना **lenā** nehmen 11

लोक **lok** Welt, Universum, Volk, Volks- 19, 47

लोग **log** Leute 5

लोटना **loṭnā** (it) sich niederwerfen, kriechen, sich wälzen 48

लोभ **lobh** Gier, Verlangen 32

लौंग♀ **lauṅg** Gewürznelke, Nelkenpfeffer 26

लौकिक **laukik** (uv) weltlich 47

लौटना **lauṭnā** (it) zurückkommen, wiederkommen 34

लौटाना **lauṭānā** zurückgeben, wiedergeben 15

व va

वकील **vakīl** Rechtsanwalt 31

वक़्त **vaqt** Zeit 31

वग़ैरह **vagairah** usw.

वज़न **vaza** Gewicht

वजह♀ **vajah** Grund; wegen 18, 21, 42

वतन **vatan** Land, Vaterland, Heimat

वन **van** Wald

वरमाला **varmālā** Blumengirlanden 29 LK

वर्ण **varṇa** Farbe, Hautfarbe; Kaste, Stand 48

वर्ष **varṣ** Jahr 36

वर्षा♀ **varṣā** Regen 45

वस्तुत: **vastutah** tatsächlich, wirklich

वह **(auch** वो**)** **vah / voh (auch vo)** jener, -e, -es; er, sie 2

वहाँ **vahā̃** da, dort 6, 10

वही **vahī** gerade, genau jener, -e, -es 19

वहीं **vahī̃** genau da, genau dort 19

वाक़ई **vāqaī** tatsächlich 11

वाक्य **vākya** Satz 1

वाणी♀ **vāṇī** Stimme

वातावरण **vātāvaraṇ** Atmosphäre, Stimmung

वाद **vād** -ismus 31

वानप्रस्थ **vanaprastha** rituelles Stadium 51 LK

वापस आना **vāpas ānā** (it) zurückkommen, wiederkommen 18

वापस करना **vāpas karnā** wiedergeben, zurückgeben

वापस लाना **vāpas lānā** zurückgeben, zurückbringen 18

वायु♀ **vāyu** Luft, Wind

वाराणसी **vārāṇasī** Benares, Varanasi

वाला **vālā** Besitzer; von 12

वालिद **vālid** Vater

वालिदा **vālidā** Mutter

वास्कट♀ **vāskṭ** Weste 31

वाह ! **vāh !** Oh!, Ah!, Bravo! 40, 53

वाह-वाह♀ करना **vāh-vāh karnā** zujubeln, applaudieren 48

विकास **vikās** Fortschritt 44

विचार **vicār** Gedanke, Idee 44, 52

विचारक **vicārak** Denker 44

विज्ञान **vigyān** Wissenschaft 32

विज्ञापन **vigyāpan** Anzeige, Werbung

विदाई **vidāī** Hochzeitsritual 29 LK

विदेशी **videśī** (uv) ausländisch 19

विद्यालय **vidyālay** Schule

विद्वान **vidvān** Gelehrter 20

विफलता♀ **viphaltā** Misserfolg, Verlust 50

विरोध **virodh** Opposition

विलन **vilan** Bösewicht

विलायत♀ **vilāyat** Großbritannien 31

विवाह **vivāh** Hochzeit 30 LK

विशेष **viśeṣ** (uv) spezial, besonderer 45, 49

विशेष रूप (से) **viśeṣ rūp (se)** ganz besonders, auf besondere Art und Weise

विशेषज्ञ **viśeṣagya** Spezialist 45

विश्व **viśv** Welt 43

विश्वास **viśvās** Vertrauen 42

विष्णु **viṣṇu** Vishnu (Hindugott)

वी. आई. पी. **vī.āī.pī** V.I.P. 37

वीडियो **vīḍiyo** Video 25

वृक्ष **vrikṣ** Baum

वे **ve** sie, jene dort (Pl.) 5

वेतन **vetan** Lohn, Gehalt

वैज्ञानिक **vaigyānik** (uv) wissenschaftlich 43

वैद **vaid** Arzt

वैश्य **vaiśya** Vaishya (Stand d. Händler u. Kaufleute) 48

वैसे तो **vaise to** zwar, einerseits 51

वैसे भी **vaise bhī** wohl 53

व्यक्ति **vyakti** Person, Individuum 45

व्यक्तिवादी **vyaktivādī** (uv) Individualist, individualistisch 45

व्यथा **vyathā** Schmerz, Leid, Kummer

व्यवस्था♀ **vyavasthā** Vorbereitung, Organisation 41

व्यापारी **vyāpārī** Geschäftsmann, Händler

व्यायाम **vyāyām** Gymnastik, Turnen

व्हिस्की♀ **vhiskī** Whisky 33

श śa

शकल♀ **śakal** Aussehen, Gestalt, Form 30

शक्कर **śakkar** Zucker 32

शक्ति♀ **śakti** Kraft 52

शख़्स **śa<u>kh</u>s** Mensch, Person

शत-प्रतिशत **śat-pratiśat** 100 Prozent 30

शतरंज♀ **śataranj** Schach(spiel) 39

शत्रु **śatru** Feind

शनिवार **śanivār** Samstag 15

शब्द **śabd** Wort 29

शमशान **śamśān** letzte Ruhestätte 55

शरण♀ **śaraṇ** Schutz

शराब♀ **śarāb** Alkohol 11

शराबी **śarābī** Betrunkener 22

शरीफ़ **śarīf** (uv) ehrenhaft, edel, vornehm 34

शरीर **śarīr** Körper

शर्म♀ **śarm** Scham 39

शर्मिन्दा **śarmindā** beschämt, verlegen 46

शहंशाह **śahanśāh** "König der Könige" (persischer Adelstitel d. Schahs) 47

शहर **śahar** Stadt 10

शांत **śant** (uv) ruhig, still 40

शांति♀ **śanti** Frieden, Ruhe 40

शाकाहारी **śākāhārī** (uv) Vegetarier, vegetarisch 26

शादी♀ **śādī** Hochzeit 23 LK

शाबाश ! **śābāś !** Bravo!, Gut gemacht!

शाम♀ **śām** Abend 10

शायद **śāyad** vielleicht 4

शायर **śāyar** Dichter 31

शायरी♀ **śāyrī** Dichtkunst, Poesie

शाल♀ **śāl** Schal 23

शास्त्र **śāstr** Wissenschaft, klassisches Wissen 45

शास्त्रीय **śāstrīy** (uv) klassisch 32

शिकायत♀ **śikāyat** Klage, Beschwerde 34

शिकार **śikār** Beute, Jagd 19

शिक्षक **śikṣak** Lehrer

शिक्षा♀ **śikṣā** Ausbildung 31

शिव **śiv** Shiva (Hindugottheit) 18 LK, 48

शिष्य / शिष्या♀ **śiṣy** / **śiṣyā** Schüler/-in, Anhänger/-in, Jünger/-in

शीशा **śīśā** Glas, Spiegel 28

शुक्रवार **śukravār** Freitag 21

शुभ **śubh** (uv) glückverheißend 55

शुरू करना **śurū karnā** beginnen, anfangen 33

शुरूआत♀ **śurūāt** Anfang, Beginn

शूद्र **śūdra** Shudra (Stand d. Handwerker, Bauern u. Diener) 48

शेर **śer** Vers; Löwe; Tiger 5

शैतान **śaitān** Teufel 9

शैतानी♀ करना **śaitānī karnā** Dummheiten / Unsinn machen 9

शोध♀ **śodh** Forschung, Untersuchung 33

शोधकर्ता **śodhkartā** Forscher 45

शोध-छात्र **śodh-chātr** Forschungsstudent 33

शोर मचना **śor macnā** (it) lärmen, laut sein 48

शोर मचाना **śor macānā** Lärm machen 21, 49

शौहर **śauhar** Ehemann

श्याम **śyām** (uv) schwarzblau 18

श्रीमती जी **śrīmatī jī** Frau, Dame 8

श्रीमती♀ **śrīmatī** gnädige Frau 8, 52

श्लोक **ślok** Doppelvers (i. d. Sanskrit-Dichtung)

श्वेत **śvet** (uv) weiß

स sa

सँभलना **sambhalnā** (it) sich beherrschen, sich zügeln 55

सँभालना **sambhālnā** halten, stützen, tragen 55

सँवरना **sãvarnā** (it) geschmückt werden, dekoriert werden

सँवारना **sãvārnā** schmücken, dekorieren

संकल्प **saṅkalp** Entschlossenheit 34

संगीत **saṅgīt** Musik 19

संग्राम **saṅgrām** Bewegung 44

संघ **saṅgh** Gewerkschaft

संदेश **sandeś** Botschaft, Nachricht 44

संदेशा **sandeśā** Botschaft, Nachricht

संध्या♀ **sandhyā** Abend, Abenddämmerung

संपन्न **sampann** (uv) vermögend, wohlhabend 45

संभव **sambhav** (uv) möglich 38

संभवतः **sambhavtah** möglicherweise, vielleicht

संसद♀ **sansad** Parlament 32

संसार **sansār** Welt 52

संस्कृत♀ **sanskrit** Sanskrit 30

संस्था♀ **sansthā** Institution 31

सकना **saknā** (it) können 28

सगाई **sagāī** Verlobung 29

सगुण **saguṇ** (uv) von guter Qualität 49

सच **sac** Wahrheit 50

सचमुच **sacmuc** wirklich 16

सच्चाई♀ **saccāī** Wahrheit 49

सजना **sajnā** (it) geschmückt werden, sich schmücken 23

सजा-धजा **sajā-dhajā** reich geschmückt 30

सजाना **sajānā** schmücken 23

सज्जन **sajjan** feiner Herr, Ehrenmann

सट्टा खेलना **saṭṭā khelnā** spekulieren 40

सट्टेबाज़ी♀ **saṭṭebāzī** Spekulation 40

सड़क♀ **saṛak** Straße 15, 22

सत्य **saty** Wahrheit 51

सत्याग्रह **satyāgrah** gewaltfreier Widerstand, Satyagraha-Bewegung 43 LK

सन्यास **sanyās** rituelles Stadium 51 LK

सपना **sapnā** Traum 31

सप्तपदी♀ **sapt(a)padī** "Sieben Runden" (hinduist. Hochzeitsritual) 29 LK, 30

सप्ताह **saptāh** Woche

सफ़र **safar** Reise 55

सफल **saphal** erfolgreich, gelungen 49

सफलता♀ **saphaltā** Erfolg 49

सफ़ेद **safed** (uv) weiß 27

सफ़ेदी करना **safedī karnā** weißen 34

सफ़ेदी♀ **safedī** Weiß 34

सब **sab** alle, alles 2

सब कुछ **sab kuch** alles 9

सबक़ **sabaq** Lektion, Lehre

सबज़ी **sabzī** Gemüse 13 LK

सबसे **sabse** am meisten (Partikel z. Bildung d. Superlativs) 27

सबसे ज़्यादा **sabse zyādā** am meisten 27

सब्ज़ी♀ **sabzī** Gemüse 13

सब्ज़ीवाला **sabzīvālā** Gemüsehändler, Gemüseverkäufer 23

सभा♀ **sabhā** Versammlung 52

सभी **sabhī** (wirklich) alle, (wirklich) alles 12

समंदर **samandar** Meer, Ozean 52

समझ♀ **samajh** Verständnis 1

समझना **samajhnā** erachten / betrachten als; verstehen 11, 36

समझाना **samjhānā** erklären 11

समय **samay** Zeit 14

समर्थ **samarth** (uv) fähig 50

समर्थक **samarthak** Unterstützer, Verteidiger, Anhänger 43

समर्थन **samarthan** Unterstützung, Hilfe 43

समस्या♀ **samasyā** Problem 26, 52

समाचार पत्र **samācār patr** Zeitung

समाज **samāj** Gesellschaft 20

समाजवाद **samājvād** Sozialismus 31

समाजवादी **samājvādī** Sozialist 31

समाधान **samādhān** Lösung 36

समारोह **samāroh** Zeremonie

समीर **samīr** Brise, Wind

समुद्र / समंदर **samudra / samandar** Meer, Ozean 52

समोसा **samosā** mit gewürztem Gemüse gefüllte Krapfen 3

सर **sar** Kopf 22

सर चकराना **sar cakrānā** den Kopf drehen 22

सरकार♀ **sarkār** Regierung 17e

सरकारी **sarkārī** (uv) Regierungs- 5

सरदर्द **sardard** Kopfschmerzen 31

सरसों♀ **sarsõ** Senf 13

सरासर **sarāsar** anscheinend 46

सर्कस **sarkas** Zirkus 27

सर्जरी♀ **sarjarī** Chirurgie 20

सर्दी♀ **sardī** Kälte, Winter 46

-सर्व - **sarv** ganz, komplett 49

सर्वज्ञ **sarvagya** (uv) anerkennend 49

सर्विस♀ **sarvis** Service 37

सलवार कमीज़ **salvār kamīz** indisches Gewand 4 LK

सलवार♀ **salvār** weite Hose 4

सलाद **salād** Salat 22

सलाह♀ **salāh** Rat(schlag) 32

सवा **savā** Viertelstunde; Viertel [nach] 15

सवाल **savāl** Frage 37

सवेरा **saverā** Morgen 17

सवेरे **savere** morgens 17

ससुर **sasur** Schwiegervater 30

सस्ता **sastā** billig 27

सहकर्मी **sahkarmī** Kollege, Mitarbeiter 54

सहमत **sahmat** (uv) einverstanden 47

सहर♀ **sahar** Morgen 31

सहायता♀ **sahāytā** Hilfe 51

सही **sahī** (uv) richtig 51

सहेली♀ **sahelī** Freundin 21

साँस♀ **sā̃s** Atem, Atmung

सांसद **sānsad** (uv) parlamentarisch, Parlaments-

साइकिल♀ **sāikil** Fahrrad 22

साक्षी **sākṣī** Zeuge 30

सागर **sāgar** Meer, Ozean 49

साड़ी♀ **sāṛī** Sari, indisches Gewand 4 LK, 27

साढ़े **sāṛhe** halb 15

साथ में **sāth mẽ** zusammen

साथ ही **sāth hī** gemeinsam, zusammen 31

साथ-साथ **sāth-sāth** zusammen 23

साथी **sāthi** Freund, Gefährte 55

साधारण **sādhāraṇ** (uv) gewöhnlich 49

साधु **sādhu** Asket, Sadhu, Bettelmönch 51 LK

साफ़ **sāf** (uv) sauber 25

साफ़-सुथरा **sāf-suthrā** blitzblank, ganz sauber 34

साफ़ा **sāfā** Turban 23

साबुत **sābut** (uv) ganz, vollständig 13

सामने **sāmne** vor (örtlich) 15

सामाजिक **sāmājik** (uv) sozial 38

सामान **sāmān** Sachen, Produkte 26, 38

सार **sār** Inhalt 51

सारा **sārā** ganz, vollständig, komplett 5

साल **sāl** Jahr 12

साला **sālā** Schwager

साली♀ **sālī** Schwägerin

सास♀ **sās** Schwiegermutter 23

साहब **sāhab** Herr 3, 4, 8

साहस **sāhas** Mut 42

साहिबा♀ **sāhibā** Frau, Dame 4

साहिर **sāhir** Magier, Zauberer

साहूकार **sāhūkār** Wucherer, Geldverleiher

सिंह **siṅgh** Löwe 48

सिंहासन **siṅghānsan** Thron 48

सिखाना **sikhānā** lehren, unterrichten 9

सिगरेट♀ **sigreṭ** Zigarette 25, 33

सितंबर **sitambar** September

सितमज़दा **sitamzadā** unterdrückt

सितार **sitār** Sitar (indisches Zupfinstrument) 27

सिद्धांत **siddhānt** Theorie, Prinzip, Lehre 43

सिनेमा **sinemā** Kino 15

सिन्दूर **sindūr** rotes Farbpulver 29 LK

सिपाही **sipāhī** Soldat, Polizist 51

सियार **siyār** Schakal

सिर **sir** Kopf 23

सिर्फ़ **sirf** nur 26

सीखना **sīkhnā** lernen 9

सीट♀ **sīṭ** Sitz 22

सीधा **sīdhā** artig, direkt, gerade, geradlinig 6

सीन **sīn** Szene (Film)

सीरियल **sīriyal** Fernsehserie 36

सुकून **sukūn** Beruhigung, Trost

सुगंध♀ **sugandh** Wohlgeruch 49

सुझाव **sujhāv** Vorschlag 52

सुधारना **sudhārnā** verbessern 41

सुनना **sunnā** hören 8

सुनाना **sunānā** vortragen, aufsagen, rezitieren 5, 8

सुन्दर **sundar** (uv) schön, hübsch 6

सुबह♀ **subah** Morgen, am Morgen, morgens 10, 12

सुस्ताना **sustānā** (it) ausruhen, sich erholen 45

सुहाना **suhānā** (it) schön aussehen, gefallen, zusagen 53

सूखा **sūkhā** trocken 32

सूचना♀ **sūcnā** Anzeige, Information, Mitteilung, Nachricht 17

सूझना **sūjhnā** (it) eine Idee zu etwas haben 52

सूट **sūṭ** Anzug 31

सूरत♀ **sūrat** Gesicht, Erscheinung, Äußeres 30

से **se** mit, aus, von 8, 9, 10

से पहले **se pahale** vor (zeitl.) 21

से बचना **se bacnā** (it) entgehen 28

सेकना (auch सेंकना) **seknā** (auch **sẽknā**) sich wär men 12

सेक्रेटरी♀ **sekretarī** Sekretärin 33

सेठ **seṭh** reicher Händler; Chef 34 LK, 36

सेठानी♀ **seṭhānī** Händlerin, Ehefrau e. reichen Händlers 51

सेना♀ **senā** Wehr

सेब **seb** Apfel 13

सेहरा **sehrā** Blumenkranz 23

सैद्धांतिक **saiddhāntik** (uv) prinzipiell, theoretisch 43

सैर♀ **sair** Ausflug, Exkursion 19

सैर करना **sair karnā** spazieren (gehen), einen Ausflug machen 19

सैर कराना **sair karānā** jmdn. durch etw. führen 19

सोंठ♀ **sõṭh** getrockneter Ingwer 13

सोचना **socnā** (it) (nach)denken 25, 53

सोना **sonā** (it) schlafen 21

सोमवार **somvār** Montag 21

सोशलिस्ट **sośalisṭ** Sozialist 31

सौ फ़ीसदी **sau fīsdī** 100 Prozent

सौंदर्य **saundarya** Schönheit 52

सौदा **saudā** Handel, Geschäft, Handelsware 44

सौदागर **saudāgar** Kaufmann 44

स्कूटर **skūṭar** Motorroller, Scooter 10, 11

स्कूल **skūl** Schule 7

स्टेशन **sṭeśan** Bahnhof 15

स्त्री♀ **strī** Frau, Dame 30 LK

स्थान **sthān** Ort, Platz 19, 21 LK, 51

स्थिति♀ **sthiti** Lage, Situation 55

स्थिर **sthir** (uv) fest, stabil 38

स्थिरता♀ **sthirtā** Festigkeit, Stabilität 49

स्ना करना **snān karnā** baden, Bad nehmen

स्मरण **smaraṇ** Erinnerung, Gedächtnis

स्व **sva** selbst 43 LK

स्वचालित **svacālit** (uv) automatisch 44

स्वतंत्रता♀ **svatantratā** Freiheit, Autonomie, Unabhängigkeit 55

स्वदेशी **svadeśī** (uv) national eigenständig (auch Name e. Autonomiebewegung) 43 LK

स्वयं **svayam** selbst 33

स्वर **svar** Stimme, Ton, Laut, Vokal

स्वराज **svarāj** Autonomie 43 LK

स्वराज्य **svarājya** Autonomie 43 LK

स्वागत **svāgat** Willkommen, Empfang 19

स्वाद **svād** Geschmack 48

स्वादिष्ट **svādiṣṭ** (uv) lecker, wohlschmeckend 48

स्वाधीन **svādhīn** (uv) unabhängig, frei 44

स्वाधीनता♀ **svādhīntā** Unabhängigkeit, politische Freiheit 44

स्वीकार करना **svīkār karnā** annehmen, akzeptieren, einwilligen 48

स्वेटर **sveṭar** Pullover 16

ह ha

हँसना **hā̃snā** (it) lachen 16

हँसी♀ **hā̃sī** Lachen 4

हंगामा **haṅgāmā** Ärger, Rummel 39

हकीम **haqīm** Arzt (unter Muslimen) 39

हज **haj** Wallfahrt (d. Muslime)

हज़म करना **hazam karnā** verdauen 39

हज़ार **hazār** tausend 35, 46

हटाना **haṭānā** treiben, entfernen 37

हट्टा-कट्टा **haṭṭā-kaṭṭā** kräftig 45

हड़ताल♀ **haṛtāl** Streik 37

हताश **hatāś** niedergeschlagen, verzweifelt, entmutigt 32

हताश होना **hatāś honā** (it) niedergeschlagen sein, verzweifelt sein, entmutigt sein 32

हत्या♀ **hatyā** Mord 32

हत्या♀ करना **hatyā karnā** ermorden 32

हफ़्ता **haftā** Woche 14

हम **ham** wir 2

हमको **hamko** uns 14

हमारा **hamārā** unser 7, 54

हमें **hamẽ** uns 9

हमेशा **hameśā** immer 12

हया♀ **hayā** Schamgefühl

हयात♀ **hayāt** Leben

हर **har** jeder, -e, -es 22

हरगिज़ न / नहीं **hargiz na / nahī̃** überhaupt nicht 55

हरा **harā** grün 13

हरिजन **harijan** (uv) unberührbar (kastenlos); Kastenloser 48

हल **hal** Lösung

हलचल♀ **halcal** Unruhe, Trubel, Belebtheit

हलवा **halvā** Halva (indische Süßspeise) 3

हल्दी♀ **haldī** Kurkuma (Gewürz) 13

हवन **havan** heiliger Feuerritus 29 LK

हवा महल **havā mahal** Palast der Winde 21 LK

हवा♀ **havā** Wind, Luft, Atmosphäre 19

हवादार **havādār** (uv) luftig 40

हवेली♀ **havelī** Haveli (Herrenhaus) 21 LK, 40

हस्त **hast** Hand

हाँ **hā̃** ja 1

हाँडी♀ **hā̃ḍī** Kupferkessel 46

हाँफ़ना **hā̃fnā** (it) keuchen, schnaufen 42

हांडी♀ **hāṇḍī** Topf 46

हाज़मा **hāzmā** Verdauung 39

हाज़िर करना **hāzir karnā** herbeibringen, präsentieren 47

हाज़िर होना **hāzir honā** (it) anwesend sein 47

हाज़िरी♀ **hāzirī** Anwesenheit 47

हाट♀ **hāṭ** Basar, Markt

हाथ **hāth** Hand 23

हाथी **hāthī** Elefant 19

हामी **hāmī** Anhänger, Sympathisant

हाय ! **hāy !** Au!, Oh weh! 31, 38

हार♀ **hār** Misserfolg, Verlust; Niederlage 52

हारना **hārnā** (it) verlieren, fehlschlagen, missglücken 52

हाल **hāl** Lage, Situation, Zustand 13

हालत♀ **hālat** Situation, Zustand 50

हालाँकि **hālā̃ki** obwohl 30

हिंसा♀ **hinsā** Gewalt 44

हिकमत♀ **hikmat** Geschicklichkeit, Gewandheit

हित **hit** Interesse, Nutzen, Wohltat 44

हिना♀ **hinā** Henna

हिन्दी♀ **hindī** Hindi 2

हिन्दुस्तान **hindustān** Indien, ursprünglicher Name Indiens 7, 36 LK

हिन्दस्तानी **hindustānī** (uv) indisch, Inder/-in 1

हिन्दू **hindū** Hindu 30

हिम्मत♀ **himmat** Mut 7

हिरोइन♀ **hīroin** Heldin

हिसाब **hisāb** Abrechnung 24

ही **hī** nur, eben, gleich 11, 15

हींग♀ **hīṅg** Asant 13

हीरो **hīro** Held 24

हुक्म **hukm** Befehl

हुज़ूर **huzūr** Herr 46

हुनर♀ **hunar** Begabung, Talent

है ! **he !** he! 16

है न ? **hai na ?** nicht wahr?, stimmt doch, oder?

हैरान **hairān** (uv) erstaunt 46

हॉकी♀ **hŏkī** Hockey 50

हॉरन **hŏrn** Hupe 15

होटल **hoṭal** Hotel 19

होना **honā** (it) sein 1, 36

होनेवाला **honevālā** zukünftig (adjektivisch) 31

हौले-हौले **haule-haule** sehr langsam (adverbial)

LITERATURHINWEISE

Sie möchten mehr über Hindi, über Land und Leute erfahren?

Dann finden Sie hierfür in der folgenden Literaturliste bestimmt das Richtige!

Lexika und Nachschlagewerke

Margot Gatzlaff-Hälsig: **Grammatischer Leitfaden des Hindi**.
5. Auflage. Buske Verlag Hamburg 2003,
ISBN 978-3875483314.

R. S. McGregor: **The Oxford Hindi-English Dictionary**.
Oxford University Press Oxford 1997,
ISBN 978-0198643395.

Margot Gatzlaff-Hälsig: **Wörterbuch Deutsch-Hindi**.
7. Auflage. Buske Verlag Hamburg 2013,
ISBN 978-3875486384.

Margot Gatzlaff-Hälsig: **Handwörterbuch Hindi-Deutsch**.
2. Auflage. Buske Verlag Hamburg 2013,
ISBN 978-3875486674.

Schwade, Christiana: **Hindi für Anfänger: Flashcards Hindi-Deutsch**. Das Set enthält 184 beidseitig bedruckte, liebevoll illustrierte Vokabellernkarten, die einen Grundwortschatz von 300 Wörtern einschließlich kleiner Floskeln beinhalten.

Mit Devanagari und Umschrift. Nähere Informationen und Bestellung unter **www.korallenhirschchen.de**.

Zum Weiterlernen

Kadambari Sinha: **Konversationskurs Hindi**.
1. Auflage. Buske Verlag Hamburg 2007,
ISBN 978-3875484885.

Kavita Kumar: **Hindi for Non-Hindi Speaking People**.
Rupa & Co New Delhi 2015,
ISBN 978-8171673506.

Im Reise Know-How Verlag Bielefeld sind in der Reihe Kauderwelsch außerdem Bücher zum Hindi erschienen, die sich am typischen Reisealltag orientieren und auf anregende Weise das nötige Rüstzeug vermitteln, um ohne lästige Büffelei möglichst schnell mit dem Sprechen beginnen zu können.

Rainer Krack:
Hindi – Wort für Wort.
16., neu bearbeitete und aktualisierte Auflage.
RKH-Verlag Bielefeld 2018,
ISBN 978-3831765324.

Daniel Krasa: **Hindi für Bollywoodfans**.
2. Auflage. RKH-Verlag Bielefeld 2007,
ISBN 3894163747.

Rainer Krack & Daniel Krasa: **Hindi Slang – das andere Hindi**.
1. Auflage. RKH-Verlag Bielefeld 2009,
ISBN 978-3894163884.

Reiseliteratur

Barkemeier, Martin / Barkemeier, Thomas: **Indien – der Norden mit Mumbai**.
9. Auflage. RKH-Verlag Bielefeld 2016,
ISBN 978-3831728503.

Krack, Rainer:
KulturSchock Indien.
15. Auflage. RKH-Verlag Bielefeld 2020,
ISBN 978-3831733385.

Trojanow, Ilija:
Gebrauchsanweisung für Indien.
Piper Verlag München 2024,
ISBN 978-3492277815.

RAUM FÜR EIGENE NOTIZEN:

RAUM FÜR EIGENE NOTIZEN:

RAUM FÜR EIGENE NOTIZEN:

RAUM FÜR EIGENE NOTIZEN:

RAUM FÜR EIGENE NOTIZEN:

RAUM FÜR EIGENE NOTIZEN:

RAUM FÜR EIGENE NOTIZEN:

RAUM FÜR EIGENE NOTIZEN:

RAUM FÜR EIGENE NOTIZEN:

RAUM FÜR EIGENE NOTIZEN:

RAUM FÜR EIGENE NOTIZEN:

RAUM FÜR EIGENE NOTIZEN:

RAUM FÜR EIGENE NOTIZEN:

RAUM FÜR EIGENE NOTIZEN:

RAUM FÜR EIGENE NOTIZEN:

RAUM FÜR EIGENE NOTIZEN:

RAUM FÜR EIGENE NOTIZEN:

RAUM FÜR EIGENE NOTIZEN: